Batterien NF 030

Hugo Fischer

Lenin der Machiavell des Ostens

Lenin in Unterhaltung mit Trotzki und Kamenew (rechts)

HUGO FISCHER

Lenin
der Machiavell des Ostens

Erstausgabe

Herausgegeben von Steffen Dietzsch
und Manfred Lauermann

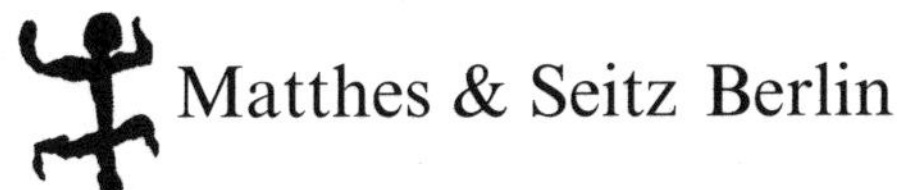

Der Aberglaube ist ein Erbteil energischer, großtätiger, fortschreitender Naturen, der Unglaube das Eigentum schwacher, kleingesinnter, zurückschreitender, auf sich selbst beschränkter Menschen ... Eine ohnmächtige Generation aber wird durch's Erhabene zerstört, und da man niemand zumuten kann, sich willig zerstören zu lassen, so haben sie völlig das Recht, das Große und Übergroße, wenn es neben ihnen wirkt, so lange zu leugnen, bis es historisch wird, da es dann aus gehöriger Entfernung, in gedämpftem Glanze leidlicher anzuschauen sein mag.

(Aus Goethe, Materialien zur Geschichte der Farbenlehre.)

»Nun! sei in deinem Adel, mein Vaterland, Mit neuen Namen, reifeste Frucht der Zeit.«

(Hölderlin, Gesang der Deutschen, Vorfrühling 1800.)

Hugo Fischer

Lenin
der Machiavell des Ostens

Hanseatische Verlagsanstalt Hamburg

[1933]

Inhaltsverzeichnis

Rahmen der Darbietung und philosophischer Auftakt

Die Sendung der Deutschen: Das Reich als Potenzierung des nationalen und sozialen Staates ... 13

A. Die Technik der Darbietung ... 34

B. »Objektivität« der Darbietung ... 37

C. Handelt es sich um einen wirklich »seriösen« Politiker? ... 39

D. Die Grenzen des Leninschen »Glaubens« ... 44

1. Der Frieden als Endziel ... 44
2. Die politische »Natur« als ein Stück Metaphysik ... 49
3. Zuordnung von philosophischem Nominalismus (»Materialismus«) und politischem Universalismus ... 53
4. Schlußbemerkung zu D: Das Unterscheidende des *gegenwärtigen* »Nominalismus«: er entpuppt sich als »Realismus« ... 56

E. Inwiefern lernen wir von Lenin mehr als von Mussolini? ... 62

F. Ein Wort über Lenins Nachfolger ... 66

Erstes Hauptstück
Lenin und der Weltkrieg

A. Krieg und Revolution gehören zusammen ... 69

B. Der Krieg als tangentiale Annäherung an die Revolution bejaht . 74

C. Der »Imperialismus« als die durch den Weltkrieg enthüllte »Kardinalfrage« der neuen Epoche ... 80

Zweites Hauptstück
Lenins Theorie der Revolution

A. Die Revolution als erklärter Krieg ... 85

B. Die Revolution als »höhere« geschichtliche »Realität« ... 86

C. Die »Verwurzelung« der Revolution in den »Massen« (Einheit der Brandherde und »Niveau« der Politik) ... 92

D. Der aktive Politiker in der Welt der Revolution ... 97
1. Der »Glaube an die Revolution« ... 97
2. Die Möglichkeiten der »Führung« in der »revolutionären Situation« ... 102
E. Die Dialektik zwischen den Extremen ... 108
F. Zusammenfassung der allgemeinsten Aufgaben der Führung ... 112

Drittes Hauptstück
Die alte Epoche der »liberalen Arbeiterpartei«

A. Lenins Haß gegen die alte Epoche ist größer als seine Liebe zum Sozialismus ... 117
B. Allgemeine politische Charakteristik des alten Sozialismus (der politischen Entartung) ... 121
1. Das Proletariat selbst dekadent ... 121
2. Die allgemeine politische Physiognomie der Sozialdemokratie ... 122
3. Die idealistische Phraseologie als Halt des alten Typs ... 129
4. Der Ökonomismus als spezifisches Merkmal der politischen Entartung ... 130
5. Die »Gewerkschaftspolitik«: die Magenfrage als Surrogat der politischen Frage ... 133
6. Die Innenpolitik und die Außenpolitik der alten Sozialdemokratie ... 135

Viertes Hauptstück
Der neue Typus Staat

A. Der neue politische Begriff des Typus ... 137
B. Die Zerbrechung der alten Apparatur ... 140
C. Kontinuität mit den selbsttätigen Kräften und Totalität als Hauptkennzeichen der neuen Apparatur ... 142
1. Die Kontinuität mit den selbsttätigen Kräften ... 142
I. Kontinuität und Wahlmodus ... 142
II. Ein Wort über die politische »natura naturans« ... 144
III. Die revolutionäre Selbsthilfe gegen die Bürokratie ... 146

2. Die Totalität der Apparatur ... 148

I. Der Staat im »engeren« oder spezielleren Sinne mit allen Komplexen des modernen Lebens verwachsen . 148

II. Sowjetapparat und Produktionsapparat ... 151

III. Das neue Geflecht der politisierten Wirtschaft ... 154

IV. Die Apparatur der bewaffneten Macht ... 157

V. Die »Massen«organisationen in der »Umgebung« der Sowjets ... 163

VI. Die Parteiorganisationen im Zentrum des Sowjetapparates ... 164

Fünftes Hauptstück
Der neue Typus Politik (und die neue Sachlichkeit)

A. Die allgemeinen Kennzeichnen des neuen Typus Politik ... 175

1. Das »Ziel« oder die Politik auf lange Sicht ... 167

I. Außenpolitische »Prinzipien« werden »wörtlich« genommen ... 167

II. Der »prinzipielle« Charakter der Innenpolitik ... 169

2. Konzentration auf dem entscheidenden Punkt ... 172

3. Kühnheit in der Wahl der Mittel (Kompromiß, Pakt, Rückzug) und geistige Durchdringung der Zwischenphasen . 177

I. Gegensatz des Leninschen Begriffes vom »Kompromiß« zum Begriff der Radikalen und Reformisten ... 177

α) Aus dem »Kompromiß« wird in Rußland eine Anpassungsfähigkeit an (scharfe) Kurven ... 177

β) Die *Radikalen* haben ein falsches Verhältnis zum Kompromiß ... 178

γ) Die *Reformisten* haben ein falsches Verhältnis zum Kompromiß ... 180

δ) Das konstitutionelle Vorbeugungsmittel gegen Reformismus und Radikalismus ... 182

II. Abkehr von der Prestigepolitik ... 185

III. Anstelle »radikaler« Form der Kritik: konstruktive Überwindung der Widerstände und Rückschläge ... 188

IV. Die Vorgabe für den Feind, die manövrierende Politik (Vorstoß und Rückzug) 190

B. Der neue Typus Kommunist 193

1. Überblick über die verschiedenen »Umbrüche« des Kommunisten 193

2. Der letzte Umbruch: vom Kriegsheroismus zum Realismus . 195

3. Die gefährlichen Eigenschaften des privilegierten Revolutionärs 198

C. Der neue Typ hat ein neues Verhältnis zur *Sache* des »Kommunismus« 201

1. Die »Reife« 201

2. Der bleibende »proletarische« Charakter des Typs 203

3. Der neue Typus Kommunist und die »Sache des ganzen Volkes« 205

4. Der erweiterte politische Wirklichkeitssinn (allgemein) 212

5. Die Bewährung im Gewöhnlichen, Durchschnittlichen und Alltäglichen 218

6. Primat der Praxis: die Alltagsarbeit bereits positiver Inhalt der Politik und der Staatsverwaltung 221

Sechstes Hauptstück
Vom Imperialismus zur Reichspolitik

A. Der alte Imperialismus wird auf den Kopf gestellt. (Sozialismus und Nationalstaat. Anonyme Politik des Ökonomismus und verantwortliche Reichspolitik.) 231

B. Ein Reich von »Nationen« 243

C. Die Schritte zur Reichspolitik 246

Schlußstück
Die Partei

A. Die Partei als Kampfbund und die Sache, um die es in diesem Kampfbund geht 253

1. Verhältnis zur Klasse 253

2. Charakterisierung als Bund 256

3. Wechsel innerhalb der Elite
und die unaufhörliche Neurekrutierung 258

4. Die sachliche Zielgebung,
die die Organisation der Partei bestimmt 261

B. Die Partei als Organisation der Reichspolitik 270

1. Der Weltkrieg als ein Erlebnis
der neuen politischen Lebendigkeit 270

2. Die Partei wird das Herz des Volkskörpers 273

3. Das Wort Richtung als Singularetantum 277

4. Die Partei verleiht den politischen Schwerpunkt
(Das Reich als »Heimat«) – Schlußbemerkung 279

Ein letztes Wort über die »politische Atlantis« 282

Verzeichnis der benutzten Literatur und der Abkürzungen 293

Anhang

Personenverzeichnis 295

Nachwort der Herausgeber 297

Zum Text 325

Dank 327

Rahmen der Darbietung und philosophischer Auftakt

Die Sendung der Deutschen

Das Reich als Potenzierung des nationalen und sozialen Staates

Dinge, die nicht in sich selbst zusammenhängen, hängen auch nicht im Willen und in der Gesinnung zusammen. Wenn aber zwischen den Dingen ein Zusammenhang besteht, dann wächst der Wille notwendig über sich selbst hinaus – vorausgesetzt, daß etwas Bestimmtes und Notwendiges ehrlich und mit vollem Einsatz erstrebt wird.

Wir wollen von Dingen sprechen, die den irdischen Menschen angehen, insofern er ein »öffentliches« Leben führt. Diese Dinge hängen eo ipso zusammen, ja das »Zusammenhängen« ist der character indelebilis dessen, was »öffentlich« ist. Dieser character indelebilis kommt sprachlich darin zum Ausdruck, daß es von der lateinischen Bezeichnung für »öffentliches« Ding, von »res publica« keinen Plural gibt. Die res publica, das einzige in sich zusammenhängende öffentliche Ding, ist der Staat.

»Res publica« ist nicht mit »République« zu verwechseln. Die römische res publica ist, was der Name besagt: eine Wirklichkeit. Die *französische* Republik ist aber eine Idee, und »République« ist als politische Kategorie nicht ontologisch gemeint, sondern allegorisch und pathetisch. Dem Namen *res* publica haftet der Erdgeruch einer kolonialen Krongutswirtschaft an, einer ökonomisch-politischen Welt für sich, und der feste Schritt der Legion hallt aus diesem Namen wider. Der Name »République« erweckt die Reminiszenz an Kammerhausreden eitler Advokaten, an offizielle Feiern und Blechmusik auf den »elysäischen Feldern«[1], und an jene rauschende Pathetik, die die Realität überfliegt, und

[1] Campus Elysius – in der griechischen Mythologie: Insel der Seligen.

die ihren Erfinder Rousseau überlebt. Greifen wir einen »politischen« Gefühlserguß aus der Französischen Revolution heraus: »Während der Prozession vom 4. Mai«[2], berichtet der Marquis de Ferrières, »entströmten Freudentränen meinen Augen... In süßes Entzücken versunken, hörte und sah ich Frankreich, auf die Religion gestützt, uns zu Eintracht ermahnen... Diese heiligen Zeremonien, diese Gesänge, diese stolabekleideten Priester, diese Wohlgerüche, dieser Baldachin, dieses Edelsteingefunkel... Ich gedachte der Worte der Propheten... Mein Gott, mein Vaterland, meine Mitbürger spiegelten sich in meinem Innern wider.« Alle Momente der (rousseauschen) republikanischen Pathetik sind hier beisammen.

Wenn man im öffentlichen Leben auf etwas Bestimmtes aus ist, auf ein einzelnes, umrissenes öffentliches Ding, dann ist man zugleich, und zwar primär, auf die res publica, auf *das* öffentliche Ding schlechthin, aus.

Die res publica, das öffentliche Ding, zerfällt heute in Deutschland scheinbar in *zwei* öffentliche Dinge, in den Nationalismus und in den Sozialismus. Das modernste Deutschland ist »national-sozialistisch«. Der moderne Deutsche hat es fertiggebracht, die beiden Brüche der Eins, der res publica, die es unter den politischen Systemen der gegenwärtigen Welt gibt, auf einen Nenner zu bringen; der Deutsche setzt die Welt wieder einmal in Erstaunen. Der Nenner des Bruches des romanischen Westeuropa heißt »Nationalismus«; der Nenner des Bruches des slawischen Osteuropa heißt, schon seit Dostojewski und Tolstoi, und noch einmal, aktivistischer, seit Lenin, Sozialismus. Der Nenner des Bruchs der germanischen Mitte soll aber ein »gemeinsamer« Nenner sein. Es ergibt sich, daß dieser Bruch kein echter *Bruch* mehr ist, denn Zähler und Nenner sind identisch, und man könnte von der Form des Bruchzeichens abgehen. Aber weil die andern den Deutschen überhaupt nur dann noch verstehen, wenn er sich *der* Zeichensprache bedient, die bei *ihnen* üblich geworden ist, teilt er eins durch eins. Zähler und Nenner sind vertauschbar, der Staat ist »nationalsozialistisch«, und der Nationalsozialismus ist der Staat. Der Nationalismus ist nicht der Staat, und der Sozialismus ist auch nicht der Staat, Nationalismus und Sozialismus sind nur Nenner eines Bruches, dessen Zähler erst jedesmal die Eins, das runde Ding, die res publica, ist. Die res publica besteht aber de facto jedesmal nur als Bruch, und nur nominell als Eins, wenn Zähler und Nenner eben *nicht*

[2] Am Tag vor der Eröffnung der Generalstände (in Versailles, 5. Mai 1789), der Auftakt zur Französischen Revolution, noch vor dem Bastille-Sturm (am 14. Juli).

identisch und vertauschbar sind. Ein Drittel z. B. ist tatsächlich ein *einziges* Drittel; aber es ist nicht die Einheit des politisch-sozialen Lebens selbst, die in der *Form* der Einheit auftritt, sondern es ist nur ein Bruchteil der Einheit, der in der Form der Einheit auftritt. Ein nationaler Staat ist der Form nach ein einheitlicher Staat, eber es fehlt ihm noch etwas Wesentliches an ursprünglicher Lebensfülle, es fehlt ihm z. B. der Reichscharakter. Die Form, in der der nationale Staat eine *Einheit* ist, ist um vieles strenger, übersichtlicher und eindeutiger als die Form, in der der soziale Staat eine Einheit ist. Eine überstrenge Form durchschneidet oft das Leben, anstatt es, gleich dem Greifer eines modernen Krans, an allen Seiten seiner höchst unregelmäßigen Außengestalt zu packen. Die Einheitsform des »nationalen« Staates könnte man z. B. mit der Bruchzahl $1/6$ ausdrücken: Die nationalen Träger der Staatsgewalt sind Duce, König, Gran Consiglio, Behördenapparat des Staates, der Partei und der Korporationen. Wenn im »sozialen« Staat, in Rußland, der Nenner nach wichtigsten sozialen Figuren der Staatsgewalt bestimmt werden soll, käme man etwa auf die Bruchzahl $1/60$. Strenge der Form darf nicht der Macht, Fülle und Ergiebigkeit des politischen Lebens gleichgesetzt werden. Wenn die Form *zuviel* faßt, entsteht ein Briareus, der sich in seinen tausend Armen verfängt, und wenn die Form *zu wenig* faßt, bleibt Wesentliches draußen. Vielleicht kommen gerade *die* Äste in Gefahr, der Schere des Gartenkünstlers zum Opfer zu fallen, die die Früchte tragen[1].

Bisher war der Bruch moderner als die ganze Zahl, und die ganze Zahl nimmt, um »modern« zu erscheinen, die Maske des Bruches an. Sie kann als Bruch erscheinen, der Bruch kann aber nicht als ganze Zahl erscheinen. Die Zukunftsmöglichkeiten: dessen, der *nur* in *einer* Form auftreten kann, in der Form der nationalen oder in der der sozialen Staatsgestaltung, sind begrenzt. Vielleicht setzt es die ganze Zahl durch, daß der Ruf der Modernität auf ihrer Seite ist.

Für die einheitliche Sache, die res publica, müßte sich schließlich auch ein einziger einheitlicher Ausdruck finden. Das größte historische eines bruchlos-einheitlichen Ausdrucks für eine bruchlos-einheitliche Beispiel Sache oder res publica ist bisher der Name: Imperium Romanum.

1 E. R. Huber sagt in einem Aufsatz »Das Gesetz über die Berufsverbände« (Deutsches Volkstum, 15. Jahrg., 8. Heft): »Der Gedanke der echten *korporativen Selbstverwaltung* ist ein eigentümlicher Ausdruck *deutscher* staatlicher Gestaltung, der *für romanische Völker nicht faßbar ist.*«

Nehmen wir einen Marsbewohner an, der, als eine Intelligenz höherer Ordnung, die Verhältnisse und die Menschen auf unserer Erde inspiziert. Dieser Kommissar aus dem Weltraum würde feststellen, was die Deutschen eigentlich wollen, und einen Überschlag machen. Es würde ihm auffallen, daß die Qualitäten dieses Volkes, das augenblicklich in der Welt mehr von sich reden macht als irgendein anderes Volk, mehr im Verborgenen liegen als die Qualitäten irgend eines andern Volkes, und daß sogar diesem Volke selbst die Qualitäten verborgen sind, über die es verfügt. *Dieses Volk bedient sich eigentümlicher Umwege, um überhaupt die Erkenntnisorgane zu erwerben,* mit denen es die Qualitäten herausfinden kann, die in seinem Schoße verborgen liegen. Da leben in unwahrscheinlichsten Berufen Leute, die eine bescheidene Existenz fristen, und die dabei an Kühnheit der Gedanken, wie ehemals Paracelsus, Jakob Böhme, Sebastian Franck, denen, die jahrzehntelang von sich reden machen, weit voraus sind. In Deutschland ist eine außerordentliche Unstimmigkeit wahrzunehmen zwischen dem, was man vorhat, und dem, was man ausspricht, aber der Deutsche ist auch schnell bereit, seine Irrtümer einzusehen und zu korrigieren. Aus diesem Grunde erscheint er *unberechenbar*. Das Rechnen und Berechnen ist eine sehr moderne, epochemachende (vgl. Max Weber, »Wirtschaft und Gesellschaft«) Operation, die der Natur des Deutschen im Grunde nicht entspricht. Hegel war der erste deutsche Logiker, der den subalternen, lakaienhaften Charakter der logischen Funktionen des Rechnens ausdrücklich und systematisch nachwies, und der den Kategorien der Rechenhaftigkeit, die dem Menschen in der modernen Welt des »Kapitalismus« bewußt und unbewußt, eigensüchtig und »altruistisch« durch die Einrichtungen der Erziehung und »Bildung« eingeimpft wurden, den Platz zuwies, der ihrer Niedrigkeit entspricht. Im Kapitalismus, in der Welt oder Domäne der modernen Rechenhaftigkeit, hat der Deutsche zweifellos Hervorragendes geleistet, und um so erstaunlicher berührt die Feststellung, daß der moderne Deutsche die Welt des Kapitalismus durchschreitet und unwiderruflich im Rücken läßt, daß er *bereits innerlich mit dem Kapitalismus endgültig gebrochen hat.* Für eine antikapitalistische Revolution ist es im nationalsozialistischen Deutschland *zu spät:* wenn eins klar und deutlich ist, dann ist es dies, daß der moderne Deutsche dem Teufel der Rechenhaftigkeit und des Profitgeistes die Fetzen des Vertrages, den er mit ihm abgeschlossen hatte, ins Gesicht schleudert. Ganz gleich, unter welchen einzelnen konkreten Formen dies geschieht, der Deutsche wird das in der öffentlichen Wirklichkeit nachholen und ausführen, was Hegel in dem Reich der logischen Wirklichkeit vorwegnahm, und er wird den niederen Teufel der Rechenhaftigkeit auf seinen untergeordneten Platz verweisen. Jeder gegenwärtige Deutsche, der Achtung vor sich selbst hat und der Achtenswertes leistet, hat endgültig mit dem »Geist« der ökonomischen Rechenhaftigkeit gebrochen, und auch ein Kommissar aus dem Weltraum, der die Fähigkeit hat, auf Herz und Nieren zu prüfen, kann sich an Ort und Stelle überzeugen. Er spreche mit einem Bauernsohn aus der Lüneburger Heide, mit dem Dezernenten, der in irgendeinem Kultusministerium eine verborgene Existenz führt, mit einem Professor für Staatsrecht, mit einem Arbeiter, der aller Wahrscheinlichkeit kein »Sozialdemokrat« mehr sein wird, mit einem Offizier oder dem Mitglied eines Bundes, und er wird feststellen, daß alle diese Deutschen entschlossen sind, den Profitgeist der »modernen« Rechenhaftigkeit aus der res publica auszurotten, ihn niemals wieder groß werden zu lassen. Zweifellos ist heute in Deutschland die politische Macht des Staates stark genug dazu, diesem niedrigen Teufel die Stirn zu bieten und ihn in die Knie zu zwingen. 1933 geschieht es zum erstenmal, daß ein deutscher Minister den ernstzunehmenden Willen bekundet, die »soziale« Revolution mit der nationalen zugleich durchzuführen. Der Lauf der Ereignisse und die Taten haben bewiesen, daß diejenigen, die in früheren Regimes den »Sozialismus« monopolisierten, kein ernstzunehmendes und kein diskutables Verhältnis zu dieser öffentlichen Sache, dieser res publica gehabt haben.

Die »Signatur« (Jakob Böhme) des gegenwärtigen öffentlichen Lebens in Deutschland ist die ganze Zahl, und nicht der Bruch. Diese Tatsache verrät sich durch die andre Tatsache, daß der politische Wille, der in ganz Deutschland anzutreffen ist und der tiefer gelagert ist als die vergänglichen und zwiespaltigen Parteimeinungen, für sich selbst eben keinen einfachen, sondern nur einen Doppelnamen findet. Das Bestreben, die Brüche mit ungleichem Nenner auf einen einzigen Nenner zu bringen, ist Exponent eines andern, bestimmenden und unbedenklichen, kühnen Bestrebens, durch den Bereich der Brüche hindurchzuschreiten und den Bereich der ganzen Zahl, der res publica, zu treffen. Man *sagt* »und«, Nationalismus *und* Sozialismus, und man meint etwas, in dem es kein »und« gibt, und das seinerseits die Voraussetzung für jedes politische »und« ist, nämlich die res publica. Die res publica ist das einzigartige und exemplarische Beispiel einer res, die jedem Versuch, die Ausdrucksform des »und« anzuwenden, mit kühler und abweisender Gebärde gegenübersteht.

Einen »Satz« erfaßt man erkenntnistechnisch dadurch, daß man den ausgesprochenen Gegensatz dagegenhält. Den ausgesprochenen Gegensatz zur deutschen Signatur, zur ganzen Zahl, stellt nicht der romanisch-westeuropäische Bruch dar, der Nationalismus, sondern der osteuropäisch-slawische Bruch, der Sozialismus. Der slawische Nenner spaltet den Zähler, die res publica, tiefer, in größerer Frontbreite und folgenreicher auf als der romanische Nenner, der Nationalismus. Mussolinis Nationalismus ist ein Nenner, der beinahe noch mit dem Zähler, der Eins oder der res publica, identisch ist, und ähnlich steht es um Clemenceaus Kriegsnationalismus. Der Satz: Der Staat ist nationalistisch, läßt sich beinahe umkehren in den andern Satz: Der Nationalismus ist der Staat, und der Fehler, den dieser zweite Satz in sich birgt, gehört zur Kategorie jener Fehler, die die Praxis in wichtigen Fällen vernachlässigen darf. Der osteuropäische Satz »Der Staat ist sozialistisch« läßt sich nur über äußerst komplizierte Operationen hinweg umkehren. Für den Deutschen, dessen historische Mission darin besteht, die ganze Zahl zu entdecken, und der *deshalb* die Brüche auf einen Nenner zu bringen versuchen muß, liegt der Herd der außerordentlichen Schwierigkeiten auf der Seite *des* Bruches, dessen Nenner der *Sozialismus* ist. Der Reiz der Aufgabe liegt aber auch dort, wo sie schwer ist, und nicht dort, wo die Lösungen verhältnismäßig naheliegen und uns auf halbem Wege entgegenkommen. Den einfachen Kunstgriff, mit dem ernste und große Aufgaben oft gerade noch im letzten Augenblick bewältigt werden, findet nur der, der den Mut hat, sich mitten in den Bereich der Schwierigkeiten hineinzubegeben. Tod und Teufel wohnen nicht in Städten, die man durch Umgehungsstraßen hinter sich lassen kann.

Speziell die Aufgabe einer Philosophie des Politischen liegt nicht darin, auf Naheliegendes hinzuweisen und Naheliegendes aufzuklären. Dinge, die uns in die Hand gespielt werden, können wir mit dem gesunden Menschenverstand fassen. Die in Jahrtausenden erworbenen Erkenntnisorgane und Begriffstechniken der Philosophie sind dann in Anwendung zu bringen, wenn die *schwersten* Erkenntnisaufgaben anzugreifen sind. Die Erkenntnistechnik der modernen Philosophie ist im Grunde kompliziert, und die geistigen Kapitalien, die in die kunstvolle Erkenntnisapparatur investiert sind, würden sich verzehren, wenn die Apparatur nicht für die Ziele eingesetzt wird, für die sie eben bestimmt, ausgebildet und geeignet ist. Es gibt sehr naheliegende Nöte, es gibt aber fernliegende Nöte, die doch von vitalster Wichtigkeit sind. Wenn die Bevölkerung eines Dorfes hungert, das einem modernen Großkraftwerk benachbart ist, dann kann diese Anlage nur auf sehr indirekte Weise der nahen Not begegnen, so, daß man sie bestimmungsgemäß in die Ferne und Weite wirken läßt. Diese Anlage kann die Nähe nur auf dem Umwege über die Ferne treffen und sie kann sie, wenn alles gut geht, höchst wirksam treffen. Wenn man sie *direkt* für die Nähe verwerten wollte, müßte man sie Stück für Stück abbauen und zudem Möglichkeiten haben, den Schrott – auch wiederum in der *Ferne* abzusetzen. Es ist tatsächlich unnötig, im gegenwärtigen Deutschland um das, was näherliegt, besorgt zu sein. Der Deutsche ist politisch mobilisiert und aktiviert. Es besteht keine Gefahr, daß er sich in unfruchbaren Grübeleien und entlegenen Spekulationen verliert, oder gar, daß er abgelenkt und beirrt wird; und gerade darum ist heute wieder eine Philosophie möglich, am Platze und notwendig, die kühn und unbedenklich auf dem Felde der Weltpolitik Umschau hält. Es ist kein Zweifel, daß es zuerst die Deutschen des Weltkrieges waren, die die Bedeutung des slawischen Staatengründers Lenin erkannten und vielleicht besser übersahen als die Russen selbst (Ludendorff und Graf von Brockdorff-Rantzau). Eigentümlicherweise ist in Deutschland der politische Praktiker moderner und weitsichtiger als der Theoretiker, Philosoph, Sozialforscher, obgleich Deutschland als das Land der Theorie verschrien ist. Erst seit kurzem wird es möglich, das politische Massiv »Lenin« ähnlich unbefangen, frei von veralteten Parteiideologien, zu überschauen, wie es zuerst der Lehrer Mussolinis, der französische Philosoph Sorel, überschaut hat. Es ist möglich, daß in Zukunft die deutsche »Wissenschaft der Politik« einen Lenin besser verstehen wird, als die parteioffiziöse Wissenschaft Rußlands ihn bisher versteht.

Der russisch-slawische Bruch oder Einbruch in die Zahl Eins, die res publica, wird mit der slawischen Geistestechnik ausgeführt; ein Lenin verfügt über denselben grübelnden, düsteren, wühlenden und radikalen Intellekt, über den ein Dostojewski verfügt. Die Tätigkeit dieses Intellekts ist von der Revolutionseschatologie des Ostens umwittert. Lenin ist ebenso politischer Eschatolog, wie Dostojewski religiöser Eschatolog gewesen ist. Der Intellekt des eschatologischen Politikers durchschneidet das Politische und verfolgt es ruhelos und rücksichtslos bis in elementare Voraussetzungen zurück, an deren Ort von einem »Staat« in unserem Sinne nichts mehr zu erkennen ist.

Der romanische Einbruch in die politische Zahl Eins wird dagegen mit der *romanischen Geistestechnik* ausgeführt. Das Organ, mit dessen Hilfe

Mussolini aus dem Subjekt »der Staat« das Prädikat »die Nation« (der Staat ist die Nation) herausschneidet, ist das große dunkle Auge des Vollblutitalieners, dessen Temperament immer auf dem Sprunge steht, dessen Organe noch heute so entspannt, dessen Gesten noch heute so packend sind wie die einer tizianischen Figur. Der visionäre Blick macht den Intellekt überflüssig, er hat seinen Teil Kultur und Geist in sich selbst. Wer solche Visionen hat wie Mussolini, der versteht selbstverständlich auch, sie geistvoll auszudrücken und mitzuteilen. Der Blick breitet sich unaufhaltsam nach allen Seiten des sinnfälligen südlichen nationalen Lebens aus; dieses nationale Sein und Leben Italiens mit dem anheimelnden Herdgeruch, der sich durch alle Gassen zieht, ist eo ipso eine res publica, vor allem für den, der die Kraft hat, seine Vision zum Gesetz zu machen; und die Frage der ökonomisch-sozialen Verfassung verblaßt zu einer Frage zweiten oder dritten Ranges. In einer Rede, in der die Vision den packendsten Ausdruck findet (Oktober 1923)[3], führt Mussolini zunächst aus, man habe die »gerechte« Konsequenz aus dem Siege über Deutschland und Österreich nicht gezogen, die darin bestehen mußte, daß »unsere siegreichen Bataillone in die Hauptstädte des geschlagenen Feindes einzogen. Man wagte es nicht zu tun, weil der Prophet von jenseits des Ozeans die Utopie seiner 14 Punkte durchführen wollte.« Er bezeichnet die »Verwundeten und Frontkämpfer« als die »Aristokratie der Nation«, und er schließt mit der epochemachenden Vision: »Manchmal sehe ich dieses Italien vor mir mit seiner einzigen, göttlichen geographischen Lage, ich sehe (!) es besternt mit seinen wundervollen Städten, umgeben von seinen vier Meeren, mit seinem ständig wachsenden, fleißigen und wackeren Volke, das für seine Ausbreitung über die Welt immer neue Wege sucht. Grüßt dieses Italien, unser herrliches Vaterland, das alle Götter beschirmen ...!«

Lenins Organ wäre in Italien ebensowenig am Platze wie Mussolinis Organ in Rußland.

Das politische Organon des Deutschen hat seine eigne Provenienz, es ist weder eine Nachbildung des romanischen noch eine Nachbildung des slawischen Organs. Das politische Organ des Deutschen ist die metaphysische Intuition. Mussolini sieht das anschauliche Ganze der italie-

[3] D. i.: »im Jahr der unumschränkten Vollmacht« (Louise Diel, *Mussolini,* Hamburg 1939, S. 79); seine Rede *Bilancio di un anno* vom 28. Oktober 1923 im Palazzo Belgioioso in Mailand wurde in La Stampa, am 31. Oktober publiziert. – Der Anlaß war: *I anniversario della Marcia su Roma.*

nischen Landschaft und des südlichen Volksgewimmels unmittelbar vor sich und *niemand kann ihm widersprechen.* Lenin wühlt die innersten Bedingungen und die letzten elementaren Voraussetzungen des russischen Völker-, Rassen- und Klassenlebens auf, und *niemand kann ihn widerlegen,* er ist ein überlegener, rücksichtsloser und unerschrockener Intellekt. Hegels metaphysische Intuition stößt durch die Schicht der Erscheinung, des empirischen Staates, zur realeren und realsten Realität des Reiches hindurch, und *niemand kann ihn der Niedrigkeit der modernen Rechenhaftigkeit festhalten.*

Der Deutsche teilt die Eins der res publica deshalb zweifach, er bricht deshalb in zwei abweichende Richtungen in diese Eins ein, in der Richtung des Nationalismus und dann noch einmal in der Richtung des Sozialismus, weil er durch die Eins überhaupt hindurch will, weil er zur realeren Realität, zum Reich, verstoßen will. Der Deutsche teilt deshalb die Eins zweifach, *weil sie ihm nicht Eins genug ist,* weil sie nicht: *in sich* in jeder Atomschicht *volle* Eins ist. Er hat den Staat nicht deshalb in diesen zwei Richtungen gebrochen, um, wie Lenin, einen »neuen Typus Staat« zu finden, sondern, um *hinter* den Staat zu kommen. Das, was hinter dem Staate liegt, ist das Reich.

Wir müssen wissen, was bei der Leninschen Divisionsaufgabe: »Staat durch Sozialismus« herauskommt. Die Technik dieser modernen politischen Division muß ein moderner politischer Denker in Deutschland ebenso kennen, wie ein Techniker der deutschen Siemenswerke die Industrietechnik seiner amerikanischen Konkurrenz etwa in der Glühlampenfabrikation kennen muß. Je vorgeschobener der Posten ist, auf dem jemand auf eigne Faust experimentiert, um so selbstverständlicher und brennender ist sein Interesse für die Spitzenergebnisse der politischen Laboratorien, die mit ihm technisch wetteifern oder vielleicht nur wirtschaftlich konkurrieren. Wer selbst läuft, der fängt selbstverständlich auch an, auf dem laufenden zu sein und sich auf dem laufenden zu halten.

Lenin ist ebensowenig ein »Kommunist«, wie Richelieu ein »Monarchist« gewesen ist; beide haben ein politisches Thema ihrer Zeit in allen Variationen durchgespielt, und sie haben aus dem Thema alles herausgeholt, was herauszuholen ist, ohne je ein Opfer an Gut und Blut zu scheuen. Lenin hat die Technik, mit der die Divisionsaufgabe: »Staat durch Sozialismus« durchzuführen ist, in allen Einzelheiten bis zur Vollendung ausgebildet, und ein andres Volk kann die *fertige* politische Technik ebenso übernehmen, wie sich Methoden der industriellen Technik übernehmen lassen, ohne daß man alle Verluste, Risiken, Bankerotts, Kämpfe, Intriguen, die den Weg der Erfindung wie Marksteine bezeichnen, noch einmal am eigenen Leibe durchmacht. Die Gründlichkeit des Slawen liegt auf der Seite seines wühlenden Intellekts; mit ihm erfaßt er die düsteren sozialen Elementargewalten, die hintergründig das staatliche Leben der Völker bestimmen. Die Gründlichkeit des Romanen liegt auf der Seite seiner visionären Sinnlichkeit, die ihm die südliche Landschaft und das südliche Volksgewimmel mit einem Schlage leibhaft herbeizaubert. Die Gründlichkeit des Deutschen liegt auf der Seite seiner metaphysischen, seiner religiös bestimmten Intuition; sie ist lichte Synthese und düstere Analyse zugleich. Die Teileigenschaft der lichten Synthese führt ihn zum Nationalismus, sie ist der Hölderlinsche Anteil seines Wesens. Die Teileigenschaft der düsteren Analyse der Elementargewalten führt ihn zum Sozialismus, sie ist der lutherische Anteil seines Wesens. Die Teileigenschaften haben nicht das letzte Wort; sie werden entfaltet, weil der Deutsche hinter sie zurück will. Der Deutsche hat nicht die Absicht, den Nationalismus mit der romanisch-nihilistischen Folgerichtigkeit eines Clemenceau bis zur Vernichtung »der anderen« Nationen durchzuführen und er hat ebensowenig die Absicht, den Sozialismus, zu dem ihn seine andere Teileigenschaft führt, mit der tartarischen Wut eines Lenin zu verwirklichen. Die Absicht fehlt nicht deshalb, weil der Deutsche vor extremen Opfern Angst hätte – der Weltkrieg beweist, daß der Deutsche vor Opfern keine Angst hat –, sondern die Absicht fehlt jedesmal deshalb, weil sie nur eine Komponente der wirklichen in der Tiefe liegenden Absicht ist.

Deutschland verfügt über einen reicheren Fonds an geopolitischen und sozialen Elementargewalten als Italien. Italien kennt nicht das Gewühl des Dreißigjährigen Krieges und nicht unsere Industriegeschichte des 19. Jahrhunderts. Wie man mit politischen *Elementar*gewalten umgeht, das lernen wir eher von *Rußland,* weil hier seit mehreren Generationen alle politisch-sozialen Elementargewalten, die es heute auf der Erde gibt, überreich vorhanden und entfesselt sind. Rußland ist, vielleicht für alle Zeiten, die *klassische Stätte eines Experiments mit Elementargewalten.* In der Grenzenlosigkeit dieser Gewalten liegt die Staatlichkeit verteilt, wie in einer Wüste die Oasen verteilt liegen. In der Technik, die geeignet ist, mit Orkanen umzugehen, ist die Technik *enthalten,* mit der man Stürme und Böen meistert.

Wir müssen in Deutschland wissen, was entsteht, wenn sich der Nationalismus auf der Bühne des politischen Welttheaters *exponiert,* und wir müssen wissen, was entsteht, und worum gespielt wird, wenn sich der Sozialismus exponiert. Die Teileigenschaften als solche brauchen wir nicht selbst nochmals bis zum Extrem zu entwickeln, wir wissen während der Steuerung um die politischen Lebensschicksale derer, die sich nach rechts und links exponieren. Für den Deutschen ist der Nationalismus nicht das Mittel, sich als Nationalist zu exponieren, wie der »Tiger« Clemenceau, und der Sozialismus nicht das Mittel, sich als Sozialist zu exponieren, wie der dämonische Russe Lenin, sondern beides *zusammen* ist für uns das gegebene Mittel, daß wir uns, wenn es nötig wird, *als Staat* exponieren; der moderne *Staat* muß sich für den Deutschen *als solcher* erst einmal exponieren, weil die Existenz des Staates zur Existenz des Reiches gesteigert werden soll.

Die Exponiertheit des *Staats* darf nicht verwechselt werden mit der Exponiertheit des Sozialismus und des Nationalismus. Den sozialen und den nationalen Staat muß man hinzunehmen, wenn man den »Staat« auch in seinen letzten, modernsten Möglichkeiten durchschauen und wenn man ihn in seiner Begrenztheit, seiner metaphysischen Unzulänglichkeit überblicken will. Der Weg führt vom Staat zum Reich, und ein *Reich* ist ein Gebilde, daß sich nicht exponieren *kann,* weil es »den Grund seiner Existenz« in sich selbst hat. In der Exponiertheit des Nationalismus und des Sozialismus »erscheint« die primäre und fatale Exponiertheit des Staates, und wenn es so weit gekommen ist, daß der Staat sich als solcher exponiert, dann ist das »Heil der Völker« nur noch in der Bildung eines *Reiches* zu suchen und zu finden. Es ist der Glaube an die »ewigen Dinge«, gegen den hin sich der Staat in seinem modernsten Format eines Tages exponieren wird. Vor dem Anlitz dieses Glaubens wagt sich der Staat als Staat immer weiter heraus, und es kommt ein Augenblick, in dem das Volk aus dem Staat ein Reich machen muß, weil die Exponiertheit in metaphysischer Hinsicht nicht mehr ertragen werden kann. Die »letzte« Modernität macht sich als solche unmöglich, und der Status wird als solcher unhaltbar.

Die Exponiertheit des modernsten Staates spricht sich darin aus, daß der Staat »konstitutionell« ganz auf der Kante steht – auf der Kante der genannten »Ismen«, und nicht mehr auf der Basis eines Verfassungsgesetzes. Dieselben inneren Entwicklungsimpulse, die seit Philipp dem Schönen und seit der Magna Carta zur Ausbildung des modernen Leviathan[4]

[4] Seit Thomas Hobbes gleichnamigem Werk (1651) die mythische Metapher – als ›sterb-

führen, haben auch dazu geführt, daß der Staat sich in seiner modernsten Form, als nationalistischer oder als sozialistischer Staat, zu weit exponiert. Wenn es den Nationalismus und den Sozialismus nicht gäbe, dann müßte der moderne Staat andre Mittel finden, um sich zu exponieren. Vom Staat her gesehen sind diese beiden »Divisoren« die Mittel, die der Zeitgeist zur Verfügung stellt, damit der Staat sich totalisiert. Der Staat kann sich nur dadurch totalisieren, daß er sich zum Zähler eines Bruches macht, und der Nenner ist es, dem von Staats wegen selbst die Führung innerhalb des abschließenden Totalisierungsprozesses anheimgegeben wird. Die Totalisierung wird dadurch erreicht, daß der Nenner den Zähler durchsetzt. Der Staat ist die Seite der verkörperten Rechenhaftigkeit, die Apparatur, die Institution, und der Nenner bringt nicht nur das Prinzip der Einteilung bei, das Prinzip der Teilung und Besetzung aller Stellen des Systems, sondern der »Nenner« bringt zugleich den Namen bei. Der Staat hat keinen eignen Namen mehr ... Der sozialistische Staat ist dadurch exponiert, daß dieser Staat *nach unten,* nach der Seite der politischen Naturgewalten außer sich gerät, über sich hinausgreift, und der nationalistische Staat ist dadurch exponiert, daß der Staat *nach außen* über sich hinausgreift. Der Staat alten Typs, der »liberalistische«, konstitutionalistische Staat ist damit gerichtet, daß die Entwicklung der Apparatur in der Balance der Gewalten auf einem toten Punkte anlangte. Der Staat band sich als »Rechts«staat selbst die Arme. Er verbot sich selbst die Schritte, die vom Boden der Legalität hinwegführten, und er untersagte es sich selbst, die Technik der Bewegung zu lernen und zu übernehmen, die auf politischem Neuland vorwärtsführt. Ähnlich verbot sich der »Philosoph« den Eintritt in das politisch-kulturell-metaphysische Neuland, weil er an der »Idee« der »wissenschaftlichen« Objektivität, der »objektiven« »Wahrheit« festhielt, ähnlich der Techniker, weil er an der liberalistischen »Idee« des »freien« ökonomischen Kräftespiels festhielt. Der nationale Sozialismus verkündet die »Befreiung« von der Sklaverei des Liberalismus. Die »Befreiung« bedeutet ein Überrennen von Entwicklungshemmungen. Man hatte sich *freiwillig* in die Sklaverei begeben, sich selbst den Willen gelähmt. Das gegenwärtige Deutschland ist »begeistert«, weil der lähmende Bann von ihm genommen ist. Die Entwicklung zum

licher Gott‹, ›großer Mensch‹, ›großes Tier‹ und ›perfekte Maschine‹ – für die hegende Kraft, für den Grund der Sekurität des Gemeinwesens, des Staats (civitas). – Vgl. Carl Schmitt, *Der Leviathan in der Staatslehre des Thomas Hobbes,* Hamburg: Hanseatische Verlagsanstalt 1938.

deutschen Staat ist wieder im Fluß; die Entwicklung des bisherigen Staates konnte nur durch einen Anstoß von außen aufgeholt werden, und der alte Impetus der Selbstvervollkommnung der riesigen Staatsmachinerie, ihrer Anreicherung mit der jeweiligen Verkehrs- und Publikationstechnik, kann nur wieder aufgegriffen werden, wenn alle Register des staatlich noch ungeformten elementaren sozialen und nationalen Daseins gezogen werden. Der moderne Staat muß, um endlich ganz Staat zu sein, um seine eigne Staatlichkeit in vollen Zügen zu trinken, das vorstaatliche, ja das unterstaatliche Leben mobilisieren.

Es dauert nicht mehr lange, dann ist ein Entwicklungsziel der Modernität erreicht: der moderne Staat hat sich endlich selbst gefunden, er ist da. Was aber dann? In diesem Augenblick verschiebt sich die Frage des Staates vom Feld der »modernen« Profanität auf das Feld der Metaphysik. Die Modernität, der auf sich selbst stehende Staat, muß endlich erreicht werden, denn was der Mensch braucht, das muß er haben, und was der Leviathan braucht, das muß er erst recht haben. Es zeigt sich aber, daß der auf sich selbst stehende Staat eben gar nicht durch sich selbst zu sich selbst kommt, und daß er auf etwas andrem steht, daß er keine ganze Zahl, sondern daß er in seiner innersten Konstitution eine Bruchzahl ist. Die Modernität ist erreicht, gut; aber nun erhebt sich die metaphysische Frage: wozu ist dieser Leviathan da, was sollen wir mit ihm anfangen, und *wer* soll mit ihm auf diesem Planeten, der überall vom Geist der Modernität besessen ist, von den Kabeln, Schienen, Schiffahrtslinien durchzogen, von Großsendern überschattet ist, etwas anfangen?

Der Leviathan ist nicht Wesen, sondern Erscheinung eines Wesens. Wie mag erst das Wesen aussehen, wenn schon seine Erscheinung so riesenhaft ist? *»Modernität«,* das *bedeutet Ausbildung der Erscheinung.* Geschichtsphilosophisch gesehen ist die Modernität der größte und luxuriöseste Umweg, den sich der (Hegelsche) Weltgeist bisher gestattete, um über eine mächtige Erscheinung hinweg den Rückanschluß an ein erst Zug um Zug ins Dasein zu zwingendes Wesen zu finden. Die Staatsmaschinerie ist in dem Maße, in dem sie moderner, totaler wird, das *kultische* Mittel, mit dem an der Sphäre des noch nicht existenten Wesens gerüttelt, gezogen wird, mit dem die vermutlichen Umrisse seiner Gestalt vorläufig abgetastet und von außen her mit herausmodelliert werden. Die Totalisierung des Staates hat einen metaphysischen Sinn; alles, was es an Modernität, d.h. an Rechenhaftigkeit, an Rationalisierungsdrang und Vorteilsberechnung gibt, fängt der Staat für sich ein, und er setzt es in wundervollst politische Technik um, wie der Chemiker Abfallstoffe in blühendes Getreide umsetzt. Der Staat hat die Rechenhaftigkeit, zuletzt in der Form des Kapitalismus, im Leibe, und er allein ist imstande, die Modernität zu verarbeiten, zu überkompensieren und in etwas anderes mit hinüberzunehmen.[2]

Der osteuropäisch-slawische Staatengründer, Lenin, verwandelt die Rechenhaftigkeit nicht in etwas andres, sondern er potenziert sie. Der Kapitalismus ist ihm eine altmodische, überholte Form der Rechenhaftigkeit, der Organisation des sozialen, ökonomischen und bürokratischen Körpers, und der Sozialismus ist die Form, in der der Kapitalismus an Modernität übertrumpft werden kann und muß. Der Kapitalismus steht einer weitergreifenden, totalen Rationalisierung im Wege. Lenins politisches Denken ist einschichtig, es reicht bis an die Grenzen der politischen Modernität, der Totalität des Staates, aber nicht darüber hinaus. Lenin kommt nicht dazu, zu fragen: wozu ist der neue Typus Staat da, was soll

2 Schon der Philosoph David Hume hatte – um die Mitte des 18. Jahrhunderts – Gelegenheit, den skizzierten Entwicklungszusammenhang zwischen ökonomisch-technischer Rechenhaftigkeit und moderner Staatsmacht festzustellen. Er sagt in seinen »Vermischten Schriften über die Handlung, die Manufakturen und die anderen Quellen des Reichtums und der Macht eines Staates«: »Können wir erwarten, daß die Regierung von einem Volk gut würde eingerichtet werden, das kein Spinnrad machen kann, noch mit dem Weberstuhle gut umzugehen weiß?« »Alles wird in der Welt für Arbeit verkauft, und unsere Leidenschaften sind die einzigen Triebfedern der Arbeit. … Je mehr Arbeit also, außer dem, was zum Unterhalt des Lebens notwendig ist, auf überflüssige Dinge verwandt wird, desto mächtiger ist der Staat; indem die Personen, die auf diese Art beschäftigt werden, sehr leicht zum öffentlichen Dienst können gebraucht werden.« Den Landmann versehe man »mit Manufakturen und Bequemlichkeiten«, so wird es »sehr leicht sein, einen Teil seiner überflüssigen Arbeit zum öffentlichen Gebrauch anzuwenden, ohne ihm die gewöhnliche Wiedererstattung zu machen.« Man muß »die Menschen durch andere Leidenschaften regieren, und sie mit einem *Geiste des Geizes und des Fleißes,* der (technischen) Künste und der Üppigkeit *beleben*«. Hume gibt die teuflischen Einflüsterungen des Dämons »Modernität« wieder, denen der Staat wohl oder übel gehorcht. Der Staatsbürger hat »den Gewinn so oft vor Augen, daß er nach und nach eine *Leidenschaft* dafür bekommt und kein anderes Vergnügen kennt, das *tägliche Wachstum seines Vermögens* zu sehen«. »Durch große Reichtümer, die zum Ausbleiben bereit liegen«, werden »die Zinsen herabgesetzt«, und die *Zinsen* sind »das wahre *Barometer des Staates*«, ein »untrügliches Kennzeichen von dem blühenden Zustande eines Volkes«. Sie beweisen, »daß der *Fleiß* sehr hoch gestiegen, und daß er *durch den ganzen Staat zirkuliert*«. Der Staat wird dadurch zum modernen Staat, daß er das Leben der modernen Industrie mit allen Fibern seiner Existenz an sich heransaugt und in sich hineinschluckt. Er *erzeugt* gegebenenfalls das fremde Element, um sich von ihm, von seinen Antriebs- und seinen teuflisch klugen Organisationskräften durchdringen zu lassen.

es nun mit der vollendeten, totalen Apparatur? Selbstverständlich ist jeder große Politiker der Geschichte mindestens *implizite* ein Metaphysiker, aber heute wird es nötig, auch explizite, ausdrücklich, inhaltlich und konstruktiv Metaphysiker zu sein. Der Deutsche denkt, im Gegensatz zum Russen, dem Don Quichotte des Positivismus, *zweischichtig*. Lenin exponiert den Staat, als endlich modernen Staat, allein in der Bruchform des »sozialistischen« Staates, und er läßt ihn in seiner (innerpositivistischen) Exponiertheit. Die Aufgabe der Deutschen, die ihnen durch ihre ganze Geschichte vorgezeichnet, zu der sie sich seit der Scholastik, seit Leibniz und Hegel die Begabung erworben haben, besteht darin, die Exponiertheit des fertigen modernen Staates zu durchschauen und dadurch zu überkompensieren, daß sie den Staat in der Form des Reiches wieder in die realste Realität der Metaphysik zurückversetzen. Wenn die Modernität an ihrem Ziele ist, dann verwandelt sie sich in eine echte res publica, eine solche, die nicht mehr moderner, die darum auch nie altmodisch werden kann, die auf lange Zeit hinaus jung sein wird. Der moderne Staat kann sich keinen eigenen Namen geben, doch dem Staat, der ein Reich wird, gelingt die Namensgebung. Der Deutsche muß lernen, wie man im politischen Planetarium der Gegenwart *den Staat nach unten teilt,* und er muß das deshalb lernen, weil er die Methoden hinzuzuerfinden hat, mit denen man *den Staat nach oben überbietet*. Der Weg vom Staat, von der Erscheinung, zu dem, was mehr ist als der Staat, zum Wesen oder zum Reich ist zugleich der Weg vom Unterpolitischen zur echten, säkularen Politik, deren Gegenwart und Aktualität Generationen umspannt, und die zugleich die religiöse Sehnsucht stillt.

Der moderne Staat wird am Ende seiner Entwicklung unter die Nation verteilt, weil er von Anfang an »nationaler« Staat ist. Am frühesten entsteht der moderne »Staat« in Frankreich und in England. Er entsteht im wesentlichen Zusammenhang mit einer nationalen Widerstandsbewegung gegen das oberlehnsherrliche Recht des römischen Papstes, und das nationale Zusammengehörigkeitsgefühl ist ein wesentliches Band des Staates. Als in England am Ende des 13. Jahrhunderts Eduard III. dem Parlament seine Frage vorlegte, erklärte dieses »einstimmig mit *Einschluß der Prälaten* die Lehnsauftragung durch König Johann für nichtig, weil sie dem Rechte des Landes wiederspreche.« Das Sein des Staates ist Geteiltsein, und zwar Zugeteiltsein; der Staat wird zu dem, was er ist, er wird zum nationalen Staat. Der absolute König nimmt durch die Aufhebung der Intermediärgewalten die absolute Nation vorweg; die Nation ist selbst der König. Die Nation dringt durch alle Poren der Staatlichkeit hindurch, sie ist politisch allgegenwärtig, das Staatsschiff segelt unter voller Besatzung. Die Schranken der Länder, der öffentlichen und privaten, der wissenschaftlichen, technischen, kirchlichen Verwaltungskörperschaften fallen hinweg, und die Nation – der neue König – hält ihren Einzug.

An demselben Ende seiner Entwicklung ist aber derselbe Staat zugleich zur totalen Maschine geworden.[3] Weil der Staat die stärkste Ge-

3 Die Idee der Maschine ist eine Ausgeburt der Barockmetaphysik. An der ursprünglichen Konzeption gemessen ist die Industriemaschine eine erste gespenstisch-blutleere und oberflächliche Verwirklichung der »Idee Maschine«. Das Barock – eine Flutwelle der Zeiten – überschüttete uns mit Keimen und Früchten, die wir uns erst allmählich und unbeholfen aneignen; wir stehen noch nicht auf der Höhe dieser Zeit. Der Barockgott ist *der rechnende Konstrukteur des Alls*. Er hält die Weltmaschine in Gang, deren Gesetze Kepler und Newton erforschten. An die Stelle der scholastischen Syllogismen sind die Kategorien der modernen Technik getreten; nach ihnen baut der absolute Techniker der Realitäten übereinander. Sein Meisterwerk ist die mikrokosmische Maschine »dieser« Welt, der Staat als ein Uhrwerk (Hobbes). Dieses Uhrwerk ist aus kleineren Mechanismen zusammengefügt, den Staatsbürgern, Gliedermaschinen hinter denen die »Seele« steht, ein egoistischer Erfinder und Rechner. Zwischen den Menschen, den kleinen Wölfen, herrscht nur deshalb die Ordnung, weil das ganz große Ungeheuer von derselben Ratio besessen ist, die die millionenfältig durcheinanderlaufenden Bewegungen der Weltmaschine reguliert. Die Ratio, die Vernunft, ist über die elenden Egoismen der kleinen Wölfe hinaus, sie hat die kleinen Leidenschaften nicht nötig, weil sie, als affectus absolutus, von ihrer eigensten, überschwänglichen Leidenschaft, dem amor intellektualis aufgefressen wird. Schon Grotius führte aus, die absolute Leidenschaft könne nicht unersättlich genug sein.

Das Ideal des Staates ist schließlich der restlos durchmaschinisierte Staat. Es läßt sich nicht ändern, daß die große Uhr aus *Teilen* besteht. Doch der Leviathan macht aus der Not eine staatstechnische Tugend, er treibt die Künstlichkeit auf die Spitze und macht den Teil der Uhr selbst uhrenhaft: Wenn schon Ungeheuer, dann Ungeheuer in ganz großem Format, Ungeheuer zu Ehren Gottes. Wie die Musik durch ihre totale Maschinisierung in Gestalt der Orgel zu einem Meer wird, das aus sich selbst seine Anregungen, Gegenströme und Rhytmen schöpft, so fällt der Staat durch seine totale Maschinisierung auf seine bisher im Inneren verborgene freie und weite politische Lebendigkeit zurück. Er spielt mit sich selbst; jeder Teil der Uhr-Staatsbürger, der sich von einem andern Teil mit eigener Kontur abhebt, ist selbst uhrenhaft, und alle Uhren sind gleichgeschaltet. Alle Zeiger weisen auch im kleinsten Bruchteil irgend einer herausgegriffenen Sekunde nur in eine einzige Richtung, ohne die minimalste Abweichung. Die überlegene Kunst, die in der großen Uhr steckt, greift unaufhaltsam um sich; und mit den dem ganzen Staatsapparat innewohnenden Mitteln einer automatisch sich vollziehenden präzisionstechnischen Messung, Ausrechnung und Ausrichtung sind unverzüglich die politischen Richtungen für *jedes* Zeitdifferential festgelegt und restlos befolgt.

walt der Neuzeit ist, deshalb beansprucht er mit Erfolg, daß ihm die Spitzenergebnisse aller wesentlichen Fortschritte in der Neuzeit zufallen, und weil der Geist des Fortschritts, der Modernität, der Rechenhaftigkeit als der Inkubus sich die moderne Technik als die Geliebte aussucht, die er vor Liebe auffrißt, deshalb sind es die Ergebnisse der modernen Technik, die dem Staat als dem Meistbegünstigten zufallen. Weil es ersichtlich wird, daß der Staat die Meistbegünstigungsklausel restlos für sich auszuwerten gedenkt, deshalb verwandelt sich die Industrietechnik unter der Hand in eine politisch prädisponierte Technik, eine solche, die die Ausbildung einer totalen Staatsapparatur von langer Hand vorbereitet, fördert und schließlich abschließt. Modernität, Technik und Staat haben ein verschiedenes »geologisches« Alter. Die Modernität reicht bis in die ältesten Schichten der christlichen Kultur hinab, der (nationale) »Staat« besteht erst seit der Zeit Dantes, und die (moderne) Technik ist die jüngste und gegenwärtig wirksamste unter diesen massiven Gewalten. Im Grunde bilden diese Gewalten ein *einziges* Massiv.

Speziell zwischen Modernität und Technik besteht folgender Zusammenhang: Die Modernität ist, wie gesagt, älter als die »moderne« Technik. Die Kombination von Kraft- und Arbeitsmaschine und die moderne Verkehrsmaschine sind nur wenige Generationen alt. Die vorausliegende Handwerkstechnik gehört einem abgeschlossenen Millenium der Zivilisation an. Der Dämon der Modernität hat es erst seit wenigen Generationen für gut befunden, die Inkubation mit der Technik, der Arbeitswirklichkeit, zu vollziehen, der Dämon selbst aber erhebt sich, wie Dostojewski in seiner Legende vom Großinquisitor[5] richtig geschaut hat, aus dem Schoß der mittelalterlichen westeuropäischen Kirche[4]; er sprengt den Rahmen

[5] Erzählt von Fjodor Dostojewski, in: *Die Brüder Karamasoff* [1. Band, 5. Buch, 5. Kap.]. Sämtliche Romane u. Novellen, übertr. von Karl Nötzel, Bd. 23, Leipzig: Insel 1921, S. 451–484.

4 Eine Apparatur entsteht schon in den ersten christlichen Jahrhunderten. »Immer feiner und höher gliederte sich der Verfassungsbau, wobei die Verwaltungsbezirke des römischen Reiches mit ihren städtischen Mittelpunkten maßgebend wurden« (Rud. Kötzschke, Allgemeine Wirtschaftsgeschichte des Mittelalters). Schon im frühen Mittelalter entfaltet sich zugleich im Schoß der Kirche der Geist der *ökonomischen Rechenhaftigkeit:* Das Kirchengut war so stattlich angewachsen, daß »von einer Entwicklung der Kirche zur *wirtschaftlichen Großmacht*« gesprochen werden kann. In der geschickten Güterverwaltung waren Päpste wie Gelasius I., Gregor der Große, »selbst um geringfügige Einzelheiten bekümmert«. *Bürokratische* und *ökonomische* Rechenhaftigkeit sind die beiden zusammengehörigen »satanischen« Eigenschaften jenes herrschsüchtigen westlichen Geistes der Modernität, den Dostojewsky bis in die westeuropäische Kirche zurückverfolgt. Das päpstliche

dieser Kirche, und er schweift nun zunächst rund 400 Jahre lang ruhelos in den Gefilden des Denkens, Glaubens und Tuns umher, bis er endlich in der Mitte Europas den Grund und Boden findet, auf dem er sich niederläßt: die technische Arbeit. Die kosmographische Aufklärung – d. h. die Entdeckung der »neuen Welt« durch Kolumbus[5] und der »neuen Erde« durch Kopernikus –, die philosophische Aufklärung – d. h. die Entdekkung des »wissenschaftlichen« methodischen Denkens durch Descartes und Bacon – und die ökonomische Aufklärung durch den Praktiker des Kapitalismus – d. h. die Entdeckung, daß jede menschliche Tätigkeit sich als zinsenabwerfende Investierung eines anonymen Kapitals auffassen läßt (vgl. Hegel, Phänomenologie, Kategorie des Nutzens), diese dreieinige Aufklärung ermöglicht und bewirkt die *entscheidende* Annäherung zwischen Modernität und Technik. Mit *dieser* Annäherung, dieser Inkubation, ist das unstete Herumschweifen, die ahasverische Wurzellosigkeit und Heimatlosigkeit des »Dämons der Modernität« überwunden, die Geschichte der Aufklärung abgeschlossen. Die Maschine ist es, die das Gift der Modernität einschließt und nicht wieder losläßt. Ahasverische Naturen werden aus der Maschinenlandschaft ausgestoßen. *Im Land der Technik, in Deutschland,* wird auch die moderne Technik als solche, als ganze, zum Problem. Wir haben hier in Deutschland die wundervollste *Ausrüstung* des Lebens, und was soll uns nun diese allgegenwärtige, allumfassende und alles durchdringende Rüstung?

Die Inkubation zwischen Modernität (Rationalisierungsdrang und Vorteilsberechnung) und Technik führt naturgemäß dahin, daß die Technik den Teufel im Leibe hat; sie will selbst total, selbst ein »Reich« der Technik sein. »Totalität ist Trumpf«, das sagt nicht nur der Staat, das sagt auch die Technik. Die Technik rückt in die »ideelle« Nachbarschaft des Staates. Der moderne Staat ist schließlich nicht nur auf Grund seines herrischen Anspruches auf alles Fortschrittliche, Stärkende, Organisations-

Rom ist »eine Stätte *der Bürokratie und der Geldwirtschaft,* gewöhnt, ... in Geldeswerten zu rechnen«. Das Beamtentum ist »gutenteils auf feste Besoldung angewiesen«. Der Geist der Modernität strebt von vornherein nach »Weltherrschaft«, und zwar bewußt seit Innocenz III. »Bei dem ungeheueren Ringen mit dem Kaisertum setzte Rom neben geistlichen Mitteln auch die Erträgnisse der gewaltig gesteigerten päpstlichen Finanzwirtschaft ein.« Das Papsttum erhob sich mit Hilfe von Bürokratie und Geld »zur abendländischen Weltmacht.«

5 Vgl. hierzu die geniale Skizze von Friedrich Gentz: »Über den Einfluß der Entdeckung von Amerika auf den Wohlstand und die Kultur des menschlichen Geschlechts«, ausgewählte Schriften, Hrsg. Weick, 1838, 5. Band.

trächtige, sondern zugleich auf Grund einer Affinität der Meistbegünstigte der Technik. Die Technik braucht den Staat um ihrer selbst willen, und sie kann nur, wenn sie in den Staat eindringt, wenn sie innerhalb des Staates, von Staats wegen und für Staatszwecke ihr Werk tut, totale Technik werden. Der Ausdruck »Sozialismus« hat keinen anderen Sinn als den, die Tatsache zu bezeichnen, daß der moderne Staat der Meistbegünstigte der Technik ist, und daß der Techniker, der »Arbeiter«, dadurch, daß er die Hand an die Staatsapparatur legt, zu sich selbst kommt. Alle technischen Zwecksetzungen werden in eine einzige Zwecksetzung zusammengerafft, und alle Arbeitstätigkeit wird auf die Tätigkeit an der Staatsmaschine ausgerichtet. Die herrlichsten modernen Maschinen liegen auf den Friedhöfen der Industrie verstreut, und in dem wüsten Durcheinander, das mit innertechnischen Mitteln niemals zu systematisieren ist[6], heben sich die Konturen *der einen exemplarischen* Maschine ab, der Uridee der Maschine, der Staatsapparatur, dieses riesigen Präzisionsinstrumentes, wunderbarer als ein Zeißsches Planetarium. Die Technik wird in eine höhere Sphäre transponiert; die wirre Mannigfaltigkeit der öden Industrienationen diente einem trivialen Profitgeist dazu, *die Erde zu stürmen; die Maschine der Maschinen dient dazu, den Himmel zu stürmen.* Die zerstreut liegenden Gebeine – von denen jedes für sich ein Kunstwerk ist –, fügen sich zusammen, und aus der Vielheit der Betriebe wird ein einziger Betrieb, eine einzige Maschinenwelt. Aus dem in Branchen, Klassen, Stände, Schichten gespaltenen Volk wird ein einziges Arbeitsvolk, eine einzige Betriebsbelegschaft. Das ist *der moderne Mythos des Sozialismus.*

Das Neutrale und das Soziale treffen sich in dem geschichtlichen Augenblick, in dem die fortschreitende Totalisierung des Staates ihren Abschluß erreicht. Die Nation muß sich in *eben dem* Augenblick zur Aufgabe nehmen, in die Staatsapparatur einzuziehen, in dem sie die Gefilde der modernen Technik wie ein Völkerwanderungsschwarm durchzieht und durchdringt. Wer in den Staat hinein will, der muß die Technik mitnehmen, die eben daran ist, selbst ihren von langer Hand vorbereiteten Einzug zu halten. Die Nation muß *als arbeitende* Nation einziehen, weil

6 Über den Wirrwarr schon in der beruflichen Organisation vgl. einen Satz aus einem Aufruf des »Reichsbundes Deutscher Technik« vom April 1933: »hat die unübersehbare Zersplitterung der technischen Organisationen, die Zahl der Zeitschriften, die Mehrfachbearbeitungen derselben berufsständischen Angelegenheiten in Sitzungen und Tagungen der unendlich vielen Instanzen eine aller Vernunft spottende Höhe auf Kosten des Wirkungsgrades erreicht.«

der Einzug unter den Zeitzeichen der Technik steht. Weil die Technik, wie wir auf Schritt und Tritt wahrnehmen können, zum wesentlichen Inhalt des modernen Staates gehört, deshalb ist *die Technik* nicht nur Mittel, sondern auch *Ziel jenes Einzuges der Nation.*

Die Einheit von Nation und Arbeiter ist eine Einheit *innerhalb* der Modernität, ein Triumph der Modernität. Der Deutsche ist aber nicht auf die Modernität als solche aus, sondern seine Aufgabe ist, hinter die Modernität zu kommen. Ein *metaphysischer* »Habitus« ist die bewegende Kraft des Deutschen; sie steht hinter seinem Trieb zur Modernität. Der bloße Nationalismus ist ebenso wie der bloße Sozialismus bloßer *Positivismus:* und beide sind metaphysisch-religiös unzulänglich. Wenn man nicht einem platten Monismus, einem kitschigen Pantheismus, einem brutalen und geistlosen Naturalismus verfällt, dann ist man im besten Falle ein »Agnostizist«, der Religion und Kirche als zweckmäßige irdische Ordnungsprinzipien galvanisieren will. Eine Politik, der keine echte Religion, keine diskutable Metaphysik assistiert, bewegt sich im Unterpolitischen. Der Deutsche zeichnet sich dadurch von den übrigen im Positivismus versunkenen Nationen aus, daß er in metaphysicis niemals locker lassen wird. Vielleicht gelingt es dem Deutschen, die Technik, die in der modernen Staatsmaschine zur höchsten Präzision, Wucht und Intensität zusammengefaßt ist, in zweckentsprechender Form auf das Gebiet des philosophischen Denkens und der religiösen Spekulation zu übertragen. Nachdem das Denken und der metaphysische Trieb der Technik diente, *wird die Technik rückwirkend dem Denken dienen.* Der Deutsche hat das Zeug dazu, den Positivismus der andern Nationen wettzumachen; ebenso wie das Denken der Maschine diente, kann die Maschine nunmehr dem Denken, das auf seine eignen höheren Realitäten aus ist, dienen. Wenn die Maschine ein Geschöpf des Denkens ist, dann ist und bleibt sie jedenfalls dem Denken so verwandt, daß das Denken sie der Bestimmung des Denkens wieder zuführen kann. Das Denken beansprucht alle physischen, geistigen und psychischen) Kräfte und Fähigkeiten des Menschen, und es leitet vom Realen, dem Staat als dem vollendeten Positivismus, zum Realeren, dem Reich der wahren res publica, und schließlich zum Realsten über, dem metaphysischen ens realissimum, einer res, die allen Unterscheidungen zwischen *res publica* und *res privata* vorausliegt. Man wird wieder auf Wesenheiten stoßen, die, wie die Heiligen in den oberen Sphären des Danteschen Himmels, weder Privatpersonen noch öffentliche Personen oder Körperschaften sind, und die die Perspektiven auflockern, die hinter den Staat, die machina machinarum, zurückführen. Man wird auf diese Wesenheiten mit Hilfe *einer geistigen Technik* stoßen, *die ihre Kräfte aus dem Triebwerk der machina machinarum schöpft,* die sich nach ihrem Vorbild aufbaut und vorwärtsschnellt. Jener Dante, der in die Weiten des Himmels einbrach, behalf sich mit Phantasieschemen, die ein Goethe kritisierte. Das Tempo des vordringenden Denkens muß sich in höchst realer und wirksamer Weise ändern, wenn einem modernen Dante die Vorstellungen der Weltraumrakete in Fleisch und Blut übergegangen sind. Die realste Wirklichkeit stößt sich von der realen Wirklichkeit ab, und das Denken, im strengen Sinne genommen, ist das Getriebe, das die Kräfte von der primitiven Wirklichkeit in die höhere Wirklichkeit überleitet, und zwar in der Übersetzung »eins zu unendlich«. Es gibt nur eine einzige Denktechnik, und dem Deutschen ist es vorbehalten, aus der Einheit der modernen Technik, mit der der Apparat des totalen Staats aufgebaut und erhalten wird, jene Übertechnik zu konzipieren, die das Lebensgefüge der res publica des Reiches zusammenhält.

Der metaphysische Geist des Deutschen hat hundert Jahre brachgelegen, und die Metaphysik wurde hundert Jahre lang verachtet. Wenn es nötig wird, die Apparatur der Modernität zu »überholen«, dann wird man die brachliegende Flur mit Mitteln der technischen Modernität umpflügen und besäen, und die Aufgabe, die Metaphysik zu ihrer eigentlichen Leistung zu mobilisieren, wird dem Deutschen vorbehalten bleiben. An die Stelle der beiden Divisionsaufgaben, »Staat durch Nation« und »Staat durch arbeitende Gesellschaft« tritt die Aufgabe, den Staat zum Reich zu potenzieren. Die Division ist uns nicht Selbstzweck, wir führen sie nur soweit aus, als es uns darauf ankommt, den wirklich, den abschließend modernen Staat in die Hand zu bekommen. Denn nur der ganz moderne Staat läßt sich zum Reich potenzieren, weil nur die machina machinarum Vorbild und Kraftquelle jener höheren Technik ist, die die Potenzierung vollzieht.

A. Die Technik der Darbietung

Die Politik Lenins wird *rekonstruiert*. Wir stellen uns, als hätten wir ein Werk eines Architekten aus unbekannter Zeit auf irgendeiner Atlantis aufgenommen. Die Ergebnisse der Filmexpedition werden vorgeführt. Dem Verständnis des Publikums muß etwas Ungewöhnliches nahegebracht werden. Dabei ist auf mögliche Irrwege dieses Verständnisses Rücksicht zu nehmen. Das Verständnis muß nicht nur gefördert, *sondern auch gehemmt* werden. Es sucht sich aus dem Werk des Architekten Stücke heraus, mit denen es von vornherein vertraut sein will, das Verständnis springt sofort ein, wenn diese Stücke erscheinen, und das Publikum nimmt von vornherein an, daß ihm das Urteil über diese bestimmten Bestandteile der Sache vorbehalten ist und allein zukommt.

Zunächst werden wichtige Konstruktionsteile des Gebäudes vorgeführt. Das, was an Vertrautes anklingt, wird ferngehalten, und das *Fremde* soll *als Fremdes* gesehen und festgehalten werden. Diejenigen Stücke werden gewählt, die die Konstruktionsgeheimnisse des Baus durchscheinen lassen. Zum Schluß wird in einer fortfließenden Darbietung das Ganze rekonstruiert (vgl. »Schlußstück: Die Partei«).

Diese Form der Darbietung ist mit Rücksicht auf bestimmte Zusammensetzungen des Publikums gewählt, das sich gewöhnlich bei Lenindarbietungen einfindet. Dieses Publikum setzt sich, sobald es merkt, daß Lenin auf dem Film erscheint, mechanisch bestimmte Brillen auf, rote, schwarze oder gelbe oder gar mehrfarbige Brillen. Der Regisseur des Films muß den Stoff so anordnen, daß dem Publikum seine Brillen nichts nützen, und daß sie ihm schließlich lästig fallen. Er rekonstruiert dasjenige von dem Bau, was mit Farben nichts zu tun hat, was abseits der Farbenwirkung liegt, vor allem der Wirkung *dieser* Farben. Das Publikum rückt seine Brillen zurecht; es setzt sie schließlich ärgerlich ab und sagt sich: wir wollen doch sehen, was überhaupt von dieser Sache übrigbleibt; wenn es mit der Farbe nichts ist, hätten wir vielleicht noch andere Brillen mitbringen müssen; haben wir vielleicht etwas von der Vorstellung versäumt?

Einen Augenblick wollen wir uns die Frager ansehen.

Einige aus dem Publikum dort haben ein durch Schreiben und Lesen von Leitartikeln, durch Besuchen von Wahlversammlungen und Abstimmungslokalen *wohlerworbenes Recht* darauf: alles zu beurteilen, was an Lenins Politik Nationalpolitik ist; andere sind geborene und patentierte

Spezialisten für alles, was nach Sozialpolitik riecht, und wieder andere nehmen die Wirtschaft oder das Verfassungsrecht unter die Lupe. Manche haben Widerwillen vor dem »Kommunismus«, andre vor dem »Militarismus« Lenins, und für jeden von ihnen ist Lenin von vornherein abgestempelt, und jedes zusätzliche »positive« Urteil ist eine Konzession, ein Urteil unter Vorbehalt. Nicht weniger mit Vorsicht zu genießen ist die Bejahung durch diejenigen, die annehmen, Lenin sei ein Repräsentant ihrer Partei, der dieser Partei Ehre macht, auf den sie sich beruft und durch den sich Führer und Mitglieder ein Alibi vor dem Forum der Politik verschaffen. Lenin wird von Parteiseite beschlagnahmt, und eine Partei muß etwas bedeuten, wenn sie einen solchen Vertreter gehabt hat. Für diese Leute wird jedes positive Urteil über Lenin zur *Bestätigung* des allgemeinen apriorischen Vorbehalts; – »siehst du wohl«, sagt der »radikale« Sozialist triumphierend, wenn er ein Lob über den Vorkämpfer seiner Sache hört. Er nimmt immer an, daß man »eigentlich« geneigt ist, seinen Helden schlecht zu machen. Auf seiner Seite liegt ebenso wie auf der Gegenseite der *Vorbehalt* ein für allemal in der *Tiefe,* und das *Urteil* ist erst *hinterher* daraufgesetzt. Der eine Teil will von vornherein mit Lenin nichts zu tun haben, weil ihm dies und das auf keinen Fall paßt, weil ihn dies und das in seinem Innersten verletzt. Jedes positive Urteil gibt er mit dem Vorbehalt ab, daß er dieses Urteil modifizieren oder gar wiederbeleben muß, wenn sich herausstellt, daß das Urteil seiner Position schadet. Jedes Urteil könnte eine Falle für ihn werden, er könnte mehr sagen, als er verantworten kann, und sich auf etwas einlassen, das ihn von seiner eigenen Sache abbringt. Zunächst findet er die fremde Methode interessant, aber zugleich abstoßend und unmoralisch, und es steht fest, daß mit dieser fremden Methode nichts zu erreichen ist und daß das, was wirklich erreicht wird, dadurch erreicht wird, daß unter der Hand bei seiner eignen längst bewährten Methode eine Anleihe gemacht wird[7]. Nachdem aber nun ersichtlich wird, daß es mit der *fremden* Methode *auch* geht, wird nunmehr die Voraussetzung geändert, und man wirft ein, es sei *auch* mit der *eignen* Methode gegangen, und zwar ohne die vielen Opfer und Mühen.

7 Diese Art des »Vorbehalts« und der Kritik ist alt, sie wurde schon gegen Hegel angewandt: seine Dialektik käme nur durch Anleihen bei dem ganz ordinären Empirismus vom Fleck. Die absolute Grenze für alle Zugeständnisse ist erreicht, wenn zugestanden werden muß: »Es geht *auch* anders.« (S. u.)

Seltsamerweise macht man eine Voraussetzung, daß man *sich etwas vergibt,* wenn man fremde Normen anerkennt, und man hilft sich wenigstens so, daß man sich immer so wenig, als gerade möglich ist, vergibt – die Logik des Defaitismus. Zunächst ist der Vorbehalt kategorisch: es geht politisch und wirtschaftlich *nur* mit der alten Methode. In einer zweiten dieser wenig heroischen und rühmlichen Etappen geht man ein bißchen von der Strenge des Vorbehalts ab: es geht *auch* mit einer neuen Methode, wenn ihr durchaus wollt, aber es bedarf für einen »anständigen« Menschen keines Beweises, daß das, was wirklich erreicht wird, mit der *alten* Methode billiger, leichter und besser erreicht werden könnte. Schließlich behält man sich nur noch die bescheidenste Annahme vor, daß *auch* die alte Methode geeignet gewesen wäre, die – unzweifelhaft vorliegenden – politischen, wirtschaftlichen, militärischen, technischen Ergebnisse zu erzielen. Der bescheidenste Vorbehalt findet seinen Ausdruck in dem schlichten »auch«.

Entsprechend ist auf der »politischen« Gegenseite die wachsende Unstimmigkeit zwischen Vorbehalt und Urteil nicht ganz geheuer. Die Partei ist hinter den Ereignissen her, und in dem Augenblick, in dem sie sich die Ergeignisse gutschreibt, sind die Ereignisse über den vordersten Pflock hinausgesprungen, den die Partei ihnen setzt. Der Vorbehalt eilt hinter dem Urteil her, ohne es jemals einzuholen. Das politische Lebensschiff Lenins hat sich tatsächlich einmal diesen bestimmten Ausfahrtshafen mit diesem bestimmten Hinterland gewählt, und es ist möglich, zeitweise den Kurs des Schiffes als einen Kurs zu verfolgen, der von diesem Hafen aus gewählt wurde. Die Ladung des Schiffes wechselt, und es wird vielfach umgebaut, die Gestalt des Hafens läßt sich vorerst ändern, damit das Schiff wieder einlaufen kann, und das Hinterland kann sich auf die neuen Ladungen vorbereiten. Das Schiff setzt aber seinen eignen Kurs fort, und es erkämpft sich den Zugang zu Bestimmungshäfen, die außerhalb des engeren Wirkungskreises jenes ersten Hafens liegen, den es sich zum Stapellauf aussuchte. Ohne Bild: die Frage, was Lenin politisch ist, greift über die andre Frage, was er parteipolitisch ist, hinaus. Die Frage: was war Lenin *parteipolitisch,* findet in sich keine Lösung, sie stellt sich bei genauer Prüfung als Teilfrage heraus, die auf die umfassende und gründliche Frage zurückgeht: was war Lenin *politisch.* Das Komplizierte ist hier ein Teil des Einfachen, und aus ihm geboren, wie die Jahreszeit aus dem Jahr geboren ist.

(B.)

B. »Objektivität« der Darbietung

Es wird leicht die Frage gestellt, ob eine Darstellung der Politik Lenins nicht einem Parteigänger Lenins vorbehalten bleiben muß, und ob der Darsteller sich nicht auf irgendeinen Leninismus legitimieren muß; ob er überhaupt kompetent ist, zu urteilen, wenn er sich nicht durch ein Parteibuch ausweisen kann, und ob er der Sache überhaupt gerecht werden kann, wenn er sich nicht »zu etwas bekennt.« Mußte, um ein großes Beispiel aus der Geschichte auszuführen, Clausewitz nicht erst Bonapartist sein, ehe er Napoleon als den »Lenin des Krieges« hinstellen konnte? Gibt es außer dem Für und Wider ein Drittes, eine »Objektivität«? Man kann diese Frage dazu bewegen, sich selbst zu überschlagen, denn Napoleon, der Gegenstand dieses Streites, vergißt seinerseits dann, wenn er von einem Feinde lernt, Partei zu ergreifen (vgl. sein Verhältnis zu dem großen Preußenkönig), und er läßt in solchen wichtigen Augenblicken den, der gern Partei ergreifen möchte, im Stich. Derjenige, der die Forderung stellt, man solle sich für ihn entscheiden, bleibt sich selbst nicht treu, und er wird erst recht ein Verführer zur Objektivität. Was soll man von ihm denken? Kann man sich auf ihn verlassen? Scheinbar ist er, was die »Partei« anbetrifft, nicht wählerisch, wenn es so etwas zu lernen gilt, und er fragt nicht danach, *wer* es ist, der ihn etwas lehrt oder bei dem etwas zu holen ist. Wer hätte bei einem aktiven Menschen so viel Kontemplation erwartet?

Es gibt allerdings Grenzen *dieser* Objektivität. Jemand, der eine Konfession begründet, kann nicht von einer Kirche lernen, die mit Konfessionen noch nichts zu tun hatte. Jemand, der Interessenpolitik betreibt, kann nicht von jemandem lernen, der sich über seine eignen Interessen hinwegsetzt. Selbst die aktuelle Form der Feindschaft, der Krieg, ist nach Clausewitz ein »Verkehr«, und man kann nur Feind jemandes sein, mit dem man verkehren kann. Die Feindschaft ist eine Form, sich mit dem andern und sich auf die Sache des andern einzulassen, wenn auch mit dem Ziel, alles miteinander zu vernichten. Nach Hegel ist die Feindschaft großen Formats das welthistorische Mittel, eine Sache endgültig zu bestätigen: die eine Sache wird versiegelt und ad acta gelegt, und für die andre Sache werden die Akten eröffnet. *Es ist also nicht die Feindschaft, die der Objektivität ihre Grenze setzt, sondern die gegenseitige Unangemessenheit der Sphären.* Eine Feindschaft (vice versa Freundschaft) kann zu einem Bündnis der Feinde (Freunde) gegen diejenigen führen, die den

Boden und die Gründe dieser Feindschaft (Freundschaft) nicht sehen und nicht anerkennen wollen.[8]

Die Objektivität präjudiziert in ihren Ergebnissen etwas. Wer die Sache nimmt, wie sie ist, den nimmt auch ihrerseits die Sache. Wer von Napoleon lernt, wie man Krieg führt, und die Lehre weitergibt, der flößt dem

8 Ein *sehr* bedeutendes Beispiel ist – in Shakespeares Antonius und Kleopatra – das Bündnis zwischen den Feinden Antonius und Augustus gegen die *alte* Ordnung der Dinge, die einen Streit um eine Weltherrschaft nicht zulassen will: »Doch, wüßt ich den Reif, der uns verfestigte, von Pol zu Pol sucht ich ihn auf«, ruft Augustus seinem Rivalen Antonius zu. Von dem *Vertreter der alten* römischen Ordnung, von Brutus, den beide imperatorischen Naturen zusammen bekämpfen, sagt Antonius im Caesardrama: »Nur er verband aus reinem Biedersinn und zum gemeinen Wohl sich mit den andern.« Augustus sagt an der Leiche des überwundenen Antonius: »Raum für uns beide war nicht in weiter Welt. Und doch beklag ich's mit Tränen, kostbar wie des Herzens Blut, daß du, mein Bruder, du, mein Mitbewerber zum Gipfel jedes Ruhms, mein Reichsgenoß ... Herz, an dem das meine sich Glut entzündete – daß unsre Sterne, sich unversöhnlich ganz, die vor'ge Einheit bis dahin trennen mußten!«

Auch eine Feindschaft hat ihr »physiogenetisches Grundgesetz«. Der Entwicklung der Feindschaft zwischen Augustus und Antonius geht, einleitend und vorarbeitend, die Entwicklung der Feindschaft zwischen Caesar und Pompeius voraus.

Plutarch sagt in seiner Caesarbiographie: »Denn es war nicht, wie die meisten glauben, die Uneinigkeit zwischen Pompeius und Caesar, welche die bürgerlichen Kriege erregte, sondern vielmehr ihre Freundschaft, da sie sich erst zum Umsturz der Aristokratie miteinander verbanden und hernach sich wieder entzweiten.« Die *Freundschaft* ist also der *tiefere Ursprung* der Revolution, und eine *Feindschaft von größerer Tragweite ergibt sich in zweiter Linie.* Pompeius ist aber schließlich noch nicht der rechte Feind für einen Caesar. Einem *Caesar* gelingt und glückt *noch nicht,* was einem Augustinus glückt: einen Feind zu finden, der *auf dem Boden des imperialen* Gegensatzes gegen die alte bürgerliche Ordnung sein Feind ist und der ihm *als Feind den Gegensatz gegen die alte Epoche* zur Allgemeingültig erhebt oder *bestätigt.* Pompeius erreicht nicht das Niveau einer Feindschaft gegen Caesar, und Caesar schildert in seinen Memoiren, wie Pompeius auf das Niveau einer antiquierten und reaktionären Opposition zurücksinkt. Aus dem »Bürgerkrieg« ist ersichtlich, daß Caesar wiederholt versucht, Pompeius auf den Boden der imperialen Politik zu ziehen; er will sich zunächst mit ihm vertragen, um durch den Sieg über einen echten Rivalen das Recht zur Weltherrschaft zu erwerben, unverdächtig und durchschlagend. Pompeius *kann* aber nicht auf einen Vertrag über eine Teilung der Weltherrschaft eingehen: er ist deshalb Caesars Feind, weil er noch auf dem Boden der alten Ordnung steht, und nicht deshalb, weil er auf dem neuen Boden einer Weltreichspolitik mit Caesar rivalisierte. Pompeius versteht Caesars Angebot nicht, er ist konservativ und spricht noch die Sprache des alten halsstarrigen römischen Bürgers: »Was habe ich vom Leben oder vom Bürgerrecht, wenn es offenkundig ist, daß ich es Caesars Gnade verdanke.« Dieser Ausspruch des Pompeius ist zugleich der einzige Satz in Caesars Werk, der über den politischen Grund des Bürgerkrieges Auskunft gibt. – Von hier aus fällt einiges Licht auf Stalins Verhältnis zu Trotzki.

Lernenden mit der Sache das Vorurteil ein, auf dem die Sache ruht, mit dem sie steht und fällt: daß es nicht mehr legitime Herrscher und Kabinettsgeneräle sind, die Kriege führen, sondern Diktatoren, die Strategen und Politiker zugleich sind und die die Massen ohne Ansehen des Standes und des Besitzes in den Wirbel des Geschehens hineinreißen. Wie die Geschichte des 19. Jahrhunderts zeigt, läßt die Sache mit sich reden, läßt sich das Vorurteil biegen und wenden, und man kann auch nicht sagen, daß Napoleon der Erfinder dieses Vorurteils ist, er hat sich der Sache nur erstmalig und entschieden angenommen. Aber andrerseits ist die schöne Sache der bonapartistischen Diktatur auch nicht von dieser Person zu trennen, Napoleon hat sie angepackt, sich ihrer angenommen und sie mächtig gefördert. Er eilte den Ereignissen des 19. Jahrhunderts vielfach voraus.

Soweit sich bis heute urteilen läßt, ist Lenin ein bedeutenderer Politiker als Napoleon, er ist ein Stern erster Größe am Himmel der Politik, und bereits als politischer Schriftsteller ist er ohne Zweifel Macchiavelli zu vergleichen. Lenin bedeutet einen Schritt ins politische 20. Jahrhundert, er greift späteren Ereignissen vor und erreicht Punkte, die ins Dunkel der Zukunft vorgeschoben sind. Das Beispiel etwa eines Görres zeigt, welche praktischen Konsequenzen eine Prognose des Jahrhunderts hat. Die Voraussetzungen für eine solche Prognose zeichnen sich heute bereits ab, und einige Linien lassen sich ausziehen, wenn man die Politik Lenins zu rekonstruieren beginnt.

C. Handelt es sich um einen wirklich »seriösen« Politiker?

Ist die Person Lenins seriös, kann man ihn für voll nehmen? Verwechselt er nicht den Staat mit der Partei, opfert er nicht die Interessen der Nation, der Bauern, der Bürger dem Interesse der Arbeiter? Kann eine Politik, die sich der »Agitation und Propaganda« bedient, mit einer seriösen offiziellen Staatspolitik in eine Reihe aufgestellt werden? Ist nicht alles darauf gestellt, die Bevölkerung aufzuhetzen? Gegen diese Einwände ist zu sagen, daß sich gerade der gegenteilige Zweifel erhebt, ob Lenin nicht für einen Politiker erster Ordnung *zu* ernst ist. Über seinem Wirken schwebt noch einmal der düstere Ernst des 19. Jahrhunderts, der Ernst jenes schweren und unentschiedenen Ringens unbestimmter und grenzenloser

Interessenmassive. Staat und Gesellschaft sind in ihre Elementargewalten aufgelöst, und niemand meint es so ernst mit sich und mit den andern, wie diese dumpfen Riesengeister, die gegeneinander aufstehen. Der Geist der Heimatlosigkeit, Unstetigkeit und Hoffnungslosigkeit schwebt über diesem Kampfgewühl, und jene anonymen und endlosen Wirtschaftskämpfe sind die unvergeßlichen Ereignisse, die das Jahrhundert und seine Menschen am Ungewöhnlichen teilnehmen lassen und an denen sie sich wiedererkennen. Wenn Freunde und Feinde miteinander schiffbrüchig wurden und auf einer häßlichen und von Gott und aller Welt verlassenen Insel im Ozean der Zeiten Zuflucht fanden, dann erscheint ihnen hinterher auch eine solche Stätte als etwas ihnen ganz allein Eigenes, von dessen heroischer Häßlichkeit sie sich keinen Deut rauben lassen.

Die Erinnerung an die einzelnen Phasen des Kampfes und an die Opfer ist schließlich einmal in den Wolken von Wehmut gehüllt. Wer hier nicht dabeigewesen ist, der kann die Leiden dieses düsteren Jahrhunderts, das in einer Sintflut von Publikationen als das verständlichste von allen hingestellt wird, niemals verstehen. Für die Millionen, die auf den Schlachtfeldern des Positivismus verdarben, wird nie ein Gedenkstein errichtet werden. Wo ist die Seite, an der man jenem »armen Teufel«, jenem zerschundenen, von allen Quellen des Lebens abgeschnittenen *»unbekannten Soldaten«* des 19. Jahrhunderts, des *Jahrhunderts der Industrie* und des Ressentiments, seine Ehre erweisen kann? – In Lenin überlebt ein gewaltiges Teil von dieser heroischen Häßlichkeit der Heimat der alten Wirtschaftskämpfe. Er ist intim mit ihr vertraut, und er kennt die Schmerzen der bösen alten Zeit.

Von dieser Zeit hat er Verschiedenes geerbt, das auf einen Menschen des 17. und 18. Jahrhunderts abstoßend wirken würde, wie die Direktheit einer kaltschnäuzigen Militärsprache, die auch zum guten Ton der Fabrikdisziplin gehört. Lenin scheint die Logik von Blut und Eisen zu lieben, eine Logik, der das Spielerische und Anmutige fehlt, das den Argumenten Richelieus oder Friedrich des Großen ihren Zauber verleiht, ohne ihnen ihre Wucht zu nehmen. Lenin hält sich für einen »Materialisten«. Seine Politik ist mit einer schweren Stofflichkeit beladen; er ist als Politiker ein Schwimmer, der die Beilast ökonomischer Erwägungen hinter sich herschleppt. Dieser Politiker muß mehr Wissenschaft und mehr dickleibige Wälzer »in sich hineinfressen« als irgendeiner seiner Vorgänger. Aber seine politische Kraft ist nicht totzukriegen, er nimmt die rostigen und ungefügten Ketten mit sich, und sie behindern seine entscheidenden Stöße und Wendungen nicht. Das Klirren des Eisens geht in seine Sprache ein, und der materialistische Unglaube wird zur Maske eines Glaubens, der widerstandslos mit sich fortreißt, was ihm in den Weg kommt. Die gedrungene und geschmeidige Gestalt des Redners beugt sich von links nach rechts vor, den Massen entgegen, und der leibhaftige Geist der Politik ist unter den organisierten und unorganisierten Massen gegenwärtig, die ein Jahrhundert lang die Politik mit der Wirtschaft verwechselt hatten. Die Hüllen des Parteiführers fallen unversehens von diesem Manne ab, und mitten in seiner Rede vergißt er plötzlich, sich an die bewährten Vorbilder der marxistischen Partei zu halten. Er geht auf einmal dazu über, den Massen die Gesetze ihres Handelns zu diktieren, und dieser Übergang erscheint als der natürlichste von der Welt, niemand hatte von seiten dieses Mannes etwas andres erwartet. Der Quell, der das reine Wasser der Politik spendet, stürzt aus dem unförmigen Felsengewirr des 19. Jahrhunderts hervor. Die Oase ist dort zu finden, wo dieses Jahrhundert am kahlsten und wüstesten wird, wo es in seiner ganzen heroischen Öde gegenwärtig ist. Der zaristische Imperialismus ist die letzte Steigerung der Trostlosigkeit – Dostojewskis Memoiren aus einem Totenhaus[6] sprechen für sich selbst. Die wirksamste Stelle eines Umbruchs ist dort, wo das alte Jahrhundert am meisten sich selbst gleicht. Die politische Produktivität Lenins bricht an der härtesten Stelle hervor, und an der Stelle dieses Umbruches wird das meiste Geröll mit fortgerissen. Wenn schon der Felsen gesprengt wird, dann sind große Brocken erwünschter und nützlicher zu verwenden als kleine Steine, Sand und Schlamm.

Wäre Lenin auch im Reiche Peters des Großen, als es noch keine Fabrikarbeiter gab, als politisches Phänomen hervorgetreten? Gibt es eine »Veranlagung schlechthin« zur Politik, die den Stoff, den die Zeit ihr schlecht und recht gibt, benutzt, und die den Anlaß ergreift, um sich auszuleben und durchzusetzen?

Auf diese Frage ist zu antworten, daß die Begabung mit dem Element, in dem sie auftritt und in dem sie sich entfaltet, ein für allemal unlöslich verbunden ist. Das Sein des Elements ist von der Interpretation, die man ihm gibt, zu unterscheiden, und der Name, den Angehörige oder Fremde

[6] Novelle von Fjodor Dostojewski; auch »Aufzeichnungen aus einem Kellerloch« oder »Aufzeichnungen aus dem Untergrund« [Zapiski iz podpol'ja]. Publiziert 1864 in der Zeitschrift »Epocha« (›Epoche‹); diese Monatszeitschrift gaben die Brüder Dostojewski 1864/1865 in St. Petersburg heraus.

dem Element geben, ist oft nur von einzelnen mehr oder weniger peripheren Eigenschaften dieses Element hergenommen. Der Industriekapitalismus des 19. Jahrhunderts stampft die Millionenarmeen der Proletarier aus dem Boden, sie sind da, und keine Macht vermag sie wieder aus der Welt zu schaffen. Sie schieben alles beiseite, was bisher dem Leben Stil, Anmut und Form gab. Zweifellos haben diese Armeen das Zeug dazu, ein Element eines politischen Daseins zu werden, und sie stellen schon etwas aus sich heraus, was es derart in früheren Jahrhunderten nicht gab und was einer kommenden politischen Kraft entgegenarbeitet: eine Organisation der technischen Arbeit im Riesenbetrieb und eine ungeheuere Entfaltung von Massenkräften. Das Element ist da, und wer weiß welcher Gott hat es in die Welt gesetzt! Wo steht es geschrieben, daß nur bestimmte Elemente dem politischen Gestaltungswillen offenstehen, politisch hof- und gesellschaftsfähig seien? Die theoretische und geschichtspolitische Frage, woher das Element kommt, geht den Politiker nichts an, für ihn gibt es nur das Existenzkriterium. Das Element etwa der Bismarckschen Politik war ein gänzlich anderes als das Element der Leninschen Politik. Bismarck sah auch das Element, in dem sich Lenin bewegte, aber er war nicht aus dem Stoffe gebaut, daß er in dieses Element eindringen und es *von innen her* beurteilen konnte, und es ist ihm kein Vorwurf daraus zu machen, daß dieses Element nicht sein Element war. Einen Politiker als solchen, dem es gelingt, sich in den Mittelpunkt der Kräfte und Möglichkeiten des Elements seiner Epoche zu stellen, kann niemand *dafür verantwortlich machen, daß dieses Element da ist und historisch mächtig ist.* Es müßte sonderbar in der Welt zugehen, wenn es eine Instanz gäbe, vor der die großen Politiker *die Tatsache des Bestehens ihres Wirkungselements* zu verteidigen, zu entschuldigen oder auch nur zu erklären hätten. Das Element Richelieus war Staat, Gesellschaft, Wirtschaft des nachmittelalterlichen Frankreich und Europa, und es ist erstaunlich, was er *in* diesem Element zustande gebracht hat. Ein Dante hat sein Anathema gegen dieses Element vorweggenommen, und wenn es darauf angekommen wäre, hätte vielleicht nicht einmal der Kardinal Richelieu selbst *die Existenz* dieses Elements in Schutz genommen. An der *Tatsache* des Bestehens jener nachmittelalterlichen Gesellschaft konnte er nicht rütteln, und er konnte nur eine Form finden und durchsetzen – den zentralistischen Absolutismus –, mit der man *in* diesem Element noch in Ehren bestehen konnte.

Soll man die Nase rümpfen, daß es im 20. Jahrhundert auf einmal einen Richelieu gibt, der seine Schwimmkünste im *proletarischen* Element versucht? Wem geht eine solche Politik wider den Geschmack? Fürchten wir, daß in Deutschland ein Politiker auf den Gedanken kommen könnte, Lenin nachzuahmen? Haben wir heiligste Güter gegen die Barbaren zu verteidigen? Man muß sagen, daß das neue Element, das beinah wider seinen Willen ins Dasein gezogen wurde, im Laufe des 19. Jahrhunderts bereits sein Werk getan hat. Wer würde es aushalten, wieder in der Zeit um 1900 zu leben, nichts andres vor sich als sein Scheckbuch und seine Karriere, und in Ewigkeit dieselben öden Mietskasernen, die sich endlos in die Vorstädte hinziehen, dieselben Leitartikel, dieselben von der modernen Chemie ausgelaugten Felder, dieselben Krankenhäuser, dieselben Exerzierplätze, ein graues Einerlei von Berlin bis nach Chicago, in dem Kaisergeburtstagsfeiern und Lynchjustiz an Negern nur quälende Intermezzos, dürftige Sensationen sind? Was ist überhaupt das »proletarische« Element?[9] Gehört es zur Definition des Proletariers, gegen die, denen es besser geht, aufgehetzt zu sein? Kann man aus einer Reaktionsweise, die unter *besonderen* Umständen zu beobachten ist, ein Merkmal gewinnen, geeignet, das Wesen des ganzen reagierenden Organismus zu definieren? Ist, um ein zoologisches Beispiel zu nehmen, der Hund damit definiert, daß man sagt, er sei ein Tier, das sich überhaupt gern ein wenig reizen läßt, das gern dabei ist, aufzumucken? Die Definitionen, die ihren Ursprung im Ärger haben, töten nicht, und der Ärger ist, mag er noch so groß sein, unvermögend, das, was ihm nicht paßt, aus der Welt zu schaffen. Selbst der Ärger eines Dante war nicht imstande, den bürgerlichen Nationalstaat Philipps des Schönen aus einer Existenz in eine Nichtexistenz zu verwandeln. Der Zauberstab muß erst noch erfunden werden, der den Ärger mit existenzsetzender bzw. existenzvernichtender Kraft begabt und ihn in den Stand setzt, historische Existenzen, die der liebe Gott aus dem Nichts geschaffen hat, wieder in das Nichts zurückzuversetzen. Wenn dieser Zauberstab endlich gefunden ist, dann werden alle Politiker mit Ausnahme des »Junker Satan«[7] in den Ruhestand versetzt, denn der Ärger ist eine so verbreitete Erscheinung, daß die Schöpfung alsbald auf

9 Die Frage, was im *gegenwärtigen Deutschland* tatsächlich *das »Element«* eines Politikers und einer Politik wäre, fällt nicht in den Rahmen dieses Buches. Die »soziologische Struktur« Deutschlands ist völllig anders als die Rußlands.

[7] Johann Wolfgang Goethe, *Faust. Eine Tragödie,* Vers 2504 [*Sinn und Verstand verlier' ich schier / Seh' ich den Junker Satan wieder hier*].

den ursprünglichen Status des Nichts zurückversetzt wäre, von dem der Schöpfer ausgegangen ist, den wahren kosmopolitischen Urstaat, in dem alle Nichtexistenzen sich vorbildlich aufführen, sich aufs beste miteinander vertragen, und in dem sie sowohl mit den andern als auch mit sich selbst zufrieden sind. Vorläufig aber kann sich jedes Tier nicht genug wundern, daß es auch noch andre Tiere gibt, und es will viel sagen, wenn es die Tatsache, daß es noch anders gebaute Existenzen gibt, nicht als eine höchst persönliche Beleidigung auffaßt. Eine besondre Bosheit, ja fast eine ausgemachte Teufelei ist es, wenn gar von irgendwoher neue Tiere hereingeschneit kommen, die sich vermehren und breit machen. Wie kann man diesen Tieren überhaupt ihre Existenz verzeihen, wenn sich noch herausstellt, daß sie, bevor sie hereinkamen, überhaupt noch nicht existierten? Was wollen sie im Reich der historischen Existenz? Es gibt nur *eine* Möglichkeit: sie führen Böses im Schilde, und zwar haben sie den boshaften Gedanken, zu existieren, gefaßt, um es nun auf besondre Dinge abzusehen, die das Dasein so wertvoll und schön gemacht haben und an denen man selbst seit 50 Jahren ein solches Gefallen gefunden hat, daß man es sich nicht mehr anders vorstellen kann, als hätten diese schönen Dinge seit Beginn der Welt bestanden, gleichsam Ausflüsse ewiger Gesetze der Natur und Gesellschaft.

D. Die Grenzen des Leninschen »Glaubens«

1. Der Frieden als Endziel

Wo liegen die Grenzen der Leninschen Politik? Die Grenzen der Politik liegen da, wo die Grenzen des »Glaubens« liegen. Woran glaubt Lenin, und woran glaubt er nicht?

Das Endziel der Politik ist der Frieden. Der wirkliche Frieden ist von verschiedenen friedensähnlichen Zuständen zu unterscheiden. Im vorleninschen Rußland gab es eine Verschlafenheit dumpfer Massen, die mit einem neuen Leben in keine Berührung kamen. In einer entlegenen Kleinstadt herrscht Frieden, weil kein Leben mehr da ist. Die Bedürfnisse sterben ab, und der Mensch gibt sich von vornherein mit seiner Lage zufrieden. Auch im stagnierenden Gewässer gibt es idyllische Szenen. Der einzelne zieht sich ins »Ewig-Menschliche«[8] zurück, er erfüllt seine

[8] Vgl. Friedrich Gundolf, *Dichter und Helden*, Heidelberg 1923 (2. Aufl.), S. 46.

Berufspflichten, er erfreut sich am Gedeihen seiner Kinder und an der Tüchtigkeit der Hausfrau, die sparen und kochen kann. Zu seiner kleinen Welt geht ihn die Unseligkeit der großen Welt nichts an, und er bringt es fertig, zu sterben, ohne von der Friedlosigkeit, die gespenstig durch den Grund der Dinge hindurchscheint, ernstlich Notiz genommen zu haben. Für ihn ist jenes Schreckwesen keine Realität, das mit aufgerissenen Augen und aufgelösten Haaren durch die Dinge seiner Welt hindurchirrt, oder er verwechselt dieses Gespenst der Friedlosigkeit gar mit der Politik Lenins selbst. Derjenige, der die Friedlosigkeit aufzeigt, der ist auch der böse Geist, der sie *verursacht,* unterhält und der nahezu mit ihr identisch ist. Wozu ist ein solcher Unruhstifter und Störenfried in der Welt? Ohne ihn hätte man seine Ruhe und Ordnung; man ist von der Tatsache seiner Existenz peinlicher berührt als von der eines Napoleon vor 100 Jahren.

Wird man der Friedlosigkeit dadurch Herr, daß man die Augen vor ihr verschließt, und daß man einem bestimmten Dieb des Friedens und der Ruhe feststellt, den man schon längst nicht mehr fangen kann, dem vielmehr nun ein großer Teil des Schicksals des europäischen Friedens in die Hand gegeben ist? Wo lagert der Frieden, wo beginnt und wo endet er, ist er etwas, das man jemandem »rauben« kann?

Die letzten Äußerungen Lenins atmen eine Wärme aus, die seinen früheren Schriften fehlt. Ein Mensch, der nicht daran gewöhnt ist, befriedigt zu sein, und der nicht lobt, weil er lieber auf das blickt, was noch fehlt, als auf das, was erreicht ist, beginnt, sich und seine Kampftruppe mit der Vergangenheit auszusöhnen. Er hat zum erstenmal, im Angesicht seines Todes, Zeit, auf das zu blicken, was erreicht ist, und zu seiner Überraschung sieht er, daß mehr erreicht ist, als die kühnste Phantasie je zu hoffen wagte. Hier ist ein Mann, der sich und den Seinen nie etwas vormachte, und der ihnen am Ende seiner Tage sagen kann und mit einer heimlich hervorquellenden Freude sagt, daß sie mehr erreicht haben, als sie jemals hoffen durften, und daß ihnen der höchste Lohn zugefallen ist, den der Gott der Geschichte zu vergeben hat: die Herrschaft über ein großes Reich. Hier ist auch ein Mann, der die Grenzen kennt, die der Freude zu setzen sind. Die Wärme breitet sich gleichmäßig über alle Partien seiner Rede aus. Hier ist ein moderner Mensch, der sich ruhig und sicher in den Angeln seiner eignen Existenz bewegt. Er hat vor nichts Angst – vor dem Bolschewismus haben *andre* Angst –, und er ist um seine eigne Existenz nur soweit besorgt, als die Kräfte, die seine Existenz bedrohen, wirklich in sie hineinreichen. Zugleich scheint es, als ob dieser Mann die

Reserven, die er sich erworben hat, längst schon besaß. Er ruhte schon in sich selbst, bevor er das eroberte, das ihm die Mittel gab, mit sich selbst auszukommen. Dem geborenen Herrscher fallen seine Eroberungen gleichsam von selbst zu, und das Wunder besteht nicht darin, daß er tatsächlich um sich greift, sondern darin, daß die, die anfangs um ihn waren, ihn gründlich verkannten. Zwischen Gegenwart und Vergangenheit besteht in diesem Falle eine historische Fernwirkung. Nur derjenige, der die Macht hat, gewinnt sie, und man wundert sich, daß die Macht eines solchen Menschen noch wächst, während er vorwärtsstürmt. Ein Feuer frißt sich durch, das längst da ist, zwölf Jahre werden zu einem Tag. In diesem Lebenslauf gibt es kein Komödiantentum, weder subjektiv noch objektiv oder unfreiwillig, *und insofern bleibt dieser politische Lebenslauf für das 20. Jahrhundert* nach aller Voraussicht *vorbildlich.* Es gibt weder die Komödie des 18. Brumaire[9], noch die der Krönung durch den Papst, noch die einer Hofhaltung mit den Mitteln kaufmännischer Buchführung. Lenin ist eine Natur, die etwas hergibt. Er braucht nichts aus sich zu machen. Er ist mit Ereignissen, die für sich selbst ernst genug sind, identisch, und, wenn es darauf ankommt, weicht er der Sprache der Tatsachen, ohne etwas zu verlieren. In der Art, wie er den Dingen sein Ohr leiht, ist etwas Frauenhaft-Weiches – er lauscht, wie eine Pythia, auf die Orakelsprache der Ereignisse. Erst hinterher verrichtet, wenn es nötig ist, ein meißelnder und analysierender Verstand sein Werk. Lenin dringt nicht primär mit dem Verstand in die gegenwärtige politische Wirklichkeit ein. Es ist, als ob er an der Brust der Realität liegt, er liebt sie manchmal, er ringt mit ihr, und die Formulierung einer Erkenntnis ist ein zufälliges Nebenprodukt dieser Begegnung. Ein solcher Mann könnte nicht völlig scheitern, diese Begegnung mit der Realität genügt fast für sich selbst, um ein Leben auszufüllen. Damit, daß es jemand mit den Dingen ernst meint, und daß sie es wiederum mit ihm ernst meinen, ist es nicht getan; eine Ehe mit der Wirklichkeit hat ihre »praktischen Folgen«, und zwar unmittelbar anschließend. Früher, als es noch »Genies« gab, war ein solches Ernstnehmen und Ernstgenommenwerden beinahe die Definition für das »politische Genie«, das als solches eben seine Kenntnisse und

[9] Staatsstreich vom 9. November 1799 (nach franz. Revolutionskalender des Jahres VIII) in Paris gegen das Direktorium (Sieyès, Barras, Ducos). Napoleon Bonaparte wird *Erster Konsul* (Alleinherrscher). – Der Staatsstreich von Louis Bonaparte (III.) vom 2. Dezember 1851 wurde von Karl Marx (ironisch) als *18. Brumaire des Louis Bonaparte* (veröffentlicht New York 1852) bezeichnet.

Ziele aus der »Natur« der Dinge selbst schöpft, und das weder durch Muster noch durch Bücher, Ideale, Begriffe, Programme oder überlieferte Methoden irre gemacht wird.

Die Friedlosigkeit der Welt kann jemand sehen, der etwas an sich hat, gegen das sie sich abhebt, nicht nur etwas, das ihr korrespondiert. Die Friedlosigkeit wird aufgenommen, gleichsam in vollen Zügen getrunken, und zugleich prallt sie von etwas ab, von einer Kraft, die nichts fürchtet, die auf nichts angewiesen ist, und die insofern selbst ein Stück Frieden ist. Der Anblick des Gespenstes, das den gegenwärtigen Menschen mitten in seinen Geschäften, mitten in seiner Wissenschaft plötzlich anstarrt, läßt diese Kraft kalt. Lenin gehört zu den Wissenden, und es ist keine Frage, daß er sich in wichtigen Punkten mit Nietzsche oder Dostojewski verständigt hätte, wenn er auch in der politischen Praxis aus solchen Verständigungsmöglichkeiten keine Konsequenzen zog. Derjenige wäre ein schlechter Psychologe, der den Schluß zöge, ein Mann wie Lenin habe ein besonders boshaftes oder agitatorisch-egoistisches Interesse an der Friedlosigkeit, ihrer Verbreitung und Vertiefung. Andrerseits ist es aber die große Frage, ob Lenin ein Verhältnis zum wahren Frieden hat, ob er ein solches Verhältnis haben kann oder ob er es zu haben beansprucht. Sein »neuer Typus Staat« ist neu, aber er ist nur ein Provisorium, er ist, im Sinne Lenins, noch nicht stabil und endgültig[10]. Die Dinge sind noch nicht so gestaltet, daß sich eine stabile Ordnung der Dinge herausstellen könnte. Man sieht, wie unter Caesar, die *Möglichkeiten* eines Friedens im Gegensatz zur radikalen Friedlosigkeit, die in der Vergangenheit über den Dingen schwebte, aber man sieht noch nicht, wie unter Augustus, die *Wirklichkeit* des Friedens. Ein solcher Frieden ist dann erreicht, wenn alle Kräfte *deshalb* gesteigert arbeiten, weil sich in jedem Augenblick die Mühe lohnt, ohne daß ernsthaft etwas zu wünschen übrigbleibt.

Lenin gehört nicht mehr in den Kreis der Friedlosigkeit der alten Politik des positivistischen 19. Jahrhunderts und seiner Vorgänger, in den viele Politiker gehörten, ohne es zu wissen und ohne daß es es offiziell eingestehen durften. Er tritt aus dem Kreis dieser Politik gerade darum heraus, weil er mit dem Geist der Friedlosigkeit auf gleichem Fuße stehen kann und steht. Lenin geht von der Tatsache der Friedlosigkeit aus, die Bismarck schließlich in toto *zugeben* mußte, und zwar geht er von ihr aus, ohne je vor ihr zu erschrecken. Er ist vielleicht der erste Politiker nach

10 Er ist »noch kein sozialistischer« Staat »ohne Klassen«. Hier kommt es uns nicht auf das »wie«, sondern auf das »daß« der Stabilität an.

dem 19. Jahrhundert, dessen Politik nicht mehr von den »Nerven« bestimmt wird. Aber andrerseits ist Lenin ein Politiker, der dem herrschenden bösen Geist dieser Friedlosigkeit wesentliche Triebkräfte entnimmt. Sein lauernder Blick sieht diese Tatsache. Eine Tatsache zu beschönigen liegt diesem Menschen so fern wie irgend etwas. Die Freude über den Sieg ist nicht ungetrübt, und dieser Herrscher erspart seinen Russen die unerfreulichen Erkenntnisse nicht.

Die Grenzen der Kraft eines Gegners oder jemandes, mit dem man wetteifern möchte, liegen selten dort, wo man sie sich wünscht. Die konkrete Form der Leninschen Politik mag einer noch so hassenswert finden, aber nur die Dummheit würde daran zweifeln, daß hier ein gewaltiger Vorstoß ins Terrain der reinen Politik gelungen ist. Wenn jemand wetteifert, dann darf er sich nicht diejenigen Kräfte des Gegners heraussuchen, in denen er schlechthin unübertrefflich ist. Der Realismus Lenins, seine diktatorischen Gaben, der Aufbau der Partei[11], ja die politische Organisation der Wirtschaft, das sind Dinge, in denen niemand Lenin überbieten wird, und ein Unternehmen, das auf Überbieten abgestellt wäre, bedeutete eitel Kraftverschwendung. Die Möglichkeit eines Wetteifers besteht gerade in dem Punkte, in dem man von einer spezifischen Kraft des Gegners und überhaupt von seinem Aufwand nichts wissen will: im Punkt des Glaubens und des Endziels. Aus der eignen Friedlosigkeit gibt es nur den einen Ausweg: dort ein Zu-Wenig zu sehen, wo man annimmt, ein Zu-Viel verurteilen zu müssen. Wer den realeren Begriff vom Frieden hat, ist dem andern dadurch über, daß er den Rest von Friedlosigkeit, der dem Frieden des andern innewohnt, für sich selbst mobilisiert. Man darf sich nicht im unklaren darüber sein, daß die Verwirklichung des Ziels einer solchen »Überlegenheit« immer dann in eine größere Ferne hinausrückt, wenn der andre selbst dabei ist, seine Begriffe von Frieden und Friedlosigkeit zu revidieren. Die Beispiele der Geschichte sprechen dafür, daß derjenige, der den wahren Frieden kennt, ihn schließlich auch der Welt diktiert. Alexander hatte einen tiefern Begriff vom Frieden als die Griechen der Spätzeit des Peloponnesischen Krieges, Caesar hatte einen tieferen Begriff vom Frieden als Pompeius, Augustin einen tieferen als die entarteten Römer, die mit den Barbaren und sich selbst nicht mehr fertig wurden, und schließlich die Ghibellinen hatten, gegen die Guelfen, zum letztenmal in der europäischen Geschichte eine überlegene, richtige und tiefe Einsicht in die Voraussetzungen eines »Friedens auf Erden«. Lenins

11 Eine etwaige »soziale« oder »nationale« »Gesinnung«.

weltgeschichtliche Bedeutung wird darin bestehen, daß er, der mit dem Geist der Friedlosigkeit auf vertrautem Fuße stand, an die Frage der pax terrena wieder gerührt hat. Es ist das Fatale an der Politik, daß jemand, dem es gelingt, eine Frage auf die Tagesordnung der Geschichte zu stellen, auch denjenigen, der von dieser Frage nichts wissen will, dazu nötigt, im Wettbewerb derer, die nolens oder volens an der Lösung beteiligt sind, eine mehr oder weniger positive und bedeutsame Rolle zu spielen. Es gibt verschiedene Arten, die Frage einer Periode zu »beantworten«. Auch die politische Aschenbrödelexistenz beispielsweise Spaniens im Zeitalter der nationalistischen und kapitalistischen Zivilisation war eine Art der Antwort.

2. Die politische »Natur« als ein Stück Metaphysik

Die Metaphysik eines Politikers steckt in seiner Politik und nicht in irgendwelchen mehr oder weniger offiziellen und mehr oder weniger kompetenten Äußerungen über Religion und Metaphysik. Die Politik ist eine zweite *Natur* in der Natur. Wenn man von einem metaphysischen Reich der Dinge sprechen kann, so eignet der (politischen) Natur gewissermaßen der Charakter der Reichsunmittelbarkeit. Die Natur weist nicht auf etwas andres, sondern auf sich selbst zurück, sie lebt sich aus, sie erneuert sich und sie verbraucht sich nicht; dialektisch ausgedrückt: sie ist das Ende ihrer selbst und sie hat den Grund ihrer Legitimität in sich selbst. Die Natur ist ein Bestandstück einer ganzen Welt, und sie ist als solches so charakteristisch für das Ganze, daß man den Charakter der ganzen Welt aus der Natur deduzieren kann. Heute gehört eine politische Naturnähe zum wesentlichen Ingrediens aller Grundbegriffe von der Welt und vom Menschen, denn erstens wird die *politische* Natur zum wesentlichen Zugang zur Natur oder Lebensunmittelbarkeit, und zweitens wird die *Natur* zum wesentlichen Zugang zur Welt. Wenn wir unter »Geist« Dinge wie Moral, Wissenschaft, Kunst, Literatur, geschriebenes Recht zusammenfassen, dann müssen wir sagen, daß sich heute der Geist an der Natur orientiert. Eine Natur wie die Lenins ist ungebrochen, und alles Geistige ist gebrochen; und zwar je höher es steht, um so hoffnungsloser ist es gebrochen. Auch ein gebrochener Geist hat seine Reize, doch den Reizen, die der gebrochene Geist des Barock hatte, wurde bisher nichts erhebliches Neues hinzugefügt. Die Geister, die *nach* Pascal und Leibniz kommen, sind bedeutsam durch das *Versprechen einer neuen Ungebrochenheit,* das in ihrem Existieren und Schaffen enthalten ist. Die Problematik

Kants, Schopenhauers, Nietzsches ist, mit der Problematik eines Gryphius, Wallenstein, Grimmelshausen, Leibniz verglichen langweilig oder gar abgeschmackt, pedantisch oder eitel bis zum Dandyhaften. Im Rußland des 19. Jahrhunderts erlebt die alte kultivierte Problematik Europas ihren zweiten Herbst. Ein gebrochener Geist wird nie mit sich fertig, und der Geist kann sich selbst kein Rezept schreiben. Die geistige Entwicklung der »Neuzeit« ist beendet, es gibt keine unausgeschöpften »inneren« Möglichkeiten mehr, es muß jemand dahergezogen kommen, der den »Geist«, der fassungslos vor der offenen Wunde (vgl. Richard Wagner: »Parzival«) dasteht, unbekümmert um sein weiteres Los stehen läßt, und der unter eine Seite menschlicher Entwicklung den Schlußstrich zieht und ein Blatt im Buche der Geschichte wendet. Nur eine *politische Natur* hat die Härte, die Frische und den naiven, selbstverständlichen Mut, einer hoffnungslosen Vergangenheit endgültig den Rücken zu kehren. Dazu, daß die Menschen ihre alten Qualen im Stich lassen und daß sie ihre Kraft und ihre Aufmerksamkeit den neuen, bisher beinahe verachteten Dingen zuwenden, die um sie herum aufgetaucht sind, dazu gehört zweifellos Entschluß von außen, Zwang und Gewalt. Wenn jemand nicht den Willen aufbringt, von dem zu lassen, das ihm nicht mehr frommt, wenn er nicht loskommt, dann muß ihm endlich einmal ein gesunder und aufrechter Mensch dazu helfen, daß er loskommt. Wie ein guter Mathematiker schon ein halber Logiker und wie ein Logizist ein doppelter Narr ist, so ist eine gute und robuste Natur bereits ein halber Geist, und ein gebrochener Geist, der nur in seinen innergeistigen Problemen wühlt, ein doppelter Narr.

Lenin ist nicht *der* Beweis, aber er ist der *erste große* Beweis dafür, daß es die politische Natur ist, die das Blatt der Geschichte wendet. Dostojewskis Metaphysik war für Rußland das Ende, ein Ende, das immer denkwürdig bleiben wird. Die Ungelöstheiten bleiben, und der Politiker ist imstande, unangefochten durch sie hindurchzugehen. Ein Bismarck konnte das zu seiner Zeit noch nicht, seine Natur hatte dem Nihilismus des 19. Jahrhunderts noch nichts Wirksames entgegenzusetzen. Lenin ist frei von Resignation und Verzweiflung, er kennt keinen Nervenzusammenbruch im Augenblick der Entscheidung, sondern er bleibt er selbst. Eine Innerlichkeit, die wie eine Welt für sich besteht, in die die Ereignisse einsickern und in der sie in Form von schreckhaften Träumen noch einmal ausgegoren werden, gibt es nicht mehr. Lenin ist in diesem Sinne ungebrochen, ein Mann aus einem Stück. Er steht der Welt der Dinge nicht mißtrauisch und reserviert gegenüber, er ist nicht zu gut zum praktischen Politiker, er hat kein besseres Selbst, das durch die Berührung mit schlechten, niedrigen, halben Angelegenheiten zu Schaden kommen könnte, er bejammert niemals eine Unangemessenheit zwischen Ziel und Mittel. Er vergibt sich nichts, er hat sich nichts vorzuwerfen, und er hat nichts zu bereuen. Das, was er getan hat, ist so ungeheuerlich, daß, wenn es auf Verzeihung ankäme, die Sprache, die zur Rechtfertigung taugte, erst erfunden werden müßte. Er lebt in der sozialen, technischen und ökonomischen Welt, die er vorfindet, er fragt nicht, warum diese Welt so und nicht anders ist; diese Welt ist da, und damit gut, diese Völker sind da, diese Produktionsmöglichkeiten, diese Technik, dieser Planet, diese Kommunikationen. Von diesem Politiker, der, im bisherigen Sinne etwas eines Dostojewski, keine Seele mehr hat, geht ein Fluidum aus; die Klassen und Völker seines Reiches lauschen atemlos, wenn er spricht. Auch in denen, die ihn hassen, rührt er etwas auf, gleichgültig zu bleiben ist unmöglich, seine Stimme trägt, der Ton ist gegenwärtig und füllt die Atmosphäre aus. *Es gibt keinen im Reich, den das, was da gesagt wird, nichts anginge,* es ist eine Realität in dieser Stimme, die das Für und Wider, das Rechts und Links, das Radikal und Konservativ von sich abschüttelt. Auch der Stumpfe merkt auf; auch der Sektierer, in seinen heiligsten Gefühlen verletzt, lauscht aus der Verborgenheit auf jeden Stimmfall dieser Rede. Es ist nicht nur so, daß jeder Stimmfall über sein Schicksal entscheidet, sondern es kommt eine in der politischen Geschichte der Neuzeit unerhörte Selbstsicherheit hinzu, die wohl im 20. Jahrhundert politisch Epoche machen wird. Wo steht da auf einmal dieser Mann, der selbst es nie für nötig gefunden hat, darüber nachzudenken, wo er als moderner Mensch eigentlich seinen Halt hat? Er steht da, er geht auf die Dinge der Welt ein, er handelt, und damit gut. Er fragt niemals, wie es noch Napoleon tut, ob er eine Bestimmung hat, er ringt mit keinem Gott um seine Aufgabe, er legt sich auch nichts zurecht. In keinem wichtigen Augenblick seines politischen Handelns spielt jene materialistische Surrogatmetaphysik, der er als dilettierender Philosoph nahesteht, eine Rolle. Lenin ist zuweilen »noch Geist«, Materialist, Marxist, Heglianer, Atheist, und was es alles für schöne Dinge gibt, aber als politische *Natur* schiebt er diesen Geist beiseite. Seine Sprache ist nicht geistvoll, sondern naturnah. Aus einer ganzen Natur läßt sich eine Philosophie machen, ein halber und gebrochener Geist ist für jede Philosophie verdorben.

Die Hegelsche Dialektik im Munde Lenins ist wenigstens ein Indiz, aus dem sich entnehmen läßt, daß die Leninsche Politik schließlich auf eine universalistische und realistische Metaphysik hinauslaufen wird. Lenin will »im Gegebenen« »die Sache«, die »an und für sich ist«, entwickeln. Der Politiker »bewegt sich« in der Sache, er dringt tiefer in sie ein, bis er schließlich nichts Erhebliches mehr draußen läßt, sondern alle wichtigen Seiten der Sache meistert. Er weiß vorher nicht, wohin ihn seine Sachlichkeit führt. Der Sache folgen heißt aber einer *Logik* der Sache folgen. Es genügt nicht, daß jemand ein Verhältnis zur Sache hat oder daß er sich über die Sache verbreiten kann, es genügt auch nicht, daß er für seine Sache einsteht oder sich für sie opfert; aber der Mensch gehört hinzu, der die Sache vorwärtstreibt. Wenn er stets bei der Sache bleibt, kann nie ein Renegat oder Verräter aus ihm werden. Die Sache wird angepackt, aus ihr wird etwas, und der Mensch bekommt einen Überblick, er hat die Hände frei. Die Welt ist auf einen Punkt zusammengezogen, nur diese Maschine, diese Arbeitsmethode, diese Massenversammlung, dieses Gehirn ist wirklich – das ist krassester Nominalismus. Die Annahme ist aber nicht allzu weit hergeholt, daß ein Realismus, der das Reale für voll nimmt, ihm lebensnah bleibt und es ausschöpft: vom Realen zum Realeren und schließlich zum Realsten weitergetrieben wird, und daß er schließlich die Überraschung erlebt, es mit »der Sache in der Totalität ihrer Momente« zu tun zu haben. Ein ganzer und entschlossener Nominalist steht der Sache näher als ein halber Theolog, dessen Wunderglaube vor der konventionell gewordenen Unbezweifelbarkeit des Hic et Nunc (»Brot und Wein«) kapituliert, und der, wie alle andern auch, seine ordinären weltlichen Augen verwendet, um die ordinären Dinge dieser Welt zu sehen, wie sie einmal sind. Denn für den entschlossenen Nominalisten sind diese Dinge nicht, was sie sind und wie sie sind, sondern die robuste Tatsächlichkeit ist erst der *Anfang* der *Sache*, und zwar der *einzige* Anfang in aller Welt, der hieb- und stichfest ist. Das Jetzt und Hier liegt endlich zentral im Blickpunkt, und es wird zu der entscheidenden Stelle, an der die Sache in Angriff genommen wird. So kehrt auch die Erkenntnis in ihre Ruhelage zurück, nicht nur der Glaube. Es kommt nicht auf das Woher, von wem, für wen, von wem aus an, nicht auf das Apriori der Gesinnung, des Glaubens ohne Werke, der transzendentalen Geistesverfassung, sondern *das Etwas* rückt in das Zentrum der Beachtung, *der Optik,* es geht um ein Etwas, »tua *res* agitur«. In diesem Zusammenhang kommt alles darauf an, *was an der Sache ist,* und nicht darauf, *wer* die

Sache in die Hand nimmt, was er an Glauben und Gesinnung hergibt. Wenn sich herausstellen sollte, daß *nichts an der Sache* ist, dann stürzt dort, wo die Welt den Namen Rußland hat, nicht ein System, ein Regime, eine Parteirichtung, sondern eine ganze Welt in Trümmer. Die »Weißgardisten«, Emigranten, Sozialdemokraten und was es alles gibt, haben nichts Positives an die Stelle zu setzen, es ist zweifellos eine bisher letzte Möglichkeit, die in Rußland, auf eine bestimmte Weise, ausprobiert wird. Lenin hat die Tatsache, daß hier eine letzte Möglichkeit auf der Tagesordnung der Geschichte steht, in völliger Klarheit begriffen, und darauf, daß er Nominalismus und Materialismus miteinander verwechselt, kommt es hier nicht an. Das Jetzt und Hier aller der Dinge, die sich in der Reichweite der Technik befinden, ist gleichsam *die eiserne Reserve auf dem Jahrhunderte währenden Vormarsch der Politik und Metaphysik,* und es kommt zuerst darauf an, *daß* es nötig geworden ist, diese letzte Reserve anzugreifen, mit ihr auszukommen und aus ihr neue und entscheidende Kräfte herauszuziehen, und es kommt nur in *zweiter* Linie darauf an, wer *zuerst* in diese Zwangslage versetzt ist und *unter welchen Parolen* dieser Jemand zu dieser eisernen Reserve greift. Wenn es *politisch* richtig ist, zu dieser letzten Reserve zu greifen, sie *zur maßgebenden Präsenz zu erheben,* dann wird es aller Wahrscheinlichkeit nach auch philosophisch und metaphysisch richtig sein.

3. Zuordnung von philosophischem Nominalismus (»Materialismus«) und politischem Universalismus

Die Weltanschauung, die dem russischen System zugrunde liegt, wird leicht falsch verstanden. Man glaubt, der triviale Materialismus sei des Pudels Kern. Die Philosophie, die zur großen Politik gehört, darf man nicht getrennt von dieser Politik nehmen; man muß diese Philosophie vielmehr politisch dechiffrieren, die philosophischen Begriffe politisch-ontologisch nehmen, welthaft, plastisch, mit dem Vollgehalt des Pathos, das sie erzeugen und von dem sie getragen sind. Die Philosophie des Imperium Romanum, des Vorbilds jeder Reichspolitik, war der Stoizismus, und die Philosophie des Absolutismus und Imperialismus des Barock war der Materialismus und Demokritismus eines Hobbes. Zum Universalismus auf der Seite der »hohen Politik« scheint öfters der extreme Nominalismus auf der Seite der Philosophie zu gehören, der in den Gestalten des konstruktiven Atomismus, des handfesten Materialismus und des rohen Naturalismus auftritt. Der Stoiker gelangt auf dem Wege eines alle Satzungen und alle engen Bindungen verachtenden Individualismus zum universalistischen Absolutismus des »orthos logos«, des nomos empsychos[10] oder Weltherrschers, der nach seiner pronoia, einem wohlwollenden Weltplan, für das Ganze des Universums Sorge trägt, der Ordnung schafft und das Wohlergehen aller Menschen, auch der Sklaven, Barbaren, der Kinder und der politisch Unmündigen, im Auge hat. Zum Imperialismus gehört ein spezifischer Liberalismus und Internationalismus. Diejenigen, die noch nach den Normen des Liberalismus und Internationalismus leben möchten, sehen sich auf den Universalismus des Imperium Romanum verwiesen. Der Stoizismus ist das Beispiel einer Metaphysik und Philosophie, die sich mit eignen Kräften und Konstruktionsmitteln *nicht* aufbauen kann. Das Systemgebäude braucht einen Schlußstein, und der Schlußstein ist *der politische* Universalismus der großen Reichspolitik. Auf unsrer Erde ist, erkenntnistheoretisch genommen, das Individuum der einzige Ausgangspunkt, aber dort, wo der einzelne Mensch steht, dort ist auch das politische Universum und der Nomos, und dort ist der Ansatzpunkt und der Ort für die Exekutive der »Dikaiosis«, der waltenden Gerechtigkeit. Das politische Universum des Reiches ruht auf dem Grunde jeder einzelnen menschlichen Natur. Schon Chrysipp, ein Vertreter der alten Stoa, sagt – in seinem Buch »Über den Staat und das Gesetz« –: »Das Endziel ist: übereinstimmend mit der Natur zu leben, d. h. gemäß der eigenen und der des Ganzen, indem man nichts tut, was was das gemeinsame Gesetz zu untersagen pflegt, welches die richtige alles durchdringende Vernunft ist, die dasselbe ist wie Zeus, der Leiter für die Verwaltung des Alls.« Die Theologie ist eine Denomination der Politik, und die Linie, die die römische Weltpolitik beschreitet – eine Kurve, die den Erdkreis überspannt und in sich selbst zurückverläuft, – diese Linie ist der geometrische Ort für alle Standpunkte des Urteilens, Handelns, Glaubens, von denen aus sich zum Menschlichen und Göttlichen zugleich jeweils ganz bestimmte zusammenhängende perspektivistische Linien ergeben. Die Verbindungslinie, die zwischen dem Menschlichen und Göttlichen durch den betreffenden Punkt der Grundlinie hindurchgezogen wird, ist die graphische Darstellung des religiösmetaphysischen Verhältnisses, das in einer bestimmten Phase der römischen Reichspolitik zwischen Mensch und Gott besteht. Die Einheit der

[10] Kaiser Justinian I. (Flavius Petrus Sabbatius Iustinianus, 482–565) bezeichnet sich im *Corpus Iuris Civilis* (Novellae 105) als ›Nomos Empsychos‹, als lebendiges Recht in Person.

Religionsgeschichte, der Geschichte des Glaubens, ist eine Funktion der Einheit der Reichsgeschichte, und wenn das politische Reich auseinanderbricht, ist es mit der Kontinuität des Glaubens vorbei. Sogar für das Verhältnis des Christen zu seinem trinitarischen Gott ist seit Konstantin jene Linie der Reichspolitik der geometrische Ort, und der Naturalismus der Politik ist stärker als die weltflüchtige Theologie. Eine Reichspolitik ist schon für sich selbst Metaphysik genug, sie läßt eine ausdrückliche, selbständige Metaphysik und Philosophie nicht aufkommen, und die Philosophie, die gleichzeitig vorhanden ist, kann nur im Zusammenhang mit der Politik verstanden werden, weil sie nur von ihr her und auf sie hin gedacht ist. Niveau und Gehalt einer solchen Philosophie werden nur dann mit angemessenem Maßstab gemessen, wenn diese Philosophie als die Philosophie, die zu dieser Politik gehört, beurteilt wird. Sie gehört eben so primär, eng und fortlaufend zur Politik, wie Strebepfeiler eines Gewölbes zum Schlußstein gehören. Philosophie und Politik ist im Falle der Reichspolitik ein einziger Konstruktionszusammenhang, und die Philosophie ist nicht abstrakt, formal, artistisch, nicht als Spezialismus und Disziplin zu verstehen, sondern politisch-ontologisch. Bei der Bewertung ist nie zu vergessen, daß die Besonderheit der gedanklichen Leistung darin besteht, das, was philosophisch »ist«, zwingend als etwas nachzuweisen, das auch in der sozialen und politischen Wirklichkeit »ist«. Denkmöglich heißt zugleich aktionsmöglich, und denknotwendig heißt zugleich aktionsnotwendig.

Der Zusammenhang, der zwischen einem kompakten Kollektivismus und einem scheinbar in einem Höchstmaße aufgelockerten Individualismus besteht, kann, wie schon gesagt, durch das Bild vom Pfeiler und Schlußstein deutlich gemacht werden. Der Pfeiler verliert nichts von seiner kompakten Kraft, wenn er sich in Strähnenbündel auflöst. Die Atomisierung dient dazu, eine größte Zahl von Kräften freizumachen, und die Atomisierung überschlägt sich selbst, ohne daß das Ganze Schaden leidet. Auch das Atom wird noch zerfällt, und dadurch entstehen von Atom zu Atom neuartige Brücken. Die Atomisierung war auf halbem Wege stehengeblieben, und nicht die Reaktion führt zum Ganzen zurück, sondern eine bis in die letzten Konsequenzen weitergetriebene Atomisierung schält überall den Kern neuer Lebendigkeit heraus. Die Ganzheit liegt in der Energie, und nicht in der Form, und wenn durch die Zerstückelung der alten Lebensform neue Energien aufgespürt werden, ergibt sich auch die Möglichkeit neuer *Formen* des politischen, sozialen, ökonomischen

Zusammenlebens der Völker. Wenn die alten Energien aufgespalten, bis in ihre einzelnen Energiequellen zurückverfolgt sind, dann ergibt sich auch ein neues Energiefeld, das im Hintergrund des alten liegt, das durch das alte hindurchgreift, und das dieses schließlich auf sich selbst zurückzieht. Rom hat mit der Hilfe des Stoizismus die geschlossenen und wohlausgewogenen Formen des griechischen Wesens nicht nur atomisiert, sondern es hat sie auch erhalten, indem es ihnen von seinen eignen politischen Energiefeldern aus eine zeitgemäße Lebenskraft zuleitete. Der Stoizismus war für die Griechen ein zerfressendes Gift – und zwar ein Gift, das der griechische Volkskörper noch in letzter Stunde ausgeschieden hatte; die Römer verstehen es, sich dieses Gift für eine gesunde Politik dienstbar zu machen. Bis in konkrete Einzelzüge ist das Verhältnis des Römers zum Griechen instruktiv, wenn wir den Zusammenhang zwischen Nominalismus und Universalismus verstehen wollen, der seit dem 19. Jahrhundert politisch eminent bedeutsam ist. In der Antike liegen die Dinge so, daß der Nominalismus seit der Zeit der Sophisten in den griechischen Gemeinwesen einreißt. Er zerfasert und zersetzt die griechische Kultur. Für den barbarischen Römer ist der Nominalismus aber der Beginn der Kraft. Für den, der noch einmal von vorn anfängt, wird eine stumpf gewordene Klinge dadurch, daß sie sich in mehrere Parallelstreifen auflöst, wieder gebrauchsfähig. Die geschlossenen Gebilde der »Poleis« und der nationalen Staaten um das Mittelmeer herum taugten für die Politik nur in idyllischen Zeiten. Die Materie, die politisch zu bewältigen ist, wird seit dem Verfall der älteren Reiche, seit dem Einfall der Barbaren und seit der Verwilderung der Sitten spröde, rissig, und die Politik braucht ein neues Instrumentarium, wie es in der römischen Reichspolitik ausgebildet wird.

4. Schlußbemerkung zu D: Das Unterscheidende des gegenwärtigen »Nominalismus«: er entpuppt sich als »Realismus«

In der philosophischen Einleitung zu einem Buch über moderne Politik wäre noch zu bemerken, daß der modernste Nominalismus zum Realismus führt, und daß er sich insofern vom naturalistischen Nominalismus der späteren Antike, vom theologischen Nominalismus des Nachmittelalters (der Reformation), vom methodisch-mechanistischen Nominalismus des Hobbeschen absolutistischen Barock und vom materialistischen und polemischen Nominalismus des positivistischen 19. Jahrhunderts unterscheidet. Der moderne Nominalismus, wie ihn in Deutschland der Nietzsche von 1888, in Rußland Lenin begründet hat, ist nicht daran interessiert, das nächste und faßbare »Ding« »gegen« etwas auszuspielen, gegen die Idee, den Geist, die Ganzheit; dieser Nominalismus ist auch nicht mehr, wie der französische Nominalismus der »action française«, agnostizistisch, sondern er läßt es darauf ankommen, was schließlich geglaubt werden wird, und er *geht* auf die nächstliegenden Dinge, an denen seiner Meinung nach etwas ist, aufmerksam forschend, suchend und planend *ein*. Er nimmt sich das an der gegenwärtigen Wirklichkeit vor, was nach seiner Meinung hieb- und stichfest ist, und dasjenige, an dem sich die ganze Tüchtigkeit des gegenwärtigen Menschen noch bewähren kann; er versucht, sich in diesen Beständen der Wirklichkeit nach bestem Vermögen einzurichten. Man kann die Wendung, die hier genommen wird, mit Hilfe des Faustmotivs veranschaulichen – es muß aber bemerkt werden, daß Goethe selbst dem modernen Realismus ferner steht als etwa Hegel. Faust fällt im Laufe eines bewegten Lebens eine reiche Erbschaft an Lebensmöglichkeiten zu, er kann wählen, ob er mit diesem oder jenem etwas Endgültiges anfangen will. Er hat die Wahl zwischen schönen Frauen, einem prunkvollen kaiserlichen Verwaltungsapparat, glänzenden Feldzügen, wissenschaftlichem Ruhm, und auch die Schätze der Theologie sind vor ihm ausgebreitet. In einem Universum von Verlockungen sucht er sich das allein Greifbare, Solide und Bestimmte heraus: die technische Bewältigung der Elemtargewalten, um eine Herrschaft zu begründen. Wer durch die Welt des Scheins hindurchgreift, stößt auf die festen und soliden Gebilde der Technik. Eine Inventuraufnahme aller Bestände der gegenwärtigen Welt führt zu dem überraschenden Ergebnis, daß der moderne Mensch selbst etwas in die Welt setzt, auf das er sich verlassen kann und das ihm die Treue hält, wenn er sich dazu bereitfindet, es zu achten. Der zersetzenden Wirkung jenes Nominalismus, den das untergehende Mittelalter an die folgenden Geschlechter weitergab, wird die Spitze abgebrochen, *wenn es einem modernen Realismus gelingt, die Bewegung dieses Nominalismus zu sistieren.* Der Augenblick, dem Rad des Schicksals in die Speichen zu fallen, ist gekommen, wenn die moderne Technik sich auf eigne Füße stellt und die Fesseln des erniedrigenden Rentabilitätsinteresses sprengt. Die Tatsache, daß die Technik endlich auf eignen Füßen steht, ist das *primäre Symptom* für die andre Tatsache, daß der moderne Mensch den Schutt der Jahrhunderte von sich abstößt, daß er gesund, tüchtig und aufrecht auf seiner Erde steht. *Die Technik ist die erste Oase, die in der Wüste des modernen Lebens erreicht ist.* Es wird möglich, mit voller Befriedigung von einem Quell des Lebens zu trinken und sich für jenen Weg zu stärken, der durch die Wüste hindurch und aus ihr heraus führt. Es ist ganz in der Ordnung, daß das moderne Kind mit der selben Begeisterung, mit der das Kind des Cromwellschen Zeitalters biblische Geschichten las, in einem Stück Technik aufgeht, und in dieser Begeisterung ist eine der Gewährleistungen dafür zu finden, daß ein gesundes Geschlecht heranwächst. Der Mensch kann nur an Dingen gesunden, die in sich vollendet sind, die mit Phantasie entworfen, reinlich durchdacht, umsichtig durchprobt, und die sorgfältig Schritt für Schritt ausgeführt sind, bis das Werk tatsächlich funktioniert. Wer denkt daran, einen tüchtigen Ingenieur mit der Frage zu langweilen, ob er Idealist, Materialist, Katholik oder Protestant, ob er Demokrat, Anhänger einer autoritären Regierung oder Sozialist sei? Der Realismus in der Praxis ist ein Realismus in einem kleinen, unverdächtigen und integren Bezirk, der einem künftigen weiterreichenden Realismus als schlichtes Vorbild vorausgeht. Dieser Realist in praxi findet es heute nicht einmal mehr nötig, über jene müßigen und vorsintflutlichen Fragen auch nur zu lachen. Nietzsche drückte den Zusammenhang, von dem hier die Rede ist, so aus: die Praxis hauptsächlich der modernen Technik liefert Antezedenzien, zu denen die Theorie und Dogmatik späterer Geschlechter die Konklusionen finden muß.

Einiges läßt sich noch über die *Ethik* hinzufügen, die dem neuen Realismus zum Teil vorausliegt, die zum Teil in ihm liegt, und die sich, schließlich, von ihm aus ergibt.

Es gibt eine produktive und eine unproduktive Unzufriedenheit. Diese läßt es nicht dazu kommen, daß die naheliegenden Dinge die Aufmerksamkeit fesseln. Der Mensch kann in diesen Dingen nicht aufgehen, er strebt nach höheren und besseren Dingen, das Naheliegende ist ihm nicht gut genug, und andrerseits glaubt er, es sei für jeden Durchschnittsmenschen billig zu erreichen.

Deshalb, weil es keines besonderen Anstoßes, keines Verdienstes bedarf, um an diese Dinge heranzukommen, mißachtet er die Verbindung mit diesen Dingen: er nimmt sie nur mit, wenn es sein muß und als ob es so sein muß. Er weiß ihnen keinen Dank, und er nimmt sich dessen, was sie ihm zu sagen haben, nicht an. Er überläßt es snobistischen Kulturethikern, aus einer »Modernität« eine Sensation zu machen; eine Philosophie, Politik, Theologie, Kunst, die auf die moderne Technik Bezug nimmt, ist ihm eine Abwechslung, eine Extravaganz, an der der anständige und solide Mensch, der in ihm steckt, Anstoß nimmt. Es ist da einmal etwas anderes, das er sich anhört, aber sein Urteil steht schon fest, und er bedauert den ein wenig, der sich durch Modernität in seinem gesellschaftlichen und beruflichen Leben Unannehmlichkeiten bereitet. Am Ende seines Lebens muß er aber schließlich einsehen, daß die Dinge, die er nur gezwungen und wider Willen ins Auge faßte, oder an denen er vorbeisah, den Inhalt seines Daseins gebildet haben, und daß er sich den Inhalt seines Lebens durch ein falsches Augenmaß verscherzt hat. Er jammerte nach »wahren Freunden«, und er sieht jetzt, wo es zu spät ist, daß diejenigen, die ihm in den schweren Lagen des Kriegs und der Arbeit zur Seite standen, ohne an einen Anspruch auf »wahre Freundschaft« auch nur zu denken, die waren, die ihm nahestanden; er quälte sich mit der Sinnlosigkeit seiner Existenz herum, und er muß nun einsehen, daß er jenen fatalen Berührungspunkt zwischen seiner Existenz und der harten Arbeitswelt, den er floh und von dem er schließlich abglitt, um jeden Preis festhalten mußte, um sich auf der möglichen Höhe seiner Existenz zu halten.

Europa befindet sich in einem ähnlichen Verfallszustand wie das späte Rom. Es hat aber einen Punkt der Kraft in sich.[12] *Die unwiderstehliche Kraft, die den Verfall auffängt und an der sich die Verfallsbewegung bricht, ist die moderne Technik.* Die harte und spröde Maschinenwelt treibt dem Menschen seine antiquierten Gefühle, seine Laster, seine Sentimentalität und seine Idealismen aus. Das Getriebe straft denjenigen, der ihm nicht seine konzentrierte Aufmerksamkeit widmet, an Leib und Leben. *Das Denken ist mit neuer Verantwortung belastet.* Das Reflektieren und Konstruieren, die Dogmatik und die theoretische Systematik legen sich keine Ehre mehr ein. Der gegenwärtige Mensch kommt dem Denken auf die Spur, weil er es in der Hand hat, das Denken auf die Probe zu stellen. Ein Denken, das nicht in die Welt hineinwirkt, hat keinen Kurs. Denken heißt zunächst wissen, nämlich wissen, wie die Dinge liegen, Orientiertsein, Im-Bilde-Sein. Zweitens, anschließend, heißt Denken richtungweisend in die Dinge eindringen, einen Gedanken in die Dinge hineintragen, der die Lage der Dinge ändert und klärt. Und drittens, zum Abschluß, heißt Denken bis zum Notwendigen vorstoßen, ein Ziel finden, auf das hin die Dinge sich *tatsächlich* treiben lassen. *Wer denken kann, der ist auch verpflichtet, sachlich zu denken.* Wo die Sache liegt, das kann das Denken

12 Rom hatte ihn *außer* sich, im andringenden Barbarentum.

nicht aus sich selbst bestimmen, und das Denken hat keine Macht und kein Vorrecht, zu verfügen, daß heute dies oder jenes seine »Sache« sein soll, und daß dies oder jenes kein Gegenstand des Denkens sein könne. Die Sache jenes Denkens, dessen Bestimmung es ist, bei der Sache zu bleiben, kommt mit dem Denken zugleich auf die Welt. Denken ist nicht die »Sache« einer schöpferischen Individualität, und die Quellen der Produktivität des Denkens liegen nicht in einer genialischen Privatperson. Nehmen wir einen Augenblick wenigstens hypothetisch eine Trennung zwischen Person und Sache an, so können wir sagen: ein kranker Denker kann aus einer gesunden Sache, aus einer Sache, die Hand und Fuß hat, etwas herausholen, sein Denken kann eine »Produktivität« ansetzen; andrerseits eine fragwürdige, schiefe, halbe Sache muß auch einen gesunden Denker in die Irre führen und aushöhlen. Der Denker ist nicht dafür verantwortlich, daß diese Tatsachen nicht besser und schöner und nicht anders plaziert sind. Aristoteles ist der »philosophus schlechthin, und zwar ist er das nicht deshalb, weil er menschenwürdigere Zustände und höhere Kulturleisungen kannte als die des entarteten Griechenlands seiner Zeit, sondern deshalb, weil er im *Einfachen Meister* war: er zeichnete wichtige Konstruktionslinien der Wirklichkeit klar, scharf und eindringlich. Sein Denken ist frisch und produktiv, weil es die Wirklichkeit nicht verfehlt – allerdings eine Wirklichkeit, die keine Zukunft mehr hatte. Ein gegenwärtiger Denker wird dann seinen Mann stehen, wenn er die Konstruktionslinien einer Wirklichkeit entdeckt, die eine Zukunft hat. Sein verhaltenes Pathos besteht darin, daß er der Anschauung der konkreten Dinge folgt, und nicht darin, daß er auf Herrlichkeiten vergangener Tage Bezug nimmt. Ein Denker muß nicht nur wissen, welche »Beziehungen« bestehen, sondern er muß auch wissen, *welche Beziehungen nicht bestehen.* Zwischen einem Ölkonzern und dem trinitarischen Gott der Liebe bestehen weder positive noch negative Beziehungen; der Halt und der Lebenswille eines Arbeiters, der den Kopf des Ölbohrers in den Felsen eintreibt, liegt außerhalb des Kreises solcher phantastischer Beziehungen. Zweifellos ist heute, im entschiedensten Gegensatz zum Ende der antiken Kulturen, ein organisierter und disziplinierter Lebenswille am Werke, dem der Gedanke, sich aufzugeben, fern liegt, der bereits, vor den Philosophen und Theologen der Zeit, mit dem, was nicht mehr ist und nie mehr sein wird, abgerechnet und die übriggebliebenen Möglichkeiten seiner Existenz mit herbem Tatsachensinn ins Auge gefaßt hat, und der zugleich unverzüglich darangegangen ist, sich in ihnen einzurichten. Dieser Entschluß ist aller Ehren wert, auch dann, wenn es fraglich ist, was aus dem Menschen werden wird.

Der Anspruch und die Forderung, sachlich zu sein, haben beide einen »politischen«, »also« einen unsachlichen Charakter – wie steht es um diesen Einwand? Man soll sachlich auf den Gegner eingehen, sich die Sache ruhig vortragen lassen und überlegen, was an ihr ist. Man soll die eigene Sache nicht als die Sache schlechthin ausgeben.

Es gibt Dinge, die außerhalb der Parteimeinungen liegen, wie die Tafeln der mathematischen, physischen, metaphysischen Gesetze, die die Welt zusammenhalten. Es gibt andrerseits Dinge, die zwar mitten im politischen Leben liegen, die aber dabei gegen das Eindringen von Parteimeinungen *imprägniert* sind. Soweit diese Dinge zur »Sache« gehören, fängt die Sache entweder mit ihnen an oder hört sie mit ihnen auf. Für die Naturrechtsphilosophen des Barock fängt die Sache mit dem *Selbsterhaltungstrieb* der Naturexistenzen an, und für Aristoteles hört sie damit auf, daß die Bürgergemeinschaft *ihr* im tatsächlich bestehenden Staat zusammengefaßtes *politisches Leben »genießt«*. Die Sache hat einen Anfang und ein Ende, und es gibt einen Punkt, an dem das Denken aufhört, ohne daß der Denker in Gefahr gerät, borniert zu erscheinen. Wenn der Punkt erreicht ist, von dem an die Dinge in Ordnung sind, dann springt aus einem Weiterdenken auch nichts mehr heraus. Das Denken hält sich von der Sache respektvoll fern, wenn dieser Punkt erreicht ist; seine Funktion besteht dann höchstens darin, zu explizieren, welche Konsequenzen sich aus der Sache ergeben, wenn man untergeordnete Standpunkte oder zurückgebliebene Verhältnisse auf die Sache bezieht. Unter bestimmten Umständen kommt der Denker im Menschen darin zum Vorschein, daß er sich das Denken sichtlich verbietet oder daß er nicht auf den Gedanken kommt, zu denken. Der Herrscher Molières etwa[13] war noch ein wacher König, und Molière ließ ihn aus dem Spiele. Sein Spott, der souverän mit den Figuren dieser Welt umsprang, traf nur von fern

13 In einer Zeit, in der keiner dem andern an »sozialer« Gesinnung nachstehen will, in der es von sozialistischen Theorien und Parteien nur so wimmelt, verdient die Tatsache Erwähnung, daß der »Komödiant« Molière ein Socialiste sans *phrase* gewesen ist. Kurz vor seinem Tode beschwören ihn seine Angehörigen, »an diesem Tage nicht zu spielen und sich Ruhe zu gönnen, um sich zu erholen«. – »Wie sollte ich das machen?« sagte er. »Hier sind 50 arme Arbeiter, die nur von ihrem Tagelohn leben; was werden sie tun, wenn ich nicht spiele? Ich würde mir Vorwürfe machen, sie ohne äußersten Zwang um das Brot eines Tages zu bringen.« – Dieser Weiseste der Weisen in der königlichen aller nachmittelalterlichen Kulturen war ein Tapeziererssohn.

den Hof des absoluten Königs, und dieser selbst blieb, wie die Sonne, unerreichbar. Auch Kants Denken setzt aus, wenn es die Figur seines – des preußischen – Königs streift, aber hier liegt *die Sache* wesentlich anders, die Zeiten haben sich geändert. Wenn der Herrscher nicht mehr »herrscht«, steht ein »Schweigen« auch nicht mehr »über der Sache«. Das Denken hört auf, bevor die Sache zu Ende ist, und Molière ist sachlicher, ohne ein deklarierter »Denker« zu sein. Ein »Aufhören« des Denkens bewegt sich nur dann im Rahmen der Sachlichkeit, wenn die Sache selbst zu Ende ist. Hegel *konstruierte* einen idealistischen Staat der absoluten Sittlichkeit, um eine Sache zu haben, die sich zu Ende denken ließ.

E. Inwiefern lernen wir von Lenin mehr als von Mussolini?

Wir sind aus dem Stadium der offiziellen Politik herausgetreten. Die offizielle Politik verhält sich zur primären Politik wie die in Lehrsystemen verarbeitete, präparierte und in bestimmten Dosen verabreichte Schulmedizin zur ursprünglichen Medizin etwa eines Paracelsus. Die orginäre Politik bewegt sich, wenn es nottut, wie ein Raupenschlepper über Sturzfelder, Abhänge hinunter, durch Gewässer hindurch, und die offizielle Politik benutzt die Spuren, die schließlich zurückbleiben. Die Formen, die die primäre Politik ad hoc ausbildet, werden der offiziellen Politik heilig. Es ist ein erschreckender Anblick, wenn eine Verkehrsmaschine sich schnurstracks über die natürlichen Geländehindernisse hinwegsetzt; derjenige der sein Lebtag gelernt hat, nach den Verkehrsgesetzen auf den *festen Wegen* zu überholen und die Kurven zu nehmen, muß sein Auge daran gewöhnen, daß sich da ein Ungetüm auf gradestem Wege auf ihn zubewegt, ohne auch nur ein Zeichen seines Aufbruchs zu geben. Es scheint, daß es nur seiner Laune folgt; er studiert aufmerksam jede Wendung und muß doch achselzuckend gestehen, daß ihm die Verkehrsgesetze, die da allenfalls befolgt werden, ein Rätsel bleiben.

In einem gewissen Sinne brauchen wir kompliziertere politische Verkehrsmaschinen als die Russen, *wenn* wir mit einem längeren Übergangsstadium zwischen offizieller und wieder primärer Politik rechnen müssen. *Wenn* es nötig ist, daß wir uns in einem solchen Übergangs- oder Zwischenstadium etablieren, dann sind wir auf Doppelkonstruktionen unserer politischen Maschinerie angewiesen: diese muß erstens den Erfordernissen einer Bewegung auf ausgetretenen und festen Wegen genügen (man muß mit mehreren Parteien, Parlament, Marktwirtschaft, Nationalstaat und Völkerbund agieren), und zweitens zugleich den Erfordernissen einer Bewegung entsprechen, die in einem beliebigen Augenblick und an einem beliebigen Fleck stracks mitten ins Gelände hineinführt. Es muß in jedem Augenblick möglich sein, von der kurzen und hastigen Umdrehung der Raupen umzuschalten. Die politische Maschinerie müßte alles hergeben für eine altmodisch-akkurate, versierte, geübte Politik, und zugleich für eine bedenkenlose Politik im »Niemandsland«.

Mussolini ist ein Beispiel, wie einer von Lenin gelernt hat. Von Mussolini lernen, das hieße von jemandem lernen, der auf seine, unnachahmliche, Weise unter konkreten Umständen bereits für bestimmte Zwecke gelernt und für bestimmte Zwecke das Gelernte ausgewertet hat. Alle Anzeichen sprechen dafür (schon eine politische Anthropologie des Deutschen spricht dafür), daß wir uns anders als Mussolini in dem Zwischenstadium etablieren werden, nämlich so, daß wir uns nicht in ihm festfahren, und nicht in ihm steckenbleiben, sondern so, daß durch die immer notwendigeren und häufigeren Exkursionen ins Niemandsland die alten ausgefahrenen Hauptstraßen zu vorläufigen bequemen Verbindungen herabgedrückt werden, auf die man auch verzichten könnte.

Der Faschismus bedeutet in dem Zusammenhang, auf den es hier ankommt, eine Konzession der politischen Maschinerie an alte Formen, an denen der Deutsche weniger hängt als der Italiener; ein Überschlag über den Volks»charakter« würde zeigen, daß der Deutsche ein modernerer Mensch ist als der Italiener. Wir haben keinen Pareto nötig, um eine antiquierte Anhänglichkeit an überlieferte Formen zu präperieren und »gebrauchsfähig« unter Verschluß zu versetzen, damit sie bei passender Gelegenheit für neue politische Ziele verwendet werden kann.

Mussolini hat in der Staats*technik* etwas Originelles, er ist ein sehr bedeutender *Taktiker*. Am Himmel der Politik wird ein Politiker erst dann zum Stern erster Größe erhoben, wenn er neue Ziele absteckt, d.h. mit andern Worten, wenn seine Politik eine Metaphysik impliziert. Friedrich der Große führt aus, *»auch die Politik«* habe *»ihre Metaphysik«* (im politischen Testament von 1768). »Chimärische Entwürfe«, fügt er hinzu, »können bisweilen zur Wirklichkeit werden, wenn man sie nicht aus dem Auge verliert und wenn einige Generationen nacheinander, auf dasselbe Ziel losschreitend, Geschicklichkeit genug besitzen, ihre Absichten zu verbergen.« Der politische Stratege, der entschieden in einem Erdteil Epoche macht, hebt sich vom politischen Taktiker ab, dessen technische

Begabung *innerhalb* einer (Übergangs-)Epoche Gelegenheit zu glänzender Entfaltung findet. Wer politisch lernen will, der wendet sich, wenn er wohlberaten ist, an das Original, den Strategen, der *mitfolgend* Taktiker oder Techniker ist, und nicht an den Operateur, der selbst seine Lehre hinter sich hat. Der Stratege versteht, mit einem politischen Rohstoff umzugehen, während der Taktiker aus einem politisch bereits verarbeiteten Stoff mit neuen Mitteln noch einmal etwas Äußerstes (und Erstaunliches) herausholt.

Eine kurze Skizze des Gegenbilds, des Taktikers, wird die Verhältnisse klären, soweit es in dieser Einleitung am Platze ist.

Mussolini operiert mit der – modifizierten – bürgerlichen Staatsorganisation *und zugleich* mit der Organisation der Miliz und des Korporationswesens; die Korporationen sind von der Miliz überwacht. Die Apparatur der Miliz ist allenthalben mit der alten Bürokratie verkoppelt, es gibt eine Eisenbahnmiliz, eine Forstmiliz usf. Mit der Figur und der Institution des Königs, einem Requisit der alten politischen Bühne, wird operiert, wenn man die konservativen Elemente der Bevölkerung beruhigen oder einspannen will oder wenn ein auswärtiger monarchischer Staat durch das dynastische Mittel einer Fürstenhochzeit geködert werden kann. Ohne die Verkoppelung der Staats- und Parteibürokratie mit der Korporationsorganisation könnte die freie Unternehmerinitiative in Italien nicht mehr bestehen. Mussolini hat es verstanden, in das politische Zwischenstadium Europas mit einer lavierend ad hoc erfundenen Staatsmaschinerie einzuspringen. Diese Maschinerie ist so konstruiert, daß ein den Verhältnissen entsprechendes Maximum an bürgerlichen Lebensformen und Institutionen des 19. Jahrhunderts, an bürgerlicher Freiheit und Herrschaft erhalten und wirksam bleibt. Die Apparatur ist so beschaffen, daß nichts überstürzt preisgegeben zu werden braucht, und daß sogar aus dem alten Stoff nationalpolitisch, industriepolitisch und kolonialpolitisch relativ mehr herausgeholt wird als in einem alten »plutokratischen« Staat wie Frankreich. Die alten Staaten liberaldemokratischer Verfassung (mit oder ohne monarchische Zugabe) haben ihre Reserven an Kapitalbildungskraft langsam und stufenweise erschöpft, und Italien holt mit Hilfe der ganz »modernen« politischen Maschinerie der Diktatur oder allgegenwärtigen Exekutive prompt, unvermittelt, gründlich ausschürfend und wirksam das heraus, was in Italien noch nicht herausgeholt wurde. Die Zielgebung hat sich nicht wesentlich geändert, sondern die politische *Technik*. Mit einer neuen Technik werden altbekannte Zwecke verfolgt.

Die *Bedingungen* haben sich geändert, unter denen die alten Zwecke zu erreichen sind; die Besonderheit in der Lage des italienischen Bürgertums besteht darin, daß jene Reserven des Kapitalismus und der Agrarwissenschaft, die nicht oder vergleichsweise nur wenig angegriffen wurden, sich gestaut haben. Aus dem Bürgertum schießen Kräfte nach, die in den andern moderneren europäischen Staaten schließlich noch durch die ungeheuren militärischen, technischen, politischen, wirtschaftsorganisatorischen Anstrengungen des Krieges bis an ein natürliches Ende erschöpft sind. Das Bürgertum holt hier einen verspäteten Sturm und Drang nach, *und deshalb, weil* wirtschafts- und nationalpolitisch hier noch *etwas nachzuholen ist,* findet eine *neue Staatsmaschinerie* und eine unternehmungslustige politische Taktik *die Gelegenheit, sich einzusetzen.* Die Meliorationen oder »Bonifikationen«, an denen sich die Italiener begeistern – sie sind in Prachtausgaben photographiert und beschrieben –, gehören schon im kaiserlichen Deutschland zu den Alltäglichkeiten der Zivilisationspolitik. Sinn und Richtung der Funktion der faschistischen Staatsmaschine läßt sich mit dem Bild des modernen Goldbaggers veranschaulichen. Wenn sich in einem Strom Gold niedergesetzt hat, verwendet der moderne Ingenieur einen kunstvoll riesigen und gewalttätigen Goldbagger – früher hatte man einfachere Werkzeuge; aber beide Techniken laufen auf dasselbe hinaus, Gold bleibt Gold. Eine neue politische Maschinerie begründet noch keine politische Epoche. *Wenn sich die Zielgebung nicht wesentlich ändert* – ein mächtiger Nationalstaat, der imperialistisch um sich greift, wäre, wenn ihn Mussolini wirklich in Schwung bringt, wahrlich in Europa nichts Neues –, *dann hat der Umbau der politischen Maschinerie nur eine symptomatische Bedeutung.* Die Tatsache, daß man andre Apparaturen braucht, und zwar übermäßig komplizierte Maschinen, Verkoppelungen verschiedener Systeme, um einfache alte Ziele überhaupt noch zu erreichen, diese Tatsache *weist darauf hin,* daß sich nicht nur unsre elementaren Lebensbedingungen und Lebensumstände, sondern daß sich auch die Ziele, nach denen wir uns orientieren, von Grund auf ändern; diese Tatsache enthält aber keinen bestimmten Hinweis darauf, daß *neue* Ziele *erfaßt* sind und tatkräftig angesteuert werden.[14]

14 Dafür, daß eine bestimmte *Technik* aus einem alten Lebensgebiet *herausführen kann,* gibt es schon im Tierleben Beispiele. Vögel, die selbst nur flattern können, ziehen ein Junges groß, das drauf und dran ist, fliegen zu lernen. Der erste wirkliche Flug führt dieses Junge auf eine Bahn, von der keine Wege zum elterlichen Nest zurückführen. Es kommt darauf an, ob die andre Technik auch mit einem neuen Wesen verwachsen ist, das seine eignen Lebensgewohnheiten hat und betätigt, das diese neue Technik ebenso trägt, wie es von ihr getragen wird.

F. Ein Wort über Lenins Nachfolger

Ein Wort wäre noch zu verlieren über den »Nachfolger« Lenins. In der Beurteilung politischer Dinge ist die objektivistische und kollektivistische Verdienstethik am Platze, und nicht die aprioristische und individualistische Gesinnungsethik. Einem Lenin ist das Verdienst zuzurechnen, daß er einen Nachfolger wie Stalin hat. Stalin vergleicht sich selbst nicht mit Lenin, aber er ist immer noch originell genug, um die bedeutendsten lebenden Politiker in den Schatten zu stellen. Stalin ist von andrer Statur, hochgewachsen, und er hat lange Arme, die gleichsam vom einen Ende Rußlands bis zum andern reichen. Ein Politiker kann nur *gewinnen,* wenn er die Qualitäten eines »Räubers« hat. Lenin ließ sich von den intellektuellen Gaben Trotzkis nicht bestechen, er kannte seine Leute. Geistreich zu sein und stilistisch zu brillieren ist unter der Würde eines Mannes, in dessen Händen die Diktatur liegt; auch die Gaben des Volksredners kann Stalin nicht mehr gebrauchen. Er fesselt durch das, *was* er zu sagen hat, und nicht durch die Art, *wie* er es sagt. In der Zeit einer »totalen« Umorientierung, in der dem normalen Menschen aus alter Zeit Hören und Sehen vergeht, gewinnt dieser Mann eine unerschütterliche Gleichgewichtslage. Dort, wo für andre jede Sicherheit endet, beginnt für ihn der feste Boden. Es gibt Politiker, die den Ernst einer besonders schweren Lage nur aushalten, wenn sie sich in die Rolle des Abenteurers hineinspielen – eine Rolle, die ihnen meist nicht liegt. Stalin verträgt so viel Ernst, daß er auch das Abenteuer ernst nimmt. Von der düsteren Ergriffenheit eines Lenin hat Stalin den Abstand des kaukasischen Abenteurers, der einmal Priesterschüler war – während Trotzki nur den Abstand des Intellektuellen hat, deren es in Europa und Amerika Tausende gibt. In jedem Abenteuer steckt ein gut Teil Humor, und Stalin hat gerade so viel Humor, wie in dem Abenteuer steckt, um keinen Deut mehr. Er hat auch genau so viel Grausamkeit und genau so viel Menschlichkeit, genau so viel Kameradschaftlichkeit und genau so viel Intelligenz, wie sich mit dem Abenteuer verträgt. Es kann Lenin als Politiker nicht hoch genug angerechnet werden, daß er die politischen Qualitäten dieses Menschen erkannte, der von ihm selbst so grundverschieden an Charakter, Lebensauffassung, Temperament und Begabung ist. Zuneigung und Freundschaft sind für Lenin keine Motive; eine Naturgewalt überläßt ihren Platz einer andern, fremdartigen Naturgewalt, und wenn es an Stein mangelt, greift man zu Eisen (»Stalin«). Nur eine ungebrochene Natur taugte zum Nachfolger, und

Lenin hatte das Glück, daß eine zweite ungebrochene Natur *vorhanden* war. Elementargewalten sind immer widerspenstig oder antagonistisch, eine schließt die andre aus; jeder der beiden Männer blickt finster und unwillig auf die »zweite Möglichkeit« – so lange die beiden Möglichkeiten nebeneinander bestehen. Solange Lenin lebte, war er übermächtig, sein Sein war das stärkere, das unbedingt suggestive. Er war niemals auf einen andern Menschen neidisch. Das *zweite* Sein war da und war mächtig, als das *erste wegfiel.* Stalin ist ein politisches Lebewesen, das sich mit eignen kräftigen Organen regt. Er nimmt von Lenin das, was er braucht, nicht mehr und nicht weniger; und er stellt – jedesmal neu überrascht – fest, daß die Naturgewalten in der Politik ähnlich wirken, wie die Naturgewalten der Astronomie: Der Weltkörper, der die Lichtstrahlen aussendet, stirbt eines Tages hinter den ausgesandten Strahlen ab, und es ist immer noch möglich, mit Hilfe dieses nachkommenden Lichtes das Getriebe, das seinerseits dieses Licht auf sich bezieht, zu durchschauen. Das Spiel im ganzen ist von größerem Beharrungsvermögen als die einzelne Figur. Der einzelne kann schnell einmal sterben, doch das Figurengeflecht bleibt, wenn dieser einzelne einen beherrschenden Platz einnahm, in den folgenden Variationen immer noch auf seinen Platz und die Reihenfolge seiner Plätze bezogen, bis das Spiel aus ist. Stalin ist stark genug, das Figurengeflecht auf die Reihenfolge *seiner* Plätze zu beziehen, doch er muß auf das Dagewesensein jener ersten Naturgewalt stetig Rücksicht nehmen. Das Licht, das gewesen ist, ist ebenso ein politischer Erkenntnisquell, wie das Licht, dessen Intensität erst wächst. Ein Mensch von großer politischer Macht hat sogar eine bestimmte Macht über seinen eignen Tod. Stalin muß die Konstellationen von sich aus *und von Lenin aus* beurteilen, und er hat Glück – sein Vorgänger war von der Natur dazu geschaffen, sich über ein ganzes Feld in klaren Orientierungslinien auszubreiten. Lenin war orientiert, und er wirkte orientierend, er gab Orientierung. Er orientierte sich nach einem möglichen und kommenden Gesetz der Dinge seiner Welt, und wenn es Stalin gelingen sollte, den Punkt zu treffen, von dem aus sich die Verfassung, die schon entstanden und da ist, auch noch »geben« läßt, dann würden die Orientierungspunkte Lenins und Stalins zusammenfallen. Sie fielen deshalb zusammen, weil das Gesetz der Sache getroffen ist. Wahrscheinlich liegt dieser letzte Bezugspunkt nicht mehr auf dem Spielfeld selbst. Man müßte sich ein Spiel ausdenken, bei dem sich nach jedem Platzwechsel der Hauptfigur die Gesamtkonstellationen in einer *Abfolge* von Konfigurationen, die sich auf ein *Gesetz* bringen ließe, ändern. Schließlich sind die Variationsmöglichkeiten erschöpft. Die letzte Konfiguration ist so geartet, daß die Figuren gerade deshalb, weil die innewohnenden Kräfte des Ziehens, Schlagens und Überbietens maximal angespannt sind, nicht mehr voneinander loskönnen. Zwischen Spannung und Ruhe ist kein Unterschied mehr, die Spannung trägt sich selbst, und die Hauptfigur hat alle Proben überstanden, sie war auf keinem der möglichen Plätze zu schlagen, sie rückt auf der Kurve hin und her, und es steht ihr frei, das Spielfeld zu verlassen. Die letzte Konstellation vergegenwärtigt in sich, gleich einem Triumphzug, die vorausgegangenen Konstellationen.

Keiner von uns weiß, ob Stalin eines Tages triumphieren wird. Es ist keine Frage, daß er triumphieren möchte, und daß er, nach dem Gelingen des Fünfjahresplans, deshalb ernst bleibt, weil er klar sieht, daß der Triumph noch in weiter Ferne liegt. An den wenigen lapidaren Sätzen, in denen sich der Triumph ausspricht, ändert sich im Laufe der Zeiten nicht viel. Die Argumente wechseln mit der Verschiedenheit des vorausliegenden Siegeszuges, und sie liegen selbst in der Vergangenheit. *Das imperiale politische Pathos* selbst *ist einfach und direkt,* und darum ergreifend, und ein östlicher Imperialist, der in die Lage Alexanders kommen sollte, wird der Rede dieses Mannes kaum etwas Neues hinzufügen, nur der Unterton eines schwärmerischen orgiastischen Individualismus fiele hinweg. »Was ich gewonnen, gehört ja euch. Kleinasien, Syrien, Ägypten, Mesapotamien, Persien habe ich euch *zum Genusse* gegeben, es ist euer Eigentum, ihr seit Satrapen, Strategen, Taxiarchen. Ich habe für mich nichts Besonderes zum Genießen, ich wache für euch, damit ihr schlafen könnt… Zeigt eure Wunden, ich will die meinen zeigen… Fliehend ist unter meiner Anführung niemand umgekommen …«. – In diesen Sätzen ist enthalten, was in einem Ausdruck des Triumphes enthalten sein muß.

Erstes Hauptstück

Lenin und der Weltkrieg

A. Krieg und Revolution gehören zusammen

Die Methode der Leninschen Politik[11], seine »Strategie und Taktik«, ist in ein bestimmtes Bild der Dinge eingezeichnet. Dieses Bild umspannt drei Perspektiven – ähnlich wie mittelalterliche Bilder drei zusammengehörige Wirklichkeiten vergegenwärtigen, die Verhältnisse bei den irdischen Menschen, bei den Verworfenen, und bei den Erlösten des Zukunftsreichen. Lenin »sieht« sich in eine Krise der europäischen

[11] Lenin (1870–1924) als der *Machiavelli* (1469–1527) unter den russischen Revolutionären, heißt vor allem: »Man muß als Revolutionär verstehen, auch nicht*revolutionär* zu handeln, *über der* eigenen *Sache zu stehen*« (S. 105), aber auch, dass Lenin den revolutionär exorbitant überschwenglichen *Thymos* in seiner Bewegung durch zweckrationale, diesseitige Kalkulation zu ersetzen suchte. – Mit Machiavelli kann sich Lenin auch in dem Sinne verbunden fühlen, weil »der als erster eine menschliche *civitas* ohne Gott ersann« (Aleksander Wat, *Jenseits von Wahrheit und Lüge.* Mein Jahrhundert 1926–1945, Frankfurt am Main: Suhrkamp 2000, S. 397). Wie Machiavelli will Lenin »dem ›Unwissenden‹ politische Erziehung zuteil werden lassen [...], und zwar keine negative politische Erziehung zum Tyrannenhasser [...] sondern positive, damit er bestimmte notwendige Mittel anerkennen soll – auch wenn sie tyrannisch sind –, wenn er bestimmte Ziele verfolgt.« (Antonio Gramsci, *Die Wissenschaft von der Politik* [um 1930], in: *Zur Politik, Geschichte und Kultur,* hg. v. Guido Zamis, Leipzig: Reclam 1980, S. 260). – Noch in Bucharins sog. *Gefängnisschriften* (1937) wird, in Anlehnung an Lenins Diktum, dass es im Marxismus »auch nicht ein Gran Ethik gäbe« (Lenin, Werke, Bd. 1, S. 436), als Ideal (nicht: Utopie!) politischer Praxis auf Machiavelli verwiesen, nämlich, daß in Revolutionen »alles auf kalter und nüchterner Berechnung der Kräfte und Mittel, auf einer schonungslosen Enthüllung und einer zynischen Ausnutzung zynischer Verhältnisse« beruhe (Nikolai Bucharin, *Philosophische Arabesken,* Gefängnisschriften, Bd. 2, hg. v. Dieter Uhlig u. Wladislaw Hedeler, Berlin: Dietz 2005, S. 374).

Russische Revolutionsführer metaphorisch mit Namen oder Epitheta aus der neuzeitlich-europäischen Politik- oder Kulturgeschichte zu indizieren, war in jenen Jahren

»Kultur« versetzt, die ihren Herd in Rußland hat, er sieht zugleich die Verhältnisse einer alten, verlebten Epoche vor sich, und er sieht einen »neuen Typus Staat« im »Keime.« Diese neue dreieinige Wirklichkeit »sieht« er seit der Revolution von 1905. Mit dem, was einer »sieht«, kann man nicht rechten. Er sieht die Welt, in der er lebt, und diese und keine andre ist die Welt, in die hinein er denkt und handelt.

Man kann fragen, ob sich in das Bild der Dinge, das sich vor dem Blick des Politikers Lenin auftut, eine von der Leninschen abweichende Methode der Politik einzeichnen läßt. Einer Natur wie Sorel z. B. war der Einblick wenigstens in *einige* wichtige Zusammenhänge der veränderten Welt ähnlich zugängig, und eine Natur wie Sorel hätte in dieser Welt eine andre Taktik geübt. Sogar nach Lenin wäre im Laufe des Jahres 1917 bei einem weniger liberalistischen Verhalten der Sowjetbehörde eine friedliche und legale Revolution möglich gewesen, ein Ausbau der Rätemacht und ein Absterben des parlamentarischen bürokratischen Staates alten Stils, der »Doppelherrschaft«.

nicht ungewöhnlich: Der antibolschewistische russische Journalist Wladimir K. von Korostowetz (1888–1953) bezeichnete einmal Felix E. Dzierzynski (1877–1926), Lenins Geheimdienstchef, als »Savonarola der Sowjetverfassung« (Wladimir K. v. Korostowetz, *Polnische Auferstehung,* übertr. v. Rudolf Paul, Berlin: Verlag f. Kulturpolitik 1929, S. 21). Sowjetischerseits hat man das auch gepflegt: Am 1. Mai 1927 symbolisierte die ›Prawda‹ die mythische Entschlossenheit der Roten Armee mit dem »Medusenhaupt, das Perseus auf seinem Schild« trug, um seine Gegner zu lähmen. – Julien Green (1900–1998) läßt in *Jeunesse* [1974] eine Figur in einer »Lobrede auf Lenin« bemerken, »daß der Revolutionär eine ähnliche Stirn habe wie Shakespeare« (dt., Suhrkamp 1980, S. 232); auch Sebastian Haffner (1907–1999) bemerkte bei Lenin einen »harten machiavellistischen Realismus« (Sebastian Haffner, *Der Teufelspakt.* Die deutsch-russischen Beziehungen vom Ersten zum Zweiten Weltkrieg, Zürich: Manesse 1988, S. 83).

Lenins Mitarbeiter in seinem ersten Revolutionskabinett, Lew Borissowitsch Kamenew (1883–1936), veröffentlichte 1934 im Moskauer Academia-Verlag eine russische Ausgabe von Nicoló Machiavelli, *Der Fürst,* Werke, Bd. 1, 508 S. [mehr nicht erschienen], mit seinem Vorwort (vgl. engl. Übersetzung in: New Left Review, 1/15, Mai/Juni 1962, S. 39–42). Es ist die nach 1869 zweite russische Übersetzung. – Diese Edition wurde Kamenew in seinem Prozess (19.–24. August 1936) vom Ankläger Andrej J. Wyschinski (1883–1954) als »die Ideenquelle« vorgehalten, »um unser sozialistisches Vaterland in die Luft zu sprengen.« (A. J. Wyschinski, *Gerichtsreden,* Berlin: Dietz 1951, S. 517 f.).

Zeitgenössisch wurde diese Verbindung *›Lenin – Machiavelli‹* auch schon bei dem deutschen Philosophen Karl Vorländer (1860–1928) thematisiert: *Von Machiavelli bis Lenin.* Neuzeitliche Staats- und Gesellschaftstheorien, Leipzig: Quelle & Meyer 1926, 287 S.

In Hugo Fischers erstem Hausverlag erschien 1929 die bemerkenswerte Machiavelli-Studie von Giuseppe Prezzolini (1882–1982): *Das Leben Nicoló Machiavellis.* Mit Holzschnitten v. A. Paul Weber, Dresden: Widerstandsverlag 1929, 180 S.

Es kommt auf die Gattung des Genus, des politischen Handelns an, nicht auf die Art oder Spezies. Ohne Frage unterscheidet sich die Methode Lenins von der Methode etwa Kerenskis der *Gattung* nach, und zwar deshalb, weil beide in verschiedenen Wirklichkeiten leben. Die Methode Lenins und die Methode irgendeines Sozialdemokraten sind nicht etwa Spezies einer gemeinsamen Gattung, z. B. einer Gattung »marxistische Politik.« Die vergleichbaren Spezies ergeben sich für die, die *in einer* Welt leben und dieselbe Sprache sprechen.

Lenins Spezies hat den Vorzug, daß sie erstmalig durchgeführt und, soweit sich bisher übersehen läßt, daß sie exemplarisch für eine neue Gattung politischer Methode ist. Vorläufig ist es leichter, zu bestimmen, welche Merkmale dieser Gattung *nicht* eignen, als die Gattung »politische Methode des 20. Jahrhunderts« positiv zu bestimmen. Wir haben wohl in Lenins Methode *eine erste* exemplarische Spezies. Es ist aber nicht möglich, auf Grund der Kenntnis einer einzigen Spezies die Gattung konkret zu bestimmen. Der »erstmalige« Versuch kann an verschiedenen Unzulänglichkeiten leiden. Von der Wirklichkeit, die im ganzen »geschehen« ist, sind vielleicht bestimmte Bezirke vorwiegend oder einseitig berücksichtigt, wie die Interessen des Proletariats, und zwar auch noch des Proletariats eines einzelnen Reichs, oder andrerseits wie die Fragen der Technik und der Wirtschaft. Sprache und Begriff geben das, was gesehen ist, vielleicht öfters tendenziös umgebogen wieder, oder bestimmte Erfahrungen werden mit Schweigen übergangen, sie verraten sich nur zwischen den Zeilen, im Pathos oder anderseits im Tone des Verzichts. Bestimmte Perspektiven sind nur aufgetan, aber sie werden nicht verfolgt, ja man scheut sich, sie zu verfolgen, ein Tabu steht im Wege, sei es auch ein veralteter marxistischer Materialismus.

Im Mittelpunkt der gegenwärtigen politischen Welterfahrung Lenins steht der »imperialistische Weltkrieg«. Kriege und Revolutionen sind die Komponenten der einen großen gegenwärtigen akuten europäischen Krise, die er seit dem Jahrhundertbeginn vor sich sieht. Der Krieg von 1914 ist von anderem »Typ« als die Kriege des 19. Jahrhunderts. Der Krieg von 1870 z. B. dient dazu, den nationalen Staat der Deutschen zu konstituieren und zu stabilisieren, und er ist nach Lenin auch historisch zu bejahen: soweit er vom Charakter eines nationalen Freiheitskrieges gegen Napoleon III. und das hinter ihm stehende reaktionäre, Nationen unterdrückende Rußland gewesen ist. Der Krieg von 1914 ist dagegen der akute Ausbruch einer europäischen und weltpolitischen Krise. Die

Krise geht in Europa um, seit Europa imperialistisch geworden ist. Der Krieg der Imperialismen ist ein imperialistischer Krieg, und dieser Krieg bedeutet den Ausbruch der großen Krise; der Imperialismus ist ein Endstadium der ökonomisch-politisch-kulturellen Entwicklung Europas, der Krieg bringt das Endstadium zur Reife. Er hat revolutionären Charakter, insofern er nicht nur den Boden allgemein erschüttert, an den Rand der Revolution führt, sondern bereits Formen erzeugt, deren sich die Revolution zu bedienen hat, wie die Bewaffnung des ganzen Volkes, die planmäßige Gemeinwirtschaft unter Finanzkontrolle der Zentralbanken, Opfermut und Disziplin.

Am »Tage der Kriegserklärung Italiens« schreibt Lenin: »Die politische Krise ist da: keine einzige der Regierungen ist des morgigen Tages sicher, keine einzige ist frei von der Gefahr eines finanziellen Bankerottes, eines Verlustes von Territorien, einer Verjagung aus dem Lande (wie man aus Belgien die Regierung verjagt hat).« Europa wird durch den Krieg bereits revolutionär erschüttert, und Lenin sieht in dieser Erschütterung ein Stück seiner Welt, und insofern erfreut er sich ihrer. Er bejaht den Krieg als einen revolutionären Szenenwechsel der politischen – nicht so sehr der sozialen – Fassaderie Europa. Aber auch die soziale Fassaderie gerät ins Schwanken. »Alle Regierungen leben auf einem Vulkan, sie alle appellieren *selber* an die Selbsttätigkeit und an den Heroismus der Massen. Das politische Regime Europas ist vollkommen erschüttert ... Wenn Kautsky zwei Monate nach der Kriegserklärung (am 2. Oktober 1914 in der ›Neuen Zeit‹) schrieb: ›Nie ist eine Regierung so stark, nie die Parteien so schwach wie beim Ausbruch eines Krieges‹, so ist das ein Muster Kautskyscher Geschichtsfälschung zugunsten der Südekums[12] und der übrigen Opportunisten.« Es ist vor allem, wie Lenin an andern Stellen ausführt, ein Symptom dafür, daß ein Sozialdemokrat alten Typs in einer vergangenen Weltepoche lebt, ohne Orientierung im gegenwärtigen Geschehen. »Die politischen Grundfesten Europas geraten immer stärker ins Wanken«, fährt Lenin fort ... »Durch die Erfahrung des Krieges,

[12] Albert Südekum (1871–1944) war entschiedener Reformist in der Führung der SPD. Seit Beginn des Weltkriegs stellte er sich kompromisslos in den »Dienst des Vaterlandes«. Die am 4. August 1914 veröffentlichte SPD-Erklärung zur Kriegskreditbewilligung war von ihm maßgeblich inspiriert. Als Vertrauter des Auswärtigen Amtes unternahm er im Krieg politische Missionen (nach Italien, Schweden, Rumänien). – Der Begriff der »Südekumerei« avancierte daraufhin zu einem neuen international gebräuchlichen Schlagwort für euphemistische Staatsnähe der Sozialdemokratie. Südekum war Mitglied der Deutschen Gesellschaft (1914) und des Deutschen Nationalausschusses.

wie durch die Erfahrung jeder Krise in der Geschichte, jedes großen Unglücks und jedes Umschwungs im Leben der Menschen werden die einen abgestumpft und gebrochen, dafür aber werden die andern aufgeklärt und gestählt ...« (18, 321, 320).[15]

Der Weltkrieg ist ein neuer Erdbebenherd von eigner Wirkungskraft; zugleich pflanzt sich in den Weltkrieg hinein das Erdbeben der Revolution von 1905 fort, und die Revolution kommt schließlich dadurch zum endgültigen Durchbruch, daß die explosiven Gewalten des Weltkrieges unterstützend hinzutreten. Dem Anschein nach war der Weltkrieg eine offizielle Aktion aus legalen und traditionellen politischen und ökonomischen Systemen heraus. Die Illegalität, die zum Wesen jedes Krieges gehört, hatte aber diesmal einen so mächtigen eigenen Umschwung, daß die Legalität den Vorsprung nie mehr einholte. Die Legalität ist von den Ereignissen überholt, sie kommt nicht mehr nach, und die Revolution ist nicht mehr Zwischenspiel zwischen den Kriegen, sondern der Krieg muß sich seinerseits, als Zwischenspiel und Regisseur, in den Rhythmus der Revolutionen *fügen*. Die Illegalität wird Trumpf. Lenin bejahte den Weltkrieg ähnlich wie ein bewußter und zur Eroberung entschlossener Imperialist.[16]

Der erste Akt im Schicksalsdrama der Leninschen Politik ist die Revolution von 1905. Sie hat (20/1, 15f.) »den Boden tief aufgewühlt, hat jahrhundertealte Vorurteile mit der Wurzel ausgerissen und Millionen von Arbeitern und Dutzende Millionen von Bauern zum politischen Leben und zum politischen Kampfe erweckt, sie hat alle Klassen (und alle wichtigen Parteien) der russischen Gesellschaft einander – und der ganzen Welt – gezeigt in ihrer wahren Natur, in dem wirklichen Wechselverhältnis ihrer Interessen, ihrer Kräfte, ihrer Aktionsmethoden, ihrer nächsten und ferneren Ziele ...«. Auf sie folgt »die Konterrevolution von 1907–1914« und schließlich »die Februar- und Märzrevolution des Jahres 1917«. »Diese achttägige Revolution wurde – wenn der Vergleich erlaubt ist – so ›gespielt‹, als ob vorher ein Dutzend Proben und

15 Eine Erfahrung des politischen Lebens ist hier mit den begrifflichen Mitteln der Schicksalsphilosophie verallgemeinert. Dieser philosophische Ausspruch ist weder materialistisch noch spezifisch marxistisch, er könnte bei Macchiavelli oder Hegel stehen.

16 Und er haßte, ähnlich wie dieser das Ressentiment der Vaterlandsverteidiger und Pazifisten, weil mit dem Weltkrieg das große Drama in Szene ging, das eine Natur wie Lenin als Mitspieler duldete, zur Geltung und zur Entfaltung zu bringen geeignet war: »Wir sind nicht für den Status quo, wir sind nicht für die utopische Spießbürgeridee, man solle sich von den großen Kriegen fernhalten.« (Vgl. 18, 403).

Generalproben stattgefunden hätten; die ›Akteure‹ kannten einander, sie kannten ihre Rollen, ihre Plätze, sie kannten ihre Umgebung bis in die kleinsten Einzelheiten, bis in die kleinsten Schattierungen der politischen Richtungen und Aktionsmethoden.« »Damit aber die erste, die große Revolution des Jahres 1905 ... nach 12 Jahren« zu der – zunächst antizaristischen, »demokratischen« – Revolution »des Jahres 1917 führen konnte..., war ein großer, starker und mächtiger ›Regisseur‹ erforderlich, der imstande war, einerseits die Entwicklung der Weltgeschichte in unerhörtem Maße zu beschleunigen und andrerseits wirtschaftliche, politische, nationale und internationale Krisen von unerhörter Wucht hervorzurufen ... Dieser gewaltige, die Entwicklung machtvoll beschleunigende ›Regisseur‹ war der *imperialistische Weltkrieg*.«

Was die revolutionären Kräfte nicht fertigbrachten, wird mit Hilfe des Sturms erreicht, den ihre Feinde entfesselten. Der Kriegswind, der aus dem Westen weht, lockert den Boden, und dem Sturm aus der Gegenrichtung fällt es nicht mehr schwer, einen ganzen Wald mit den Wurzeln herauszureißen. Es fragt sich, wem es gelingt, sich zum Subjekt des ganzen Geschehens aufzuwerfen: und als der Hauptakteur, der im Epilog dem ganzen Stück seinen Namen gibt, in die Szene zu treten. Die anfängliche Deutung des Kriegsgeschehens ist flach, von begrenzter Reichweite, und es fragt sich, wer schließlich seinen Kopf durchsetzt, wer die Launen und Sprünge des Schicksals auf sich selbst zurückbezieht.

B. Der Krieg als tangentiale Annäherung an die Revolution bejaht

Schon während des russisch-japanischen Krieges kritisierte Lenin die »banalen Erörterungen« der Sozialdemokraten alten Schlages »darüber, daß der Krieg ein Unglück sei, unabhängig davon, ob er mit einem Siege oder einer Niederlage des Absolutismus ende.« Lenin stellt »die große revolutionäre Rolle des historischen Krieges fest«, »dessen unfreiwilliger Teilnehmer der russische Arbeiter ist.« »Das russische Volk hat durch die Niederlage des Absolutismus gewonnen. Die Kapitulation Port Arthurs ist der Prolog zur Kapitulation des Zarismus. Der Krieg ... bringt uns dem Moment eines neuen, großen Krieges näher, des Volkskrieges gegen den Absolutismus.« (7, 64, 65, 43, 61). »Die Kriege werden jetzt von den Völkern geführt«, und durch den japanischen Krieg »ist der Absolutismus in eine Sackgasse geraten, aus der nur das Volk selbst sich befreien kann, und nur um den Preis der Zerstörung des Zarismus«. (7, 61). Krieg und Revolutionen sind aufeinanderfolgende Akte desselben Dramas, der Krieg ist, nach Richtung und Wirkung, bereits eine Revolution, und die Revolution ist »der einzig berechtigte Krieg«. Der außenpolitische Feind entbindet durch seinen Sieg im »Kriege« wider seinen Willen die revolutionären Kräfte des Volkes, er sprengt seine Hülle, die von innen nicht gesprengt werden kann. Er räumt einem in Wahrheit *unversöhnlichen* Feind seinen Platz, dem kämpfenden »Volk«, das die Grenze zwischen innenpolitischer und außenpolitischer Feindschaft nicht mehr kennt.

Im Weltkrieg ist die Stelle der Tangenz zwischen Krieg und Revolution erreicht: die Entwicklung ist soweit gediehen, daß das Problem der Weltkriegspolitik mit dem Problem der Politik der Weltrevolution identisch ist. *In der Frage des Finanzimperialismus* begegnen sich diese beiden Probleme zunächst auseinanderliegender Sphären, und »diese Frage ist *seit 1914 zur Kardinalfrage der ganzen Politik aller Länder des Erdballes* geworden« (Jahrg. II, 851). »In dieser Lage hat unsere Oktoberrevolution eine neue Epoche der Weltgeschichte eröffnet.« Der Unterschied zwischen Krieg und Revolution ist nunmehr ein Unterschied der Bewußtseinszustände. Diejenigen, die miteinander Krieg führen, kämpfen um Positionen innerhalb des imperialistischen Geflechts, und der Imperialismus selbst ist kein Problem der Kriegführung einer einzelnen Partei. Die Revolution dagegen wirft das Problem des Imperialismus selbst auf, und sie sucht das Geflecht zu zerreißen. Die Realität hat vor dem Denken das Primat. Die Kriegführenden sind in dem »blutigen Knäuel« wider Willen an einem gemeinsamen Werke tätig: sie wirken mit, das Kardinalproblem der Epoche offenzulegen. Nur durch die revolutionäre Wendung ist es möglich, *bewußt* von dem auszugehen, was der Krieg als den alle Parteiungen übergreifenden Geist der Zeit an den Tag bringt. Die physiognomischen Züge dieses »Geistes« sind über die Ebene der Außenpolitik verstreut.

Jeder Krieg führt schon als Krise an die tiefer liegende »Realität« heran. Die »große Bedeutung von Krisen besteht darin, daß sie das Verborgene offenkundig machen, das Bedingte, Oberflächliche, Kleinliche beiseiteschieben, den politischen Schutt wegräumen, die wahren Triebfedern des Klassenkampfes aufdecken.« (20/1, 300). Der Weltkrieg »bedeutet« eine Krise ersten Ranges, »eine gewaltige historische Krise, den *Beginn einer neuen Epoche.*« (18, 99). »Wie jede Krise hat der Krieg die tief verborgenen Gegensätze verschärft und an die Oberfläche gebracht, er hat alle heuchlerischen Hüllen zerrissen, alle Unklarheiten beseitigt und die morschen und angefaulten Autoritäten zerstört.« Die alten pazifistischen Sozialdemokraten ziehen aus dem Krieg keine Lehre, sie suchen seine Wirklichkeit zu überschlagen und glauben da anknüpfen zu können, wo ihre »kriegsverhütende« Internationale vor dem Kriege stand. »Die guten Leute vergessen oft die harte, grausame Wirklichkeit des imperialistischen Weltkrieges. Diese Wirklichkeit duldet keine Phrasen, sie spottet aller naiven, frommen Wünsche.« (20/1, 166).

Auch in Einzelheiten, die noch *innerhalb* der imperialistischen Politik liegen, ist ein Status quo keineswegs um seiner selbst willen wünschenswert. Die Gewalttat als solche ist nicht diffamiert. Im entscheidenden Augenblick können »die großen geschichtlichen Probleme nur durch Gewalt gelöst werden.« (7, 517). Eine Eroberung ist nicht damit abgetan und widerlegt, daß sie sich als *Gewalt*tat qualifiziert, sondern es kommt darauf an, in wessen Sinne sie liegt; ob sie eine frühere Eroberung rückgängig macht oder ob sie andrerseits vielleicht die Entwicklung der besiegten Bevölkerung fördert.[17] Der Krieg als solcher kümmert sich von vornherein nicht um das »Wünschenswerte«. Mit dem Status quo ist unwiderruflich gebrochen, und der Versuch, sich, als Reformist, an die ehemalige Verfassung der Dinge wieder anzupassen, muß scheitern. »Denn der *Krieg stellt die Fragen nicht reformistisch, sondern revolutionär*...«. »Die objektivistische Lage in der Weltpolitik ist revolutionär, sie kann durch Reformen nicht überwunden werden.« (20/2, 236). Die heuchlerischen Verhüllungen des wirklichen öffentlichen und privaten Daseins, die der Krieg zerrissen hat, lassen sich nicht wieder zusammenflicken, die morschen Autoritäten, die er stürzte, kommen nicht wieder zu Kräften, und die tiefen Gegensätze, die er an die Oberfläche brachte, finden kein Versteck mehr.

Der Weltkrieg enthüllte nach und nach den Kern der europäischen Politik. Es wird nicht um Republik oder Monarchie gekämpft, nicht um Verteidigung des Vaterlandes und nationale Freiheit, sondern die Frage lautet (nach Nietzschescher Formulierung): wer soll der Herr der Erde

17 19, 69: »Nicht jede Angliederung eines neuen Territoriums ist Annexion, denn im allgemeinen ist der Sozialismus für das Verschwinden der Grenzen zwischen den Nationen und für Bildung von größeren Staaten. Nicht jede Verletzung des Status quo ist Annexion. Nicht jede Angliederung eines Landes durch Kriegsgewalt ist Annexion, denn der Sozialismus kann nicht (Gewaltanwendung und) Kriege, die im Interesse der Bevölkerung geführt werden, grundsätzlich ablehnen.«

sein. Zunächst ringen im wesentlichen gleich strukturierte Großstaaten vom bürgerlichen Vorkriegstypus um die vorteilhafteste Neuverteilung des kolonialen Besitzes und der Einflußsphären im »imperialistischen« Sinne. In *dem* Moment, in dem der Gegensatz *nicht innerhalb* des Imperialismus, sondern *gegen* den Imperialismus, »artet« der Krieg in die Revolution aus. Die Revolution ist der aus der Art geschlagene Weltkrieg (dieser Krieg war aber, nach *Lenin,* selbst eine entartete Revolution). Der Krieg bedeutet schon anfangs ein Abgehen vom Status quo. Der Status quo ist endgültig verlassen und durchbrochen, wenn sich nicht mehr Imperialismen bekämpfen und zu verständigen suchen; wenn ein Fremder dazwischentritt, das Spiel stört, die Spielregeln durcheinanderbringt. Der Eindringling bricht den Burgfrieden, und damit ist auf allen Seiten die konventionelle Voraussetzung des offiziellen Kriegsspiels aufgehoben. Die Frontlinie zieht sich nun durch das Innere des Staatsgefüges hindurch. Der Feind steht innen und außen zugleich, und die Umgestaltung des Staatensystems ist Zug um Zug nur mit der Umgestaltung der eigenen Staatsverfassung zu erkämpfen. Solange der alte offizielle Staatskrieg noch dauert, wird die Lage immer unhaltbarer. Unter den weiterbestehenden Verhältnissen kann der *feindliche Staat die Umgestaltung der eigenen Verfassung, kann der innere Feind die Umgestaltung der Staatenordnung um keinen Preis dulden.* Der Krieg wird, ähnlich wie in der römischen Geschichte seit Marius, zur Revolution, wenn mit dem Geist und den Geistern einer Epoche da aufgeräumt wird, wo man sie vernichtend treffen kann, sei es im Innern, sei es außerhalb der Grenzen.

Der Weltkrieg schafft in Europa bereits eine revolutionäre Haltung (Extremismus, 20/1, 50) und Situation (18, 401). Er ist eine »geschichtliche Triebkraft von ungeheurer Macht«, die die »Völker zwingt, alle Kräfte bis aufs äußerste anzuspannen« (20/1, 50) und zu den »radikalsten Maßnahmen« zu greifen, wie zur Kriegswirtschaft, diesem Vorbild der russischen Planwirtschaft. »Millionen« russischer »Halbproletarier und Kleinbürger« werden durch ihn »belehrt, aufgeklärt, geweckt, organisiert, gestählt«, und zur folgenden Revolution gerüstet« (18, 91). Lenin bejaht die Militarisierung, die »das ganze öffentliche Leben« durchdringt – die »totale Mobilmachung« –, die Frauen und Kinder ergreift und »auch in neutralen Ländern« um sich greift (19, 401). Die Revolution soll von der Tatsache dieser Militarisierung ausgehen, sie sich zunutze machen. Die revolutionären Kräfte, denen die Militärtechnik auf den Leib rückt, sollen ihr freiwillig entgegenkommen und die Ausrüstung des

Krieges in eine Ausrüstung der Revolution umprägen. Was sollen gegen die »Militarisierung« des ganzen öffentlichen Lebens die »proletarischen« Frauen tun? »Nur jeden Krieg und alles Militärische verwünschen, nur die Entwaffnung fordern? Niemals werden sich die Frauen einer unterdrückten Klasse, die revolutionär ist, auf solche schändliche Rolle bescheiden. Sie werden vielmehr ihren Söhnen sagen: ›Du wirst bald groß sein, man wird dir das Gewehr gegeben. Nimm es und erlerne gut alles Militärische – das ist nötig für die Proletarier..., um gegen die Bourgeoisie deines ›eigenen‹ Landes zu kämpfen...‹« (19, 401).[18] Diese wenigen Sätze vergegenwärtigen den *Leninschen Typus »Politik«* mit einem Schlage auf das anschaulichste. Lenin bewegt sich »auf der Höhe« des Imperialismus, er nimmt seine letzten Errungenschaften, wie Militarismus, rationalisierten Großbetrieb, transkontinentalen Herrschaftsbereich, an; er sucht den »Geist« und die Apparatur einer Epoche mit kalter Berechnung zusammenzufassen, in die Hand zu bekommen. Sein Sinn geht darauf, nach einer illusionslosen Inventuraufnahme und nach einer von Sympathien und Antipathien unbeschwerten Auswahl des Modernsten und Wirksamsten die Epoche mit dem Extrakt ihrer eigenen Mittel zu bekämpfen. Das Verhältnis zum Militarismus ist – wie das zum

18 Entsprechend kommt der revolutionäre Akteur in der Sphäre der Weltpolitik, die unterdrückte Nation, der Militarisierung bewußt und aktiv entgegen: »Der imperialistische Krieg (25, 426f.) hat der Revolution geholfen. Die Bourgeoisie zog aus den Kolonien, aus den rückständigen Ländern, aus den fernsten Gegenden Soldaten zur Teilnahme an diesem imperialistischen Krieg heran. Die englische Bourgeoisie redete den indischen Soldaten ein, daß es Pflicht der indischen Bauern sei, Großbritannien gegen Deutschland zu verteidigen.« Die »französische Bourgeoisie« handelte ihren Negern gegenüber entsprechend. »*Und man lehrte sie den Gebrauch der Waffen. Das sind außerordentlich nützliche Kenntnisse*... Der imperialistische Krieg hat die abhängigen Völker in die Weltgeschichte gerissen...«. »*Der Krieg*«, sagt Lenin an andrer Stelle (Nat. II, 50f.), »war eine *Epoche der Krise* für die westeuropäischen Nationen, für *den gesamten Imperialismus*.« Er brachte »in den Kolonien eine ganze Reihe von Aufstandsversuchen« »ans Licht«, in Singapore, Anam, Kamerun. »Im Zusammenhang mit der Krise des Imperialismus« loderten »Flammen nationaler Aufstände ... sowohl in den Kolonien als auch in Europa« auf. – Mit den Machtmitteln, die für die *alte*, die abklingende imperialistische Epoche typisch sind, wird der Akteur der kommenden Epoche überhaupt erst aktionsfähig gemacht. Die modernste westeuropäische Kriegstechnik ist so vervollkommnet und *fertig*, daß sie sich von ihrem Erfinder *loslösen* und auf junge feindliche Mächte *übertragen* läßt. In einer Frage wie der »Militarisierung« wird der *Weg in die Zukunft gewonnen, indem man die Linie der Vergangenheit* über sich selbst hinaus, *über die Grenze hinaus, bis zu der der Imperialismus reicht, verlängert*. Man muß auf der Linie selbst bleiben, darf sie nicht abbrechen, wenn man die Kräfte des Imperialismus auf sich selbst verpflanzen, sie erben will.

Großbetrieb, zum zentralisierten Riesenstaat – von einer diabolischen »Objektivität«. Diese Politik setzt zugleich alles auf eine Karte. Sie rechnet *nur* auf vollen *Sieg,* und sie kann *nur* durch einen *vollen* Sieg gerechtfertigt werden. Es ist vorausgesetzt, daß die Kraft und das Glück *sehr* groß sein werden, nämlich groß genug, um die alte Epoche aus den Angeln der historischen Existenz zu heben, um die *Gesamtheit* der Feinde zu übertrumpfen und aus dem Leben zu stoßen. Weil man in dieser Annahme »lebt und weht«, *deshalb* läßt man es darauf ankommen, was aus einem wird, wenn man sich gerade den charakteristischsten und »unmenschlichsten« Einwirkungen aus der alten Epoche aussetzt. Wo die Grenze dieser Einwirkung liegt, ob man etwa nahe daran ist, dem Geist dieser Epoche zu verfallen oder ihren einzelnen Zielgebungen untertan zu werden, das vermag ein »politisch unbewaffnetes« Auge kaum zu unterscheiden. Leute, die Lenin parteipolitisch nahezustehen glaubten, darunter bekannte deutsche »Radikale«, tappten zur Zeit von Brest-Litowsk im Finstern und waren von armseligen Ängsten geplagt, wie Blinde, die auf die Brocken eines Bergrutsches stoßen. *Innerhalb* seiner alten Epoche und einzeln, für sich genommen, war jeder von Lenins Gegnern von einer furchtbaren Überlegenheit. Lenin meint, der Eintritt in die neue Welt könne nur dem offen stehen, der sich den Teufeln der alten Welt verschreibt. Diese alte Welt ist – wenigstens in ihrem überlebenden Endstadium, dem Imperialismus, – da am vollkommensten, wo sie am teuflischsten ist. In der versinkenden Epoche regen sich noch mächtige materielle und organisatorische Kräfte, und *es ist nötig, sich in den Bereich dieser Kräfte und Apparaturen zu stellen, diese Kräfte auf sich übergehen zu lassen,* um die alte Epoche zu besiegen. Neue Kräfte einer folgenden Epoche keimen erst, und alles, was keimt, ist schwach. Der *Krieg* beruht auf dem Streben, *innerhalb derselben* Epoche die eigenen Machtpositionen auf Kosten derer der Konkurrenten zu verstärken, mit dem Ziel eines Monopols auf die vorhandenen Machtstellungen. *Die Revolution* dagegen beruht auf dem Streben, das *Erbe* aller Machtpositionen dieser alten Epoche anzutreten und das Ableben der Erblasser zu beschleunigen. Ehe die revolutionäre Macht die Frage stellen und entscheiden kann: *ob* man überhaupt und *wie* man »besitzen« darf, und *wer* zu verfügen hat, muß sie den Besitz geerbt und in der Hand haben.

C. Der »Imperialismus« als die durch den Weltkrieg enthüllte »Kardinalfrage« der neuen Epoche

In und mit dem Krieg tritt die Verwobenheit oder Verflochtenheit der modernen Großstaaten, die auf den Finanzimperialismus der Vorkriegszeit zurückgeht, in ein neues Stadium. Der »Krieg hat die kriegführenden Mächte, die kriegführenden Gruppen der Kapitalisten, die ›Herren‹ der kapitalistischen Ordnung ... mit eisernen Ketten aneinandergefesselt. *Ein einziger blutiger Knäuel,* das ist das Bild des gesellschaftlichen und politischen Lebens im gegenwärtigen geschichtlichen Augenblick.« (20/1, 17). Die *Revolution* wirkt nihilistisch, indem sie die Götter der alten Epoche stürzt, während der *Krieg* nur *innerhalb* der Gegebenheiten der Epoche nihilistisch wirkt, indem er Unebenheiten, Ungleichmäßigkeiten der Entwicklung an den Tag bringt und ausmerzt und so den Typus der alten Epoche gereinigt wiederherstellt; indem er die Gesellschaft dieser Epoche, ihre ökonomische und politische Verfassung, wieder lebensfähig macht. Lenin nimmt die Marxsche These auf, daß der Krieg auf politischem Gebiet so wirkt, wie die Krise auf ökonomischem Gebiet: als periodisch unvermeidlich und mit mechanischer Notwendigkeit wiederkehrende gewalttätige Liquidation der Unausgeglichenheiten, die sich aus dem grundlegenden Systemfehler immer wieder ergeben. Erst im Verlauf der Liquidation rückt man den maßgebenden Erscheinungen der Epoche auf den Leib, man wird sich dessen inne, mit wem man es bisher immer schon zu tun gehabt hat. Die Liquidation des Weltkrieges zeigt, daß es, dem Wesen der Epoche entsprechend, nicht um den deutschen, den englischen, französischen Imperialismus geht, sondern darum, das imperialistische Geflecht überhaupt in Reinheit zu erhalten. Der Weltkrieg beseitigt die täuschenden Unebenheiten der Vorherrschaft einzelner Großstaaten. Der Imperialismus eines bestimmten Nationalstaates ist nicht der Sinn der bisherigen Geschichte. Unter der Voraussetzung der imperialistischen Verfassung der Dinge hat ein einzelner Nationalstaat als solcher keine historische Mission. Der Versuch, im Sinne einer solchen Mission zu handeln, stört die fundamentale Verfassung der Dinge; die Fehler dieses Systems, dieser Verfassung, führen immer wieder zu solchen Versuchen, diese Versuche bringen die Unausgeglichenheiten des Imperialismus an den Tag, indem sie zum Krieg ausarten, und der Krieg macht die Ergebnisse der nationalstaatlichen Aspirationen zunichte, um die imperialistische Verflochtenheit des ökonomischen, politischen und gesellschaftlichen Lebens, die Verfassung des alten Europa, zu retten. Das Gewitter dient dazu, die alte normale Schwüle, aus der auch der aggressivste Nationalstaat ernstlich nicht herauswill, wiederherzustellen. Der Preis des Siegers ist nicht eine Umwälzung in seinem nationalstaatlichen Sinne, sondern eine Wiederherstellung, »Reparation« des alten Gleichgewichts. »Vereinigte Staaten von Europa sind unter kapitalistischen Verhältnissen gleichbedeutend mit Übereinkommen über die Teilung der Kolonien... Es kann nicht anders geteilt werden als ›der Macht entsprechend‹ (›nach Kapitalshöhe‹). Die Machtverhältnisse ändern sich aber mit dem Gang der ökonomischen Entwicklung. Nach 1871 erstarkte Deutschland drei- bis viermal rascher als England und Frankreich. Japan zehnmal rascher als Rußland. *Um die tatsächliche Macht eines kapitalistischen Staates zu prüfen, gibt es kein andres Mittel* und kann es kein anderes geben *als den Krieg*. Der Krieg ist kein Widerspruch zu den Grundlagen des Privateigentums, sondern er ist das direkte und unvermeidliche Entwicklungsergebnis dieser Grundlagen. Unter dem Kapitalismus ist gleichmäßiges Wachstum in der ökonomischen Entwicklung der einzelnen Wirtschaften und der einzelnen Staaten unmöglich. *Unter dem Kapitalismus gibt es keine andern Mittel zur zeitweiligen Wiederherstellung des gestörten Gleichgewichts als Krisen in der Industrie und Kriege in der Politik*.« (18, 308, 309). »Im Vergleich zu den Vereinigten Staaten von Amerika bedeutet Europa im ganzen genommen den ökonomischen Stillstand. Auf der heutigen ökonomischen Basis ... würden die Vereinigten Staaten von Europa die Organisation zur Hemmung der rascheren Entwicklung Amerikas bedeuten.« Der eines einzelnen Nationalstaates[19] geht nicht darauf zurück, daß diese bestimmte Nation zu einer bestimmten historischen Aufgabe auserwählt wäre, sondern darauf, daß sich im Konkurrenzstreben monopolartiger wirtschaftlicher Komplexe die Unausgeglichenheiten, die die allgemeine Planlosigkeit mit sich bringt, übers Maß hinaus vergrößern. Das »völkerrechtliche« System hat eine bestimmte begrenzte Kapazität für Unausgeglichenheiten, und wenn diese Grenze überschritten ist, macht sich ein Krieg nötig. Dieser baut die Vorsprünge, die sich in das allgemeine Bild der Dinge nicht fügen, ab, er zerstört die Fäden, die das Geflecht überschießen, er kräftigt an andern Seiten das Geflecht, und so entsteht eine neue Kapazität für zeitgemäße internationale Kapitalsverflechtungen (seit 1918 in China, Südamerika, Vorderasien). Der

19 Nation im staatstechnischen Sinne genommen – physiologisch, konfessionell, kulturell ist Amerika national uneinheitlich.

Krieg soll die erwünschte Wirkung haben, daß sich die normalen Wirtschaftsgesetze und -kräfte wieder einspielen. Man kehrt, so lautet der offizielle »nationalstaatliche« Kommentar, »zur Vernunft zurück«, und man erkennt die Vernunft, die auch im Kriege liegt, insofern er eben das Weiterbestehen der alten Ordnung allein ermöglicht, nicht an. Man greift zu psychologistisch-moralistischen Erklärungen, um die imperialistische Ordnung der Dinge nicht mit dem Krieg zu belasten. Es soll sich um zwei getrennte Sphären handeln, die innerlich nichts miteinander zu tun haben. Der Krieg ist nur eine *Unterbrechung* des normalen ökonomisch-politischen Lebens, und diejenigen, die an dieser unliebsamen und willkürlichen Unterbrechung *schuld* sind, sind namhaft zu machen und zu bestrafen. *Der Imperialismus ist nur für sein »normales« Funktionieren verantwortlich, und* die Unvernunft in der Geschichte, *die große Abnormität des Weltkriegs, geht ihn als solchen nichts an.* Krieg und Wirtschaft sind getrennte Dinge, nach den immanenten Sachgesetzen der Wirtschaft könnte es in der Welt friedlich zugehen, der Faktor Krieg hat im System der Kalkulation und Rentabilitätsrechnung nirgends seinen Platz. *Wenn* der Krieg da ist, erscheint er als eine Modifikation der Nachfrage; aber: er tritt dann ins Dasein, wenn die Wirtschaftsrechnung am Ende ihrer Weisheit anlangt. Der »Kapitalismus prahlte mit seiner Friedensliebe«, und er hatte »vor 50 Jahren ein gewisses Recht dazu ..., als die Erde noch nicht aufgeteilt war, als die Monopole noch nicht ihre Herrschaft ausübten ...« (25,408,409). Der Weltkrieg läßt den imperialistischen Charakter des Krieges für Lenin gerade in Rußland »klar hervortreten«. Der Wechsel der Staatsform vom Kaiserreich zur Republik zeigt, daß die »Schuld« nicht beim Zaren liegt. »Die Bankiers bleiben an der Macht, verfolgen ihre Außenpolitik durch den imperialistischen Krieg, indem sie die Verträge, die Nikolaus II. für Rußland abgeschlossen hat, vollständig aufrechterhalten ... *Der Krieg ist die Fortsetzung der Verwirklichung der gleichen Ziele durch dieselben Klassen auf anderm Wege.*« (20/2, 132, 133).

Der Krieg führt die bestimmten Akteure, die den Vorsprung ihrer Nation ausnutzen oder die die Verteidigung übernehmen, »kriegerische Monarchen«, »friedliche« Republikaner, menschheitsbeglückende Demokraten wie Wilson, nur auf die Bühne, um sie alsbald in ihrer trügerischen und nebensächlichen Rolle zu enthüllen. Er zeigt, daß »sogar die freiesten Republiken faktisch in Finanzmonarchien verwandelt« sind. (25,408). Auch die großdeutsche Republik hätte, wenn sie in den Jahren 1914–16 existiert hätte, einen *ebensolchen* imperialistischen Krieg geführt.« (19, 225). Der Weltkrieg zerstört die Illusionen und Ressentiments, die sich an die unterschiedlichen alten Staatsformen knüpfen, und auf die nach Lenin in erster Linie die Sozialdemokraten hereingefallen sind.

»Schuldig« am Weltkrieg spricht Lenin auch nicht die eigentlich kraftvollen Akteure, die die Fäden in der Hand haben. Der Krieg ist »nicht entstanden« »durch ihren bösen Willen«. (20/1, 57). Moralistische Reflexionen reichen nicht an ihn heran, er ist ein objektives *Schicksal*[20] und er ergibt sich aus derselben Ordnung der Dinge, aus der sich, allerdings durch eine revolutionäre Wendung, der »neue Typus Staat« in Rußland ergibt. »Der Krieg ist das Produkt einer halbhundertjährigen Entwicklung des Weltkapitals, seiner milliardenfachen Zusammenhänge und Verknüpfungen.« Es ist »ganz und gar nicht wichtig, wer der Angreifer ist; zum Krieg hatten alle gerüstet, zum Angriff schritt aber der, dem dies im gegebenen Moment das Nützlichste schien.« Jeder Faden, der aufgegriffen wird, leitet – dies die umfassende Realität, die der Krieg enthüllt – in die Gesamtverflechtung der Fäden über, die der Imperialismus spinnt. Man gibt (unehrlicherweise, 18, 181) vor, Belgien zu verteidigen, und »auf Basis des gegenwärtigen Kriegs zwischen den gegenwärtigen Regierungen *kann* es *keine andre* Möglichkeit geben, Belgien zu helfen, als durch Hilfeleistungen bei der Erdrosselung Österreichs, der Türkei usw.! Was hat das mit Vaterlandsverteidigung zu tun??« (18, 225).

20 18, 90: »Der Krieg ist nichts Zufälliges, er ist keine ›Sünde‹, wie die christlichen Pfaffen denken (sie predigen nicht schlechter als die Opportunisten Patriotismus, Humanität und Frieden), er ist vielmehr eine unvermeidliche Etappe des Kapitalismus, eine ebenso gesetzmäßige Form des *kapitalistischen* Lebens, wie der Friede ... Kriegsdienstverweigerung, Streik gegen den Krieg usw. ist einfach eine Dummheit ... Nieder mit den pfäffisch-sentimentalen und törichten Träumereien vom ›Frieden um jeden Preis‹.« – Es scheint hier zugleich, daß Lenin vom Pazifismus ins entgegengesetzte Extrem eines Kults der kriegerischen Gewalt verfällt. Er drückt zunächst aus, daß in der gegebenen Verfassung der Dinge der Frieden nicht wünschbar, und der Krieg nicht zu verwünschen ist, daß beide außerhalb der Sphäre des Wünschbaren und Nichtwünschbaren liegen. Aber der Krieg ist tatsächlich für Lenin nicht eine schlichte Notwendigkeit, ein Faktum schlechthin; sondern eine geschichtsphilosophische Theorie, die den Krieg *überhaupt* als Hebel des historischen Fortschritts ansieht, bewegt Lenin, den Weltkrieg von vornherein herbeizuwünschen. Im Januar 1913 schreibt er an Gorki: »Einen Krieg zwischen Österreich und Rußland wäre eine für eine Revolution (in ganz Ost-Europa) sehr nützliche Sache, aber es ist nicht sehr wahrscheinlich, daß Joseph und Nikolascha uns *dies Vergnügen* (!) machen werden.« Lenin liebt also den Krieg in voreingenommener Weise von vornherein mehr als den Frieden, der Krieg ist eher sein Element, und er freut sich auf ihn. Um so bemerkenswerter ist seine realpolitische Schwenkung von dem Kriegskommunismus zur Neuen Ökonomischen Politik – die wir später erörtern.

Dies also die politische Realität, die »Welt«, die Lenin seit 1914 »sieht«, und die er als »imperialistisch« bezeichnet. Die Realität des Krieges hebt die Realität des vorherbestehenden Friedens auf. Dieser Frieden besteht nicht irgendwo abseits von den Fronten weiter, weder im Hinterland, noch in den neutralen Staaten, noch in der Gesinnung von Friedensfreunden, und man kann nicht vom Krieg her zu einem irgendwo weiterbestehenden Friedenszustand zurückkehren. Der Krieg hat die ehemalige Realität des Friedens restlos absorbiert, es gibt nur die einzige umfassende Realität des Kriegsschicksals, und der Revolutionär hat sich nach Lenin in ihre Antriebe einzuschwingen. Das Rad ist im Rollen, und es ist, nach Lenin, gut so. Man soll ihm nicht in die Speichen fallen, sondern sich den Umschwung zunutze machen und nur dies eine tun: den Kurs der Eigenbewegung, die einen selbst mit ergreift, auf Revolution richten. In die neue Epoche steuert nur, wer die alte Epoche geistesgegenwärtig und aktiv durchdringt, und nicht, wer vor ihren maßgebenden Realitäten die Augen schließt und mit den Faktoren nicht rechnen will, die ihm wider den Geschmack, wider die Nerven, wider das Gefühl oder wider die Vernunft gehen. Der imperialistische Krieg ist die charakteristische letzte Spitzenleistung der alten Epoche: in Militärtechnik, Massenorganisationen, Kriegswirtschaft, Finanzoperationen, Mobilmachung aller heimischen und kolonialen Kräfte gaben die alten Mächte ihr Letztes her. Nach Lenin darf die Revolution hinter diesen Kraftleistungen nicht zurückbleiben, wenn sie welthistorisch Epoche machen will, darf sie nicht auf eine überlebte schwächere Vorkriegsrealität zurückgreifen, nach dem schlechten Beispiel der Sozialdemokraten, die die alte Internationale wiederherstellen möchten; sondern die Revolution muß sich die Kraft und Zurüstung des Riesengeistes der Modernität, des imperialistischen Weltkrieges, einverleiben, um mit diesem Teufel im Leibe ihr Werk zu tun. Der Weltkrieg ist nicht ins Museum der Geschichte versetzt, sondern, indem er sich in die russische Revolution fortpflanzt, ist er noch nachwirkend der Motor der Geschichte. Die russische Revolution gehört nach Lenin ebenso in die Ära des Weltkrieges, dieses ersten gemeinsamen Schicksals der Bevölkerung des Planeten, wie der Weltkrieg in die Ära der Revolution.

Zweites Hauptstück

Lenins Theorie der Revolution

A. Die Revolution als erklärter Krieg

Ein Stück Theorie der Revolution steckt schon in der Theorie des Krieges. Wie die revolutionäre Wirtschaft und Technik aus der imperialistischen Wirtschaftsverfassung, erwächst die revolutionäre Aktion aus dem Antrieb und der Realität des Weltkriegs. Es ist Lenins Maxime, das Modernste vom Modernen gerade auf feindlicher Seite zu benutzen, um es zu übertrumpfen. Schon die Revolution von 1905 neigt dazu, den Charakter eines Krieges anzunehmen. Am 27.6.1905 führt Lenin aus: »Der Übergang des [Panzerkreuzers] ›Potemkin‹ auf die Seite des Aufstandes ist der erste Schritt zur Umwandlung der russischen Revolution in einen internationalen Machtfaktor, indem sie den europäischen Staaten von Angesicht zu Angesicht gegenübertritt.« Der neue revolutionäre Machtfaktor ist im System der Mächte ein Fremdkörper, und er kündigt die neue außenpolitische Frontstellung vom Herbst 1917 bereits an; er nimmt sie wie eine vorläufige grobe Skizze überraschend vorweg. Rumänien weiß nicht, was es in seinen Gewässern mit dem flüchtigen Kreuzer anzufangen hat, und es hält das zaristische Torpedoboot »Stremitelny« [»Ungestüme«] von der Verfolgung ab (7,526,527). *»Die Revolution ist ein Krieg«,* verallgemeinert Lenin seine Erfahrung von 1905 (7,122f.), und zwar »der einzig berechtigte, rechtmäßige, gerechte, wirklich große Krieg.« »Alle unbeteiligten Beobachter geben jetzt übereinstimmend zu, daß *dieser Krieg in Rußland jetzt erklärt* worden ist und begonnen hat.« »Die Arbeitermassen, und ihnen folgend die Massen der Dorfarmut, werden sich *als kriegführende Partei* erkennen.« Die Erklärung dieses Krieges hat ihre außenpolitischen Konsequenzen. Der Zarismus kann von nun an nur noch einen Krieg auf zwei Fronten führen. In einem künftigen außenpolitischen Krieg sind die Brücken zu einem Hinterland, in dem es noch legal zugeht, abgebrochen, und dem Willen zur Legalität sind die Rückzugmöglichkeiten nach allen Seiten abgeschnitten. Für die Staaten, in denen der innere Krieg nicht erklärt ist, besteht die Innenpolitik als ein Unterschlupf für die Legalität weiter, und ist die Möglichkeit vorhanden, sich von der Illegalität des Krieges zur Legalität eines politischen Innenlebens zurückzuziehen, das in den Bahnen der alten Verfassung weiterläuft.

Wenn die Revolution ein berechtigter, ja der vorzugsweise berechtigte Krieg ist, sind die Opfer, Härten, Verwüstungen, die sie mit sich bringt, ähnlich am Platze und mit ähnlichen Argumenten zu verteidigen wie die Opfer der gewöhnlichen Kriege.

Zum Zweck der Apologetik der russischen Revolution beruft sich Lenin einmal auf die Zerstörungen und Schrecken der früheren »bürgerlichen« Revolutionen. »Die englischen Bourgeois haben ihr Jahr 1649, die Franzosen ihr 1793 vergessen. Der Terror war gerecht und berechtigt, als er von der Bourgeoisie zu ihren Gunsten gegen die Feudalherrschaft angewandt wurde ...«. – Die ökonomische Rückständigkeit nach der russischen Revolution wird mit dem wirtschaftlichen Rückgang nach der amerikanischen Revolution verglichen: »1870 stand Amerika in gewisser Rücksicht – berücksichtigt man bloß die Zerstörung einiger Zweige der Industrie und der Volkswirtschaft – weit hinter 1860 zurück ... Die Vertreter der Bourgeoisie begreifen wohl, daß die Abschaffung der Negersklaverei ... dessen wert war, daß das ganze Land ... einen Abgrund von Zerstörung, Verwüstung und Terror, diese Begleiterscheinungen des Krieges, auf sich nehme ...«. Schließlich werden die Zerstörungen und Wildheiten der Revolutionen mit denen des präludierenden Weltkrieges verglichen: »Die Schleppenträger der Bourgeoisie, ... die in vier Jahren imperialistischen Weltkriegs fast die ganze europäische Kultur zerstört und Europa in den Zustand der Barbarei, der Verwilderung und des Hungers zurückversetzt hat ...« fordern »jetzt von uns, daß wir diese Revolution anders durchführen als auf dem Boden dieser Zerstörungen ...« (Jahrgang I, 841).

B. Die Revolution als »höhere« geschichtliche »Realität«

Die Revolution ist ein bestimmtes Phänomen in der Welt der historischen Phänomene. Man kommt ihm durch begriffliche Analyse näher – aber zunächst muß man einen Blick für dieses Phänomen haben, der Beobachter muß das Glück haben, daß es ihm gegenwärtig ist, daß er in einer revolutionären Epoche lebt, und er muß Augen haben, das Phänomen zu sehen.

Das Hauptmerkmal des »Begriffs« der Revolutionen ist »das Absterben einer alten und die Geburt einer neuen Gesellschaftsordnung.« (21, 344). Die Änderung der Gesellschaftsordnung besteht aus der Änderung des Überbaues (die Revolution zerstört den alten Überbau ([7, 209]) und aus einer zugrundeliegenden Klassenverschiebung (20/2, 234 ob.: »jede Revolution, die eine wirkliche Revolution ist, läuft auf eine Klassenverschiebung hinaus«).

Das Phänomen der Revolution selbst geht als eine höhere Realität von eignem Leben und eignem Wachstumsimpuls aus der Geschichte hervor (18, 350 unt.).[21] Der denkende und handelnde Mensch steht, wenn es das Schicksal fügt, *innerhalb* der Realität, die er begrifflich meistern möchte. Die Revolution ist keine Parteiangelegenheit, und sie ist mehr als eine »Sache« irgendeiner Klasse; die Klasse wirkt auf dem Boden der Realität der Revolutionen, und die Revolution kann ihr über den Kopf wachsen. »Revolutionen wachsen aus den objektiv (unabhängig vom Willen der Parteien und Klassen) herangereiften Krisen und Umwälzungen der Geschichte hervor.« (18, 35).[22] Ende 1905 »öffneten sich alle Springquellen der revolutionären Kraft des Volkes ... wird in Augenblicken eines besonderen Aufschwungs und einer besonderen Anspannung aller menschlichen Fähigkeiten durch das Bewußtsein, den Willen, die Leidenschaft, die Phantasie von Dutzenden Millionen verwirklicht ...« (Rad. 83). Sie bedeutet den »jähen Lebensumschwung eines ganzen Volkes« (21, 81), »Millionen Menschen« lernen in »jeder Woche mehr als in einem Jahre des gewöhnlichen schläfrigen Lebens«. Das »Kleid der Geschichte« »zerreißt« (vgl. ein Gedicht von Michael Gerassimow »Wir«), und der Blick in die Revolutionslandschaft eröffnet sich. Die normale Vernunft setzt aus, und die Hellsichtigkeit des Fiebernden tritt an ihre Stelle. Der Revolutionär sucht mit seinem zweiten Gesicht einen Weg, den noch niemand beschritten hat, einen Weg »in sehr großen Höhen.« (Rad. 115 f.). Er begeht einen »Fest«tag der Geschichte, und sein Lebensgefühl erhöht sich (8, 142, 143). Ein »neues Leben« beginnt (8, 323), und Leuten, die nicht an die Revolution »glauben« (7, 66, 8, 508), soll es nicht gestattet sein, »den großen Volksbegriff mit ihrer unzüchtigen Zunge zu besudeln.« (8, 323). Die Revolution hebt sich als ein festliches, gesteigertes,

21 Lenins Verherrlichung der Revolution bewegt sich an der Grenze der Hybris; ein Weisheitswort von Görres macht diese Tatsache deutlich: »Revolutionen sind wie der Tod vor dem nur Feige zagen, mit dem aber nur die Frivolität zu spielen wagt. So furchtbarer Bedeutung sind diese Katastrophen der Geschichte und so ernsten tiefen Inhalts, daß nur Verrückte oder Verzweifelte sie herbeizuwünschen mögen.« (Aus: Joseph Görres, Deutschland und die Revolution II.)

22 Im Juli 1917 führt Stalin aus, »geschichtliche Ereignisse« würden »nicht von Einzelpersonen, sondern von unterirdisch wirkenden Kräften geschaffen ...« (Okt. 102).

ergiebiges, rascheres und im ganzen geheiligtes Leben aus der profanen Alltagsgeschichte heraus (25, 557, 556). »Es handelt sich darum, daß gerade revolutionäre Perioden sich durch größeren Schwung, größeren Reichtum, stärkeres Bewußtsein, größere Planmäßigkeit, Kühnheit und Stärke der geschichtlichen schöpferischen Kraft auszeichnen als Perioden keinbürgerlichen, kadettischen, reformistischen Fortschritts.« »Wenn aber die Geschichte sich im Tempo eines Lastwagens fortbewegt«, so ist das nach der »beschränkten, professorenhaft-pedantischen, bürokratischen, unlebendigen Beurteilung der revolutionären und der reformistischen Perioden« »die Vernunft und Planmäßigkeit selbst.«

Die jeweilige historische Revolution hat als ganze ein individuelles Gepräge, sie hat in ihrem Wesen etwas Unnachahmliches. Die verschiedenen Revolutionen verschiedener Länder und Zeiten sind wegen ihres abnormen Reichtums an Situationen, Ereignissen (8, 446), Komplikationen (21, 3; 344. 20/1, 14) inkommensurabel. »Selbst wenn eine Revolution in einer scheinbar nicht allzu komplizierten Situation begonnen hat, so schafft die Revolution selbst in ihrer Entwicklung immer eine *außerordentlich* komplizierte Situation.« (21, 344). Jede Revolution bringt in großer Fülle und »unerwartet eigenartige Kombinationen der Kampfformen und Konstellationen der kämpfenden Kräfte« (20/1, 14); und der Akteur muß oft »auf den schmalsten, unzugänglichen, gewundenen und gefährlichen Bergpfaden emporklimmen.« (Jahrg. I, 840).

Die Revolution ist nicht ein Hebel des geschichtlichen Prozesses, sondern sie ist mehr: ein Stück wesentlicherer Geschichte, in dem die Entscheidungen, die für die profane, gewöhnliche, ruhige Geschichte maßgebend sind, im Gedränge und in der Hitze des Gefechts getroffen werden. In diesem Geschichtsausschnitt herrscht eine Atmosphäre von Produktivität (20/2, 115. 8, 497, 549. 7, 518); die staatsrechtlichen Gedanken der Zukunft liegen in der Luft, die Konturen des gesellschaftlich-politischen Baus zeichnen sich klar ab, und der Mensch scheint mehrere Leben auf einmal zu leben. Er braucht neue Sinnes- und Erkenntnisorgane, um die Fülle der Tatsachen aufzufassen, festzuhalten und zu verarbeiten.

Revolution ist in ihrem Innersten noch einmal aufgegriffene und gesteigerte Geschichte. Sie lebt der Geschichte ihr Leben vor. Sie hat ihre eigene Geschichte (bes. 18, 462); eine Revolution wird nicht auf Kommando gemacht, sondern sie wächst, wie eine individuelle Lebensrealität, allmählich heran, sie »reift«. Sie wächst »aus der Geschichte hervor«, ist gesteigerte Geschichte und »macht« Geschichte (»macht Epoche«). Von sich aus will die Revolution ausmachen, was für den Praktiker, den Künstler, den Gelehrten, den Ethiker gegenwärtig real ist. Seit 1905 geht »Europa schwanger mit der Revolution« (19, 456), und die Revolution wird allmählich ausgetragen.

Schließlich ergeben sich bestimmte Kriterien dafür, daß die revolutionäre Situation gegeben ist; drei »objektive« und eine »subjektive« Wandlung oder Veränderung im geschichtlichen Geschehen kennzeichnen die »revolutionäre Situation.« (18, 319f.).

Das erste objektive Hauptmerkmal besteht darin, daß es für die »herrschenden Klassen« unmöglich wird, »ihre Herrschaft in unveränderter Form aufrecht zu erhalten; diese oder jene Krise der Spitzen, Krise der Politik der herrschenden Klasse, dadurch Erzeugung eines Risses, durch den die Unzufriedenheit und Empörung der unterdrückten Klassen durchbricht.« Eine Revolution reift, indem das herrschende Regime selbst zunehmend zu illegalen Mitteln greift und dabei an seiner spezifischen Kraft verliert. Die früheren Oberschichten werden selbst in die Revolution gezogen, und sie verlassen den Boden der Verfassung. Im Sommer 1905 führt Lenin aus: »Gezwungen, sich mit ihrer Tätigkeit (richtiger gesagt: mit ihren politischen Geschäften) auf den Boden der tatsächlichen Verhältnisse zu stellen, sind die liberalen Bourgeois in die Zwangslage gekommen, die Revolution anzuerkennen. Sie tun das notgedrungen ... und beschuldigen den Absolutismus des Revolutionarismus, weil er kein Kompromiß will, sondern den Kampf auf Leben und Tod ...« (8, 157). Die Bewegung »erweitert« sich so, »daß auch ohne die Legalisierung durch die Regierung vieles zur Praxis, zur Gewohnheit und für die Masse erreichbar geworden ist, was früher nur für den Revolutionär ... erreichbar war ... Das revolutionäre Proletariat umgibt sich sozusagen mit einer gewissen, für die Regierung undurchdringlichen Atmosphäre von Sympathie und Unterstützung sowohl in der Arbeiterschaft *als auch in den andern Klassen* ...« (7, 205).

Das zweite »objektive« Merkmal der »revolutionären«, d. h. für eine revolutionäre Aktion reifen, Situation, einer Situation, die der Aktion entgegenreift, ist »Verschärfung der Not und des Elends über das gewohnte Maß hinaus« (18, 319). Es entsteht schließlich eine »ausweglose Not«, eine »unverträgliche Lage.« (20/2, 30).

Das dritte Merkmal schließlich ist »beträchtliche – aus den angeführten Ursachen sich herleitende – Steigerung des Aktivität der Massen.«

Diese werden durch die »Gesamtheit der Krisenverhältnisse, ebenso aber auch durch die ›Spitzen‹ selbst zu selbständigen historischem Auftreten angetrieben.« Die Aktivität der Massen gehört zu den Tatbeständen, die die Realität der Revolution nach und nach an den Tag befördert und mit denen der aktive Revolutionär, der die Revolution zum Sieg führt, zu rechnen hat; sie gehört zu den Gegebenheiten seiner Welt, auf die er angewiesen ist. Er tut das Seinige dazu, daß den Massen »Gelegenheit gegeben wird«, revolutionäre Erfahrungen zu machen. Die Massen machen die Erfahrungen von sich selbst aus und in sich selbst, der Wirksamkeit der offiziellen Regierung zum Trotz (20/2, 115), und die Erfahrung ist die Wurzel der Aktivität. Zum erfolgreichen und produktiven Handeln kommt nur, wer die Dinge in seiner Welt mit eigenen Augen sieht. »Wir müssen daran denken (7, 519), welche gewaltige und aufklärende Kraft die Revolution besitzt, wenn mächtige historische Ereignisse die Spießer aus ihren Bärenhöhlen, aus ihren Dachböden und Kellern mit Gewalt herausziehen und sie zwingen, Bürger zu werden. Monate der Revolution erziehen zuweilen schneller und gründlicher zu Staatsbürgern als Jahrzehnte der politischen Stagnation.« Speziell erteilt die Revolution »ausgezeichneten Anschauungsunterricht über das *Wesen der Verfassung*. Die Revolution lehrt (8, 497), indem sie die zu lösenden aktuellen Aufgaben der Politik in ihrer anschaulichsten, greifbarsten Gestalt hervorhebt, die Volksmassen zwingt, sich in diese Aufgaben einzufühlen, und indem sie die eigentliche Existenz eines Volkes von der Lösung dieser Aufgaben abhängig macht und die tatsächliche Untauglichkeit aller Deckungsmanöver, Ausflüchte, Zusicherungen und Anerkennungen entlarvt.« Die Revolution führt die Massen realistisch an die Dinge heran. »*Der Ruf dieses Lebens, der Kampfruf des jungen Rußland* wird sogar in die verschlossenen Kasernen dringen und die Unaufgeklärtesten, Zurückgebliebenen und Hilflosesten *wecken*.« (8, 379).

In einer revolutionären Situation, aus der effektiv eine Revolution entstehen soll, muß schließlich zu den »aufgezählten objektiven Wandlungen noch eine subjektive« hinzukommen, »nämlich: die Fähigkeit der revolutionären *Klasse* zu revolutionären Massenaktionen, genügend *stark,* um die alte Regierungsgewalt zu zerschmettern (oder zu erschüttern), – sie, die niemals, selbst in der Epoche der Krisen nicht ›fällt‹, wenn man sie nicht fallen läßt«. (18, 320). Kommt die »subjektive Wandlung« – das vierte Merkmal der revolutionären Situation – *nicht* hinzu, fehlt eine aktive Gruppe, die stark genug ist, die Revolution bis zum Siege durchzuführen, dann verwest der politisch-soziale Körper und mit ihm die alte herrschende Schicht. »Es wäre ein Irrtum, zu denken, daß die revolutionären Klassen immer über genügende Kräfte verfügen, um einen Umsturz zu bewerkstelligen... Nein, die menschliche Gesellschaft ist für die fortgeschrittenen Elemente nicht so vernünftig und nicht so ›bequem‹ eingerichtet. Der Umsturz kann heranreifen, allein die Kräfte der revolutionär schöpferischen Elemente können zur Vollziehung des Umsturzes ungenügend sein, – dann fault die Gesellschaft, und diese Fäulnis kann ganze Jahrzehnte andauern.« (8,413). Das Leben erstickt im Verfall des Alten und unter der Fülle der Kräfte, die noch nicht verwendet werden können, und die zu schwach sind, sich auf sich selbst zu stellen. Die Bahnen der Verfassung sind verlassen, die Not ist zwingend, die Massen machen ihre Erfahrungen, der »Ruf des Lebens« ergeht, der letzte »Aufschwung« stellt sich aber nicht ein, und die kriegerischen Kräfte, Springquellen der Revolution, versiegen. Die »moralische Kraft« ist »eine notwendige Bedingung«, aber die politische Naturkraft muß hinzutreten, jene muß sich »in eine materielle Kraft umwandeln.« (8,413). Auch die materielle Kraft ist schließlich ein Geschenk der Revolution, aber Verdienst und Gnade stehen in einem angemessenen Verhältnis. Was die aktive Gruppe von sich aus hinzutut, ist die »bewußte, feste und unbeugsame Entschlossenheit..., sich bis zuletzt zu schlagen«, die »feste Linie« (21,438f.). Diese Entschlossenheit ist selbst ein Grundbestand in der werdenden Realität der Revolution, an den andre reale Bestände anschließen, ein Stück Verwirklichung. Die Avantgarde der Revolution »bedarf« der »objektiven« Momente, besonders »der gespanntverzweifelten Stimmung der breiten Massen, die *fühlen,* daß durch halbe Maßnahmen nun nichts mehr zu retten ist...« (21,439), aber zugleich schafft sie von sich aus revolutionärer Stimmung; ihre feste Linie ist »ein Faktor der Stimmung« (21,438). *Die revolutionäre Situation ist* im ganzen genommen *Realität und Tat zugleich, die Realität* hat in diesem Zugleich, dieser dialektischen Einheit das *entscheidende Primat.* Der Mensch, das ist (nach Marx) die Welt des Menschen; Welt und Mensch wandeln sich miteinander, und zu einer revolutionären Situation mit den bestimmten vier Kriterien kommt es, wenn das Schicksal, die innere Notwendigkeit des historischen Prozesses, es fügt.

C. Die »Verwurzelung« der Revolution in den Massen (Einheit der Brandherde und »Niveau« der Politik)

Eine moderne Revolution ist echt, »bodenständig« (21, 256), und hat Aussicht, Epoche zu machen, wenn sie eine »Volksrevolution« (8, 341) ist. Die Aktivität der Massen ist unter den »objektiven Kriterien« einer revolutionären Situation das wichtigste. Es muß so weit kommen, daß der geschichtliche Prozeß sich ihr überantwortet oder anheimgibt, daß er sich auf sie einspielt. Wenn Volksbewegung und geschichtliches Geschehen identisch sind, entstehen neue Institutionen von unvermischter Originalität, innerer Festigkeit und einem Eigenleben, das aus eigener Quelle stammt (7, 518 unt.). Die Revolution »zwingt« die Volksmassen, sich in die »zu lösenden aktuellen Aufgaben der Politik« »einzufühlen«, und sie macht »die eigentliche Existenz eines Volkes von der Lösung dieser Aufgaben abhängig.« (8, 497). Innerhalb des freischwebenden historischen Prozesses – das Volk ist nur von sich selbst abhängig, »tatsächlich« »souverän« (8, 497) – zeichnen sich sachliche Ziele ab, auf deren Durchführung sich das Volk verpflichtet. Es treibt, sich selbst überlassen und von den Banden früherer Verpflichtungen losgerissen, im Strom der Unverantwortlichkeit, bis sich ihm, durch eigene Erfahrung, die sachlichen Aufgaben klar abzeichnen, deren Erfüllung es sich selbst schuldig ist. Die neuen Anforderungen – »Sowjetstaat«, »Planwirtschaft« – rühren an die Grundfesten seiner Existenz, und es kann diese Existenz nur aushalten, wenn es aus sich selbst einen Träger der neuen Formen macht, des »neuen Typus Staat«.

Den Begriff »Volk« übernahm Lenin von Marx. »Mit dem Wort ›Volk‹ pflegte Marx« – nach Lenin (8, 163) – »nicht die Klassenunterschiede zu vertuschen, sondern jene bestimmten Elemente zusammenzufassen, die geeignet sind, die Revolution zu Ende zu führen.« »Die Revolution, die Rußland jetzt erlebt (8, 341, geschrieben Herbst 1905), ist eine allgemeine Volksrevolution.« Aussicht, einen Weg zu einer neuen Verfassung und Ordnung der Dinge zu finden, besteht dann, wenn jemand, der zur politischen Tat entschlossen ist, auf eine »wurzelhafte« Volksbewegung trifft. Es muß gelingen, das revolutionäre Gewühl von Unverantwortlichkeit von zwei Seiten her zu einem Stromkreis zusammenzuschließen.[23]

23 Wenn es erlaubt ist, ein Symbol aus der modernen Technik zu verwenden, könnte man den Diktator der Revolution mit der Antenne des Stromkreises vergleichen, und das Volk, soweit es wurzelfest ist, mit der Erdleitung. Der Diktator sieht das Ziel und er fühlt,

Erst wenn der Stromkreis geschlossen ist, kann von einer autonomen politischen Lebendigkeit die Rede sein: »Daß die Spontanität einer Bewegung ein Zeichen ihres tiefen Verwurzeltseins in den Massen, der Festigkeit ihrer Wurzeln, ihrer Unausrottbarkeit ist, unterliegt keinem Zweifel.« (21, 256). »Wenn die Volksmassen selbst mit ihrer ganzen primitiven Ursprünglichkeit, ihrer schlichten, groben Entschiedenheit anfangen, Geschichte zu machen und *unmittelbar Prinzipien und Theorien zu verwirklichen* ...«, dann tritt »in der Geschichte ... die Vernunft der Massen ... in Erscheinung« und sie wird »eine lebendige tätige Kraft und keine Bücherweisheit.« (25, 556).

Das »Volk«, das die Revolution zu Ende führt, ist »Masse« im *engeren* Sinne, Masse, sofern sie die Physiognomie des handelnden Subjekts annimmt. Die Volksbewegung im engeren Sinne hat nur Schwung, Spielraum der politischen Phantasie und Tatkraft auf dem brandenden Meere der allgemeinen Volksbewegung. Die engere Volksbewegung ist darauf angewiesen, von der Flut der allgemeinen Massenbewegung mit emporgetragen zu werden. Die Revolution ist keine Parteiangelegenheit. Die Parteien, die *vor* der Revolution bestanden, wie die Liberalen, die Sozialdemokraten, bleiben hinter der Realität der Revolution zurück, und eine Partei, die die Revolution zu Ende führt, ist selbst, wie die allgemeine Volksbewegung, ein Erzeugnis der Revolution, und das äußerste Gegenteil einer »Interessenpartei« oder eines Zweckverbandes. Sie ist ein »Bund« (Lenin: »Kampfbund«) derer, die die Realität der Revolution »sehen und an sie glauben« (7, 66. 8, 508); – »auf Verabredung« und »auf Kommando« »machen« läßt sich keine Revolution. Die schwierigste Aufgabe für die »Partei« besteht darin, die Fühlung mit der Realität der Revolution, vor allem der Volksbewegung, zu bewahren; die Volksbewegung ist für die Partei der Boden des Antäus.

Der revolutionäre Aufschwung war davon abhängig, daß die Revolution die Energien des imperialistischen Kriegs auf sich überleitete. Innerhalb der Revolution muß die führende Partei dafür sorgen, daß der Funke der entflammten Volksbewegung immer wieder auf sie überspringt. Das Schicksal der Revolution ist von einem dauernden Verpflanzen der Spitzenenergien abhängig. Je wichtiger die Stelle ist, die das einzelne Energiefeld im Ganzen des Geschehens einnimmt, desto dringlicher ist

was in der Luft liegt, und das Volk andererseits gibt seiner Politik die nötige Erdenschwere und die blutvolle, vitale Orientiertheit auf den Zeitraum mehrerer Generationen hinaus.

es auch darauf angewiesen, daß unabhängige Energiequellen noch neben ihm bestehen, die mit ihm zusammen eine eigene Welt revolutionären Geschehens bilden. Eine »proletarische« Revolution hat nach Lenin nur Aussicht auf Erfolg, wenn sie innerhalb einer *mehr-als-proletarischen* Revolution, einer Revolution mit mehreren Brandherden, die voneinander unabhängig sind, ausbricht.

Die russische Revolution ist eine Revolution der Arbeiter, und daneben eine Revolution der Bürger, der Bauern, und der vom Imperialismus unterdrückten Nationen, und es zeigt sich im ganzen, daß sie in einer historischen Schicht wurzelt, die tiefer liegt als die soziologisch-politische Schicht, in der die Klassen und die Träger des alten Regimes wurzeln. Eine ganze weltpolitische Epoche steht am Ende ihrer Weisheit und Organisationskraft, und mit den alten Mitteln kann keiner Interessengruppe mehr Recht geschehen. Wenn man der Sache auf den Grund geht, zeigt sich, daß in jedem einzelnen Brandherd, in dem scheinbar nur die egoistische Unzufriedenheit einer einzelnen Klasse brennt, die Flamme der allgemeinen Revolution züngelt.[24] Diese Tatsache wird dadurch offenkundig, daß die Revolution auch dann jedesmal von der allgemeinen Begeisterung der Massen getragen ist, wenn zunächst nur eine einzelne Klasse ihre Interessen auf revolutionärem Wege durchzusetzen sucht. Die Begeisterung erklimmt verschiedene Niveaus, und aus einer diffusen Begeisterung dafür, daß das Volk sein Schicksal in die Hand nehmen kann, einer Begeisterung, die an fiktiven und provisorischen, den Massen mehr oder weniger fremden Zielen ihren Halt findet, wird schließlich eine gezügelte oder gedrängte Begeisterung für die bestimmten sachlichen Aufgaben der Epoche (den »neuen Typus Staat«). Zunächst drängt »die Unerläßlichkeit der nächsten, elementar notwendigen Rechte und Reformen ... sozusagen weiterreichende Absichten und Erwägungen in den

24 Vgl. dazu 7, 493: »Zusammengefaßt aber können diese Ausbrüche sich zu einem so mächtigen Flammenmeer vereinigen, daß ihm keine Macht der Welt widerstehen kann. Und diese Vereinigung kommt, sie kommt auf tausend Wegen, die wir nicht kennen und nicht ahnen ... Unsre Sache ist lediglich, ... es stets zu vergleichen, die nächst höhere Stufe des Kampfes aufzuzeigen ...«. Dies Lenins Vision von der Realität der Revolutionslandschaft. Das höhere Niveau der Aktion wird erreicht, wenn es gelingt, die Bewegung in den gemeinsamen historisch tiefer gelegenen Wurzeln zu fassen, die den gegensätzlichen egoistischen Interessen von Bauern, Arbeitern, aufständischen Nationen, antifeudalistischen, zur modernen Wirtschaftsorganisation strebenden Bürgern voraus liegen. *Die revolutionären Tendenzen des Bürgertums werden in der Planwirtschaft aufgenommen, insofern diese die technischen und organisatorischen Errungenschaften des Finanzimperialismus übernimmt.*

Hintergrund (8, 559). Der Überschwang in der Einschätzung des vor sich gehenden Kampfes, ein notwendiger und berechtigter Überschwang, ohne den ein Erfolg des Kampfes unmöglich wäre[25], idealisiert unvermeidlich diese nächsten ›elementaren Ziele, malt sie in rosigem Lichte, hüllt sie mitunter sogar in ein phantastisches Gewand... Alle Welt ist gleichsam ›parteilos‹, alle Welt ist in einer einzigen ›befreienden‹ ... Bewegung umschlungen...«.[26] Zunächst wirkt sich die allgemeine Begeisterung auf die Verwirklichung »bürgerlicher« Ziele. Aber »die demokratische, in ihrem sozial-ökonomischen Wesen bürgerliche Umwälzung« (8, 341) bringt zugleich »die Interessen des Proletariats ... zum Ausdruck« (8, 71), das im Zeitalter des Zarismus »die Nöte der ganzen bürgerlichen Gesellschaft« teilt. Weiterhin ist »der Bauernaufstand... ein Ereignis von gesamtnationaler politischer Bedeutung.« (21, 425). »Von der revolutionären Selbsttätigkeit der Bauernschaft hängt sehr, sehr viel für den Erfolg der Revolution ab«, sagt Lenin schon 1905 (7, 173). »Was ist Bauernschaft?«, fragt er 1917 seine desorientierte »bolschewistische Fraktion« (20/1, 108). »Wir wissen es nicht, es gibt keine Statistik darüber, wir wissen aber, daß sie eine Macht ist... Wenn sie das Land nehmen, so seid überzeugt, daß sie es euch nicht zurückgeben, uns nicht fragen werden. Der Kernpunkt des Programms hat sich verschoben. Das Schwergewicht liegt in den Landarbeiterdeputiertenräten.« Die nichtproletarischen (z.T. antiproletarischen) Brandherde der Revolution bestimmen also den Kurs der »proletarischen« Partei, sie muß durch die Gesamtheit der tatsächlichen Massenbewegungen hindurchsteuern. Es treten schließlich Gruppen hinzu, die die sozialpolitische Frontstellung der »Klassen« überhaupt aufsprengen und die Bewegung, mit oder gegen den Willen der »Klassen«, auf den Boden der Weltpolitik hinüberziehen: die revolutionäre Erhebung ganzer Nationen gegen den Druck des Imperialismus. Die »soziale Revolution« ist nicht »denkbar« »ohne Aufstände kleiner Nationen in den Kolonien und in Europa.« (Nat. II, 52). Erst die nationalistische Revolution vervollständigt die Gesamtheit der Brandherde zu einer ganzen Welt revolutionärer Realität und Bewegung. »Die sozialistische Revolution in Europa kann nichts anderes sein als ein Ausbruch

25 Hier ist zugleich ein Beispiel für Lenins tiefe *Psychologie der Revolution* gegeben, speziell für die Psychologie der *Gefühle* des revolutionären Volkes.

26 Man vergleiche Kerenskis Erinnerungen: Kerenski schildert die allgemeine Begeisterung der demokratischen Revolution in überschwänglichen Tönen, und er versteht nicht, daß sie durch eine andersartige Begeisterung abgelöst werden konnte.

des Massenkampfes aller und jeglicher Unterdrückten und Unzufriedenen.« (53). Die Dialektik der Geschichte ist die, daß die kleinen Nationen, die als selbständiger Faktor im Kampfe gegen den Imperialismus machtlos sind, die Rolle eines der *Fermente* spielen, die »dem wahren Gegenspieler des Imperialismus, dem sozialistischen Proletariat, auf den Plan zu treten helfen.« Die verschiedenen Brandherde stehen dem zentralen Brandherd der Revolution, der Empörung gegen die alte weltpolitische Epoche, mehr oder weniger nahe, der Rang und die führende Rolle der einzelnen Bewegung bestimmt sich nach ihrer Revolutionsnähe, nach der Breite und Entschiedenheit, mit der die Front gegen den entscheidenden Feind, den Imperialismus, ausgerichtet ist. Die nationalpolitische Feindschaft ist partiell, erst wenn die sozialpolitische Feindschaft gegen den Feind im engsten Bereich, im eigenen Lande, hinzutritt, wird die Feindschaft total und absolut. Die »revolutionäre Situation« wird dadurch, daß »der heldenhafte Aufstand des beweglichsten und intelligentesten Teiles gewisser Klassen«, und zwar nicht-proletarischer Klassen (Nat. II, 75), der revolutionären Nationen hinzutritt, unübersehbar kompliziert, aber »gerade der Umstand, daß die Aufstände zu verschiedener Zeit und an verschiedenen Orten ausbrechen[27], daß sie verschieden geartet sind, gewährleistet die Breite und Tiefe der ganzen Bewegung.« (Nat. II, 54).

Auf der Stelle des nationalen Aufstandes kreuzen sich die revolutionären Fronten: die innenpolitische Front des in die Revolution umgewandelten Krieges mit der außenpolitisch Front der allgemeinen Revolution, die wiederum den Charakter des Krieges gewinnt. Der nationale Aufstand ist ein Krieg auf dem Boden der allgemeinen Revolution; er eröffnet dem Revolutionär, der seinen Feind zunächst hauptsächlich als innenpolitischen Feind verkleidet erblickt, den Weg in die weltpolitische Arena. Mit den Augen des revolutionären Nationalisten muß derjenige sehen lernen, der einen Blick für den Kapitalisten in seiner außenpolitischen Gestalt und Wirkungsweise und in seinem großen modernen Format gewinnen will, für den Imperialisten.

27 »Der Kapitalismus ist nicht so harmonisch aufgebaut, daß die verschiedenen Aufstandsherde ganz von selbst, ohne Mißerfolge und Niederlagen, miteinander auf einmal sich vereinigen können.

D. Der aktive Politiker in der Welt der Revolution

1. Der »Glaube an die Revolution«

Das allgemeinste Kriterium eines aktiven Politikers, der in der Revolution das Steuer in der Hand hält, ist der »Glauben an die Revolution.« Dieser Glaube ist seine grundlegende Qualifikation. Der Glaube auf der einen Seite sticht auch eine überlegene Intelligenz, Erfahrung, Belesenheit und praktische Begabung auf der andern Seite aus; für die Leitung eines revolutionären Staates ist der dauernde innere Kontakt mit den Realitäten der Welt der Revolution die grundlegende Bedingung, conditio sine qua non. Subjekt und Prädikat sind vertauschbar, das eine Mal ist die Welt das erste, das andre Mal der Mensch; ohne den revolutionären Menschen keine revolutionäre Welt – beide entstehen miteinander und gehören zusammen. Es genügt nicht, daß der Mensch den »Ruf des neuen Lebens« hört, die nichtmenschliche Welt muß sich gleichzeitig von sich aus umwälzen: die durch Landschaft und Boden bedingte Wirtschaft, die bürokratische und militärische Apparatur. Der Mensch, und zwar, nach Lenin, der arbeitende Mensch, ist aber ein Ort, an dem alle Fäden des Schicksals zusammenlaufen, und daher ist seine Haltung der wesentliche Index für die Richtung der kommenden Ereignisse. »Die Ungläubigen«, schreibt Lenin im Januar 1905 (7, 66), »beginnen, an die Revolution zu glauben. *Der allgemeine Glauben an die Revolution ist bereits der Beginn der Revolution.*« Demjenigen, in dem *»der Funke glüht«,* ist gleichsam ein Schleier von den Augen gezogen, und er sieht in den Liberalen (in den »Republikanern« und Sozialdemokraten oder »Neuiskristen«, »Oswoboshdenije-Leuten«) morsche Gestalten der Vergangenheit: »Die Furcht vor der Tyrannei (8, 201, Mitte 1905 geschrieben) schreckt nur noch morsche und knochenweiche Naturen von uns ab. In wem der Funke glüht, der wird bald selbst sehen und *das Leben wird ihm zeigen,* daß die bestimmten und scharfen Äußerungen über den mythischen Oswoboshdenije-Mann vollkommen gerecht sind ...«. Das Leben, das den, in dem der Funke glüht, belehrt, ist das stürmische Leben der Revolution (8, 215, 508), der »neue Geist des jungen revolutionären Rußland«. »Die Revolution«, meint Lenin im November 1905 (a. a. O., 508), »hat ... unseren *Glauben an den* wahrhaft revolutionären *Geist* des Proletariats gerechtfertigt.« Materialist ist *der* Lenin, der abstrakt-fachphilosophisch *über* die Kategorien reflektiert, die die Welt der Dinge aufbauen. Der aktive Politiker Lenin, der die Kategorien »mitten im Tatensturm« mit dem höheren Realismus des Visionärs *anwendet,* spricht vom *Glauben an den Geist.* Lenin hat es nur mit dem zu tun, und will nur mit dem zu tun haben, der Revolutionär »ist«, Revolutionär-Sein und »an die Revolution glauben« ist dasselbe. Über diese selbstverständliche Grundvoraussetzung des gemeinsamen Handelns gibt es keine Diskussion. Unwissenheit, Unreife, sogar schwere Fehlgriffe können nachgesehen oder wieder gutgemacht werden: noch im letzten Augenblick unverzeihlich ist nur der Unglaube, und die Tatsache des »Unglaubens« genügt als Grund, alte »Revolutionäre« und verdienstvolle Männer zu verbannen (vgl. Stal. Len. 188, 234, 266, 341, 347, 348. Stal. 27, 110, 111, 140f.).

Im Gegensatz zur »marxistischen« Dogmatik ist die neue Revolutionsdogmatik naturwüchsig und unverarbeitet. Die neuen Behauptungen werden dem Gegner unversehens an den Kopf geschleudert, und die Diskussion ist abgeschnitten. Der Glaube an die höhere Realität der Revolution, in die der neue Russe transformiert ist, lebt in der Gegenwart weiter, und, mir nichts dir nichts, ist das Dogma da: Wer an die Möglichkeit, den Sozialismus in *einem* Lande – und in *diesem* Lande – aufzubauen *nicht* »glaubt«, ist ein Hochverräter. Keinem »wissenschaftlichen« Verstand ist es erlaubt, den Glauben selbst unter die Lupe zu nehmen. Die Forschung und die Lehre ist nur auf dem Boden des Glaubens frei. Auch der Bolschewist des Fünfjahresplans bewegt sich *innerhalb* der vom Sturm bewegten Landschaft.

Man kann von einer politischen Metaphysik des Stalinismus sprechen: »Wir werden niemals, solange es Klassen geben wird,« führt Stalin aus, »einen Zustand haben, wo man wird sagen können: nun, Gott sei Dank, jetzt ist alles gut. *Niemals wird das bei uns der Fall sein,* Genossen. *Stets wird bei uns irgend etwas absterben.* Was aber stirbt, will nicht einfach sterben, sondern kämpft um seine Existenz, verteidigt seine überlebte Sache. *Stets wird bei uns etwas Neues geboren.* Was aber geboren wird, verteidigt sein Recht auf Existenz. Der Kampf zwischen *dem Absterbenden und dem, was geboren wird – das ist die Grundlage unsrer Entwicklung.*« (Stal.-Len. a, 150ff.). Die führende Partei muß die alte Epoche, den Typus des alten morschen Menschen in ihren eignen Reihen immer wieder an den Tag bringen und die *»Entartung«* (a. a. O., 152) in ihrer eignen Mitte von sich stoßen. Die Männer und Gruppen, die die Diktatur in der Hand haben, stehen auf Wache, die »Entartung«, der Unglaube, ist der Feind. Keine Regung dieses Feindes darf ihnen verborgen bleiben. Die Institution der Diktatur zieht diejenigen auf, die an die Revolution »glauben«, sie hält sie zusammen und zum Einsatz bereit. Der Diktator ist nach Stalin gleichsam ein Gesunder in einem ehemaligen und noch gefährlichen Seuchengebiet, der zugleich das Zeug zum Arzt hat. Er handelt ohne Rücksicht, weil er an Gesundung glaubt.

Innerhalb der Revolutionslandschaft gibt es verschiedene »soziologische« Standorte. *Der Glauben hat seinen Spielraum,* man kann dort stehen, wo das große Feuer der »proletarischen Sache« brennt, und dort, wo die zugehörigen Nebenfeuer brennen. Jemand der *dicht bei* einem *Neben*feuer steht, befindet sich dem Brennpunkt des Glaubens näher als jemand, der zwar in der Gegend des Hauptfeuers seinen Platz hat, dessen Verhältnis zur Sache dabei aber nur ungefähr und lau ist, durch das Medium egoistischer Interessen oder veralteter, schiefer und lebensschwacher Anschauungen gebrochen. Zwischen dem Hauptglauben und dem Nebenglauben laufen Querverbindungen; es ergibt sich eine Breite der gläubigen Existenz, und mitfolgend hat auch der Unglaube seine Streuung.

In die zunächst noch rohe Systematik des Revolutionsdogmas, die sich ja erst aus dem Groben herausarbeitet, werden verschiedene Gruppen von »Blinden« (8, 215) eingezeichnet.

Die »Regie« des Revolutionsdramas vollzieht sich nach Lenin gleichsam selbsttätig. Ein unsichtbarer Regisseur weist Spielern und Gegenspielern ihre Plätze zu, und damit, daß einer diesen oder jenen Platz einnimmt, ist er auch ohne Kostümierung gekennzeichnet oder gebrandmarkt. Jeder Platz ist eine bestimmte Zeit lang besetzt, und derjenige, dem dieser bestimmte Platz zugewiesen ist, verschwindet in der Versenkung, wenn er seine Rolle ausgespielt hat. Von 1905 bis 1917 besetzen die liberalen Bürger und die demokratischen Sozialisten einen bestimmten Platz im Revolutionsdrama. Sie werden auf diesem Platz hin- und hergeschoben, überall betastet, durchschaut; und in dem Augenblick, in dem sie erschöpfend gekennzeichnet sind und nichts Neues mehr zu sagen haben, werden sie ausgeschieden. Die abgeschlossene Charakteristik wandert ins Revolutionsmuseum.

Zunächst der Liberale reinsten Fahrwassers »betrachtet die Revolution als eine ungesetzmäßige, phantastische, unrechtmäßige Erscheinung, die bestenfalls durch die Unbeständigkeit, die ›Schwäche‹ und das ›Unvermögen‹ der absolutistischen Regierung bis zu einem gewissen Grade *gerechtfertigt* werden kann. Dieser ›objektive‹ Historiker betrachtet die Revolution nicht als das allergesetzmäßigste Recht des Volkes, sondern als eine sündhafte und gefährliche Methode, die Ausschreitungen der Reaktion zu korrigieren. Für ihn ist eine Revolution, die den vollen Sieg errungen hat, ›Anarchie‹; die Reaktion, die den vollen Sieg errungen hat, aber keine Anarchie, sondern nur eine kleine Übertreibung gewisser notwendiger Staatsfunktionen.« (8, 255). Der Liberale steht, parteiisch, am äußersten Rande der Realität der Revolution, diese bedarf für ihn einer Entschuldigung, er wertet sie moralistisch. Außerdem sieht er keine eigene, positive, schöpferische Kraft revolutionärer Potenzen, sondern er findet für die Abweichungen des historischen Prozesses nur einen *negativen* Grund, er sieht die reale Ursache nur in einem *Nachlassen* der Kräfte des offiziellen Regimes. Sowohl die wirksamen Ursachen des Geschehens wie das Recht zum Vorgehen, zu einer Exekution, sind schließlich nur auf der Seite der alten Epoche und ihrer Mächte zu suchen.

Gefährlicher ist der Unglaube der »Opportunisten«, weil diese vorgeben, für das Recht einer neuen Epoche zu kämpfen. »Die Opportunisten aller Schattierungen pflegen uns zu sagen: Lernet von Leben! Leider verstehen sie unter Leben nur den Sumpf der friedlichen Perioden, der Zeit aller Stagnation, wenn das Leben sich kaum vorwärtsbewegt. Diese *blinden Menschen* bleiben stets hinter den Lehren des revolutionären Lebens zurück. Ihre toten Doktrinen bleiben immer hinter dem stürmischen Strom der Revolution zurück, der die tiefsten, die fundamentalsten Interessen der Volksmassen berührenden Lebensfragen zum Ausdruck bringt.« (8, 215).

Der Unglaube ist schließlich, wie ein Bazillenherd fortwirkend, in den Körper der revolutionären Partei selbst eingedrungen. In Gestalt der »Abweichungen« ist nunmehr das Gift des Unglaubens zu vertilgen, das die Revolutionäre unvermeidlich in die neue Epoche hinüberschleppten. »Der Reflex des Widerstandes der absterbenden Klassen sind eben die verschiedenen Abweichungen von der Leninschen Linie, die wir in den Reihen unserer Partei haben«, formuliert Stalin (Stal. 27, 110).

Im November 1915 sagt Lenin über Trotzki: »In Wirklichkeit hilft Trotzki den liberalen Arbeiterpolitikern in Rußland, die unter der ›Regierung‹ der Rolle des Bauerntums nur dies verstehen, daß sie *nicht den Willen haben,* die Bauern zur Revolution aufzurütteln.« Sachliche Argumente sind also nur sachlich, objektiv, zu nehmen, wenn sie von einem Gläubigen ausgesprochen sind – weil nur dieser der Sache begegnet, mit ihr Kontakt hat. Sachliche Argumente eines Ungläubigen sind nur als Symptome und Erkenntnismarken für den Unglauben von Wichtigkeit, sie sind eine Falle für Gläubige, die in ihrem Willen noch nicht fest sind, eine Überredung zum Unglauben. »Sachlich« ernst nehmen kann man nur Glaubensgenossen, und nur mit ihnen kann man sachlich auf gleich und gleich verhandeln. Nach dem endgültigen Sieg einer Position ist kein Mißverständnis über die Sache mehr möglich.

Methodisch geht man nun an die *Sachlichkeit* heran, und nicht etwa an den Glauben, um die Grenze des Glaubens festzustellen und um zu ermitteln, in welchem Augenblick der unsichere Kantonist ausgeschieden werden muß. Wenn dieser sich an *bestimmte Dinge* heranwagt, dann zeigt sich auf einmal, daß seine Sachlichkeit nicht dicht hält, daß sie dünn und durchlöchert ist, und wenn *diese* Dinge auf der Tagesordnung der Revolution erscheinen, dann muß dieser Mann verschwinden. Seine Sachlichkeit reicht nicht weiter als sein Glaube reicht.

Die Frage, die den Glauben an die Weltrevolution auf die entscheidende Probe gestellt hat, ist die Frage, ob es möglich ist, den Sozialismus in einem einzigen Lande, gleichsam in einer »belagerten Festung« aufzubauen. Stalin meint, »daß der *Unglaube* an den Sieg des sozialistischen Aufbaus den Grundfehler der neuen Opposition bildet. Er ist meines Erachtens deshalb der Grundfehler, weil *alle übrigen Fehler* der neuen Opposition *sich aus diesem ergeben.*« (Stal. Len., 347). »Wie soll man denn das alles, diese Hartnäckigkeit, diese Zähigkeit bei der Verteidigung seines Fehlers, anders erklären als damit, daß Genosse Sinowjew infiziert, *hoffnungslos infiziert ist vom Unglauben* an den Sieg des sozialistischen Aufbaues in unserm Lande.« (346). Die Ungläubigen »ertränken« »die sozialistischen Perspektiven unserer Aufbauarbeit im *intelligenzlerischen Skeptizismus*« (266). Die Revolution *ist* eine politische Realität, *deshalb* muß der einzige Weg weiteren politischen Handelns, der auf dem Boden dieser Realität unter den gegebenen politischen Weltumständen sichtbar wird, – der Aufbau des Sozialismus in Rußland –, auch zu einem Ziele führen. Das ganze Medium der Entwicklung ist gegeben (vgl. die Kriterien der revolutionären Situation), also muß ein bestimmtes Ziel der Entwicklung in diesem Medium erreichbar sein. Es wird vom umfassenden konkreten Ganzen auf das geschlossen, was in ihm enthalten und was mit dem in ihm Enthaltenen anzufangen sein muß[28].

Es wird vom Anriß auf den Abriß geschlossen, vom Impuls, der die Bewegung einer ganzen neuen Welt einleitet, auf den Auslauf der Bewegung. Der Politiker kommt über den toten Punkt hinweg, indem er sich gläubig den Antrieben überläßt, die zusammen das Kraftfeld der Welt der Revolution ausmachen; »die Revolution lebt«, das ist seine »ultima ratio«. Wer nach Stalin »die Möglichkeit des Aufbaus des Sozialismus in einem einzelnen Lande leugnet, der muß unbedingt auch die Berechtigung der Oktoberrevolution leugnen ... Es besteht ein vollständiger und unmittelbarer Zusammenhang zwischen dem Unglauben an den Oktober und der Nichtanerkennung der sozialistischen Möglichkeiten in unserem Lande.«[29] (Stal. Len., 188). Nach Lenin ist es besser, Fehler zu machen,

28 Im konkreten Ganzen des Revolutionsschicksals ist der »neue Typus Staat« in Rußland der Anlage nach enthalten, und das Ganze gibt die Impulse her, auf Grund deren sich ein Rassen und Völker umfassendes Reich »planwirtschaftlich« organisieren läßt.

29 »Man kann«, äußert Stalin an andrer Stelle (Stal. 27, 110, 111), »keinen erfolgreichen Kampf gegen den innern Feind führen, wenn man im Rücken Leute zurückläßt, die nicht an unsre Sache *glauben* ... Kann man bei solchen Auffassungen«, wie der »bürgerlichen Verneinung der Möglichkeit, den Sozialismus in unserm Lande aufzubauen«,

als gar nicht zu handeln; gar keine Fehler macht der, der gar nicht handelt. In Momenten der Not und der großen Entscheidung heißt es sich auf die Anfangsimpulse der Revolution, die erste Begegnung mit ihr zurückbesinnen und den ersten Elan wieder aufnehmen. Wer den Ausbruch und seinen Herd aus eigner Erfahrung kennt, hat über den Impuls des Ganzen ein Wissen aus erster Hand, er kann aus dem Entwicklungszug der ganzen Epoche heraus beurteilen, welche Wendung zu nehmen ist, wenn ein neuer Anlauf nötig wird. Die Elite des ersten Führerstammes bildet sich aus denen, die an der ersten Begegnung mit der Hydra der Revolution teilhatten (Trotzki gehört, wenn man dies Stellen aus Lenins Werken, die von ihm handeln, zusammennimmt und daraufhin prüft, nicht zu ihnen). Sie haben ein mehr-als-theoretisches, nicht erlernbares und nicht nachzuholendes, nur einmalig zu erwerbendes Wissen vom Wesen der Revolution. Sie heben sich aus der Menge der Mittelmäßigen *seins*mäßig hervor, d.f. im Grunde: sie bilden einen neuen Adel.

2. Die Möglichkeiten der »Führung« in der »revolutionären Situation«

In »normalen« Zeiten liegt der Halt der Politik in ihrer »Verfassungsmäßigkeit«. In der Revolution muß der Politiker versuchen, das Steuer zu führen, während er mit dem Strome treibt, und zwar mit einer bestimmten Strömung. Auf dem Meer der Ereignisse kann er seine Hauptrichtung nur einhalten, indem er verschiedene, teils gegenläufige, Stromrichtungen benutzt. In einer festen, stabilen Ordnung der Dinge richtet man sich von selbst nach der einzigen fraglos geltenden Norm, während man in der Revolution zwischen den Normen, die überhaupt noch Wirkungskraft ausstrahlen, hindurchsteuert. Dieser Satz gilt auch für die Politik der bisher legalen Regierung. Es ist nicht mehr möglich, die Weltanschauung und das Staatsbild der Opposition souverän zu ignorieren.

»die Millionenmassen der Arbeiterklasse zum Arbeitsenthusiasmus, zum sozialistischen Wettbewerb … *begeistern?*« Eine abweichende Theorie ist dann gerichtet und widerlegt, wenn sich zeigt, daß sie aus dem Unglauben an die Möglichkeit, auf dem einzigen offenliegenden Weg weiterzuschreiten, stammt. Eine solche Theorie untergräbt den Glauben. Was aus der Entartung herstammt, verbreitet weiterhin Entartung. Ein Revolutionär ohne Glauben steht sich selbst im Wege, wenn er handelt: »Den Sozialismus bauen, ohne Möglichkeit, ihn aufzubauen, *bauen mit dem Bewußtsein, daß du ihn doch nicht aufbauen wirst* – in diese Ungereimtheiten hat sich Genosse Sinowjew verrannt.« Demjenigen, den diese tödliche Logik trifft, wird, wenn er an dieser Stelle mit »Genosse« apostrophiert wird, nicht warm werden.

Man studiert nunmehr den Feind, analysiert seine Stellung und seine sachlichen Ziele aufmerksam und benutzt inmitten des entfesselten Kräftespiels die antagonistische Gegenkraft, um sich in seiner eigenen Richtung vorwärtsschnellen zu lassen. Das Hauptobjekt des Leninschen Studiums ist der moderne imperialistische Staat.[30] Aus den bisherigen festen Normen werden »Strömungen«, und der Gegenstand des Studiums befindet sich selbst in Fluß. Zu den Strömungen[31] werden nach und nach alle bisherigen Stabilitäten, es gibt eine Strömung der Legalität (!), Verfassungsmäßigkeit, eine zaristische Bewegung, eine nationalistische, und eine Bewegung eines »gereinigten« Kapitalismus. Die Normen befinden sich alle in Fluß, das ist das Paradoxon der Revolution. Der allgemeine Ausnahmezustand wird widersprechend gedeutet, je nach der Norm, auf die der Beurteiler sich bezieht. Die Kriegswirtschaft ist eine Ausnahme vom Kapitalismus, das Standrecht eine Ausnahme von der Verfassung, die Neutralitätsverletzung eine Ausnahme vom Völkerrecht, die Bewilligung der Kredite eine Ausnahme vom Parteiprogramm. Innerhalb des Ausnahmezustandes selbst weiterhin wählt jeder seinen Gegner so, verhält jeder sich gegen seinen Feind so, *als ob* die Norm gälte und tatsächlich von ihm befolgt würde, die *vor* dem Ausnahmezustand für ihn verbindlich war. Nach Lenin wird derjenige den letzten Trumpf ziehen, für den der Ausnahmezustand ein Lebenselement[13] ist; derjenige, der eine Vorschrift gibt, nach der sich das Leben *im Eximierten* regelt. Das Herausgenommene wird nicht wieder zurückgenommen, und es soll nicht wieder zurückgenommen werden. Die Welt und die Verfassung der Dinge, aus der es herausgenommen wurde, besteht nicht mehr, und das, was *sich* herausgenommen hat, und was sich *»etwas«* gegen die alte Verfassung herausgenommen hat und herausnehmen mußte, das muß sich jetzt auf eigene Füße stellen, das muß aus sich selbst etwas machen, eine Welt. Derjenige, der dieser Notwendigkeit zuerst entschlossen Rechnung trägt, der im richtigen Augenblick mit den nötigen Werkzeugen als Geburtshelfer zur Stelle ist, übertrumpft die andern. Er setzt sein Messer an, um

30 In zweiter Linie die auf dem Boden der alten imperialistischen Epoche in »Opposition« stehende Sozialdemokratie, die er mit den Röntgenstrahlen einer hellsichtigen Kritik durchleuchtet.

31 Das Symbol des Stroms gebraucht auch Stalin (vgl. Len. a, 151f. 5, 83ff.).

[13] Aufnahme einer Formel von Carl Schmitt aus seiner Schrift »Politische Theologie« (1922): »Souverän ist, wer über den Ausnahmezustand entscheidet.« (Carl Schmitt, *Politische Theologie.* Vier Kapitel von der Lehre von der Souveränität, 5. Aufl., Berlin: Duncker & Humblot 1990, S. 11.)

das Herausgenommene dann loszulösen, wenn die Formel für seine Existenz gefunden ist und es sein eigenes Leben lebt.

Mit dem Schnitt ist die Operation noch nicht zu Ende. Der Schnitt führt durch zahlreiche Fäden der alten Existenz hindurch, die sich in den neuen Körper hinein fortsetzen. Der Arzt muß das Alte zu behandeln verstehen, insoweit es im Neuen steckt, und wenn er das Neue fördern will, muß er dies Alte, das im Neuen steckengeblieben ist, mit fördern, weil es ein Stück von ihm ist. Die Ausnahme besteht nunmehr darin, daß das, was früher einmal normal war, unter den Verhältnissen, die jetzt normal sind, strichweise geduldet oder gar ein wenig unterstützt wird. Reste der alten Ordnung, die nun als Fremdkörper weiterbestehen, sind zeitweise und strichweise sogar »stärker« als das Neue: »Wenn das Neue eben erst entstanden ist, bleibt immer das Alte eine gewisse Zeit lang stärker als das Neue.« (Rad. 128).

Ein Musterbeispiel *falscher* Behandlung jenes Alten liefert der »linke Doktrinarismus«. Er will nichts von einer Benutzung eingefahrener alter Wegstrecken wissen, er möchte nichts damit zu tun haben, will sich nichts vergeben. Er kommt nicht davon los, das, was *noch* da ist, mit dem zu verwechseln, was einmal da*gewesen* ist. Der alte Schreck vor dem mächtigen Gegner sitzt ihm noch in den Knochen, und sein gegenwärtiger Haß ist nicht nur unzeitgemäß, sondern auch subaltern. Er bindet sich selbst die Arme, und sein Augenmaß ist falsch. Das, was ihm nützen könnte, sieht er unter dem Scheuklappenaspekt eines versetzten »radikalen« Hasses. Er kommt nirgends dazu, aus den wirklichen Dingen auf eine ihm gemäße Art etwas zu machen, weil er nicht dazu kommt, das neue Leben zu sehen, das aus den Dingen »beiderlei Gestalt«, aus den neuen wie aus den alten Dingen hervorbricht. Er betrügt sich also um seine eigne gegenwärtig wirkliche Existenz. Die Kritik am Radikalismus faßt Lenin in folgende schlagende Thesen zusammen: »Der linke Doktrinarismus lehnt bestimmte alte Formen unbedingt ab und merkt nicht, daß der neue Inhalt sich durch alle möglichen Formen Bahn bricht, daß es unsre Pflicht als Kommunisten ist, *alle Formen zu beherrschen*, mit größter Schnelligkeit eine Form durch die andre zu ersetzen, unsre Taktik einer jeden Änderung anzupassen, die nicht durch unsre Klasse oder nicht durch unsre Anstrengungen hervorgerufen worden ist.« (Rad. 90f.). »Wir haben jetzt ... einen so festen, starken, mächtigen Inhalt der Arbeit (1920 geschrieben), daß er sich in *jeder beliebigen neuen oder alten Form* offenbaren kann und muß, *alle Formen,* nicht nur die neuen, sondern *auch die alten,* umgestalten, besiegen, *sich unterordnen* kann und muß ...«.

Selbst die alte vorrevolutionäre Norm des Reformismus, ja das »kapitalistische« Leitmotiv des kommerziellen Profits, muß in Zeiten der Ebbe[32] zur Orientierung dienen. »*All und jede ökonomische Übergangsform darf man benutzen und muß man benutzen,* wenn das nötig wird zur Befestigung der Verbindung der Bauernschaft mit dem Proletariat...« (Rad. 112). *»Wir dürfen nicht dem Gefühlssozialismus verfallen«,* sagt Lenin als der *Macchiavelli unter den Revolutionären*... Man muß als Revolutionär verstehen, auch *nichtrevolutionär* zu handeln, *über der* eigenen *Sache zu stehen.* Man muß von seinen eigenen Prinzipien abgehen können; man fällt, nachdem man den Lauf der Dinge erst visiert, jedesmal eine Entscheidung darüber, ob man seinen revolutionären Verpflichtungen nachkommt. Man kann den Revolutionär in sich einklammern, mitten auf der Flugbahn plötzlich stillstehen – man ist vor den andern und vor sich nicht verpflichtet, nach den Idealen der Revolution zu handeln: »Wirkliche Revolutionäre haben sich meistens dann den Hals gebrochen, wenn sie anfangen, ›Revolution‹ mit lauter großen Buchstaben zu schreiben, die ›Revolution‹ zu etwas fast Göttlichem zu erheben, den Kopf zu verlieren, die Fähigkeit zu verlieren, *auf die kaltblütigste und nüchternste Art zu untersuchen,* zu erörtern, abzuwägen, zu prüfen, *in welchem Moment,* unter welchen Umständen, auf welchem Gebiet des Wirkens *man revolutionär zu handeln* vestehen muß, *und in welchem Moment,* unter welchen Umständen, auf welchem Gebiet des Wirkens *man zu reformistischem Wirken überzugehen* verstehen muß...«.[33] Im gegebenen Augenblick verlangt Lenin sogar, daß nach dem Rentabilitätsprinzip, dem Rezept des Teufels, gewirtschaftet wird, und der Kommunist muß so zu »reformieren« verstehen, daß er den eingefuchsten Reformisten in den Schatten stellt. Das bedeutet also, daß dieselben Normen befolgt und dieselben Methoden geübt werden, um derentwillen man seinen Feinden blutige Kämpfe lieferte, um derentwillen man den »Bruderzwist« mit den anscheinend sachlich nahestehenden Sozialdemokraten vom Zaun bricht, um derentwillen man die ehemaligen »Genossen« füsilierte oder verbannte. Wenn die »Hochflut« der Revolution nicht trägt, schämt man sich nicht, die alte bewährte »Methode reformistischen Typs« wieder hervorzuholen, und *»die alte gesellschaftliche und wirtschaftliche Ordnung,* des Handels, der Kleinwirtschaft, des kleinen Unternehmertums, des Kapitalismus, nicht zu zerstören, sondern ... *zu beleben*«. (Rad. 107).

32 Die Taktik ist für die Zeit der Ebbe eine andre als für die Zeit des Aufschwungs (Stal. Len. 83ff., 112).

33 (Rad. 108). Dies die entscheidende Formulierung des Leninschen Realismus.

Lenins Verhältnis zu den Sozialdemokraten ist für die Epoche typisch – Lenin ist sich dessen voll bewußt. In einer Übergangsepoche läßt es sich nicht vermeiden, daß jemand, der etwas sieht, was die andern nicht sehen, und der seinen eigenen Kopf hat, mit Leuten zusammengeht, die nicht zu ihm passen. Er muß an *bestehende* Institutionen anknüpfen, z.B. in einer sozialdemokratischen Organisation Fuß fassen. Diese Organisation ist schließlich nicht daran schuld, daß dieser Mann nicht in sie hineinpaßt, und daß sie sich auf Schritt und Tritt vor seinem kritischen Urteil, das noch ganz andre Dinge durchschaut, »bis auf die Knochen blamiert«. Wenn ein bedeutender Mensch, der den Untergang der alten Ordnung gleichmütig verfolgt, weil er weiß, daß seine Zeit kommen wird, in einer Organisation oder Gruppe der alten Welt seine vorläufige Unterkunft findet, dann zieht diese Organisation den Kürzeren. Er brauchte sie, und er hätte sie mit ins Leben rufen müssen, wenn sie nicht dagewesen wäre – und er bedankt sich am Ende nicht, sondern diese alte Organisation wird schließlich noch dafür bestraft, das sie eine *alte* Organisation war und daß sie, ihrem natürlichen Selbsterhaltungstrieb folgend, dem Übermut und einer lieblosen Kritik Zügel anzulegen versuchte. Lenin hält sich nie dabei auf, »historische Gerechtigkeit« zu üben und zu berücksichtigen, daß die alten Sozialdemokraten gar nicht an seinen Maßstäben zu messen sind, weil sie gar keinen »neuen Typus« Staat und Reich wollen, sondern etwas Anderes, Bescheidenes, Harmloses. Nachdem er in einem Gehäuse aus der guten alten Zeit eine vorläufige Unterkunft fand, um zum Sprung anzusetzen, zerstört er dieses Gehäuse, unwillig darüber, daß er überhaupt einmal in einem solchen niedrigen und windschiefen Bau den Kleinleute-Geruch einatmen mußte. Die einzige armselige Waffe, die diese kleinen Leute dem Undankbaren gegenüber haben, ist ihre »Niedertracht«: er kümmert sich nicht mehr um ihre Wege und ihre Sorgen, er findet es nicht einmal nötig, das, woran sie sich begeistern und erheben, ein wenig zu »verstehen«, er hat doch selbst seine schwachen Stunden, in denen seine Wege sich den Bahnen ihrer Mittelmäßigkeit wieder zu nähern scheinen, und diese schwachen Stunden machen sie sich zunutze, um über ihn zu höhnen. Wenn er erschöpft ist, fallen sie über den Rest der Kräfte her, die den nächsten Aufschwung vorbereiten; sie möchten aus dem *erschöpften* und zeitweise von übermenschlichen Anstrengungen *ermüdeten* Revolutionär *einen der ihrigen* machen. Sie glauben, daß dieser Mann sich gebessert hat, und daß er auf das, was sie lehren und glauben, wieder zurückkommt, während die Sache doch so liegt, daß er den faden Alltag ihrer Geschäftigkeit und die alte Leier ihres Programms über sich ergehen läßt, weil er zwischen zwei Aufschwüngen hinvegetiert.[34] Ihre höchste Anstrengung und der Gipfel ihrer Weisheit liegen ungefähr, mit dem Pegel der politischen Vitalität gemessen, da, wo sein Lebensniveau liegt, wenn er bloß vegetiert und Reserven nachwachsen läßt.

Ein Verhältnis von der Typik der Leninschen Beziehung zu den Sozialdemokraten findet sich im Leben und in den Schriften eines Marx noch nicht. Dieses Verhältnis ist mit der Begriffssprache eines Marx auch nicht darzustellen. Wenn Lenin von diesen Dingen spricht, dann bedient er sich eigenartiger Bilder, die dem Stubengelehrten Marx ganz fern liegen: er spricht vor allem von dem »schwierigen Aufstieg« auf einen »unerforschten Berg« (Rad., 57). Ganz von selbst bietet sich ihm ein Symbol an, auf das, ebenso angesichts der Schweizer Alpen, in der beginnenden Epoche des Imperialismus, Nietzsche gekommen war. Als Philosoph hatte, mutatis mutandis, Nietzsche vergleichbare Begegnungen mit Institutionen, Richtungen einer Zeit, die bald in der Versenkung der Geschichte verschwand.

Ähnlich wie Lenin sprach schon einmal Nietzsche vom niedrigen Hohn derer, die ihn vor der abweichenden Bahn warnten. Diese halten ihm vor, man könne auf den ausgetretenen Bahnen der Mittelmäßigkeit dasselbe Ziel erreichen, und sie triumphieren niederträchtig über ihn, wenn er gelegentlich zu ihren alltäglichen und ordinären Methoden zurückkehrt. Sie spielen die Ebbe gegen die Flut aus, sehen die Flut in ihr widerlegt, und sie sehen bewiesen, daß das niedrige Niveau, auf dem sie sich bewegen, auch das einzige normale ist. Lenin hört die »Schadenfreude« und das pharisäische Bedauern der ehemaligen Genossen, die immer zur Mäßigung rieten, und die immer noch nicht sehen, daß sie von Lenin eine Welt trennt: »...Haben wir nicht gesagt (Rad. 115), daß der Aufstieg verschoben werden muß, bis unser Plan endgültig ausgearbeitet ist?

34 »In einem Krieg der Epochen« – so schildert Lenin die Lage – »im voraus das Lavieren, die Ausnutzung der Interessengegensätze (auch der zeitweiligen) zwischen den Feinden, das Paktieren und Kompromisse mit möglichen (wenn auch zeitweiligen, unbeständigen, schwankenden, bedingten) Verbündeten abzulehnen ... ist das nicht dasselbe, wie wenn man bei einem schwierigen Aufstieg auf einen noch unerforschten Berg von vornherein ablehnen wollte, manchmal im Zickzack zu gehen, manchmal umzukehren, die einmal gewählte Richtung aufzugeben und *verschiedene Richtungen zu versuchen.*« (Rad. 57). Lenin gebraucht hier ein Symbol, das mit einem Schlage das Prinzip seiner realistisch-gelassenen Politik vergegenwärtigt.

Und wenn wir so leidenschaftlich gegen den Weg gekämpft haben, den jetzt selbst dieser Wahnsinnige aufgibt (seht, seht, er ist umgekehrt, er steigt ab, es dauert lange Stunden, ehe er die Möglichkeit findet, einen Meter zurückzusteigen; und uns hat er mit den gemeinsten Worten beschimpft, als wir systematisch auf Mäßigung und Vorsicht bestanden[35] – wenn wir diesen Menschen so streng verurteilt und alle andern gewarnt haben, ihm zu helfen und ihm zu folgen, so taten wir dies ausschließlich aus Liebe zu dem großen Plan des Aufstiegs auf diesen Berg, um diesen Plan nicht endgültig zu diskreditieren.« Auf diese niederträchtigen Reden antwortet Lenin »mit zwei Zeilen aus einer guten russischen Fabel: Ein Adler sinkt oft tiefer als ein Huhn, ein Huhn erreicht dagegen nie den Adlerflug.« (120). Darüber, daß eine Methode gelegentlich verlassen werden muß, freut sich der Niedrige *deshalb,* weil die Anwendung dieser Methode Menschen vorbehalten ist, die seinen eigenen kleinen Gesichtskreis zerstören und sich über ihn hinwegsetzen; er freut sich, weil er glaubt, er selbst und sein Gesichtskreis seien nunmehr bestätigt.

E. Die Dialektik zwischen den Extremen

Die Benutzung der alten Formen und eingefahrenen Richtungen hat eine bestimmte Grenze. Strömung verhält sich zu Strömung nach einem bestimmten inneren Gesetz, und dieses Gesetz ist zu beachten, wenn man nachgibt, einschwenkt, oder einen Rückzug unternimmt. Im Feld der revolutionären Positionen ist die Position der gemäßigten Richtungen deshalb die gefährlichste, weil die antirevolutionären Kräfte sie als Einbruchstelle benutzen, und zwar in mannigfaltigster und verwirrendster Weise. Eine bestimmte Regelmäßigkeit findet sich im Verhalten der Extreme zueinander, und, von da aus, im Verhalten der Extreme zusammen und jedes Extrem für sich zur Mittelmäßigkeit und zu den gemäßigten Parteien.

Entfesselt wird die selbsttätige Dialektik zwischen den Extremen, indem die alte legale Regierung den hingeworfenen Handschuh des Bürgerkriegs aufhebt. Die Legalität, bisher der Halt, wird zur Hemmung, und die Mittel, die die Apparatur bereitstellt, genügen nicht, ja mit ihnen

35 Der Dialektiker Lenin bedient sich hier der Form des Dialogs, der direkten Anrede. Auch dies eine Darstellungsform, die in der dialektischen Lebensphilosophie Nietzsches angewandt wird, und die dem unpersönlichen Gelehrtenstil eines Marx fern liegt.

kommt man an den neuartigen Feind nicht heran. Man wird von ihm auf seinen Boden der Illegalität gezogen. Nach Lenins Aufzeichnungen vollzieht sich dieser Prozeß in Rußland Anfang 1905: »Die Sprungfedern der Polizeimaschine haben nachgelassen, militärische Kräfte allein genügen nicht. Man muß den nationalen Haß, den Rassenhaß schüren, man muß aus den Reihen der am wenigsten aufgeklärten Schichten des … Kleinbürgertums Schwarze Hundertschaften organisieren …, man muß *den Kampf der Polizei gegen Zirkel umwandeln in einen Kampf des einen Teils des Volkes gegen den andern Teil des Volkes.*« (7, 217; auch 25, 381). Im weiteren Verlauf der Revolution radikalisieren sich die Extreme gegenseitig, sie reiben die Mitte zwischen sich auf, und diese macht ihnen beiden zugleich dieselben Vorwürfe (21, 21, 22). »Die Elemente der Mitte bezichtigen die Kadetten, daß sie den Bolschewiki, und die Bolschewiki, daß sie den Kadetten die Arbeit erleichtern.« Die liberalen Arbeiterparteien »sind außer sich …, daß die Bolschewiki durch ihre extreme Haltung der Konterrevolution helfen …«.

Die allgemeine politische Charakteristik, die Lenin von der Tätigkeit des Kompromißlers in dieser Lage gibt, läuft darauf hinaus, daß er als »objektiver Verräter« dasteht. Der »inkonsequente, unentschlossene, opportunistische Verteidiger« der Sache (7, 213f.) »begeht durch seine Charakterlosigkeit, seine Schwankungen und seine Unentschlossenheit den gleichen Verrat, wie ein direkter Verräter. In persönlicher Hinsicht ist der Unterschied zwischen einem Verräter aus Schwäche und einem Verräter aus Absicht und Berechnung sehr groß; in politischer Hinsicht besteht ein solcher Unterschied nicht, denn von der Politik hängt das tatsächliche Geschick von Millionen von Menschen ab.« (25, 33f.). »Das politische Gewissen und die politische Klugheit des Kompromißlers bestehen darin, demjenigen, der gerade der Stärkere ist, seine Reverenz zu machen, sich den Kämpfenden in den Weg zu stellen, bald die einen, bald die andern zu stören, dem Kampf die Schärfe zu nehmen und das revolutionäre Bewußtsein des Volkes, das einen verzweifelten Kampf für die Freiheit führt, zu trüben.« (25, 543).[36]

36 Schon in diesen Auslassungen, die auf das Jahr 1906 zurückgehen, charakterisiert Lenin die Niedrigkeit seiner Gegner mit den Mitteln einer (polemischen) politischen Tiefenpsychologie. In seinen Äußerungen von 1920 zeigt sich, wie erwähnt, daß seine psychologische Kritik an den »Vorläufern« und »Mitkämpfern« der alten Epoche, und daß die Sprache, deren er sich als Richter bedient, ihn in die Nähe Nietzsches rücken. »Wenn aber«, so sagt der Lenin von 1906, »die Konterrevolution siegt, so beginnt der ›Kompromißler‹ die Besiegten mit verlogenen Ermahnungen und erbaulichen Belehrungen zu über-

Die extreme Gegentruppe übt verschiedene Kunstgriffe, um sich der Gemäßigten von hinten herum zu bedienen. Sie sorgt dafür, daß bestimmte Gruppen einen breiteren politischen Einfluß gewinnen, und zwar diejenigen Gemäßigten, die den Radikalen am nächsten stehen. Die Kraft der Radikalen wird nun beschäftigt, abgelenkt, verzettelt. Im Frühjahr 1921 hat der Aufstand von Kronstadt gezeigt, daß »die Bourgeoisie und die Gutsbesitzer die für sie vorteilhafte Schwächung des Proletariats durch Erweiterung des Einflusses der Menschewiken und Anarchisten durchführen.« (Jahrg. II, 640). »Die Kronstädter Erfahrung beweist…, daß jede Umkehr die Rückkehr zum alten zaristischen Regime bedeutet… Dort will man keine Weißgardisten, *aber eine andre Gewalt ist nicht vorhanden.*« Es gibt nur zwei Mächte, deren Druck und Zug der Gemäßigte unterliegt: die Szylla der Reaktion und die Charybdis des Radikalismus. Der Versuch nun, die »der revolutionären Partei am nächsten stehenden kleinbürgerlichen Gruppierungen zu unterstützen« (Jahrg. II, 323, 322), kommt dann in Frage, wenn die Reaktion bereits besiegt ist und die Gegenrevolution unter offener Flagge nicht mehr möglich ist. Die Feinde gehen nun daran, »die Konterrevolution dadurch ins Rollen zu bringen, daß sie die Macht solchen politischen Gruppierungen in die Hände spielen, die äußerlich einer Anerkennung des Sowjetprinzips am nächsten stehen.« So suchen sie, »die revolutionäre Diktatur ins Schwanken zu bringen.« (322, 323). Halbheit und Lauheit ist der gefährlichste Feind des Ganzen und Ausgesprochenen.

Die zweite Methode der Feinde besteht darin, sich zu verkleiden und selbst den gemäßigten Revolutionär zu spielen. Miljukow setzte dem Kronstädter Aufstand gegen den bolschewistischen Staat das Ziel: »eine Sowjetmacht mit einem leichten Einschlag nach rechts, mit etwas Handelsfreiheit und etwas Nationalversammlung.« (Jahrg. II, 363). Zugleich haben »die Weißgardisten sämtlicher Länder der Welt a tempo ihre Bereitschaft zum Ausdruck gebracht, sogar die Parole einer Sowjetordnung

schütten. Ein siegreicher Streik ist ›ruhmvoll‹. Verlorene Streiks sind verbrecherische, wilde, unsinnige, anarchistische Aktionen. Ein niedergeschlagener Aufstand ist Wahnsinn, Chaos, Barbarei, Aberwitz. Kurzum, das politische Gewissen…« usf. wie oben zitiert. Die Analyse der versteckten Motive ist ein Mittel des politischen Kampfes. Lenin verfolgt den Gegner bis in die inneren Schlupfwinkel der Triebanlagen, und er stellt das seelische Triebwerk, das der politische Verkehrtheit zugrunde liegt, bloß. Zum Kampf gehört die Aufklärung der feindlichen Position, und diese Aufklärung erstreckt sich bis auf die Stellungen, die im Raum des Seelischen bezogen sind, bis auf das Räderwerk der inneren Motivation.

zu akzeptieren, wenn damit der Diktatur des Proletariats in Rußland ein Ende gemacht werden könnte.« (a.a.O., 322). Der Feind übernimmt jetzt die Parolen gemäßigter Parteien, die er früher bis auf den Tod haßte. Wenn auf der Seite Lenins das Niedrige siegt und der herrschende kühne Wille gelähmt, die hochfliegenden Ansprüche zurückgeschraubt werden, dann verliert seine Position überhaupt den spezifischen Charakter; die Spannkraft, die alles zusammenhält und vorwärtstreibt, läßt nach, und der Verfall beginnt. Der Feind versucht die Radikalen auf die Ebene der gewöhnlichen liberalen Arbeiterpolitik herabzuziehen, dem politischen Tauschverkehr der neuen Epoche die abgegriffene Münze der alten unterzuschieben. Es finden sich Münzen, die den Stücken neuer Prägung gefährlich ähnlich sehen.

Wo liegt die Stelle, an der eine radikale Gruppe gerade *nach* ihrem Sieg sterblich ist? Die gefährliche Stelle liegt da, wo eben der Verbindungsstrang zwischen Vergangenheit und Gegenwart durchschnitten werden soll. Die Nabelschnur führt zu *dem* Gewesenen, das der revolutionären Partei am nächsten *verwandt* ist; und sie führt nicht nur die *Nahrung* zu, die die Vergangenheit dem Aufwachsenden noch bietet, sondern auch *das Gift,* das sie für ihn in intimster Nähe noch bereit hält. In Sachen der »Tradition« sind es nicht die Fernstehenden, sondern vielmehr die Nächststehenden hinter der Grenze, vor denen nach Lenin der Revolutionär auf der Hut sein muß. Unverträglich gewordene Stoffe sind sich in *einigen* Bestandteilen immer noch so verwandt, daß die Gefahr einer Osmose von Personen und Programmpunkten nie ganz verschwindet, solange noch verbindende Fasern überleben. Lenin ist hier einer tiefen politischen Wahrheit auf die Spur gekommen. Ein anscheinend geringfügiger theoretischer Gegensatz ist der Ausdruck eines Gegensatzes zwischen zwei Welten. Er bezeichnet die schmalste Stelle der unüberschreitbaren Kluft. Die äußerliche Nachbarschaft erweckt trügerische Hoffnungen. Die Gefahr, in die Kluft zu stürzen, besteht da, wo die Kluft am schmalsten wird, nicht da, wo sie offen gähnt. Die liberale Arbeiterpartei ist der gefährlichste Feind, weil der Abstand, ihn voll ins Auge zu fassen, zu gering ist. An der Stelle, an der der Kampf gegen diesen Feind ausgefochten wird, ist die Gefahr, von der in der neuen Epoche errungenen hohen Position in den Abgrund zurückzugleiten, stets akut. Die Stelle, an der die neue Existenz des bolschewistischen »Typus« (Stal. Len. 237f.) Mensch und Typus Staat die alte morsche Existenz des liberalen Arbeiterpolitikers berührt, ist die Stelle, an der diese neue Existenz am höchsten, absolut gefährdet ist. Diese Erkenntnis ist bestimmend für Charakter und Inhalt der Vorschriften, die derjenige zu befolgen hat, der durch die Strömungen der Revolution hindurchsteuert. Er steuert nach dem Gesetz der Dialektik, nach dem sich die Extreme zueinander und zur Mittelmäßigkeit verhalten, und er gibt, nach Lenin, darauf acht, daß »jede Inkonsequenz oder Schwäche bei der Entlarvung derjenigen, die sich als Reformisten oder Zentristen zeigen«, »eine direkte Vergrößerung der Gefahr des Sturzes der proletarischen Macht durch die Bourgeoisie« bedeutet, »die morgen für die Gegenrevolution ausnutzen wird, was heute kurzsichtigen Leuten nur eine ›theoretische Meinungsverschiedenheit‹ zu sein scheint.« (25, 392).[37]

F. Zusammenfassung der allgemeinsten Aufgaben der Führung

Im Meer des revolutionären Geschehens ist die »Strategie« (Stal. Len. 83ff.) darauf gerichtet, alle feindlichen und abweichenden Strömungen endgültig zu besiegen und der Revolution »den Stempel« der eigenen fachlichen Zielgebung und des eigenen Seins aufzudrücken (8, 36, 78). Zunächst ist eine Vorentscheidung für den revolutionären Weg und gegen den reformistischen nötig (8, 74, 103f.).[38] Nach der Vorentscheidung kommt es darauf an, eine Bewegung auf lange Sicht, von weitausschwingendem Rhythmus zu schaffen (7, 263), die Spannung (21, 439) und den Geist des Angriffs (8, 449) bis zum Sieg aufrechtzuerhalten und die Bewegung bis zu ihrem Ende durchzuführen. Der Feind darf nicht zur Besinnung kommen. Wenn er Nachgiebigkeit zeigt, muß man ihm mit verdoppelter Kraft zusetzen. In den einzelnen Phasen des Kampfes muß jeweils der eigenen

37 Über die existenzielle Bedrohlichkeit der scheinbaren Verwandtschaft mit der Sozialdemokratie (vgl. Rad. 115f., 89). Die Gefahr der Selbstverwechslung besteht, und eine solche Verwechslung bedeutet, daß der neue russische Typ den Boden unter den Füßen verliert, daß seine bestimmte Physiognomie verschwimmt, und daß er das Pathos einer historischen Mission nicht mehr versteht. Ein gefundener Apfel ist an der Stelle gefährdet, an der er einen faulen Apfel berührt, und er ist ungefährdeter, wenn er allein, isoliert liegt.

38 Lenin sagt wörtlich: »Der Weg der Reformen ist ein Weg der Verschleppung, des Hinziehens, des qualvollen Absterbens der faulenden Teile des Volkssozialismus ...«. »Die Begriffe und Ausdrücke des parlamentarischen Kampfes ... wandeln sich in ihr Gegenteil, wenn die Revolution begonnen hat ...«.

Strömung ein geeignetes Strombett geschaffen werden, denn »die neuen Ströme«, die die Revolution aufwirbelt, »suchen einen sofortigen Ausweg, und wenn sie kein sozialdemokratisches (geschrieben Anfang 1905, vgl. 7, 208) Flußbett finden, werden sie sich in ein nichtsozialdemokratisches ergießen.« Die eigne revolutionäre Richtung ist ja im Meer der allgemeinen Revolution nur eine Strömung unter vielen. Schwieriger noch ist die Aufgabe, jedesmal den Augenblick vorauszusehen, in dem sich, im »Zyklus« des revolutionären Geschehens (21, 43), der allgemeine Wasserstand, das Niveau der Fluten hebt. Bisweilen vollzieht sich die Ansammlung der Kräfte, auch der eigenen, »hinter der Szene, so daß sich bei den Intellektuellen nicht selten Zweifel an der Dauerhaftigkeit und Lebenskraft der Massenbewegung einstellte« (März 1905 geschrieben, 7, 201). »Dann trat ein Umschwung ein und die *ganze revolutionäre Bewegung hob sich* wie mit einem Schlage *auf eine neue, höhere Stufe empor.*[39] Vor dem Proletariat und seinem Vortrupp, der Sozialdemokratie, erhoben sich praktisch neue Aufgaben, zu deren Lösung neue Kräfte, wie aus dem Boden gestampft, erwuchsen…«. In Momenten wie diesem »beginnt ein neuer Zyklus, in den nicht die alten Klassen, nicht die alten Parteien, nicht die alten Räte (geschrieben Juli 1917, 21, 43) eintreten, sondern die im Feuer des Kampfes, durch den Verlauf des Kampfes erneuerten, gestählten, geschulten umgemodelten.« Von Phase zu Phase, von Niveau zu Niveau erlebt der politische Mensch eine politische Wiedergeburt. Der alte »Kommunist« besteht längst nicht mehr, und es müßte der Schluß gezogen werden, daß eine »Klasse«, eine »Partei« und ein Führerstamm, die von Ebene zu Ebene aus sich etwas anderes machen mußten, die mehrfach bis auf den Grund ihres Wesens umgeschmolzen wurden, und die so durch ein einmaliges Schicksal ihre Prägung erhielten, mit einer »Klasse«, Partei, Führung eines andern Landes nicht zu vergleichen sind. »Man muß«, fährt Lenin an der zitierten Stelle fort, um die Aufgabe der Führung angesichts der Stufenfolge des Kampfes zu umreißen, »nicht mit den alten, sondern mit den *neuen Klassen- und Parteikategorien der Nach-Julizeit operieren.* Man muß am Anfang des neuen Zyklus von der siegreichen bürgerlichen Konterrevolution ausgehen…«

39 Lenin sieht die Revolution visionär als ein *mythisches* Wesen: ein Ungeheuer, das sich nach komplizierten eigenen Gesetzen selbst bewegt, Schlag auf Schlag aus den mythischen Fluten der Geschichte steigt, gleichsam als eine Verkörperung dieser Fluten… Die »Partei« ist ein Bestandteil diese mythischen Wesens, und zwar derjenige, der danach strebt, zu dem Haupt des Ganzen zu werden. Dieses Haupt soll die Gestalt und Bewegung des Ganzen durchgängig bestimmen.

(21, 43f.). »Unsere Sache ist lediglich, hinter den Aufgaben der Stunde nicht zurückzubleiben, es stets zu verstehen, die *nächstfolgende höhere Stufe des Kampfes aufzuzeigen,* indem wir die Erfahrungen und Fingerzeige der Vergangenheit und Gegenwart verwerten, indem wir die Arbeiter und Bauern immer kühner und umfassender auffordern, vorwärts und immer vorwärts stürmen, bis zum vollständigen Sieg des Volkes ...« (7, 493).[40]

Wenn die Flut hinreichend gestiegen ist, wird schließlich von der Führung verlangt, daß sie die Geführten wirklich zum aktiven Handeln bringt. »In der Revolution«, sagt Lenin im Oktober 1917 (21, 412f.), »fordern die Massen von den führenden Parteien Taten, nicht Worte, Siege im Kampf, und kein Gerede. Der Augenblick naht, wo im Volke die Meinung aufkommen kann, daß auch die Bolschewiki nicht besser sind als die andern, denn sie wußten nicht zu handeln, nachdem wir ihnen unser Vertrauen ausgesprochen.«

Zum Handeln genügt das revolutionäre Feuer nicht, und nur Endlosungen auszugeben, ist ein Zeichen von Unreife. Die Aktion muß kaltblütig, ohne daß man sich von bereits errungenen Siegen die Sinne verwirren läßt (Jahrg. I, 586), und sorgfältig vorbereitet werden (25, 152). Die unmittelbarste Vorbereitung besteht, erstens, in der Erkundung und Meisterung der vorhandenen Kräfte und Positionen (21, 408f.), und, zweitens, darin, daß der rechte Augenblick für die Aktion bestimmt wird (21, 461f.).

Den rechten Zeitpunkt zu bestimmen, ist eminent wichtig. Es besteht die Gefahr, daß man sich verspätet, aber auch die Gefahr, daß man, durch die Flut getragen, zu früh einsetzt. Im September 1917 schreibt Lenin, die »Hauptaufgabe der Partei« sei jetzt, die Massen darüber aufzuklären, daß während der Hochspannung »jede Aktion zu einer Explosion führen, daß darum ein vorzeitiger Aufstand den größten Schaden stiften kann ...« (21, 173). Schließlich kommt aber der Augenblick, in dem »jede Verzögerung des Aufstandes den Tod bedeuten würde.« (21, 461).[41] »Während der Revolution ist Zögern mitunter gleichbedeutend mit Verrat.« (20/2, 254). »Die Geschichte wird eine Verzögerung den

40 Dies sind Zeilen, aus denen der Fieberatem der Revolution weht, und die das Dämonische der Leninschen Persönlichkeit restlos zum Ausdruck bringen, jenen gefährlich ansteckenden »Wahnsinn« – vgl. Rad. 115 –, der ihn von vornherein aus dem sozialdemokratischen Milieu herausreißt.

41 Lenin stimmt in seiner Theorie der überlegten Gewaltanwendung in der Hauptsache mit Sorel überein.

Revolutionären nicht verzeihen, die heute siegen können (und bestimmt siegen werden), während sie morgen Gefahr laufen ... alles zu verlieren ... Die Machtergreifung ist Sache des Aufstandes; ihr politisches Ziel wird nach der Machtübernahme klar werden.« Es »hängt jetzt alles an einem Faden« (21,461). Mit fast weiblicher Sensibilität muß derjenige, der das Steuer führt, den Augenblick erfühlen, in dem »alles« nur noch »an einem Faden hängt«, er muß mit seismographischen Organen begabt sein, um den Grad der Erregung abzutasten (7,160). Es genügt nicht, daß er mit männlicher Kraft Erregung erzeugt, seine Substanz muß zugleich weich genug sein, um die Erregung der allgemeinen Atmosphäre aufzunehmen und feinfühlig zu registrieren. Aus dem, was er fühlt, muß er wiederum entschlossen die Konsequenzen der Tat ziehen.[42]

42 Lenin geht schließlich mitten in die Praxis. Er gibt praktische Anweisungen für den Erwerb und den Gebrauch der Waffen und der Kriegsmittel zur Durchführung eines Aufstandes, vgl. 8, 312, 438–443. Die hochfliegende Revolutionsmetaphysik schlägt um in die derbste Realität. Der Gesichtskreis eines Führers, der einen Aufstand vorbereitet, muß beide Extreme umfassen; man denke an einen andersartigen Typus wie den Freiherrn von Stein. In einem Brief vom 4. Oktober 1808 aus Königsberg gibt dieser dem Grafen Götz Anweisungen für die Finanzierung eines illegalen Waffenerwerbs zum Aufstand gegen Napoleon. »Können Sie nicht in kurzer Zeit 20 000 Gewehre beschaffen?...«. »Nur wenn man den Geist der Völker in Aufregung und Gärung versetzt, kann man sie zur Entfaltung aller ihrer sittlichen und körperlichen Kräfte bringen« schließt der Brief dieses revolutionären Nationalisten.

Drittes Hauptstück

Die alte Epoche der »liberalen Arbeiterpartei«

A. Lenins Haß gegen die alte Epoche ist größer als seine Liebe zum Sozialismus

Lenin und sein Kampfbund betreten den Schauplatz ihres Sieges mit dem Bewußtsein eines *Fortinbras:* »*Wir haben diesen Platz hier betreten wie ein Eroberer ein neues Land,* und nichtsdestoweniger ... haben wir den Sieg an der Front davon getragen ...« (25, 595). »Die *Weltwende* ist eingetreten: die *Epoche* des bürgerlich-demokratischen Parlamentarismus ist zu Ende. Es begann ein *neues Kapitel der Weltgeschichte: Die Epoche der proletarischen Diktatur.*« (Jahrg. II, 982). Eine Herrschaftsschicht (»Klasse«) hat einen »noch nie dagewesenen *Typus der Staatsordnung*« »geschaffen« (Jahrg. II, 851). »In dem Jahrhunderte alten Gebäude der Ständeordnung haben wir nicht einen Stein auf dem andern gelassen.« Die Liberalen einschließlich der alten Sozialdemokraten sind die *»Hamletchen«,* »in sich selbst verliebte Narzisse« (Jahrg. II, 851), und Lenin schreitet, unangefochten wie Fortinbras, durch die Verwesung hindurch, bis ihm als dem einzigen Aktiven, Willensstarken und Gesunden, die Herrschaft zufällt. Eine Diktatur ist nötig, weil der Fäulnis- und Selbstzersetzungsprozeß der alten Gesellschaft einschließlich des Proletariats, soweit es der Infektion unterlag (25, 550. 19, 264, 394), mit dem Einzug der »Eroberer« nicht abzuschließen ist, sondern automatisch weiterläuft: »... Der Kadaver der bürgerlichen Gesellschaft läßt sich nicht einfach einsargen und begraben. Der zur Strecke gebrachte Kapitalismus verfault, zersetzt sich mitten unter uns, verpestet unsre Luft, vergiftet unser Dasein und umstrickt das Neue, Frische, Junge, Lebendige mit tausend Fäden und Banden des Althergebrachten, Morschen, Toten.« (Jahrg. I, 842).

Die liberalistische Arbeiterpartei ist ebenso eine Gestalt der alten verwesenden Epoche wie der Kapitalismus, und beide gehören innerlich zusammen, beide haben *zusammen* Epoche gemacht (19, 383). »Gibt es einen Zusammenhang zwischen dem Imperialismus und jenem unerhört widerwärtigen Sieg, den der Opportunismus (in Gestalt des Sozialchauvinismus) über die Arbeiterbewegung in Europa davongetragen hat? *Das ist die Grundfrage des modernen Sozialismus.*« (19, 378: »Ansteckung« durch den Imperialismus vgl. 25, 384). Der »Reformismus« war ein legitimes Kind der alten Epoche und »Geist« von ihrem »Geiste«. Der bürgerliche Imperialismus und der Reformismus waren miteinander und füreinander geschaffen. »Jeder gibt zu (18, 358), daß der Opportunismus nichts Zufälliges, daß er keine Sünde, keine Unterlassung, kein Verrat einzelner Personen ist, sondern das *soziale Produkt einer ganzen sozialen Epoche.*« Diese alte Epoche beginnt 1871: »Der verhältnismäßig ›friedliche‹ Charakter der Epoche 1871–1914 nährte den Opportunismus anfangs als Stimmung, dann als Richtung, schließlich als Gruppe oder Schicht der Arbeiterbürokratie und der kleinbürgerlichen Mitläufer.« (19, 6). Mitte 1905 kennzeichnet Lenin den Charakter auch der Arbeiterpolitik der ganzen Epoche als reaktiv; sie ist auf *bloße Abwehr von Übeln* bedacht. Der Arbeiter kämpft nicht um eigne Ziele und Lebensgüter, sondern »die lange Epoche der politischen Reaktion, die seit der Pariser Kommune fast ohne Unterbrechung in Europa herrscht, hat uns zu sehr mit dem Gedanken der Aktion nur ›von unten‹ erfüllt, hat uns zu sehr *daran gewöhnt, nur auf den Verteidigungskampf bedacht zu sein.*«

Diese reaktive Politik ist aber, nach Lenin, bereits 1905 nicht mehr am Platze. »Wir sind jetzt«, so fährt er fort (8, 50), »zweifellos in eine *neue Epoche* eingetreten ... In einer Periode, wie sie jetzt *Rußland* erlebt, ist es nicht gestattet, sich mit der alten Schablone zu begnügen.« (Vgl. auch 6, 360, 361. 18, 396).

1905 beginnt also nach Lenin nicht nur die Gesundung der *Arbeiter*politik, sondern zugleich die Gesundung der Politik in *Rußland* überhaupt. »Reaktion« ist die Form, in der die Entartung der Politik auf *ganzer* Linie erscheint. Jede »Klasse« hat auf ihre Weise am allgemeinen Niedergang der Politik teil – der Name der Epoche lautet Reaktion, und Sozialdemokratismus ist ebenso eine Spielart der Reaktion wie zaristische, liberalistische, christlich-konservative »Bewegung«. Dann, wenn kein positives Ziel die Geister im Bann hält, verfällt der Organismus, um überhaupt ein »Ziel« zu haben und um die Betätigung der restlichen unedleren Glieder fortzusetzen, auf den Ausweg, sich auf Abwehr umzustellen. Jemand, der einmal darauf aus ist, etwas abzuwehren, ist nie um einen Widersacher und »Schädling«, an dem er sich reiben kann, an dem er »sein Mütchen kühlt«, in Verlegenheit. Für solche, die ein Bedürfnis dazu haben, *sich mit der Verteidigung* gegen Angriffe auf ihre Religion, ihre Nationalität, ihre heiligsten Güter *zu beschäftigen,* ist die Welt immer voller Teufel. Es scheint, daß der Urgeist der Politik für diejenigen, die nur in der Reaktion »politisch« hervortreten können, besser vorgesorgt hat, als für die, die ein Ziel und einen Plan brauchen. Ein großes Ziel schenkt er einem Volk nur alle 300 Jahre, während für den, der gereizt sein will, der auf Bedrückung, Ausbeutung, Verhetzung, auf Gotteslästerung, Begehrlichkeit, Benachteiligung reagiert, die Vorwände und Anlässe sich sofort und an jedem beliebigen Tag wie Heuschreckenschwärme einstellen. Er hat weiter nichts zu tun, als sich auf die Ebene der reaktionären Politik herabfallen zu lassen.

Wenn es auch nur *einer einzigen* politischen Gruppe gelingt, den Kreis der Dekadenzpolitik zu sprengen, dann werden nach Lenin *alle* politischen Kräfte des Volkes aus dem Sumpfe einer bloß reagierenden, abwehrenden, ziel- und haltlosen Politik herausgezogen. Eine *einzige* Gruppe ist imstande, den Politikern der Dekadenzepoche ein für allemal das Konzept zu verderben. Rückschauend muß zugegeben werden, daß Lenin recht hatte: 1905 beginnt in Rußland tatsächlich eine neue politische *Epoche.* In Rußland ist es nur noch möglich, auf politische Ziele hin zu arbeiten, ohne Rücksicht auf »Richtungen« und Gegenrichtungen; eine historische »Aufgabe« ist entdeckt, und sie muß erfüllt werden.

Die Grenzlinien der Epochen läuft mitten durch den »Sozialismus« hindurch – durch die »Bewegung«, aus der Lenin selbst hervorwächst und der er zum Sieg verhelfen will. 1904 schildert Lenin, wie er der alten Epoche in Persona begegnet. Mit der Methode des unmittelbaren Zwiegespräches, einer dramatischen Dialektik, entwickelt er die allgemeinen Züge eines konkreten Erlebnisses, das als solches epochale Bedeutung hat. In dieser impressionistischen Dialektik war Nietzsche bereits Meister. »Welch drückende Atmosphäre herrscht auf unserm Parteitag!«, klagt dem »Genossen« Lenin ein Delegierter, »dieser erbitterte Kampf, diese Agitation des einen gegen den andern …, welche unkollegiale Beziehungen.« »›Was für ein herrliches Ding ist unser Parteitag!‹ entgegnete ich ihm… ›Ein freier, offener Kampf… Die Gruppen sind umrissen… Der Beschluß gefaßt … Das ist Leben. Das ist etwas andres als die endlosen, langwierigen Intellektuellenwortgefechte …‹ Der Genosse vom Zentrum sah mich mit erstaunten Augen an, zuckte die Schultern. *Wir sprachen verschiedene Sprachen.*« (6, 361)

Dieses unvergeßliche Intermezzo zwischen den Zeiten setzt die Tatsache, daß Lenins Haß gegen die alte politische Epoche stärker ist als seine Liebe zum Sozialismus, unter eine blitzlichtartige Beleuchtung. Dem »Genossen«, der jenseits der Grenzlinie der Epochen steht, nützt es nichts, daß er »auch ein Sozialist« ist, im Gegenteil, er ist verhaßter als der Nichtsozialist. Denn Lenin stellt an den Sozialisten eine neue Anforderung: er soll unter den Mächten, die weltgeschichtlich Epoche machen, den vorgeschobensten Posten einnehmen. Weil ein altmodischer, reaktionärer Sozialist den Sozialisten *dieser Art* aufs tiefste diskreditiert, deshalb haßt ihn Lenin bis aufs Blut; es gibt keine Versöhnung und keine Verzeihung. Der revolutionäre Bürger einer aufständischen Nation, z.B. Ägyptens, steht Lenin wesentlich näher als der liberale Arbeiterparteiler Englands, der von der Unterdrückung der ägyptischen Nation seinen Profit hat.

Es gibt »einen *sterbenden Sozialismus* … und einen, der wieder auferstehen muß.« (18, 381). Es ist vieles »morsch und überlebt am Sozialismus.« (18, 195). Lenin spricht von *»gewesenen Menschen, die sich Sozialdemokraten nennen.«* (20/1, 276). »Das Wort Sozialdemokratie ist ungenau. Klammert euch nicht an das alte Wort, das durch und durch verfault ist …« (a.a.O., 110). Die *Jugend* ist *»notwendiger Weise gezwungen…, sich auf anderen Wegen dem Sozialismus zu nähern, nicht auf dem Wege, nicht in der Form, nicht in der Situation, wie ihre Väter.«* (19, 370). »Man kann sagen, daß *die alten Formen des Sozialismus für immer überwunden sind.*« (25, 92). »Der Sozialismus ist jetzt schon keine Frage der fernen Zukunft mehr oder ein abstraktes Bild oder irgendein Heiligenbild … *Wir haben den Sozialismus in das Alltagsleben hereingeschleppt* und müssen uns hier Gewißheit verschaffen. Das bildet die Aufgabe unsrer Tage, dies bildet *die Aufgabe unserer Epoche.*« (Jahrg. III, 742, 741). »Unsere Partei … dieses Samenkorn, hat es sich zur Aufgabe gestellt, alles umzubauen. … Wir gehen … an den Sozialismus nicht wie an ein in feierlichen Farben gemaltes Heiligenbild heran.«[43]

43 Dasselbe Bild: 25, 35. Neuer Realismus auf Grund der Einheit zwischen Prinzip und Sprache.

(B.)

B. Allgemeine politische Charakteristik des alten Sozialismus (der politischen Entartung)

1. Das Proletariat selbst dekadent

Die Parteien der alten Epoche »führen« tiefer in die Dekadenz hinein. Andrerseits sind die alten Klassen, einschließlich des Proletariats, selbst dekadent; ihre Parteien haben das nötige »Gewicht« und geben ihnen das nötige Gewicht, um tiefer in den Sumpf zu sinken. Die Partei ist der Motor, mit dem sich die Klasse (Adel, Kleinbürger, Großbürger, Arbeiter) in den Sumpf hineinarbeitet. *Der Arbeiter* macht den Vormarsch des Niedergangs frisch und fröhlich, in breiter Kolonne, mit. Er war *»von der alten Gesellschaft nie durch eine chinesische Mauer getrennt«*. Auch bei ihm ist noch viel geblieben von der traditionellen Psychologie der kapitalistischen Gesellschaft. »Die Arbeiter bauen (Zitat aus einer Rede vom 20. Januar 1919, vgl. Gew. 103) an der neuen Gesellschaft, *ohne selber zu neuen Menschen geworden zu sein, die frei wären von dem Schmutz der alten Welt,* sie stehen vielmehr noch bis zu den Knien in diesem Schmutz.« Die Diktatur ist gegen die Arbeiter selbst nötig, um »gegen *alle jene Schwächen und Mängel*« zu »kämpfen, die *den Werktätigen anhaften, die das Proletariat nach unten ziehen.*« Es sind »unter dem Volk Menschen vorhanden ..., die physisch niedergedrückt, verängstigt sind, Menschen, die geistig, z. B. durch die Theorie der Nichtanwendung von Gewalt gegen das Böse, eingeschüchtert sind, oder Menschen, die ... durch Vorurteile, Gewohnheiten und Routine gleichgültig geworden sind ...« (25, 550). Die Revolution muß[44] die Massen »aus fürchterlicher Finsternis, aus beispielloser Bedrückung, aus unsäglicher Verwilderung und hoffnungsloser Stumpfheit emporheben« – das Proletariat steht mitten im niederziehenden Wirbel des allgemeinen Verfalls, und die Politik setzt da an, wo kaum noch etwas zu »bessern« ist. »Es ist uns gelungen« – in dieser Richtung liegt nach Lenin das weltgeschichtliche Verdienst der Revolution – »einen Fels von ungeheurer Schwere von der Stelle zu rücken, einen Fels von Konservativismus, Unorganisiertheit, von hartnäckigem Festhalten an der Gewohnheit des freien Handels, des freien Kaufs und Verkaufs der menschlichen Arbeitskraft ... Wir haben damit begonnen, die am tiefsten eingewurzelten Vorurteile, die festesten, Jahrhunderte alten Gewohnheiten zu erschüttern und zu zerstören ...« (25, 315). Die

44 Dies April 1905 geschrieben, vgl. 7, 268.

Entartung des Proletariats und die Dekadenz seiner Parteien sind nur ein Bestandteil dieses einen gewaltigen Felsens, den die russischen Bolschewisten von der Stelle rücken, und im proletarischen Lager ist das Leben am fürchterlichsten verödet, hier haben sich die Übel am tiefsten eingefressen. Lenin hat das Proletariat nie idealisiert, er sieht es unsentimental, mit den Augen des Naturalisten. Die alte Epoche ist nach Lenin da aus den Angeln zu heben, wo sie am charakteristischsten und potenziertesten »alte Epoche« ist. »Am meisten vom Geist zünftlerischer Beschränktheit, von spießbürgerlichen und imperialistischen Vorurteilen durchdrungen« ist »die relativ breite und feste Schicht einer Arbeiteraristokratie«, die sich die westeuropäischen Plutokraten »geschaffen« haben (25, 296).

2. *Die allgemeine politische Physiognomie der Sozialdemokratie*

Soziologisch-typologisch genommen ist die alte soziallіberale Arbeiterpolitik ein kleinbürgerlicher Sozialismus, langweilig, hausbacken, kleinkrämerisch, schwunglos, von den hinterhältigen Instinkten der kleinen Leute bestimmt.[45] Die Führer sind »stumpfsinnige, doch gewissenhafte Philister«, »gewohnt«, »sich auf die Führung ihrer Kontorbücher zu beschränken.« (18, 364). Es sind »Leute, die den Marxismus in eine Art *hölzern-bürgerliche Lehre* verwandelt haben.« (20/2, 107). Stalin erwähnt die von diesen Führern »*trivialisierte* Theorie der Produktionskräfte, *die alles rechtfertigt und alle versöhnt, die Tatsachen konstatiert* und sie erklärt, nachdem sie bereits allen zum Halse heraushängen, und die sich mit dieser Konstatierung vollständig zufrieden gibt.« (Stal. Len. 30 f.). »MacDonald *erkennt den Klassenkampf als ein deskriptives Faktum an.*« (Ag. 225). Die Sozialdemokratie gleicht »einer *blutarmen hysterischen Jungfrau, die geziert auf einem Feigenblatt besteht.*« (7, 378). Sie schämt sich dessen, daß jemand sie für revolutionär halten könnte, und sie stellt sich züchtig, demokratisch, weil sie auf »Kämpfernaturen« keine Reiz ausübt. Sie hat Angst vor einem Ereignis, das ans Ziel der Wünsche führen könnte, die sie als »Jungfrau« haben müßte, die aber allmählich mit eingetrocknet sind. Sie glaubt selbst nicht daran, daß sie im Ernstfall eine Probe bestehen könnte. »Dürften wir siegen? Ist es uns erlaubt, zu siegen? Ist es nicht gefährlich, zu siegen? Sollen wir siegen? Diese auf den ersten

45 Der Kleinleutesozialismus wird ähnlich von Nietzsche und Sorel kritisiert. Zur Zeit von Marx war das Entartungsphänomen noch nicht ausgereift.

Blick sonderbare Frage wurde wirklich gestellt (geschrieben Mitte 1905, vgl. 8,136f.) und mußte gestellt werden, denn die *Opportunisten fürchteten den Sieg, schreckten das Proletariat mit ihm,* sagten von ihm Unheil voraus und verhöhnten die Losungen, die offen zum Siege riefen.« »›Wir verlangen die offene Anerkennung dessen, was ist!‹ – sagt Bernstein; damit sanktioniert er die Bewegung ›ohne Endziel‹, *sanktioniert er die Taktik der bloßen Abwehr* und predigt er *die Taktik der Angst, die Bourgeoisie könnte abschwenken.*« Diese »Leute« »*fürchteten sich davor, die Geschichte könnte ihnen die führende Rolle in der demokratischen Umwälzung auferlegen,* sie denken mit Schrecken daran, daß sie am Ende den ›Aufstand durchführen‹ müßten ... Ihnen schwebt der Gedanke vor ..., daß die sozialdemokratische Organisation *nicht* den Aufstand durchführen *dürfte* ...« (7,182f.). »Die Leute sind durch die *bürgerliche Legalität* dermaßen korrumpiert und stumpfsinnig gemacht, daß sie den bloßen Gedanken an die Notwendigkeit *anderer, illegaler* Organisationen zur Leitung des revolutionären Kampfes nicht einmal *begreifen* können. Die Leute sind so weit gesunken, daß sie sich einbilden, es stellten legale, von Polizeignaden existierende Verbände die Grenze dar, die nicht überschritten werden dürfte ...« (18,364).

Das allgemeine Kennzeichen der Kleinleutepolitik besteht in der Angst vor dem Siege. Die Gewöhnlichkeit und Mittelmäßigkeit ist das eigentliche Lebenselement dieser Politik. Dem Sozialismus fehlt das spannende und dramatische Moment, er ist banalisiert; die Politik ist das Reservat durchschnittlicher, mittelmäßiger, braver Menschen. Die sozialdemokratische Masse schreitet ohne Dämonie, wohlanständig, gesittet, von der Organisation sauber im Zaum gehalten, auf der breiten, jedem zugängigen Heerstraße der Gewöhnlichkeit in die Zukunft. Die Massenorganisation ist kein Kampfbund, von dem ein ganzer Einsatz und ungewöhnliche Opfer verlangt werden, sondern gleichsam ein Hafen, in den die Einzelexistenz einläuft, um sich ein für allemal vor den Stürmen des sozialen) Lebens zu beruhigen. Die Partei und vorher die Gewerkschaft fängt für ihn alle Stöße des sozialen Schicksals ab, er will durch sie seinem *Schicksal entgehen,* und nicht, durch einen Sieg über die Feinde, seines Schicksals Herr werden. Die alte sozialistische Organisation ist keine Kampfform, mit der Epoche gemacht werden soll, will es auch nicht sein; sondern Menschen, die andres kennen als die alte Epoche, in der sie geboren sind und arbeiten, und die vor dem großen unbekannten Neuen Angst haben, suchen in der Organisation Schutz und Zuflucht vor den Widrigkeiten dieser alten Epoche. Einzelne Ausschreitungen sind nur Ausnahmen, die entschuldigt werden müssen; man hilft selbst mit daran, daß die Politik in die ruhige Mittellage zurückkehrt. Experimente sind gefährlich und müssen darum vermieden werden. Lenin nimmt sich den politischen »Philister« vor:

»Solche Träumereien«, daß die russische Revolution die alten Machthaber stürzen wird (7, 263f., von Lenin Anfang 1905 ausgesprochen), erscheinen »den Philistern der neuen Iskra ... fremd und seltsam ... Ihre Philisterseele sagt ihnen mit Recht, daß es bei raschem Vorwärtsschreiten schwerer ist, den richtigen Weg zu erkennen und schnell die komplizierten und neuen Fragen zu lösen als bei der *Routine der kleinen Alltagsarbeit;* deshalb murmeln sie instinktiv: verschone mich, verschone mich! Möge der Kelch der revolutionär-demokratischen Diktatur an uns vorübergehen! Es könnte der Untergang sein ...«. Das »Musterbeispiel eines *Pedanten, der durch und durch ein Kleinbürger ist,* ist Otto Bauer«, »bestenfalls ein gelehrter Narr.« Das einzige Ideal dieses »guten Mannes, der wahrscheinlich ein überaus tugendhafter Familienvater, ehrlicher Bürger, gewissenhafter Leser und Verfasser gelehrter Bücher ist«, besteht in einem »geordneten und geregelten Übergang zum Sozialismus.« Im Ernstfalle bekam er »Angst« vor dem Ungewöhnlichen, und er »besänftigte« »die Wogen der Revolution mit dem Öl reformistischer Phrasen.« (25, 40).

Der Charakter des politischen Kleinbürgers ist dehnbar, unbestimmt, nachgiebig, aber nicht, wie der des Kommunisten, wandlungsfähig. Für den Mittelmäßigen ist die Mittelmäßigkeit ein für allemal die einzige gültige Norm. Die »Hauptursache« des »Bankerotts« der alten Führer, der »hochgelehrten Marxisten«, »bestand darin, daß sie sich in eine bestimmte Form des Wachstums der Arbeiterbewegung und des Sozialismus ›vergafften‹[14] (Lenin benutzt hier einen Terminus der gnostischen Metaphysik, der das armselige, starre, zur Unfruchtbarkeit verdammte Festhalten an Einseitigkeiten fixiert), deren Einseitigkeit vergaßen, jene jähen Umschwung fürchteten, der kraft der objektiven Verhältnisse unvermeidlich geworden war, und fortfuhren, einfache, auswendig gelernte, auf den ersten Blick unbestreitbare Wahrheiten zu wiederholen ... In Wirklichkeit hatten sich alle alten Formen der sozialistischen Bewegung (gemeint: seit der russischen Revolution) mit neuem Inhalt gefüllt.« (Rad. 89).

Dem allgemeinen Charakter der kleinen Leute entspricht die Art ihres politischen Handelns. Die alten liberalen Arbeiterpolitiker sind ausge-

[14] Eine Formel von Max Scheler, *Vom Ewigen im Menschen,* Leipzig 1921, S. 554.

kochte Praktiker. Sie lachen über den, der so dumm ist, die zur Schau gestellten offiziellen Prinzipien auch in der Praxis ernst zu nehmen, und soweit diese Prinzipien in Frage stehen, sind sie in der Selbstkritik und in der gegenseitigen Kritik weitherzig, großzügig und lässig. Ein angesäuerter Gewerkschafts- und Genossenschaftsidealismus ersetzt im Bedarfsfalle, wenn gefeiert und gesprochen wird, die politische Weltanschauung und die Religion. Der Idealismus ist auf magere Ziele gerichtet, und diese lassen sich erreichen, indem man auf den Wellen der Geschichte dahinplätschert. Es genügt für diese Politik, daß sie ein bloßes Handwerk ist, Sache des Kleinmeisters und Kleinkrämers.

Das Prinzip des Handelns ist nur relativ und teilweise marxistisch, und außerdem nur unter normalen Verhältnissen. Der Marxismus ist *»durch Milde getötet«*, »in der Umarmung erstickt«; »vermittels vorgeblicher Anerkennung aller wahrhaft wissenschaftlichen Seiten und Elemente Marxismus *außer* seiner ›agitatorischen«, ›demagogischen‹, ›blanquistisch-utopistischen‹ Seite.« Nimm vom Marxismus alles, was für eine liberale Politik »unschädlich« ist, »nur die lebendige Seele des Marxismus, nur seinen revolutionären Geist sollst du verwerfen«, lautet nach Lenin die Devise der alten Praxis (18, 329). In der Krise des Weltkrieges, der in der Politik das Wesen von der Erscheinung schied, damals, als die Stunde der Entscheidung schlug – wurde der Sozialismus zur bloßen Versprechung: »... Versprechungen, soviel ihr wollt: in einer anderen Epoche Marxist zu sein, aber nur nicht heute, nur nicht unter den gegenwärtigen Bedingungen, nur nicht zu dieser Stunde! *Marxismus auf Kredit, Marxismus auf Sicht, Marxismus für morgen;* für heute aber die kleinbürgerliche, opportunistische Theorie – *und nicht bloß Theorie* – von einer Abstumpfung der Widersprüche.« (18, 469). Um das Prinzip vor der Realität zu retten, wird ein Rezept gegeben: Über die Realität ist leichtfertig hinwegzusehen. »Die Tätigkeit der Internationale« ist »nur als vorübergehend eingestellt« zu betrachten (18, 448). »Sie sind alle gleichermaßen daran interessiert, ihre Sünden gegenseitig zu verdecken.« (18, 279). »Viktor Adler schreibt: ›Wenn wir diese Zeit der Ungeheuerlichkeiten überstanden haben werden, wird es die erste Pflicht sein, einander nicht beim Wort zu nehmen‹, und Kautsky: ›... Um ihrer großen Sache willen wird die Internationale sogar verspätete Reue berücksichtigen müssen.‹« Dann, wenn es gilt, seinen Mann zu stehen, ist es »um der Sache willen« erlaubt und nachzusehen, wenn man seinen Mann nicht steht. In Zeiten der Gefahr, der historischen Krise, wenn die alten Formen in den

Schmelztiegel der Geschichte fallen, soll es gestattet, ja geraten sein, der Sache des Sozialismus den Rücken zu kehren, und soll zugleich die Sicherheit bestehen, daß allein diese Sache, die man im Stich gelassen hat, den Wandel aller Formen unversehrt übersteht. Das Verhältnis zur Sache ist, nach Lenin, in Wahrheit unernst, fahrlässig, nur noch epidermal, läppisch, ein automatischer Nervenreflex. Lenin zitiert eine französische Zeitung: »Die Herren Sozialisten, müßt ihr wissen, haben solch eine Art von ›Tic‹, eine Art Nervenkrankheit, bei der die Menschen unwillkürlich eine Geste, eine Muskelbewegung, ein Wort andauernd wiederholen. So können auch ›unsere‹ Sozialisten über nichts reden, ohne die Wörtchen: Wir sind Internationalisten, wir sind für die soziale Revolution – ständig zu wiederholen.« (18, 442).[46]

Die Art der politischen Tätigkeit alten Typs wird von Stalin als *»beschränkter, enger Praktizismus«* gebrandmarkt (Stal. Len. a, 228), als ungesunde *»Geschäftigkeit«,* der die »Perspektive« in der Arbeit fehlt. Diese Geschäftigkeit setzt voraus, man könne, »den Sozialismus heimlich, *im Selbstlauf*« erreichen (Stal. 27, 115, 139). Ein Beispiel für eine praktisch-politische Losung der Opportunisten sind die Konsumgenossenschaften (8, 416, 417). Sie sind nur »ein Stückchen Sozialismus«, »Flickarbeit, die nicht selten den Kämpfer vom wahren revolutionären Weg abbringt.« Die »Sozialisten« »müssen das Ganze und nicht ein Stückchen als Losung aufstellen.« Das Gebiet, auf dem sich diese nützliche Einrichtung verwerten läßt, ist »jetzt« (Oktober 1905) »bis zur *Dürftigkeit eingeengt*.« Zusammenfassend sagt Lenin über die alte Kleinmeistermethode: »Wer um das *Ganze,* um den vollständigen Sieg kämpft, muß sich davor hüten, daß die *kleinen Errungenschaften ihm die Hände binden, ihn vom Weg abbringen, ihn das vergessen machen, was noch verhältnismäßig fern ist,* und ohne das alle kleinen Errungenschaften ganz eitel sind ... Wer Kom-

46 Die Leninsche Kritik des politischen Verfalls ist exemplarisch, sie hat allgemeinere Bedeutung. Die liberale Arbeiterpolitik ist ein besonders repräsentatives Beispiel der Entartung. Vgl. auch die Leninsche Charakteristik des »Genossen Machnow« (6, 210); derjenige, der sich vor der Durchführung der Prinzipien fürchtet, flüchtet sich in die Verwirrung der Instinkte und Begriffe: *»Ein Mann der Grundsätze zieht es vor, nicht laut ›Ja‹ zu sagen, denn das sei praktisch nutzlos, wenn alle nein sagen«* ... »Da aber meine Abstimmung für oder gegen *nur* einen grundsätzlichen Charakter hatte und angesichts der fast einheitlichen Abstimmung aller übrigen Teilnehmer des Parteitages einen praktischen Charakter nicht haben konnte, so zog ich es vor, mich der Stimme zu enthalten, um *grundsätzlich* ... den Unterschied meiner Stellung ... zu betonen ...«. Mit dem »Grundsätzlichen« wird Mißbrauch getrieben, und man beruft sich deshalb auf das Grundsätzliche, um einen Vorwand zu haben, nicht nach den Grundsätzen handeln zu müssen.

promisse dem Kampfe vorzieht, *deutet naturgemäß von vornherein auf jene Brocken hin* ...« (7, 334).

Der »alte Typus Sozialist« gehört zu den politisch *reduzierten Menschen* alten Schlags. Die Wachstumstriebe, die fest und sicher durch den Boden brechen, sind abgestorben. Wenn die edleren Triebe gekappt sind, bekommen die inferioren Triebe Luft. Sie schießen nun, bunt durcheinander, ins Kraut. Wenn das Überlegene abstirbt, läßt sich der niedere Mensch gehen; der menschliche Status ist herabgesetzt, und das Feld ist den Organen freigegeben, die zu nichts andrem auf der Welt sind, als dazu, Unterdrückung oder Aufruhr zu riechen und Angriffe abzureagieren. Wer sich selbst regt, der beschränkt sich darauf, die Regsamkeit andrer von sich fern zu halten; er will wenigstens nichts verlieren, wenn schon nichts zu gewinnen ist. Man lebt politisch aus der Hand in den Mund und betrachtet es als Erfolg, wenn man überhaupt noch da ist, wenn einen die andern leben lassen, und wenn »es« nur so weiter geht, wie es bisher gegangen ist. Es kann »noch schlechter kommen«, und die Leute, die so argumentieren, hatten tatsächlich unter dem Zaren mehr zu tun und mehr zu verzehren als unter Lenin.

Das Ressentiment der Praxis findet in der Fassung des Programms seinen Widerhall: dieses wird »aus bloßer Furcht vor Verdächtigungen ... mit kleinlichen Einzelheiten, Teilhinweisen, Wiederholungen und mit Kasuistik« »angefüllt« (6, 229). Anstatt der Sache auf den Kern zu dringen, geht man von dem Eindruck aus, den eine Festsetzung auf andre machen könnte, und von den möglichen Verdächtigungen, denen die eigne Partei ausgesetzt sein könnte. Man begibt sich damit auf die Ebene der Niedrigkeit; damit, daß man auf die Verdächtigung theoretisch und praktisch eingeht, Bedacht nimmt, läßt man die Möglichkeit offen, daß der Verdächtigende (der den Verdacht noch gar nicht ausgesprochen hat) recht haben könnte.

Einen Angriff auf die »Sache« des Opportunismus selbst nimmt der Sozialist alten Schlages als Kränkung und böswillige Störung entgegen – auch hier zeigt sich nach Lenin, daß es die Unsicherheit ist, die reagiert; die »Sache« muß vor dem Kreuzfeuer der Prüfung und Gegenprüfung behütet werden. Lenin nimmt Notiz von einer »monotonen Note des Gekränktseins, die in allen Schriften aller heutigen Opportunisten im allgemeinen und unsrer Minderheit im besonderen erklingt. Sie werden verfolgt, bedrängt, verjagt, belagert, niedergetreten.« Schließlich »vergaßen« (1904 geschrieben!) »alle Gekränkten ... die gegenseitigen Kränkungen, sie fielen einander schluchzend in die Arme und erhoben das Banner des ›Aufstandes‹ gegen *den Leninismus*.«

»Sachlich« ist es schließlich – Lenin – auch gar nicht möglich, die alten Sozialisten ernst zu nehmen. Ihre Theorie bedeutet keinen Vorstoß in die Wirklichkeit, sondern sie ist als Symptom einer dekadenten politischen Handlung zu nehmen. *»Sie erfinden sogar eine besondere Philosophie, daß man im Nachtrab sein müsse.«* (7, 183). Den »konkreten Aufgaben, die das wirkliche Leben stellt«, gehen sie »mit quasigelehrten, in Wirklichkeit aber ganz einfältigen Betrachtungen über die ›permanente Revolution‹ (Schlagwort Trotzki), die ›Einführung‹ des Sozialismus und ähnlichem Unsinn *aus dem Wege.*« (20/2, 107). Trotzki begann (6, 276, 1904 geschrieben) »sogar die Schwäche und mangelnde Festigkeit in unserer Organisierung des Mißtrauens (des Mißtrauens gegen den Opportunismus) durch ›komplizierte Ursachen‹, durch das ›Entwicklungsniveau des Proletariats‹ usw. zu erklären ...«. Die Theorienbildung und ein *»totes intellektuelles Räsonnieren«* (7, 182) wird zum Werkzeug der politischen Entartung. Die Theorie ist Ideologie, ein vorgeschobenes Mittel und ein Posten, auf dem die Entartung sich verbarrikadiert, von dem aus sie für sich wirbt, um sich greift und ihren Bereich heimlich erweitert. Die Theorie ist als Falle für Unwissende und Arglose aufgestellt. Und »Unklarheit, Verschwommenheit, Ungreifbarkeit« (6, 426) und das Stiften von Verwirrung haben ein Ziel: der Opportunismus macht auf diese Weise Proselyten. Selbst die Opposition innerhalb der alten Sozialdemokratie, die »Unabhängigen und Longuetisten« »entwickeln und vertiefen in den Massen nicht die Erkenntnis von der Fäulnis und Verderblichkeit jenes Reformismus ..., sondern trüben diese Erkenntnis, vertuschen die Krankheit, legen sie nicht bloß, entlarven sie nicht.« (25, 383).

Die Philosophie des alten Sozialismus im engeren Sinne, seine Fachphilosophie ist das »Neokantianertum«, die »kritische Philosophie« (Gorki 18, 74). Lenin betont, »dieses Gift« dürfe man *nicht Metaphysik* nennen. »Es sollte *Idealismus und Agnostizismus* heißen. Denn Metaphysik nennen ja die Machisten den Materialismus.« Philosophisch sind also die alten Sozialdemokraten Idealisten und Ungläubige, und *Lenin akzeptiert den Titel Metaphysiker* im Grunde *als einen Ehrentitel.* Es ist sehr bemerkenswert, daß die Philosophie der alten Epoche als idealistisch und agnostizistisch gekennzeichnet wird.

3. *Die idealistische Phraseologie als Halt des alten Typs*

Die Sozialisten vom alten Schrot und Korn haben einen Grundbestand ideologischer Phrasen in Verwahrung und Verwaltung. Wenn es an Worten fehlt, dann stellt zur rechten Zeit sich der altbewährte Begriff von der schwieligen Arbeiterfaust und vom letzten Gefecht ein, die Brust des Arbeiters hebt sich. Die Phrase verfehlt nie ihre Wirkung, und der Arbeiter kann sich nicht genug erbauen. Er fühlt sich in seinem Standesgefühl und seinem revolutionären Ehrgeiz gekitzelt (Jahrg. II, 850). Die Blechmusik eines armseligen und großtuerischen Mythos lullt die Gemüter ein, und der Arbeiter benutzt die Stunden der Erhebung, um sich in eine sentimentale Existenz hineinzuphantasieren. Seine Würde liegt in der Härte und in der herben Disziplin seiner Arbeitsexistenz. Jene Mythen höhlen ihn aus und setzen ihn herab; die Härten seiner Existenz werden nach außen gekehrt, und so macht man für seinen politischen Tageskampf Reklame. Der Arbeiter wird dadurch verdorben, daß man ihm schmeichelt, und man sucht ihn zur Selbstgerechtigkeit zu verführen. Der Mensch wird, nicht nur politisch, bis auf den Grund seines Wesens korrumpiert, wenn ihm durch die offiziellen Mythen der eitle und dumme Glaube eingeflößt wird, ihm, als Arbeiter, müsse alles Gute von selbst zufallen, er sei der Träger einer Zukunft, die nur im rosigsten Lichte gesehen werden darf, alle Räder stünden still, wenn sein starker Arm es wolle. Der Arbeiter nimmt auch in dieser Beziehung am allgemeinen Verfall teil. Wenn es schon darauf ankommt, zugrunde zu gehen, dann kultiviert jede Gruppe des Volkes *die* Phrasen und Ideen, die ihr mundgerecht sind, die einer aufgedunsenen Selbstgefälligkeit schmeicheln und als Nahrung bekömmlich sind. Der russische Bürger, unbegreiflich verblendet, war in dem Wahne befangen, außenpolitisch könne er sich alles leisten, und es könne ihm nichts geschehen. Der Glaube dieser Vorkriegstypen war an keiner Realität orientiert, und der Glaube war in seiner ganzen Banalität doch phantastischer als der Glaube eines Politikers wie Lenin, der auf Grund bestimmter Berechnungen die Wirklichkeit umgestaltete. Der russische Bürger glaubte an die russische Dampfwalze, und der Arbeiter glaubte daran, daß es ihm einmal sehr gut gehen müsse. Diese Art Vorkriegsglaube ist ein Ausdruck dafür, daß jemand nicht aus seiner Haut herauskann; er kann sich nicht vorstellen, daß es für ihn ein unerbittliches Schicksal geben könnte, das ihn aus den Kreisen seiner gewohnten Existenz herausreißt und das die alten Staats- und Marktgesetze zunichte macht. Der einzelne glaubt ohne Arg, in voller

»Unschuld«, er tue nichts Schlechtes, und er wolle immer nur das Beste, und er kommt nicht auf den Gedanken, daß ihn das Schicksal eines Tages gerade wegen der Arglosigkeit seines Glaubens strafen könnte.[47]

Lenin scheut sich nicht, die »heiligsten Gefühle« der alten Arbeiter zu verletzten; er zersetzt traditionelle Werte und Formeln, die ihnen unantastbar schienen. Eine – politische – Umwertung der Werte geht da vor sich, wo die Verhärtung schon chronisch ist: in einem einzelnen und mächtigen konkreten Bereich des praktischen Lebens, in dem Lenin selbst verwurzelt, heimisch war. Lenin ist gegen seine nächsten Gefährten und Mitkämpfer am rücksichtslosesten, und er versetzt dem Idealismus vernichtende Stöße. Der Realismus hat sich zunächst und entscheidend der eigenen Umgebung, der eigenen Welt gegenüber zu bewähren. Man soll »zuerst vor der eigenen Tür kehren«, ehe man anderen ihren Schmutz vorwirft, und zuerst im, eigenen Hause aufräumen.

4. Der Ökonomismus als spezifisches Merkmal der politischen Entartung

Wer politisch entartet, der sinkt, nach Lenins strenger Definition des Politischen, unter das »Niveau« politischer Gesinnung und Aktion herab. Der alte Sozialdemokrat ist nur in einem subalternen und vagen Sinne Politiker, er ist in Wahrheit »Ökonomist« und als solcher in wesent-

47 Über die alten Idole der Arbeiter äußert sich Lenin folgendermaßen (8, 107): »Hinter ›bestrickenden‹ Namen aus einer überlebten Vergangenheit« werden »die Aufgaben der Zukunft.« (8, 184). Er erwähnt speziell (8, 184) das »allzusehr abgebrochene ›schreckliche Wort‹ von der ›schwieligen Faust‹.« Über die Vergötzung des Worts »Revolution« sagt er (7, 450): »Man soll nicht den Begriff ›Revolution‹ vergöttern ... Man darf sich keine Illusionen machen, keine Mythen bilden.« Über das »letzte Gefecht« lesen wir (Jahrg. 11, 358 f.), es käme Lenin »in den Sinn, daß auch über die allerverbreitetsten und gebräuchlichsten Losungsworte die größten Mißverständnisse herrschen können. Wir alle singen oft genug, daß wir jetzt den letzten entscheidenden Kampf führen.« Dadurch, daß man die Losung mechanisch wiederholt, verliert man die Besinnung über ihren Inhalt und die praktische Durchführbarkeit. Es entsteht eine konventionelle und stereotype Wendung. Ähnlich ergeht es dem Träger der Revolution, der »Klasse«. Es gibt nach Lenin Sozialdemokraten, die sogar im Augenblick einer Krise »glauben, *man könne einer direkten Antwort auf die aktuellen Fragen entgehen, indem man unzählige Male das Wort ›Klasse‹ wiederholt.*« (7, 162). Man verwandelt »diesen Begriff, der ›Kraft der Arbeiterklasse‹ in einen Fetisch, ohne fähig zu sein, über seinen faktischen, konkreten Inhalt nachzudenken. *An die Stelle des Studiums und der Analyse dieses Inhalts tritt die Deklamation.*« (Jahrg. II, 639 rechts unt.). Die politische Dekadenz in Gestalt der alten Arbeiteridole ist klassisch gekennzeichnet.

lichen Zügen seiner Gesinnung, seines Ethos, seines Denkens und Tuns *apolitisch.* Die ökonomistische Haltung und Methode ist insofern *unter*-politisch, als sie sich einbildet, die *einzige* Politik zu sein, und als sie eine andere Politik überhaupt nicht sehen und anerkennen kann. Die Voraussetzung dieser anderen, wahren, Politik ist aber gerade, daß man die ökonomischen Interessen zu opfern und als subaltern zu behandeln versteht (Jahrg. II, 633 links). Ein Mensch, der seinen Lebensinhalt darin sieht, möglichst viel zu verdienen, gilt als politischer Lakai.

»Apolitisch« ist der Ökonomismus als »Negierung der Politik oder Negierung ihrer Bedeutung, der Wahrscheinlichkeit von allgemeinen politischen Erschütterungen ...« (18, 467). »Die Ökonomisten hatten auswendig gelernt, daß die Ökonomie die Grundlage der Politik bildet, und sie verstanden es so, daß man *den politischen Kampf zum Ökonomischen degradieren* müsse.« (8, 138). Stehen sie »aktuellen politischen Aufgaben« der Epoche, wie der »nationalen« Frage (Nat. II, 22f.) gegenüber, dann zeigen sich die Ökonomisten *unpolitisch.* Sie »verdecken« ihre »Verständnislosigkeit für die aktuellen politischen Aufgaben mit dem Hinweis auf die *allgemeinen Wahrheiten* über die Unterordnung der Politik unter die Ökonomik.« (8, 63). Die Theorie des Ökonomismus ist in dem Munde dieser Leute eine Ausflucht politischer Impotenz, eine Selbstentschuldigung oder ideologische Beschönigung. Deshalb, weil sie selbst mit den kleinlichen Interessen und der ökonomischen Zwangslage *politisch* nicht fertig werden, behaupten sie in verallgemeinerter Form, die Politik bewege sich überhaupt und gesetzmäßig im Schlepptau des Geld- und Lohninteresses. »Wenn auch«, sagt Lenin gegen den »schweren und plumpen Ökonomismus« (Nat. II, 23), »der Sozialismus auf der Ökonomik begründet ist, bildet diese doch keineswegs seinen ganzen Inhalt.« »Die ›alten‹ Ökonomisten, die den Marxismus in eine Karikatur verwandelten, lehrten die Arbeiter, daß für die Marxisten ›nur‹ das ›Ökonomische‹ von Wichtigkeit sei. Die neuen ›Ökonomisten‹ meinen einmal, daß der demokratische Staat des siegreichen Sozialismus ohne Grenzen existieren werde (in der Art eines ›Komplexes von Wahrnehmungen‹ ohne Materie)[48], einmal, daß die Grenzen ›nur‹ den Bedürfnissen der Produktion entsprechend festgesetzt werden«, ohne Rücksicht auf einen spezifisch

48 Lenin deutet hier einen Strukturzusammenhang zwischen der von den alten Sozialdemokraten akzeptierten positivistisch-impressionistischen Philosophie der Zeit und ihrer ökonomistisch-pseudopolitischen Theorie an. Diese Theorie unterschlägt die politischen Bedürfnisse des »revolutionären Nationalismus«.

»politischen« Willen der Völker, der politischen Akteure, die aus der Geschichte überkommen sind.

Innerhalb des soziologisch-politischen Kräftespiels der alten Epoche zeichnet sich der Ökonomismus durch eine seltsame »Arbeitsteilung« zwischen der Arbeiterpartei und dem liberalistischen Bürgertum aus. Jene verzichtet auf einen eigenen Typus Politik, sie gibt sich mit dem bestehenden Typus der liberalistischen Politik, in der das fortschrittliche Bürgertum anerkannter Meister ist, zufrieden, und sie reduziert ihre eigne Tätigkeit auf die Vertretungen der ökonomischen »Klassen«interessen. Die politische Fassade des Liberalismus ist damit von der Wirtschaft gereinigt; nur die »reinen« Ideen der Demokratie, Freiheit, Gleichberechtigung, Selbstverwaltung bilden die elegante und schön lackierte Vorderseite des Wirtschaftsstaates. Aus »rein proletarischen« Anschauungen und Programmen folgerten die Leute: »Wir Sozialdemokraten brauchen die Ökonomie, die wahre Arbeitersache, die freie Kritik jedweden Politikantentums, die wahre Vertiefung der sozialdemokratischen Arbeit. *Ihnen, den Liberalen, kommt die Politik zu.* Bewahre uns Gott davor, in ›Revolutionarismus‹ zu verfallen; das würde die Bourgeoisie veranlassen, abzuschwenken.« (8, 124). Die Ökonomisten wollten »die Aufgaben und den Elan der Arbeiterbewegung auf den ökonomischen Kampf und auf die politische Unterstützung des Liberalismus einschränken, *ohne sich selbständige politische oder überhaupt revolutionäre Aufgaben zu stellen.*« (18, 288). »Indem sie *den Spielraum des politischen Kampfes des Proletariats einengten*«, überließen sie, »bewußt oder unbewußt, die politisch führende Rolle den liberalen Elementen der Gesellschaft«, und sie verwiesen gleichzeitig »die Arbeiter auf den ›ökonomischen Kampf gegen die Unternehmer und die Regierung‹.« (7, 3). Sie sind *nicht einmal liberalistische Politiker, sondern sie bewegen sich noch unterhalb des Liberalismus,* insofern sie auch nicht im liberalistischen Gewande aktive Politik betreiben wollen; die Restpolitik wird von den waschechten bürgerlichen Liberalisten betrieben, und die Arbeiterparteiler wollen einen Blick hinter die Kulissen des liberalen Idealismus lieber gar nicht riskieren. Eine Sache, die man nicht selbst zu betreiben weiß, durchschaut man beileibe nicht.

5. Die »Gewerkschaftspolitik«: die Magenfrage als Surrogat der politischen Frage

Es handelt sich in dieser ökonomistischen »Politik« darum, »die Lage der Arbeiterklasse zu verbessern«, und »unter den gegebenen Verhältnissen« ist »das einzige Mittel« die Gewerkschaft (8, 317). Die »politischen Aufgaben« werden aus »dem ökonomischen (gewerkschaftlichen) Kampf« *»abgeleitet«,* und so wird die Auffassung »eingeengt« und »verflacht«, die der Arbeiter von seinen Aufgaben hat; die politischen Aufgaben selbst werden *»herabgesetzt«* (7, 49). Die alte Partei »nistet« sich in den Gewerkschaften »ein«. In Westeuropa hat sich »eine viel stärkere Schicht einer *nur gewerkschaftlichen, bornierten, eitlen, verknöcherten, egoistischen, kleinbürgerlichen, imperialistischen,* imperialistisch gestimmten und von Imperialismus bestochenen, demoralisierten ›Arbeiteraristokratie‹ herausgebildet als bei uns.« (Rad. 39). Die Gewerkschaften sind typische Institutionen, die »unter dem Kapitalismus geschaffen wurden …, *und deren Bestehen in fernerer Zukunft fraglich wird.*« (Gew. 87).

Innerhalb der Gewerkschaft ist die Politik ein Mittel der Lohnerhöhung – dies die politische Perspektive des Gewerkschaftslebens. Stalin schildert die »Psychologie des europäischen Durchschnittsarbeiters« folgendermaßen: die Gewerkschaft ist seine »Festung«, die ihm »hilft, den Arbeitslohn und den Arbeitstag zu erhalten … Ich aber weiß das eine (sagt sich dieser Arbeiter), daß ich meine Festung, die Gewerkschaften, habe. Sie haben mich in den Kampf geführt, sie haben mich – recht und schlecht – gegen die Angriffe der Kapitalisten verteidigt, und jeder, der diese Festung zerstört, zerstört mein eigenes Arbeiterwerk.« (Stal. Len. 177). Im Oktober 1905 konstatiert Lenin (8, 317), »daß sich sogar in Deutschland, wo die Traditionen und der Einfluß des Marxismus am stärksten sind, in den … sozialdemokratischen Gewerkschaftsverbänden … *antisozialistische Tendenzen* … entwickeln.« Die Teilnahme an einem Streik, als einer spezifischen Maßnahme eines *ökonomischen* – also politisch unqualifizierten, unterpolitischen – Interessenkonflikts qualifiziert noch nicht zum Politiker. Wer die These vertritt, »jeder Streikende« solle »das Recht haben, sich Parteimitglied zu nennen«, der setzt nach Lenin (6, 263) »damit den Sozialdemokratismus zum Streikismus herab.« Nach Lenin hat der Streik eine *relativ* politische Bedeutung (der »ökonomische« Streik), insofern er die *zurückgebliebenen* Arbeite *zur* Politik *erzieht* (19, 442). Sie gelangen in kampf*artige* Situationen.

Die ökonomistische Gesinnung ist ein wesentlicher Bestandteil der alten Epoche, jenes Felsens von Rückständigkeit, den Lenins »Partei« vom Fleck gewälzt hat. Diese Gesinnung muß nach Lenin mit den Wurzeln ausgerottet werden, denn »die Industriearbeiter« können »ihre weltgeschichtliche Mission von der Befreiung der Menschheit vom Joch des Kapitalismus und von den Kriegen nicht erfüllen, wenn sie sich in *dem Kreis enger Zunft- und Berufsinteressen abschließen und sich selbstzufrieden auf die Bemühungen um die Verbesserung ihrer mitunter leidlichen kleinbürgerlichen Lage beschränken.*« (25, 328). »Jeder für sich, Gott für uns alle«, sagen sich die korrumpierten Arbeiter, und *»unser Arbeitslohn muß erhöht werden, auf die andern aber pfeifen wir.«* (25, 168). Lenins »Diktatur« verlangt, *»daß der Arbeiter nicht nur seine Zunftinteressen, sondern auch sein Leben zu opfern imstande ist.«* »Die Arbeiter, die nicht gewillt sind, solche Opfer zu bringen, betrachten wir als Leute, die nur an ihre eigene Haut denken, und stoßen sie aus der proletarischen Familie aus.« (25, 184, vgl. auch Jahrg. II, 191 rechts). Als »gemein«, »niedrig« und platt bezeichnet Lenin die Gesinnung, die aus der Meinung spricht, man könne »eine Revolution nur dann durchführen, wenn sie die Lebenshaltung der Arbeiter ›nicht allzusehr‹ verschlechtert.« (Crispiens Äußerung. 25, 441). Der »Ruf des Lebens« und der »Aufschwung« zur geschichtlichen Tat würde nach Lenin in den Schmutz gezogen, wenn die »Rache« dafür, daß es einem schlecht gegangen ist, das einzige ausschlaggebende Motiv des Handelns wäre. In zwei Jahren der Revolution haben die Arbeiter »nicht mehr als sieben Pud Brot pro Jahr erhalten.« Sie brachten »schwere Opfer ... und sie werden beweisen, daß sie nicht aus Rachegefühl sich gegen die Kapitalisten erhoben haben, sondern aus der unbeugsamen Entschlossenheit, *eine neue soziale Ordnung* zu schaffen.« Der Arbeiter als solcher ist kein Gegenstand eines Kults. Aus der freudlosen Elendsstimmung mürrischer, verstockter, gedrückter Gesellen, die stets vorwurfsvoll auf die blicken, denen es besser geht, und die die ökonomische Klassenlage des Proletariers in grundsätzlicher Resignation als etwas Endgültiges und Ewiges ansehen, aus dem »Sumpf« kann politisch nichts Ersprießliches hervorgehen; die Miserabilisten sind nach Lenin für die neue politische Epoche verloren.

6. Die Innenpolitik und die Außenpolitik der alten Sozialdemokratie

Der Ökonomismus ist politisch steril, das Interesse, seinen Lebensstandard um jeden Preis zu heben, kann keinen Boden für politische Prinzipien, für eine politische Haltung und für das Wachstum eines eigenen politischen Stils abgeben. Die restliche Politik, die im Ökonomismus spukt, ist aus zweiter Hand, Abklatsch, dem Liberalismus entlehnt und nachgeahmt. Die politische Initiative bleibt der Einfachheit halber gleich dem liberalistischen Bürger überlassen, er macht seine Sache, und der Arbeiterpolitiker zeigt sich als Schüler, Gehilfe, Nachtreter. Da der Liberalismus seinerseits kein originärer und unvermischter, kein selbständiger Typus Politik ist, sondern eine Ableitung, Verunstaltung, Vermischung ehemaliger Typen, zeigt sich die Arbeiterpolitik als Kopie der Kopie, als die abgegriffenste, verblichenste der Kopien in einem Zeitalter politischen »Scheinwesens«. Der Imitator selbst verliert an Wirkung und Selbstvertrauen, wenn ein halber Konkurrent sich nebenan etabliert, der ein Geschäft daraus macht, ihn, den alteingesessenen Imitator, schlecht und recht nachzuahmen.

Die innenpolitische Grundidee der Arbeiterparteiler ist der »Konstitutionalismus« oder Demokratismus; diese Idee ist ihr einziger Halt, und wenn das Tau der Legalität reißt, dann schwebt die alte Partei ohne Orientierung in der Luft. Der Demokratismus ist die feste, unüberscheitbare Grenze ihres politischen Horizonts. Wo der Demokratismus aufhört, da hört auch ihr politisches Handeln auf, da ist sie nicht mehr imstande, auf eigenen Füßen einen Schritt weiter zu gehen. Sie ist nicht schlechthin politisch *mündig,* sondern nur *unter einer Bedingung:* daß der Demokratismus standhält. Eine bedingte Mündigkeit ist allerdings ein innerer Widerspruch, ein hölzernes Eisen. Ein Schiff, das nur bedingt seetüchtig ist, nur, solange die schützende Küste in Sicht bleibt, das heißt gar nicht »see«-tüchtig; die Kräfte des allgemeinen Elements verspürt es in seinem Kurs nur in Ausschnitten und in peripheren Auswirkungen. Lenins Politik beansprucht, eine Politik auf hoher See zu sein, und im *Ganzen des Elements* der Politik ihren Halt zu haben. Den Unterschied der Epochen des »Sozialismus« und der Epochen überhaupt veranschaulicht Lenin selbst gern mit dem Bild einer Seefahrt. Es ist keine Frage, daß Lenin im »20. Jahrhundert« einer der ersten ist, die wieder die offene See der Politik zu durchqueren wagen, und daß er in diesem Sinne recht hat, zwei Epochen zu unterscheiden. Es scheint auch, daß Lenin in dem spezielleren Punkte Recht hat: der letzte entscheidende Halt, auf den verzichtet werden, von dem der Politiker der neuen Epoche sich loszureißen verstehen müsse, das seien die Institutionen, Ideen, Gewohnheiten und Rezepte des Konstitutionalismus (mit oder ohne Monarchen). Am dringlichsten nun ist auf diesen restlichen, letzten Halt die alte liberale Arbeiterpartei angewiesen. Die alteingesessenen Imitatoren, die im Nachahmen eine lange Übung haben, die liberalen Bürger, können sich gegebenenfalls auf zeitgemäßere Branchen der Politik verlegen. Sie verwerfen selbst das alte Muster der Politik, an das sich die Arbeiter mit rührender Treue hielten, und sie begeben sich nun vielleicht auf einen Boden, auf den ihnen die Arbeiter nicht nachfolgen können: »Ein wenig Lieb, ein wenig Treu, und ein wenig Falschheit ist immer dabei.« Alle Vorlagen fallen dem Arbeiterpolitiker aus der Hand; aber: *bevor* dieser Augenblick da ist, *verbietet* er es sich selbst, über die Möglichkeit einer Fahrt auf offener See auch nur nachzudenken. Lenin schildert Anfang 1904 (6, 224), wie sich Plechanow hinterher selbst darüber entsetzt, daß er sich in einer Debatte »gegen den absoluten Wert der demokratischen Prinzipien« »gewehrt« hat; Martow sekundiert ihm und hilft ihm aus der Verlegenheit: »Diese Worte haben die Empörung eines Teils der Delegierten hervorgerufen, die man leicht hätte vermeiden können, wenn Genosse Plechanow hinzugefügt hätte, daß man sich natürlich eine so tragische Lage nicht vorstellen könne (!), in der das Proletariat zur Festigung seines Sieges solche politischen Rechte, wie die Pressefreiheit, mit Füßen treten müsse …«. Diese Rede ist auch stilistisch ein Musterbeispiel politischer Dekadenz. Es sind die berühmtesten und hochstehendsten »Führer«, die Lenin sich hier 1904 vornimmt. – Wer in einer Idee oder Übung originell ist, besitzt auch die Fähigkeit, von ihr abzuweichen, er steht über der Sache, zu ihrem Sklaven wird der, der sie aus zweiter oder gar dritter Hand empfangen hat und ängstlich nachahmt – und der von vornherein eben über keine eigene politische Konzeption verfügt.

Viertes Hauptstück

Der neue Typus Staat

A. Der neue politische Begriff des Typus

Die russische Revolution ist eine staatspolitische Revolution: »Die *Frage des Staates* gewann die allergrößte Bedeutung und wurde sozusagen zur wundesten Frage, zum Brennpunkt aller politischen Fragen und aller politischen Diskussionen der Gegenwart.« (Staat 13). Schon die »Generation« von 1905 »durchlebt« eine »niegesehene« *»Welle der Verfassungsbewegung.«* (7, 34). Durch die Oktoberrevolution hat sich *»das Problem des Staates verschoben«* (Ag. r 206). Es ist »dank der revolutionären Bewegung an die Stelle der alten, gelehrten Behandlung dieser Frage eine neue, praktische Fragestellung getreten«. Europa macht im wesentlichen dasselbe durch, aber jedes Land muß auf seine Weise den inneren Kampf durchführen (das. 207).

Ein Typus ist »von Dauer«. Er hinterläßt »Spuren in der Geschichte« (7, 267). Mehr als das: *ein Typus ist ewig.* »Die proletarisch-bäuerliche Sowjetrepublik erwies sich als die erste widerstandsfähige sozialistische Republik der Welt. *Sie kann als ein neuer Staatstyp schon nicht mehr untergehen.*« (Ag. 198). Als Typus ist der Staat der Staat einer ganzen Epoche. Er gibt der Epoche ihren Namen, sie ist *seine* Epoche. Er steht in ihrem »Mittelpunkt«, »bestimmt« »ihren wesentlichen Inhalt, die Hauptrichtung ihrer Entwicklung, die wichtigsten Besonderheiten der geschichtlichen Situation in der betreffenden Epoche.« Epoche ist ein andrer Ausdruck für die Herrschaft des Typischen über das Nichttypische in der Periode, die sich die Kämpfenden aus dem historischen Prozeß herausschneiden. »In jeder Epoche gibt es wie bisher so auch in Zukunft einzelne – partielle – Bewegungen bald vorwärtsschreitender, bald rückläufiger Tendenz ...« (18, 135).

Der neue Typus Staat ist kein menschliches Machwerk einer Partei oder eines einzelnen Volkes. »Das ist der Staatstyp, der nicht von den Russen erfunden, der vielmehr von der Revolution erzeugt wurde, denn anders kann die Revolution nicht siegen.« (20/2, 115).

Innerhalb einer säkularen Erschütterung des politischen Bodens wird der letzte Schritt getan. »Wir haben den Fetischen der kleinbürgerlichen Demokratie – der verfassunggebenden Versammlung und den bürgerlichen ›Freiheiten‹ von der Art der Pressefreiheit für die Reichen – einen Schlag versetzt, den man in der ganzen Welt gemerkt hat. *Wir haben den Sowjettyp des Staates geschaffen – ein gigantischer Schritt vorwärts nach den Jahren 1793 und 1871.*« (Jahrg. II, 638). Auch das Jahr 1871 noch hat nach Lenin die Atmosphäre miterzeugt, in der wieder Staatengründer möglich sind. Mit der Gründung des neuen Staates ist »eine Weltwende ... eingetreten: die Epoche des bürgerlich-demokratischen Parlamentarismus ist zu Ende. Es begann ein neues Kapitel der Weltgeschichte: die Epoche der proletarischen Diktatur.« (Jahrg. II, 982).

Der neue Typus Staat hört in mancher Hinsicht schon auf, ein Staat zu sein (20/1, 158). Das, was wegzufallen beginnt, ist *»eine besondre Kategorie von Menschen, Spezialisten, um zu regieren.«* (Staat, 6, 8). »Der Staat war immer ein gewisser Apparat, der sich aus der Gesellschaft absonderte und aus Gruppen von Menschen bestand, die sich nur damit oder hauptsächlich damit beschäftigten, zu regieren.« »Es *gab eine Zeit, wo kein Staat vorhanden war ...*, wo der allgemeine Zusammenhang, die Gesellschaft selbst, die Disziplin, die Arbeitsordnung aufrechterhalten wurde durch die Macht der Gewohnheit, der Traditionen, durch die Autorität oder die Achtung, die die Ältesten des Stammes oder die Frauen genossen haben ...«. Der von den Wassern der Revolution getaufte alte Mensch erfährt seine Wiedergeburt zum Staatsbürger, und er wird gezwungen, sein Geschick selbst mit in die Hand zu nehmen. Der Staat ist überall – und nirgends. »Die Revolution« besitzt eine »gewaltige aufklärende und organisierende Kraft ..., wenn mächtige historische Ereignisse die Spießer aus ihren Bärenhöhlen, aus ihren Dachböden und Kellern mit Gewalt herausziehen und sie *zwingen, Bürger zu werden.*« (Wie schon zitiert: 20/1, 519).

Der neue Typus Staat ist *»auf neue Art demokratisch.«* (Stal. Len. 49). Er ist *keine Demokratie für alle,* sondern nur für die, die zur Selbsttätigkeit geschaffen und legitimiert sind. »Demokratischer« ist der neue Typus Staat insofern, als er die im Zeitalter der Technik neu erwachsene

»Selbsttätigkeit der Masse des Volkes schneller und besser zur Entfaltung« bringt »als die parlamentarische Republik.« (20/1, 143). Die »aktuelle, reale, vom Leben selbst auf die Tagesordnung gestellte Frage« lautet eben: welcher Typus Staat bringt die wildwachsende Selbsttätigkeit des Menschen der neuen Epoche in Form und zum Einsatz auf ganzer Front? »Zum erstenmal stellt sich hier die Demokratie in den Dienst der Werktätigen«, und darum sind die »Arbeiter und Bauernsowjets« »eine neue *höchste* Art der Demokratie.« (Jahrg. I, 842).

Der neue Typus Staat ist in bestimmter Beziehung mit einer technischen Erfindung zu vergleichen. Er wird immer zweckentsprechender in die Wirklichkeit der neuen Selbsttätigkeit des arbeitenden Menschen eingefügt. Wenn die Erfindung zunächst überhaupt funktioniert, ist ein entscheidender Schritt getan. Im Falle des neuen Typus Staat sind der praktischen Wirklichkeit edelste Organe künstlich eingesetzt, und wenn der allgemeine Lebensprozeß weitergeht, ist die Operation gelungen, die künstlichen Organe wachsen in ihn hinein und greifen, wenn sie genügend stark sind, von sich aus als neue Lebenszentren regelnd in den politischen Prozeß ein. Eine Staatengründung bedeutet anfangs eine Vivisektion des edelsten Organs, und am Ende eine sonst im Lebensbereich nicht wiederkehrende asymptotische Annäherung von Kunst und Natur. Die höchste Kunst des Politikers besteht in der Gründung eines Staates, darin, das Künstliche Natur werden zu lassen. Er richtet sich nach der Wirklichkeit, um aus ihrem Material eine Triebform zu konstruieren: wenn er der Wirklichkeit diese Triebform einsetzt, kehrt sich das Verhältnis zwischen Richtmaß und Objekt um. Wenn das neue Herz (»Zentralorgan«) zu schlagen beginnt, arbeiten die Glieder in *seinem,* und nicht in ihrem eigenen Takt. Die »gesellschaftliche« Wirklichkeit des wimmelnden Getriebes war zunächst sich selbst überlassen, und nunmehr bricht sich die Gewalt der bisherigen »gesetzmäßigen« Selbstregulation des gesellschaftlichen Lebens, die Gewalt, die die Wirklichkeit über sich selbst hatte, an den vom Staatengründer eingesetzten Widerständen. »Zum erstenmal wurde die Form des nichtbürgerlichen Staates entdeckt. Vielleicht ist unser Apparat schlecht. Man sagt aber, daß die erste erfundene Dampfmaschine auch sehr schlecht war. Es ist nicht einmal bekannt, ob sie gearbeitet hat ... Mag unser Staatsapparat überaus schlecht sein. Er ist doch geschaffen. Die größte geschichtliche Erfindung ist gemacht worden ...« (Jahrg. III, 262).

B. Die Zerbrechung der alten Apparatur

Es ist nicht einfach Apparatur gegen Apparatur ausgewechselt worden, sondern der Sinn von Apparatur selbst wurde geändert. Die neue politische Rüstung und Zurüstung beginnt bereits da, wo die Selbsttätigkeit beginnt. Jeder ist in den Apparat hineingenommen, der Apparat umfaßt alles, was die Bedeutung einer politischen Ausrüstung haben kann, Technik, Wirtschaft, Wissenschaft, Erziehung, Religion, und das Rüstzeug steht jedem Glied des Gemeinwesens an der Stelle, an der es an den Apparat angeschlossen ist, zur Verfügung. Die Staatlichkeit dringt ein in alle Poren des Lebens, und deshalb gibt es keinen feststellbaren Staat. Das Leben der Millionen und die Apparatur sollen allmählich verwachsen, nachdem der erste künstliche Eingriff nicht zum Tode führte, also gelungen ist. Die »alten Verwaltungsorgane« wurden »zerschlagen« und »durch völlig neue, direkte, unmittelbare Organe der Arbeiter ersetzt.« (20/1, 332). Eine neue Zurüstung ist erst möglich, wenn die alte Apparatur einmal zerbrochen ist. Der Bruch mit der Apparatur ist die Voraussetzung für eine neue politische Epoche.

Stalin sagt 1917: »Jedes Ressort« bildet »eine Festung ..., in der Bürokraten aus der Zarenzeit sitzen.« »Wenn die Macht ... an die Räte übergehen soll, so müssen diese Festungen genommen werden.« (Okt., 231). Die »Mauer« zwischen Apparat und Volk muß nach Lenin einmal »niedergerissen« werden (20/1, 483). Der alte Apparat, »die Armee, die Polizei, das Beamtentum« (20/1, 159), dazu der ökonomisch-technische Produktionsapparat (21, 330f.), alles in allem »die parlamentarisch-bürgerliche Republik« »beengt und erstickt das selbständige politische Leben der *Massen* und hindert sie daran, sich unmittelbar am *demokratischen* Aufbau des ganzen Staatslebens von unten bis oben zu beteiligen.« (20/1, 159). Die »Riesenarmee von Bürokraten« ist »von einer Atmosphäre bürgerlicher Verhältnisse umgeben und atmet nur diese; sie ist *erstarrt, verkrustet, versteinert,* kann sich aus dieser Atmosphäre nicht herausreißen, kann nur in althergebrachter Weise denken, fühlen, handeln.« (21, 81ff.). Extrem tritt die Trennung zwischen Apparat und »Volk« in der Heeresorganisation des 19. Jahrhunderts in Erscheinung, im »*stehenden* Heer«[49]: »Der Dienst des Soldaten sei ein Beruf: seine

49 Auch die größte Autorität auf dem Gebiet des modernen Kriegswesens, Carl von Clausewitz, sieht im stehenden Heer des kommenden 19. Jahrhunderts eine Form der Dekadenz des Soldatischen. In dem Abschnitt seines Werkes »Vom Kriege«, der von der »kriege-

unmittelbare Aufgabe sei *nicht der öffentliche Dienst* ... Das ist *keine demokratische Auffassung*.« (20/1,483). Die *Kaserne* ist die höchste Verwirklichung und das Symbol für die Entfremdung zwischen dem Volk und seiner Rüstung, die »Kaserne, in der man, getrennt vom Volke, gegen das Volk, eine besondre Schicht von Bürgern ›abrichtete‹, dressierte, drillte für die ›unmittelbare Aufgabe‹, *lediglich den Soldatenberuf auszuüben* ...«.

Die alte Apparatur ist so gebaut, daß sie mehr ist als der politische Mensch. Scheinbar ist sie bereit, ganz entgegengesetzten Regimes zu dienen (20/1,268), in Wirklichkeit gehen die Unterschiede der Herrschaftssysteme in ihr unter. »*Die reale Arbeit* liegt in den Händen einer Riesenarmee von Bürokraten.« (21,180). »Von der parlamentarischen bürgerlichen Republik kann man mit Leichtigkeit zur Monarchie zurückkehren.« (20/1,159). Ein praktisch unabsetzbares, privilegiertes Beamtentum steht über dem Volk (20/1,158) und im Grunde auch über dem Monarchen. Ihren eigentlichen Halt hat die bürgerliche Epoche in dieser Riesenarmee. Die Bürokratie ist der ruhende Pol in der Erscheinungen Flucht. Die Apparatur fängt den, der falliert, immer wieder auf, sei es ein Herrschaftssystem, ein politischer oder wirtschaftlicher Unternehmer. Nach Lenin ist die Apparatur diejenige Stelle, an der die Bürgerlichkeit politisch tödlich zu treffen ist.

rischen Tugend des Heeres« handelt, sagt Clausewitz: »Mit diesem erweiterten und veredelten Bandengeist einer narbenvollen, abgehärteten Kriegerrotte soll man nicht das Selbstgefühl und die Eitelkeit stehende Heere vergleichen, die bloß durch den Leim eines Dienst- und Exerzierreglements zusammengehalten werden. – Ein gewisser schwerer Ernst und strenge Dienstordnungen können die kriegerische Tugend einer Truppe länger erhalten, aber sie erzeugen sie nicht; sie behalten darum immer ihren Wert, aber man soll sie nicht überschätzen. Ordnung, Fertigkeit, guter Wille, auch ein gewisser Stolz und eine vorzügliche Stimmung sind Eigenschaften eines im Frieden erzogenen Heeres, die man schätzen muß, die aber keine Selbständigkeit haben. Das Ganze hält das Ganze, und wie bei dem zu schnell erkalteten Glase zerbröckelt ein einziger Riß die ganze Masse.«

C. Kontinuität mit den selbsttätigen Kräften und Totalität als Hauptkennzeichen der neuen Apparatur

1. Die Kontinuität mit den selbsttätigen Kräften

I. Kontinuität und Wahlmodus

Die Apparatur des neuen Typus Staat ist wie ein Pfahlbau in den Strom des politischen, sozialen, ökonomischen und häuslichen Lebens hineingetrieben. Ihre beiden Hauptkennzeichen sind Kontinuität mit den selbsttätigen Kräften und Totalität. Die Zweige der Verwaltung werden in einer einzigen Apparatur zusammengefaßt, und das politische Leben absorbiert diese Apparatur. Es darf kein Teil der Apparatur draußen in der feindlichen Welt bleiben. Wenn ein *Teil* der Apparatur in die inneren Organe des Volkslebens aufgenommen ist, und ein andrer sich in die feindliche Welt erstreckt, dann wird sich der Volkskörper selbst zerfleischen. Einheit zwischen Leben und Rüstung kann nur Einheit mit *allen* wesentlichen Bestandstücken der Rüstung bedeuten, mit allem, was Rüstungscharakter hat und haben kann.

Nach dem Verfassungskommentar des russischen Staatsrechtslehrers Gurwitsch gestattet das Sowjetsystem »dank seinem stufenmäßigen Aufbau die Staatsgewalt den Massen näher zu bringen und immer neue Arbeiter- und Bauernschichten zur aktiven Teilnahme an der Gesetzgebung und Verwaltung heranzuziehen, *ohne* daß sie ihrer Berufstätigkeit entzogen werden.« (Gurwitsch, 10f.). Die Ausrüstung des berufstätigen Menschen ist insofern in die totale politische Apparatur einbezogen, als die »Abstimmung nicht nach Gebietseinheiten, sondern nach Produktionseinheiten erfolgt.« Durch diesen Wahlmodus besteht *»zwischen den Delegierten und den Wählern eine unlösliche Verbindung.«* Wenn die Stimme gewogen wird, fällt der konkrete Lebensberuf und Gewicht der kameradschaftlichen Verbundenheit in die Wagschale. Der *Delegierte* selbst steht auf Seite der Apparatur, insofern er der eben gewählten Körperschaft angehört, *und* er steht *zugleich* auf der Seite des Volkslebens, der politischen »natura naturans«, erstens, insofern er mit seiner Arbeitsstätte verbunden bleibt, und zweitens, insofern die niedre Körperschaft eine solche höherer Stufe zu wählen hat. Vor der Apparatur *und in* der Apparatur haben die Wähler die Möglichkeit, stets auch *handelnd in die Apparatur einzugreifen.*

»In diesem System fehlt die Kluft zwischen den zentralen und den lokalen Vertretungen, zwischen den Staatsbehörden und den Selbstverwaltungskörperschaften: das *engmaschige Netz* der kleinen und kleinsten Körperschaften – der Sowjets in Stadt und Land – sondert die nächst höhere Regierungsstelle aus ihrer Mitte aus.« Die untersten lokalen Körperschaften reagieren und wählen gleichzeitig. Ganz unten überwiegt das Wählen, und ganz oben überwiegt das Regieren. Zwischen den Extremen springt der Funke über: die Apparatur ist ein guter Leiter für den diktatorischen Willen des Volkes, die übereinandergreifenden Behörden sind die eingeschalteten Widerstände, vor denen sich jedesmal die Kraft des einheitlichen Willens anstaut, bis sie denjenigen zufließt, die, als oberste Spitzen, noch innerhalb der Apparatur stehen, und die, als historische Vollstrecker des Gesamtwillens, die Apparatur zugleich in der Hand haben und *anwenden.* Insofern der Diktator den Rückanschluß ans Volk gewinnt, steht er mit ihm zusammen *gegen* die Apparatur. Das unterste Sein kehrt im obersten Sein wieder, und darum kehrt die durch sich selbst gerechtfertigte Befugnis, zu delegieren, ganz oben wieder (als Naturrecht der politischen »natura naturans«). Der Strom des politischen Willens ist ein Wechselstrom, und die Widerstände werden von unten und von oben in *einem* Zusammenhang gebrochen. Der Apparat ist, gerade weil ihm das Prädikat der Allheit zukommt, begrenzt und überschaubar. Dort, wo er aufhört, beginnt erst die Diktatur. Volk und Herrscher sind durch den Apparat getrennt und durch die Diktatur wieder verbunden. Beide bewegen sich an den Rändern der Apparatur entlang und aufeinander zu, es besteht stets die Möglichkeit, unmittelbar zueinander zu sprechen. Nach Lenin *hört* »die *im* Werden begriffene *neue Demokratie … schon auf…, eine Demokratie zu sein;* denn Demokratie heißt soviel wie Herrschaft des Volkes, *das bewaffnete Volk selbst aber kann nicht über sich selbst herrschen.*« (20/1, 179. f.). Wenn die »fertige Staatsmaschine zerschlagen« und »durch eine neue ersetzt« ist, dann sind eben *»Polizei, Armee und Bürokratie mit dem bis auf den letzten Mann bewaffneten Volke eins.«* (20/1, 44). In diesem neuen Staat herrscht *»die denkbar strengste Ordnung.«* (20/1, 179). Leben und Ordnung ist nicht kasernenmäßig getrennt. Wo das Leben beginnt, beginnt auch die Ordnung, und wo die Ordnung schließt, setzt die Entschlußfähigkeit noch einmal ein. Die Regulation ist keine Selbstregulation, sondern es gibt an zwei Enden jemanden, der dem Apparat über ist, und zwar deshalb, weil der Apparat *sein* Apparat ist, nicht etwa deshalb, weil er sich die in ihm herrschende Ordnung vom Leibe halten könnte.

Das Unten ist so wichtig wie das Oben. Unten an der Apparatur sitzt nicht eine stumpfe Untertanenmenge, ein Haufen politischer Statisten, sondern das Unten ist der *Ursprung* der politischen Qualifikation – das Oben die Zusammenfassung, Steigerung, Erfüllung –, also beide »sind« etwas politisch Naturhaftes und Urwüchsiges. Die *Repräsentation* dieses Seins fällt der Mitte zu, der Apparatur; die Räte sind eine »machtvolle repräsentative Körperschaft, wie sie die Welt noch nicht gesehen hat.« (20/2, 126). Insofern Anfang und Ende, Unten und Oben bereits oder noch zur Apparatur gehören, repräsentieren sie an ihrem Teile den gegenwärtigen neuen Typus Staat. Insofern sie in einem Kombinat, einem Kolchos, einem Regiment, einer Radiozentrale, einem Exekutivkomitee, einer Genossenschaft, Gewerkschaft, einem Bankbüro, einer Jugendorganisation mitarbeiten, repräsentieren sie an ihrem Teil das Sein des neuen Staates. Zugleich aber *sind* sie eben dieser Staat. Dieses Sein *beginnt ganz unten,* und ganz unten bereits muß dieses Sein eben so »sein«, daß es sich in der Apparatur repräsentieren läßt. Man muß so sein, daß man die *Rüstung tragen kann* und daß man sie *mit Würde trägt.* Die Rüstung muß sitzen, die Kräfte müssen ausreichen, um die Rüstung zu tragen, und sie muß so getragen werden, daß sie bei den Feinden des Staates Schrecken erregt.

II. Ein Wort über die politische »natura naturans«

Diejenigen, die unten an der Apparatur sitzen, und diejenigen, die oben sitzen, sind in ein einziges politisches Sein eingebettet. Dieses Sein zieht sich durch alle Existenzen hindurch.[50] Die Tatsache, daß dieses *Sein,* das der »Union« der Völker und des »Bündnisses« der Arbeiter und Bauern, *sein Unten* und *Oben* hat, kommt darin, daß *einzelne Existenzen,* Funktionäre, Komitees, Direktoren, unten oder oben sitzen *nur zur Erscheinung.* Für die einzelne »Existenz« als solche ist es so wenig »wesentlich«, ob sie unten oder oben sitzt, daß sie es sogar auf sich nimmt, *oben und unten zugleich* zu sitzen. Die Einzelexistenz im *alten* Typus Staat konnte ihre Autorität nur aufrechterhalten, wenn das »Unten« vom »Oben« getrennt und ferngehalten blieb. Im neuen Typus Staat gibt es keine Furcht vor einer profanierenden und desillusionierenden Berührung mit den

50 *Lenin selbst* greift die *Hegelschen* Kategorien: »Existenz, Sein, Erscheinung, Wesen« wieder auf, weil sich für ihn herausstellt, daß sie die Durchgängigkeiten und die aufbauenden Bestimmungsstücke *seiner* eigenen »Sache« sind – des russischen Planstaates.

»unteren Elementen« des Volkes, es gibt überhaupt keine Trennung präparierter Obrigkeiten von präparierten Elementen. Die politische Technik ist dann vollendet, wenn eine Staatsmaschine in Funktion tritt, die mit den Elementen, die sie meistert, wiederum verwachsen ist. Auch die *politische* Technik muß, auf höherer Stufe, die Natur wieder erreichen; etwas Vergleichbares ist beispielsweise der modernsten Verkehrstechnik schon weitgehend gelungen. Ein modernes Flugzeug ist beinahe so vollendet, daß es dem Raubvogel seine Heimat streitig macht; es dauert nicht mehr lange, so ist es im Luftmeer auch ganz in seinem Elemente. Auf der Seite der Politik sind die Klassen, die Völker und die Rassen die Naturelemente, in denen der Staatsbau bei vollendeter politischer Technik heimisch sein wird. Der Chef eines ganz »modernen« Staats wird ähnlich mit einem Bandenführer zu vergleichen sein wie der Führer eines künftigen vollendeten Flugzeuges mit einem Adler. Im neuen Typus Staat wird die politische *Kunst* zur zweiten Natur, und zwar unter der Voraussetzung, daß der neue politische Mensch selbst ein Stück volks- und klassenmäßiger Natur gewesen ist und weiterhin *bleibt*. Aus einer Natur wie Stalin hätte schließlich auch ein Bandenführer nach Art der afghanischen Aufständischen oder der spanischen Syndikalisten werden können; in einen »geordneten Beruf« alten Stils hätte sich Stalin nie gefügt. In diesem Sinne ist wohl auch Cäsars Wort[15] zu verstehen, daß er, wenn er nicht anders herrschen könne, der Erste wenigstens in einem Dorfe sein wolle. Jemand, der *nur* als Parteiführer, General, Minister, Staatssekretär »Politiker« sein kann, ist so wenig ein Politiker, im strengen Sinne, wie jemand, der regelmäßig in einer Kajüte erste Klasse über den Ozean fährt, jemals einen Anspruch auf den Ehrentitel eines »Seebärs« erwirbt.

Lenin und Stalin erkennen nur eine politische »Kunst« an, die sich als zweite Natur bewährt, und die Natur ist die Probe auf die Kunst. Nur derjenige hat die fraglose Macht, oben zu sitzen, der zugleich auch unten sitzen kann, und *diese* elementare politische Potenz (das Unten-Sitzen-Können) muß immer wieder auf die Probe gestellt werden. »Auf militärischem Gebiet zum Beispiel haben wir, sagt Lenin (Jahrg. II, 300), im letzten Polenkrieg[16] uns nicht gescheut, gegen die bürokratische Hierarchie

[15] Als er 73 v.Chr. nach Rom ins (sechzehnköpfige) Collegium der ›pontifices‹ berufen wurde, ist ihm der Ausspruch: »Lieber in einem Dorf der erste als in Rom der zweite sein« zugeschrieben worden.

[16] Prominenter Fall einer Degradierung von Mitgliedern des politischen ›Revolutionären Kriegsrats‹ war am 17. August 1920 die Abberufung Iossif W. Stalins als Kriegsrat von der Südwest-Front (Mitglied seit 18. Mai 1920). Er hatte eigenmächtig eine separate

zu verstoßen, sind nicht davor zurückgeschreckt, zu degradieren, Mitglieder des revolutionären Kriegsrats der Republik *(unter Belassung auf diesem hohen Posten der Zentrale)* auf niedere Posten zu versetzen.« »Einige Funktionäre können und müssen von der Tätigkeit in den Zentralstellen entbunden und an die Ortsbehörden überwiesen werden. Als Leiter von Kreisen und Großdorfgemeinden können sie dort durch mustergültige Ausgestaltung der gesamten wirtschaftlichen Tätigkeit als ganzer einen gewaltigen Nutzen bringen und eine wichtigere Mission im *allgemeinstaatlichen* Interesse erfüllen als so manche Funktion in der Zentralstelle hierzu Gelegenheit gibt.« »Eine *ständige, sachkundige, vernünftige Initiative an den einzelnen Plätzen*« und eine »systematische und ständige Verschiebung« »neuer, junger, frischer« Kräfte ist nach Lenin notwendig. Ganz unten befinden sich auch die Parteilosen (Jahrg. II, 470), – Reserven des politischen Seins, die noch nicht angegriffen sind.

III. Die revolutionäre Selbsthilfe gegen die Bürokratie

Ein bestimmter, taktischer Kunstgriff dient dazu, die Kontinuität zwischen politischem Leben und Rüstung aufrechtzuerhalten: die revolutionäre Selbsthilfe der Massen wird gegen den Apparat mobilisiert. Diese Selbsthilfe gleicht einer Revolution *innerhalb* der Revolution. Die Apparatur, eine Errungenschaft der Revolution, darf und soll sich nicht stabilisieren, solange eben die Rüstung nicht vollkommen paßt. Sie muß erhalten bleiben, aber sie wird zugleich von Phase zu Phase umgestaltet: »Um den Bürokratismus aus dem Staatsapparat auszutreiben«, sagt Stalin, »... muß man ihn systematisch verbessern, ihn den Massen näherbringen, ihn durch neue, der Sache der Arbeiterklasse ergebene Leute auffrischen, ... aber ihn nicht zerbrechen oder erschüttern.« (Stal. Len. a, 140f.). »Die Stärke unseres Staatsapparats« »besteht darin«, daß er sich »nicht von den Millionen der Volksmassen abschließt, sondern mit ihnen

Kriegsoperation (mit der 12. Armee und der 1. Reiterarmee) gegen Lemberg befohlen, und damit zur Dislozierung der militärischen Kräfte an der Westfront beigetragen. Deshalb fehlte der militärische Nachschub für die Rote Armee (besonders deren 16. Armee) im August 1920 vor Warschau, – das ›Wunder an der Weichsel‹, d. h. die Entsetzung Warschaus durch polnische Truppen gelang und der Verlust der Westukraine und Westbjelorußland (mit dem Rigaer Vertrag vom 18. März 1921) war die erste große – entscheidende – geopolitische Niederlage des Kommunismus in Europa. – Übrigens: an diesen Friedensverhandlungen in Riga nahm von der sowjetischen (Verlierer-)Seite Sergej M. Kirow teil, der dann am 1. Dezember 1934 das erste prominente Opfer Stalins wurde.

durch eine Unzahl von Massenorganisationen, von allen möglichen Kommissionen, Sektionen, Beratungen, Delegiertenversammlungen usw. verschmilzt, die die Sowjets umgeben«.[51] Bürokratismus heißt Abschließung des Apparats von den Massen, und jeder Bürokratismus ist »mit glühendem Eisen aus unserer Praxis auszubrennen.« Beispielsweise die Dorfverwalter vergaßen, »daß oben und unten nur eine Kette darstellen«, und sie schauten mehr nach oben, auf die Kreisstadt (Stal. Len. 248 f.). Die »Folge davon waren unkontrollierbare Handlungen, Eigenmächtigkeiten und Willkür einerseits, Unzufriedenheit und Murren in den Dörfern andrerseits.« Die Sowjetwahlen auf den Dörfern stellten »eine leere Kanzleiprozedur zur Durchdrückung von ›Deputierten‹ durch eine ganze Reihe von Spitzfindigkeiten und Anwendung von Druckmitteln seitens einer kleinen Gruppe von Beamten« dar, »die ihre Macht zu verlieren fürchteten. Die Folge war, daß die Sowjets aus Organen, die den Massen nahestehen und ihnen *verwandt* sein sollen, sich in Organe zu verwandeln drohten, die den Massen fremd sind.« Der Apparat handelt nach seinem eigenen Willen, nicht nach dem Willen der Menschen. Am deutlichsten wird dies Phänomen in der ersten Zeit nach dem operativen Eingriff: »Ein Jahr ist vergangen«, äußert sich Lenin (Jahrg. II, 254, 261), »der Staat ist in unseren Händen ... Der Staat hat aber nicht nach unserem Willen gehandelt ... *Man verliert die Herrschaft über die Maschine.* Es scheint, daß der Mensch, der an ihr sitzt, sie leitet. In Wirklichkeit aber fährt die Maschine nicht dorthin, wohin man sie leiten will, sondern dorthin, wohin irgend etwas sie leitet. Dieses Irgendetwas läßt sich nicht genau definieren, es ist illegal, es ist ungesetzlich ...«. Lenin wendet sich an inoffizielle Instanzen. Die Maßnahmen, die das Volk ergreift, das inoffiziell zur Selbsthilfe schreitet, sind gesetzlich, denn: im Sinne des Grundgesetzes des Verfassung ist die Apparatur mit den Millionen verwandt und verschmolzen. Die Ungesetzlichkeit war auf Seite der offiziellen Maßnahmen der Behörden zu suchen, weil sich durch diese Maßnahmen die Staatsmaschine vom Volk entfremdete, weil sie ihren eigenen Weg nahm. »*Entfremdung* der Apparatur«, das ist geradezu die Formel für den Verfassungszustand in der alten *kapitalistischen* Epoche. Ein mehr oder weniger versteckter Rückfall in privatkapitalistische Maximen und Praktiken folgt der Abschließung der Apparatur, wie der Schatten dem Körper folgt. Die Selbsthilfe ist also in einem höheren Sinne gesetzlich: sie bricht auf politischem Feld dem *Gesetz* der neuen *Wirtschaftsform* Bahn. So

51 Dies eine entscheidende Formulierung Stalins.

wird der ungewöhnliche Vorgang erklärlich, daß der Diktator die Massen gegen ihre eigenen vorgesetzten Behörden aufhetzt. Er rührt an ein tieferes Gesetzesbewußtsein. »Ihr Kommunisten«, so ruft Lenin aus, »warum organisiert ihr keine Fallen für diese Herren Bürokraten und schleppt sie dann vor das Volksgericht und steckt sie in das Gefängnis wegen Verschleppung? Wieviel solcher Leute habt ihr ins Gefängnis gesteckt?« (Jahrg. II, 435; dazu Jahrg. III, 261).

2. *Die Totalität der Apparatur*

I. Der Staat im »engeren« oder spezielleren Sinne mit allen Komplexen des modernen Lebens verwachsen

Das, was in der überholten verfassungsgeschichtlichen Epoche der Staat schlechthin war, das ist nunmehr nur eine Ausscheidung aus dem universalen Geflecht alles dessen, was politisch belangvoll ist. Die offizielle Politik ist nur, wie eine Insel, aus der primären und weitergreifenden inoffiziellen Politik ausgegrenzt. Die Kompetenzen des offiziellen Staates sind genau bemessen, er muß sein Dasein immer von neuem durch die Leistungen rechtfertigen, die ihm zukommen. Der Staat trägt sich nicht selbst, und der Politiker wird nicht vom Staat getragen. Die Politik ist nicht ein Teil des Staates, sondern der Staat ist eher ein Teil der Politik. Der Staat hat nur dann einen Halt, wenn er von der Politik getragen wird.

Der *alte* Typus Staat, der »in sich selbst ruht«, kann *trotz* der Politik weiterbestehen, und es ist sein spezielles Glück, daß ihm die Politik nichts anhat. Wenn die Volksvertreter, die Präsidenten und Minister auch noch so fahrlässig, unbeholfen und zusammenhanglos ihres Amtes walten, die staatliche Existenz wird von dem außerstaatlichen Leben, das in sich eine bestimmte Ordnung und Kraft hat, *mit getragen*. Der Staat profitiert von der Sachlichkeit, mit der sich vor allem die Wirtschaft und der Verkehr regeln, und zwar profitiert er jedesmal gerade so viel, daß sich die Mißgriffe, die Übergriffe und die Unterlassungssünden der offiziellen Politiker eben noch kompensieren. Wie das Meer die Steine immer wieder rund schleift, so hat das Gebilde des alten Staates unter dem Einfluß der Lebensmächte, die sich im ganzen Volke regen, immer wieder eine bestimmte kristallinische Gestalt. Diejenigen, die innerhalb der Staatsbehörden offiziell ihres Amtes walten, verlassen sich insgeheim auf die Ordnungen, die den Staat mit tragen.

Der Staat neuen Typs führt keine gesonderte Existenz mehr. Die Frage: wo ist der Staat? wird zur Vexierfrage. Wirtschaft, Technik, Wissenschaft, Armee, Schule, Interessenverbände – alle Komplexe des modernen Lebens enthalten Linienzüge, aus denen man die Umrisse des Gebildes Staat herauslesen könnte, alle haben irgendwo etwas an sich, das man Staat nennen möchte, aber nirgends rundet sich die Kontur, die Stücke des Vexierbildes sind über *alle* Felder und Figuren verteilt, und man muß sie alle zusammen *unter einem ganz bestimmten einzelnen Aspekt* ins Auge fassen, um die Gestalt des Staates in ihren Umrissen auch nur zu *sehen*. Der Staat nimmt nicht etwa an den Ordnungen des Volkslebens nur »teil«, er wird nicht von ihm »mit getragen«, sondern er ist jeweils an Ort und Stelle mit dem angrenzenden Ordnungsbereich *verwachsen*. Der alte Staat hatte in sich selbst eine einzige Wurzel; der neue Staat hat viele Wurzeln, er lebt aus einem andern – er ist ein »entäußerter« Staat. Wenn eine einzige Wurzel durchschnitten wird, dann ist dieser Staat auch nicht mehr Staat. Dieser Staat kann sich nicht mehr darauf verlassen, daß »das Leben« die Lücken ausfüllen wird, die durch eine ungeordnete oder gedankenlose Verwaltung entstehen. Da, wo früher das runde Gebilde »Staat« zugegen war, da liegen heute zusammenhanglose Fragmente. Das *Ganze* ist nur für *den* vorhanden, der das Vexierbild *sieht*. Offizielle Politik ist nur noch auf dem Umweg über die inoffizielle Politik möglich. Das Zusammengehörige gewinnt nur für denjenigen Gestalt, der das Unzusammengehörige umfaßt und beisammenhält. Der neue Politiker muß sich zerteilen können, weil der Staat hier und dort zugleich wächst und fest wird. Wer sich zum Politiker *spezialisiert,* der muß zugleich die Basis seiner Existenz *verbreitern*. Er kann sich nicht einer eigengesetzlichen Sphäre anheimgeben, die vom Leben des ganzen Volkes *mit getragen* wird, sondern er spezialisiert sich nur so, daß er auf *eine besondere Weise* überall zugleich da ist und anfaßt, wo der Staat mit bestimmten Tätigkeitsberichten verwachsen ist.[52]

In den Sowjets als Staatsbehörden im engsten Sinne herrscht der Grundsatz der »Konzentration der Staatsfunktionen.« Einem und demselben Organ sind die verschiedenen Funktionen zugewiesen, zum Beispiel die Befugnis, ein andres Staatsorgan einzusetzen, seine Vewaltungsakte außer Kraft zu setzen, Recht zu sprechen, Gesetze zu geben und auszuführen. Zugleich sind auch dieselben Funktionen an verschiedene

52 Der »Politiker« zeichnet sich dadurch aus, daß er eine bestimmte Richtung gibt und daß er bestimmte Orientierungslinien eingräbt, vgl. besonders: Schlußstück: »Die Partei«.

Organe verteilt. Die Konzentration der Funktionen ist deshalb unvermeidlich, weil die Behörden an Schnittpunkten eines totalen Geflechtes sitzen. Schon der Strang der Bürokratie des Riesenreiches als solcher ist vielfältig verflochten. Von diesem Strang, der Handhabe der Staatsmacht im engeren Sinne, sind einmal die Abzweigungen zu unterscheiden, wie der Verkehrsapparat, der Wirtschaftsapparat, die Armee, die kulturellen Organisationen, und zweitens eine »Umgebung« angeschlossener Millionenorganisationen, die sich »spontan« bilden und entwickeln. Die inoffiziellen Interessengruppierungen, die aus »eigner Initiative« handeln, gehören legitim zur Apparatur, und sie sind in entscheidenden Momenten in höherem Grade »gesetzmäßig« als die offiziellen Behörden. Sie bilden mit ihnen das Rückgrat der Staatsordnung, und sie wirken als ein stetes Korrektiv. Es gibt Fälle, in denen die Umgebung wichtiger ist als das Zentrum, das nur schwer vom Fleck rückt. Das Knochengerüst kann durch die Bewegung der Glieder stark, geschmeidig werden und seine Form verändern.

Im Zeitalter der Technik, der Trusts, des Finanzimperialismus, der Bürokratie, des kontinentalen Verkehrsnetzes, der spontanen Massenorganisationen ist die *Frage der Herrschaft über die Apparatur* geradezu die *Schicksalsfrage der Politik*. Um die Apparatur zu beherrschen, muß alles, was Apparaturcharakter hat, erst einmal in einem einzigen Geflecht zusammengefaßt werden. Wer nicht *alle* Fäden in der Hand hat, kann auch nicht einzelne Fäden in der Hand haben. Wer auf einer Seite Knecht ist, kann nicht auf einer andern Seite Herr über das Geschick sein. »Wenn die Politik eine entschiedene Änderung, Biegsamkeit und einen geschickten Übergang nötig macht, dann müssen das die Leiter begreifen. Ein *fester Apparat muß für all Manöver brauchbar* sein, wenn aber die Festigkeit des Apparates in Verköcherung ausartet, dann hemmt er Schwenkungen, dann wird er unbrauchbar. Darum müssen wir *alle unsre Kraft* darauf verwenden, um unbedingt unser Ziel zu erreichen, *die völlige Unterordnung des Apparates unter die Politik* durchzuführen ...«. (Jahrg. II, 2281.).

II. Sowjetapparat und Produktionsapparat

Am ehesten lassen sich die Konturen des Vexierbildes »Staat« erraten, wenn man immer wieder *die* Stücke durchgeht, die in den Komplex des *Wirtschaftslebens* eingesprengt sind. Gerade hier sind die eingesprengten Stücke besonders schwer herauszufinden, und zwar deshalb, weil das Bild der modernen Wirtschaft leicht auf eine *falsche Spur* leitet. Die Wirtschaft steht so sehr auf eignen Füßen, und sie ist so reich an eigenwilligen Kräften und Organisationen, daß man sie beinahe mit dem Staat selbst verwechselt. Nicht die Fäden, die schon sehr weit ausgesponnen sind, gehören auf die Seite des Vexierbildes, sondern diejenigen Fäden, die weiterhin geflechtbildend wirken. Einiges aus dem Wirtschaftsleben bleibt auf der Seite der Wirtschaft, und es ist ein Gegenstand der staatlichen Aktion, bestenfalls, wie die Gewerkschaftsorganisation, eine »Transmission«, die die Diktatur mit den werktätigen Massen zu einer übersetzten, einer tieferen und breiteren Wirkung zusammenschließt. Einiges aus dem Wirtschaftsleben tritt aber auf die Seite des Staates über, es gewinnt politischen Subjektcharakter: das Wahlsystem Rußlands filtriert die höheren Willenseinheiten aus den empirischen Kräften des Wirtschaftslebens heraus. Politische Willensqualitäten in *Reinkultur* sind nur in seltenen Fällen vorhanden – wie im Falle Lenins und Stalins. Im allgemeinen wachsen diese Qualitäten, wie Erzadern, nur in einem bestimmten Medium. Das hauptsächliche Medium, in dem gegenwärtig politisch Willensqualitäten wachsen und wie Erzadern sich ausbreiten, sich verbinden, in dem sie rein und stark werden, das ist, nach der Lehre Lenins von der historischen, staatsbildenden Aufgabe des Proletariats, der Komplex des modernen Wirtschaftslebens. Auch das *Medium,* in das die Träger der Politik *gelagert* sind, hat eine bestimmte und streckenweise höchst komplizierte Struktur (in Gestalt der russischen Trusts, Banken, der Gewerkschaften, Genossenschaften, Außenhandelsstellen), aber dieses Medium ist eher Objekt als Subjekt des Staatswillens; es gehört erst indirekt, in zweiter Linie, zur allgemeinen Ausrüstung des staatlichen Seins, wie etwa das Pferd eines Ritters, das ja zugleich ein eignes Leben lebt, vermittelter und indirekter zu ihm gehört als seine Rüstung, die nur auf seinem Leibe zeigt, wozu sie da ist, und die ein Stück von ihm ist, eine Art ontologisches Merkmal des Typus, ohne den das Individuum nicht viel bedeutet. Die Entwicklung jener Komplexe, die *indirekt* zum staatlichen Sein gehören, geht dahin, diese Zughörigkeit zum Staat immer enger und ausschließlicher zu gestalten. Die russische Wirtschaft nimmt, als Ausrüstung des russischen Planstaates, ein so eigenartiges Gepräge an, daß sie schließlich *außerhalb* dieses neuen Typus Staat überhaupt nicht mehr existieren kann. Sie ist nur noch eine Wirtschaft von Gnaden dieses Staates, wie ein Teil eines Urwaldbaumes, der selbst einem Baum ähnelt, doch nur um einen Hauptast dieses Riesen herumgruppiert ist. Das Ganze hängt aber auch vom Teil mit ab, und wenn die Kraft ausfiele, die sich in der Ausgestaltung dieses kleinen Baumes ausgibt, würde wahrscheinlich auch das Ganze nicht nur an Ansehen, an »Majestät« verlieren, sondern überhaupt eingehen. Darum eben *benutzt* der große »Baum von Bäumen« die Kräfte des kleineren (des größten unter den kleineren) nicht nur, sondern das Ganze *läßt ihm* aus allen Teilen *zusätzliche Kräfte zuströmen*. Nunmehr wird aber die »Wirtschaft« nicht mehr, wie im alten Typus Staat, deshalb gefördert, um die Staatsförmigkeit der Wirtschaft zu stützen und zu steigern, sondern deshalb, um die Wirtschaft als eine Zone politischer Trokkenheit, Stumpfheit, Öde und Staatsferne periodisch mit politischen Kräften zu überfluten, die selbst zum Teil in der Wirtschaft groß geworden sind.

Das Wirtschaftsleben der Massen zeigt, wie gesagt, ein bestimmtes Relief, es ist reich differenziert und hat eine eigne Entwicklung. Die Sowjetorganisation fügt sich in dieses Relief, sie geht auf die Differenziertheit ein, und »bietet« »eine feste Verbindung mit den verschiedenartigsten Berufen. Damit wird die Durchführung einschneidender Reformen ohne bürokratischen Formalismus« erleichtert (Stal. Len. 140).

Die bisherigen Überlegungen laufen auf den Begriff des universalen Planstaates hinaus: Der Staatsapparat ist mit einem Lebenskomplex wie die Wirtschaft »eng«, »untrennbar« verbunden, und sie nimmt jeweils eine spezielle Form an. Die *»Form«* des Verwachsenseins und der Verbindung zwischen Staat und Wirtschaft ist die Staats*planung*. Der moderne Staat ist nach Lenin dort am meisten, am gesteigertsten, Staat, wo er mit einem Komplex modernen Lebens eine fruchtbare Ehe eingeht. Innerhalb dieser Ehe bleibt der betreffende Komplex, wie die Wirtschaft, nicht mehr er selbst, während der Staat dadurch, daß der andre Partner seinen alten Charakter aufgibt und daß er, der Staat, selbst in ein andres Sein hinüberwächst, überhaupt erst in einem wirkungsvollen und nachdrücklichen Sinne *Staat wird. Die Staatlichkeit* des Staates *entzündet sich* an *den Reibungsflächen* zwischen Staat und Wirklichkeit, Staat und Wissenschaft, Staat und Technik. Die politische Energie entsteht, wie der Strom einer elektrischen Batterie, durch die Berührung verschiedenartiger Urstoffe. Es gibt in Rußland zwei Stufen der Staatlichkeit. Der Staat greift über sich selbst hinaus. Zunächst die Sowjetapparatur ist die Staatlichkeit der niederen Potenz, *oder* der Staat, *insofern* er einem *andern* Urstoff, wie der Wirtschaft, begegnet. Die politische Energie, die dort entsteht, wo diese Urstoffe einander begegnen, fließt in dem Stromkreis einer Staatlichkeit höherer Potenz zusammen. In dieser übergreifenden Staatlichkeit gibt es den Unterschied von Staatsbürokratie und Wirtschaftsbürokratie nicht mehr. Wer das Vexierbild endlich sieht, der sieht in den umgebenden und einhüllenden Liniensystemen eine Ausfüllung, Verbreiterung, Einrahmung und Betonung der einfachen Grundlinien des ganzen Gebildes.

Die Sowjetbürokratie reglementiert die Wirtschaft, während der übergreifende allgemeine »Arbeiterstaat« beide, Bürokratie des Staates wie Produktionsapparat, in seinem Schoße trägt. Die *übergreifende* epische und fast wieder vegetative Staatlichkeit der »Heimat der Proletarier« macht sowohl aus der Sowjetorganisation als auch aus der Wirtschaftsorganisation etwas andres: indem beide verwachsen, entstehen neue eigenartige Wachstumsimpulse in *beiden* Gebieten. Innerhalb der Wirtschaft wurden unter dieser zweifachen Umarmung durch den neuen Staat diejenigen Tendenzen gestärkt, die auf eine monopolistisch-finanzimperialistische Ordnung der Dinge herauslaufen, solange noch der Kapitalismus herrscht. Das frühere ökonomische Geflecht wird nicht zerrissen, sondern ausgesponnen und in das totale Geflecht der neuen Staatsorganisation hineingewoben. Es wird zu einem wesentlichen Inhalt der neuen Ordnung. »Außer dem hauptsächlich ›unterdrückenden‹ Apparat des stehenden Heeres, der Polizei und der Beamtenschaft« gibt es nach Lenin im modernen Staat »einen Apparat, der besonders eng mit den Banken und Syndikaten verbunden ist, einen Apparat, der eine große Kontroll- und Registrierarbeit leistet, wenn man sich so ausdrücken darf. *Dieser Apparat darf und soll nicht zerschlagen werden.* Man muß ihn seiner Unterordnung unter die Kapitalisten entreißen, *die Kapitalisten und alle Fäden ihres Einflusses abschneiden, abschlagen, abhauen,* ihn den proletarischen Räten unterordnen und *breiterer, umfassender, allgemeiner gestalten.*« (21, 330ff.).

Es geht Lenin *nicht* um Positionen *innerhalb* der Wirtschaft; er will nicht dem einen geben, was er dem andern nimmt. Eine moralische Entrüstung über Unausgeglichenheiten in der Wirtschaft ist weder Ausgangspunkt noch Antrieb seiner Politik. Es verträgt sich nach Lenin nicht mit der *sachlichen Ordnung* der *modernen* Wirtschaft, daß aus Rentabilitätsgesichtspunkten einige Gruppen und Individuen sich gegenseitig eine überwiegende Menge der wichtigsten Fäden das ganzen Geflechts in die Hände spielen. Die ökonomisch-technischen *Dinge* selbst nehmen die Wendung eines immer enger verfilzten Zusammenschlusses, und der Trieb, den »Mehrwert zu verwerten«, kommt nur an einigen Stellen noch hinter der Entwicklung der Dinge her. Neben dem senil werdenden »kapitalistischen« Trieb kommt bereits ein neuer ökonomischer Trieb auf; dieser jugendliche Trieb ist gleichsam unter der privatkapitalistischen Decke wirksam, die die neuen Dinge noch überzieht. Die Energie, die durch die Berührung zwischen Staat und Wirtschaft entsteht, diese politische Berührungselektrizität, strömt in die inneren Auftriebe des Wirtschaftslebens zurück, und es entsteht eine Lust am Planen, an der Querverbindungen der Branchen, am Wetteifer kompakter Betriebe, an einer Disziplinierung großen Ausmaßes, die den Trieb nach der Rente als einen kümmerlichen Atavismus hinter sich läßt. Während im alten Staat die Politik eine *versetzte* Wirtschaft war, ist nun die Wirtschaft zu einer *übersetzten* Politik geworden. Primär geht es in dieser Wirtschaft nicht ökonomisch zu, sondern politisch, und die Ökonomie wird zuweilen so langweilig, daß Lenin seinen Leuten empfehlen muß, bei einem westeuropäischen Kommis in die Lehre zu gehen, um zu den Berechnungen des Vorteils und Nachteils wieder ein Verhältnis zu gewinnen.

III. Das neue Geflecht der politischen Wirtschaft

Die Maxime, die Lenins Politik befolgt, wenn sie in die Wirtschaft eingreift, lautet: *Die Fäden des ökonomischen Geflechts sind so weiterzuspinnen,* auch unter Beteiligung der Privatbesitzer[53], daß der Produktionsapparat in den Staatsapparat hineinwächst. »Der Kapitalismus hat *Apparate* der Rechnungsführung in Gestalt der Banken, der Syndikate,

53 die zunächst das Weiterspinnen am besten verstehen, weil sie im Geflecht sitzen, ihm mit Leib und Seele verhaftet sind, sich instinktiv und intellektuell unmittelbar auskennen. Sie stehen allerdings *nur in* der Sache, nicht zugleich über der Sache der Wirtschaft, sie sind ein Eigentum der Wirtschaft. Es kommt darauf an, was die Privatkapitalisten leisten, nicht darauf, was sie noch verdienen: »Mit der Konfiskation allein ist es nicht getan, denn sie enthält kein Element der Organisation, der Rechnungslegung, der richtigen Verteilung«, sagt der Realist Lenin (21, 332). Das Geflecht selbst ist ihnen längst über den Kopf gewachsen, und die Fäden sind, nach Lenin, neuen staatsbildenden Kräften in die Hände gespielt: »Dieser Staatskapitalismus ist *mit dem Staate verbunden, und der Staat, das sind Arbeiter,* der fortgeschrittenste Teil der Arbeiter, die Avantgarde, *das sind wir.*« L'état c'est moi – dieses Wort des individuellen Absolutismus ist zeitgemäß gewandelt (Jahrg. III, 253 r).

der Post, der Konsumgenossenschaften und der Angestelltenverbände geschaffen. *Ohne die Großbanken wäre der Sozialismus nicht zu verwirklichen.* »Unsere Aufgabe besteht ... darin ..., diesen ausgezeichneten Apparat«, *»noch größer, noch demokratischer, noch allumfassender zu gestalten. Quantität wird in Qualität umschlagen«,* das heißt, die moderne Wirtschaftsorganisation, *weit genug getrieben, verwandelt sich in Staatsorganisation.* »Eine einzige riesengroße Staatsbank, mit Abteilungen in jedem Amtsbezirk, in jeder Fabrik, das bedeutet schon neun Zehntel eines sozialistischen Apparats[54]. Das bedeutet eine gesamtstaatliche Buchführung, eine gesamtstaatliche Rechnungsführung über die Produktion und die Verteilung der Produkte; das ist sozusagen *das Gerippe der sozialistischen Gesellschaft.*«

Für den Arbeiter ergibt sich aus der Amalgamierung von Wirtschafts- und Staatsapparat die eigenartige Konsequenz, daß er *zur Arbeit verpflichtet* ist, und zwar auf Grund einer Art *Naturrecht.*

Der Arbeiter ist nach Lenin der Träger der politischen Gewalt – »der Staat, das sind wir«, sagen die russischen Arbeiter. Die Apparatur des Staates im weiteren und weitesten Sinne ist ihre *zweite Natur,* und die Apparatur im *engeren,* im ursprünglich *politischen* Sinne ist ihre *erste* Natur. Von der »Wirtschaft« gehört ein Teil zur »ersten Natur« des Arbeiters, und ein Teil zu seiner zweiten Natur. Die erste, primäre Natur ist, seit Lenins kopernikanischer Wendung, die politische Natur, und die Wirtschaft im engeren, älteren Sinne des Worts gehört nunmehr zur zweiten Natur des Arbeiters. Gerade die übergreifendste und wuchtigste Aktivität, die sich in der russischen Wirtschaft bemerkbar macht, diejenige des planstaatlichen Eingriffs, gehört nicht mehr zu den *inner*wirtschaftlichen Potenzen, sondern sie ist ein Bestandteil der *ersten* Natur des Arbeiters,

54 Der hier vermerkte Terminus »Sozialismus« hat mit dem Terminus des 19. Jahrhunderts kaum noch etwas gemein. »Es gibt kein Buch über den Staatskapitalismus, der unter der Diktatur des Proletariats vorkommt. *Sogar Marx hat kein Wort darüber geschrieben ...*«. Wir müssen versuchen, *»uns selbst ohne Zitate zu helfen.«* »Um nicht verwirrt zu werden, muß man stets an das Grundlegende denken, daran, daß *der Staatskapitalismus, in der Form, wie wir ihn gegenwärtig haben, in keiner Theorie, in keiner Literatur analysiert worden ist.*« (Jahrg. III, 253). Dort, wo das wirtschaftsimperialistische Geflecht weitergesponnen werden muß, liegen die *Umbruchstellen zum neuen Typus Staat.* Die Nahtstellen zwischen Sowjetapparat und Wirtschaftsapparat sind auch die Stellen, an denen sich die politischen Epochen entscheidend begegnen. An diesen Orten vollzieht sich die Osmose zwischen den Bildungen der alten Epoche und den Neubildungen des 20. Jahrhunderts in höchster Intensität. Der Vorgang der Osmose belebt sich, wenn die Staatsplanung erfolgreich eingreift.

seines primären politischen Willens. Der Arbeiter legt Hand an, *weil er herrschen* will, und das »Handanlegen« selbst, seine eigentliche Beschäftigung im ökonomisch-technischen Prozeß, ist erst seine zweite Natur. Die zweite Natur ist auf die *erste* bezogen, und nicht die erste auf die zweite; sie ist eine *Steigerung* der ersten Natur.

Die weiteren und feineren Verzweigungen der ökonomischen Tätigkeit, die sich auf Grund der Planung ergeben, gehören indirekt, wie eine Art Übersetzung, zu dem primären politischen Willen, und insofern sind sie, wie gesagt, die *zweite* politische Natur des Arbeiters. Der Arbeiter muß auch dieser seiner zweiten Natur gemäß leben, wenn er sich selbst erhalten will. Das Geflecht der Wirtschaft muß ausgestaltet und instand gehalten werden, die Kombinate, die Staatsgüter, das Verkehrswesen, die Banken, die Absatzorganisationen müssen ihren Zweck erfüllen. Der Arbeiter ist in diesen mächtigen Komplexen heimisch, das Ausmaß und die gedrungene Dynamik seines Betriebs ist auch das Ausmaß und die gedrungene Dynamik seiner Existenz; der Arbeiter arbeitet, weil er in der Arbeit gesteigert er selbst ist, weil er in dieser Arbeit sein modernes imperiales Format gewinnt. Die Arbeit ist die zweite Natur des politischen Menschen, er wächst in dieser Arbeit, und sie bietet ihm die gewaltigste Gelegenheit, *sich auf seine* primäre *politische Existenz einzuüben.* Der Ernst, die Wucht, die physische Überlegenheit, die Nachdrücklichkeit, der lange und schwere Atem, das »Kyklopische« (Nietzsche), *und* die außerordentliche Manövrierfähigkeit der neuen politischen Existenz werden zum guten Teil im weitverzweigten Reich der Arbeit erworben. Die Arbeitspflicht (21, 333. 20/1, 49) ist nur der vorläufige Ausdruck dafür, daß der neue politische Typ sich durchsetzen, daß er der einzige Typ in der Welt sein will, und daß er nur dann zu sich selbst kommt, wenn er sich die »Wirtschaft« als seine zweite Natur restlos aneignet. Die Aneignung besteht darin, daß er die Wirklichkeit der Wirtschaft mit seiner disziplinierten Arbeit durchdringt und auf Grund seiner praktischen Erfahrungen überblickt.[55]

55 Der Verfassungsgrundsatz der Arbeitspflicht ist der Kriegsplanungswirtschaft entnommen. Die Revolution lernt, wie schon gesagt, vom Krieg, der nach Lenin selbst nur ein Regisseur des großen Revolutionsdramas ist. Der große Regisseur »Weltkrieg« hat, seinen Zwecken entsprechend, das neue Phänomen der Arbeitspflicht geschaffen, dieses Militärzuchthaus für die Arbeiter.« »Aber auch hier, *wie in seinem ganzen historischen Schaffen,* entnimmt das Proletariat seine Waffen dem Kapitalismus, es ›erfindet‹ sie nicht …« (21, 333, ähnlich 20/1, 49). – Über die epochemachende Bedeutung der Planwirtschaft des imperialistischen Krieges vgl.: Jahrg. II, 287 r, 288, 230 r, 292, 289 r. 20/2, 164, 165. 19, 493, 360. 21, 139, 331. 20/1, 333, 376, 387, 515.

IV. Die Apparatur der bewaffneten Macht

Die ökonomisch-technische Apparatur war schon am Ausgang der alten Epoche dabei, sich durch alle menschlichen Lebensbeziehungen hindurchzuziehen. Lenin stellte sich zur Aufgabe, ein Geflecht weiterzuspinnen, dem bereits ein Zug zur Totalität innewohnte. – Um die Apparatur der bewaffneten Macht steht es anders. Ihr wohnt das Streben inne, sich von der Apparatur des übrigen, nicht-militärischen Lebens abzutrennen. Der moderne bürgerliche Staat hat die Gewaltanwendung für sich monopolisiert; in Gestalt von Armee und Polizei ist der »bewaffnete Arm« ein Wesen für sich, ganz außerhalb des Bürgers. Der Punkt der höchsten Annäherung an den neuen Typus Apparatur ist innerhalb des alten Typus Staat die allgemeine Wehrpflicht und die totale Mobilmachung im imperialistischen Krieg. Zwischen Apparatur und Apparatur klafft aber immer ein Abgrund; in den neuen Zustand ist nur ein *sprunghafter* Übergang möglich. Die alte Apparatur muß von innen heraus zerbrochen werden, und der erste Sprung entsteht im Augenblick ihrer höchsten Ausbildung, dann, wenn jeder Bürger bewaffnet ist.

Nach Lenin wurde das Neuland der späteren Sowjetordnung zum ersten Male im Jahre 1905 betreten. Der Kontinent der alten Ordnung wird »versuchsweise« verlassen, und der Revolutionär von 1905 macht die Erfahrung, daß der erste Halt, den er auf dem Meer der Illegalität findet, das Fragment einer neuartigen Armee ist – und nicht etwa irgendein »besetzter Betrieb«, wie die italienischen Sozialisten nach dem Kriege glaubten. In Gestalt einer (kleinen) militärischen Formation steht die neue revolutionäre Realität zum erstenmal auf sich selbst; diese Formation ist das erste Stück jenes neuen »Territoriums«, das nach zwölf Jahren kompakt aus den Fluten steigen wird, und dieser aufgetauchte Fetzen eines Territoriums bleibt, nach Lenin, *»unbesiegbar«*. Gerade *dieses* Stück des Territoriums *kann* auch nicht mehr verlassen werden: wenn man einmal mit Hilfe einer *militärischen Formation* gekämpft hat, mag diese groß oder klein sein, dann steht man nicht mehr als Partei einer Partei, nicht mehr als Untertan einem Zaren, nicht mehr als Reformist einem System gegenüber, sondern dann ist man ein kriegführender Staat, der entweder vernichtet wird oder der Rußland erobert.

Der Krieg ist erklärt; die einzelnen Soldaten fallen, aber die Formation bleibt. Ein Stück einer Apparatur ist da, die alle diejenigen an sich ziehen und aufnehmen wird, die mit dem Zarismus brechen. Es ist gleichsam ein Schild vorhanden, hinter dem diejenigen Deckung finden, die neue Schilde schmieden, um die Front zu verbreitern. *Wenn* das Schlachtenglück sich wendet, dann geschieht es an der Stelle, an der die Feinde zum Stehen gebracht sind; der Potemkin ist das erste Rudiment einer Offensivfront – die Politik nimmt eine Kurve von 180°. Nach Lenin blieb »der Panzerkreuzer ›Potemkin‹ ein unbesiegbares Territorium der Revolution, und welches immer sein Schicksal sein mag, wir haben die unzweifelhafte und höchst bedeutsame Tatsache vor uns: den Versuch zur *Bildung eines Kerns der revolutionären Armee* ... Der erste Schritt ist getan. *Der Rubikon ist überschritten.*« (7, 516f.; 527). *»Aus dem Militär selbst erwachsen die Abteilungen der roten Armee«,* »Stützpunkte des allgemeinen offenen Kampfes« und *»Stützpunkte der revolutionären Regierung.«* Damit, daß eine feindliche Militärmacht aus dem Boden gestampft ist, ist der erste Schritt zur Gründung eines neuen Staates *bereits getan.* Es kommt nicht darauf an, ob die neue Armee groß oder winzig klein ist, sondern darauf, *ob sie da ist.* Sie wirkt *durch ihr Dasein politisch existenzsetzend.* Im Falle des Potemkin ist die vor aller Welt offenliegende Intensität des Hasses das »unsterbliche Teil.« Ein kleiner, aber unversöhnlicher Feind ist hier gefährlicher als eine große Macht, die bereit ist, zu paktieren. Die Geburtsstunde des neuen Militärapparates ist zugleich die Geburtsstunde des neuen Staates, der in das weltpolitische System der Mächte als Fremdkörper einbricht. Die Verlegenheit der alten Welt datiert bereits seit diesem Geburtsakt: »Der Übergang des ›Potemkin‹ auf die Seite des Aufstandes ist der *erste Schritt zur Umwandlung der russischen Revolution in einen internationalen Machtfaktor,* indem sie den europäischen Staaten von Angesicht zu Angesicht gegenübertritt.« Als zaristische Kriegsschiffe erscheinen, macht die rumänische Regierung darauf aufmerksam, »daß in den rumänischen Gewässern die Ordnung von der rumänischen Armee und der rumänischen Polizei aufrechterhalten werde, selbst dann, wenn der ›Potemkin‹ noch in den rumänischen Gewässern sein sollte.« »Und in Rumänien übergab der revolutionäre Panzerkreuzer den Konsuln eine Proklamation mit der *Kriegserklärung an die zaristische Flotte* und einer Bestätigung, daß er sich *neutralen* Schiffen gegenüber keinerlei feindselige Haltung erlauben werde. Die russische Revolution hat Europa wissen lassen, daß das russische Volk sich im offenen Krieg mit dem Zarismus befindet.« Dadurch, daß der Kern einer revolutionären Armee auftritt, gewinnt *die Revolution den Charakter des Krieges* zwischen zwei feindlichen Staaten. Die »Partei« Lenins ist von da bis zum Sieg der Revolution von 1917 nicht eine Partei »innerhalb« des zaristischen russischen Staates, sondern ein feindlicher Staat, der sich mit dem alten Rußland auch während des Weltkrieges im Kriegszustand befindet, und der den unausrottbaren Willen hat, den russischen Staat zu vernichten. Neben dem Drama der normalen und offiziösen europäischen Politik wird ein zweites Drama gespielt, zunächst scheinbar nur in einer Ecke der allgemeinen großen Bühne der Welt. Mit dem Übergang des Potemkin ist der Vorhang bereits hochgezogen, und der Prolog zu diesem zweiten Drama ist von Lenin gesprochen. Der Gegenspieler Lenin hat von jetzt ab die Handhabe, um schließlich die große Bühne selbst zu beschreiten. Der Potemkin bedeutet den Zugang zu der großen Apparatur, zu dem Requisitenwerk, mit dem man die große Bühne betritt und das Abnorme zur Norm erhebt. Um ein Stück, das aus der alten Apparatur herausgebrochen wurde, kristallisiert sich die neue Apparatur. Dieses Herausbrechen kann nicht wiedergutgemacht werden; es bedeutet entweder Hochverrat oder, im Sinne einer neuen siegreichen Norm, absolute Rechtmäßigkeit. Jede Verbindung mit der alten Macht ist unbarmherzig ein für allemal abgeschnitten, und nicht nur das Recht, über Rußlands Geschicke zu entscheiden, sondern das Recht, zu existieren, wird der alten Macht bewußt und unzweideutig abgesprochen. Lenin ist kalt entschlossen, den Zarismus und den alten Typus Staat zu vertilgen, und er hat in diesem Entschlusse nie geschwankt. Er kennt und sieht nur einen Typus Rechtmäßigkeit, und für die Rechtmäßigkeit der alten Herrschaft ist er blind. Seine Stärke liegt darin, daß er unberührt und unverbunden in der alten Apparatur steht. Er braucht sich nicht loszureißen, sondern er hat, wie ein Meteor in einer irdischen Landschaft, mit ihr nichts zu tun. Die Einwirkungen der alten Umgebung prallen immer spurlos von ihm ab.

In der Tatsache, daß aus einer alten Armeeapparatur ein Stück herausbricht und nicht wieder einzusetzen ist, kommt zuerst zum Ausdruck, daß das politische Ethos sich in einer grundlegenden Wandlung befindet. Das Verhältnis *eines ganzen Volkes* zu den festen und in sich vergitterten Zurüstungen des Lebens wird im Verhältnis des Soldaten zur Heeresordnung noch einmal aufgegriffen. Das Gesetz des weiteren Verhältnisses verhält sich zum Gesetz des engeren und bestimmteren Verhältnisses wie das allgemeine Kausalgesetz zur faktischen und unerbittlichen Aufeinanderfolge der Erscheinungen eines astronomischen Systems. Dort, wo die Ereignisse Schlag auf Schlag und in absoluter Präzision aufeinander zu folgen haben, findet man sich dem Thron des Gesetzes am nächsten. Wenn aus dem Präzisionswerk ein Stück herausbricht, dann gerät der

Thron ins Wanken – vielmehr, dann *ist* er im *ganzen* Bereich der Ordnung ins Wanken geraten.[56]

Nach Lenin bedeutet der »Fall Potemkin«, daß eine Gruppe Soldaten ihren soziologisch-politischen Charakter und ihr Verhältnis zur Apparatur in einem epochemachenden Sinne ändert. Aus dem Verhältnis, das kasernenmäßig abgeschlossene Spezialisten zu einem Arsenal haben, das sich in der Hand der Regierung befindet, wird das Verhältnis des bewaffneten Volkes zu einer Waffe, die das Instrumentarium der Politik ist, in der dieses Volk leibt und lebt.

Der Soldat faßt sich nicht mehr als bewaffneten Soldaten auf, sondern als bewaffneten Bürger, als Bürger, der nicht mehr von seinem bewaffneten Arm isoliert ist. Im Soldaten wird der Bürger lebendig, und er nimmt, verpflichtend, den Typus eines neuen Staatsbürgers vorweg, eines solchen, dem nicht nur die Legislative, sondern dem auch die Exekutive in persona zukommt. Der Soldat wird politisch, und er nimmt eine höhere Verantwortung auf sich. Er ist nicht mehr Instrument, sondern er steht für die Ziele ein, auf die hin er verwendet wird; er ist nicht mehr ein Eunuch in politicis. Aber zugleich verlangt er von jedem Bürger die Teilnahme an seiner Apparatur und das Opfer des Lebens für die politischen

56 Der *Unterschied* zwischen Natur und Politik kann hier nur anmerkungsweise erwähnt werden. Die Natur ist, im Unterschied von der Politik, mit ihrer Ausrüstung und mit ihrem Gesetz identisch; Leben, Ausrüstung und Gesetz fallen zusammen, und jede Änderung, etwa in Form eines »Wunders«, würde die *ganze* Natur mit *einem* Schlage treffen. Wenn aus Brot und Wein wirklich der Leib und das Blut Gottes wird (Transsubstantiation), dann ändern sich mit einem Schlage der ursprüngliche Lebenstrieb der Natur (der élan vital), die Form des Naturkörpers (die Ausrüstung) und das Gesetz, nach dem sich die Naturkörper zueinander verhalten. In der Politik *kann* die Änderung des Ganzen, die totale Umorientierung, vom Lebenstrieb *ausgehen,* von der Ausrüstung oder Form, und schließlich vom Gesetz oder der Ordnung. Nach Lenin geht sie um 1900 von der Änderung des bestimmenden Teils der Apparatur, nämlich der militärischen Organisation, aus. In der Zeit des Spätmittelalters ging, nach Marx und ähnlich nach Nietzsche, die Änderung des Ganzen davon aus, daß der politische und religiöse Lebenstrieb des Volkes durch den ökonomischen Gewinntrieb ersetzt wurde. Die Änderung des *Gesetzes* war, nach Augustin, für das Ende des Imperium Romanum maßgebend. An Stelle des Gesetzes und der Ordnung der »civitas terrena« trat das Gesetz der »civitas dei«.

Die eigenartige Dynamik der Politik entsteht nur, wenn Lebenstrieb des Volkes, Apparatur und Gesetz die Möglichkeit haben, *auseinander*zufallen. Wenn in einem politischen Frühling ein irgendwoher gefallener Samen aufgeht, dann macht der Lebensauftrieb aus den in der Umgebung verstreut liegenden Zurüstungen etwas, um unter einem Gesetz zu leben, unter dem er mächtig werden kann und unter dem er, wenn es gut geht, mit sich selbst übereinstimmt.

Ziele. Es gibt nur noch eine einzige Exekutivapparatur, und der Unterschied zwischen Armee und Polizei verschwindet. Schon 1905 steht für Lenin die Notwendigkeit fest, im neuen Typus Staat Exekutivapparatur und Volk miteinander zu verschmelzen. »Die Armee kann und darf nicht neutral sein (7,535). Die Armee in die Politik nicht einzubeziehen – das ist die Losung der heuchlerischen Lakaien der Bourgeoisie und des Zarismus, die in Wirklichkeit die Armee immer in die reaktionäre Politik einbezogen und die russischen Soldaten in Diener der Schwarzen Hunderte, in Helfershelfer der Polizei verwandelt haben. *Im allgemeinen Freiheitskampfe des Volkes kann man nicht beiseite stehen.*« (Vgl. auch Jahrg. II, 228 l. und Jahrg. I, 589 r.).

Der Funktions- und Strukturwandel der Militärapparatur ist zugleich Ursache dafür und Wirkung davon, daß sich die Anthropologie des politischen und staatsbürgerlichen Menschen grundlegend ändert. Der Lebensart entspricht laufend die Art der festen Ausrüstung des Lebens. Aus dem friedlich seinen Geschäften nachgehenden Bürger wird der wehrhafte Bürger, der selbst für die innere und äußere Ordnung, unter der sich seine Arbeit vollzieht, kämpfen muß.

Der »Dienst des Soldaten« ist in der neuen Ordnung nicht mehr »ein Beruf«; seine »unmittelbare Aufgabe« ist vielmehr *»der öffentliche Dienst«* (20/1,483). »Die Frage der Teilnahme der Soldaten an der Miliz ist die Grundfrage der *Umerziehung der ›Soldaten‹* zu Bürgermilizionären, der *Umerziehung der Bevölkerung* aus Spießern *zu bewaffneten Bürgern.*« »Mit der verfluchten Vergangenheit der Kaserne« wird gebrochen, »in der man, getrennt vom Volke, gegen das Volk, eine besondere Schicht von Bürgern ›abrichtete‹, dressierte, drillte für die ›unmittelbare Aufgabe‹, lediglich den Soldatenberuf auszuüben.« Die Militärapparatur ist in die totale Apparatur eingesponnen. An der Apparatur der Exekutive sitzt kein anderer Mensch als an der Apparatur der Legislative. Die Organisation der Exekutive ist nicht darauf dressiert und nicht dazu da, die Staatsorganisation, die Sowjetapparatur, zu schützen, sie ist von ihr überhaupt nicht getrennt, sie ist vielmehr ihr primärer, wesentlicher, kennzeichnender Bestand: »Die Sowjets … sind ein neuer Staatsapparat, *der erstens die bewaffnete Macht der Arbeiter und Bauern* darstellt, wobei diese Macht nicht wie die des alten stehenden Heeres vom Volke losgelöst, sondern *aufs engste mit ihm verbunden ist.*« (Stal. Len. 140). Das »ausführende Organ« der Sowjets besteht aus »einer allgemeinen Organisation« der bewaffneten Bevölkerung, und es versteht sich von selbst, daß es die Achtung und das Vertrauen dieser Bevölkerung genießt. »Auch die Frauen« werden »zum öffentlichen Dienst, zur Miliz, zum politischen Leben herangezogen« und »aus ihrer abstumpfenden Haus- und Küchenatmosphäre« herausgerissen (20/1, 48). Die Polizeiapparatur geht in der einen allgemeinen Exekutivapparatur unter, und an dieser sitzt das bewaffnete Volk selbst, eine »Miliz«, der »ausnahmslos alle Bürger und Bürgerinnen vom 15. bis zum 65. Lebensjahr angehören.« (20/1, 161). Die *negative* Kennzeichnung des »neuen Staatstypus« besteht darin, daß es die isolierte Bürokratie, die Polizei und das vom Volk getrennte Heer – Institutionen des bürgerlichen liberalen Staates – nicht mehr gibt (20/1, 161 ob.). Es gibt keine spezifischen Funktionen des Soldatenstandes mehr. Der bewaffnete Arm greift auf allen Gebieten des politisch-ökonomisch-sozialen Lebens ein, und jeder, der eine Anzahl von Fäden in der Hand hat, verfügt auch über den bewaffneten Arm. Die »allgemeine Volkswehr«, die »die gesamte arbeitsfähige Bevölkerung beiderlei Geschlechts umfaßt«, muß dazu übergehen, »nicht allein rein polizeiliche, sondern auch allgemein staatliche Funktionen mit militärischen Aufgaben und mit der Kontrolle der gesellschaftlichen Produktion und der Güterverteilung zu vereinigen.« (20/1, 37). Die außenpolitische Schlagkraft des neuen Typus Armee hängt davon ab, daß sie mit der Apparatur des gesamten politischen Lebens eins ist. Sie siegt, »weil sie weiß, daß sie ihre eigene Sache verficht, ihren eigenen Grund und Boden« behauptet, und ihre wirtschaftliche Machtposition in den Fabriken und Kombinationen des Landes nicht aus den Zähnen läßt; die Erfolge gehen darauf zurück, daß »die Armee zum ersten mal in der Geschichte auf die Nähe ..., die unaufhebliche Verschmelzung der Sowjets mit der Armee gegründet wird.« (Jahrg. I, 589). Die Armee ist in die Innen- und Außenpolitik restlos hineingezogen, und diejenigen, die an der militärischen Apparatur sitzen, haben die politische Zielgebung mit zu bestimmen. Diese Apparatur läßt sich nur für ganz bestimmte Ziele verwenden, weil sie die Zurüstung eines ganz bestimmten konkreten politisch-ökonomisch-sozialen Lebens ist; und sie läßt sich nicht auf andere Herrschaftssysteme übertragen. Andererseits ist das Volk, das die Herrschaft ausübt, an seinen eigenen Apparat gebunden. Mit diesem bestimmten Reservoir von Mitteln, dieser Räteorganisation, ist man auf dieses bestimmte militärische Instrumentarium angewiesen, und mit ihm lassen sich nur bestimmte, zugehörige Ziele erstreben und erreichen. Die Politik ist an die Mittel gebunden, die sie sich bereitstellte; die Mittel gegen etwas Bestimmtes her, und entsprechend kann die Politik ausgreifen oder entsprechend muß sie die Pflökke zurückstecken. Die Industriekombinate, die Bankenpolitik, die Organisation der motorisierten Landwirtschaft verpflichteten Rußland zu einer neuen imperialen Politik.

V. Die »Massen«organisationen in der »Umgebung« der Sowjets

Der »Staatsapparat« schließt sich nicht »von den Millionen der Volksmassen« ab, sondern er *»verschmilzt«* »mit ihnen durch eine Unzahl von Massenorganisationen, von allen möglichen Kommissionen, Sektionen, Beratungen, Delegiertenversammlungen usw. ..., die die Sowjets umgeben und auf diese Weise eine Stütze der Organe der Staatsmacht bilden.« (Stal. Len. a, 140). Die Massenorganisationen sind gleichsam der *Hof* der Staatsmacht im engeren Sinne, eine Repräsentation riesigen Ausmaßes, die bei Massenmeetings, Kongressen, Festlichkeiten auch überschaubar wird. Über sie hinweg verliert sich die zentrale Apparatur gleichsam in die Spontanität und Weite des Volkslebens. Dies ist *die Bedeutung* der Massenorganisationen *in bezug auf den Staatsapparat*. Sie verallgemeinern den Staatsapparat zum Apparat des ganzen politischen Volkslebens. Die Behördenorganisation des Staates wird zum Spezialfall der allgemeinen Ausrüstung, die sich das Leben des Volkes schafft. Der Akzent liegt auf dem Staat, und nicht auf der Gesellschaft; die staatspolitische Apparatur beginnt bereits dort, wo das Leben des Volkes sich eine – noch so elementare – Ausrüstung schafft; diese Ausrüstung liegt auf derselben Ebene, auf der die Behördenorganisation des Staates liegt, und es läßt sich nicht bestimmen, ob das Zentrum oder ob die Umgebung früher ist.

In bezug auf den *Partei*apparat haben die Massenorganisationen darüber hinaus eine *spezifische* Bedeutung: sie helfen als »Hebel« oder »Transmissionen« die *Diktatur* des Proletariats verwirklichen. Innerhalb der totalen Apparatur sind die Massenorganisationen *die* Stelle, an der die Apparatur des Eigenleben des Volkes tangiert, und daher sind sie auch der Hebel, mit dem die politische Initiative des Volkes selbst gelockert wird, mit dem es genötigt wird, sich selbst zu helfen und die Apparatur nach seinem Bilde zu formen. Den Hebel, mit dem die revolutionären Energien freigelegt und ausgehoben werden, hat die Partei in der Hand, als die »richtunggebende Kraft.« (Stal. Len. 312).

VI. Die Parteiorganisationen im Zentrum des Sowjetapparates

Die Massenorganisationen sind auf die Parteiorganisationen ebenso angewiesen, wie höchst übersetzte und weithin wirkende Kräfte stets an ein motorisches Zentrum, an eine Art Überlandzentrale, gebunden sind. Die Massenorganisationen sind die Stellen der höchsten und weitgespanntesten politischen Kraftentfaltung an der *Peripherie* der Staatsmacht (im engeren Sinne), und die Parteiorganisation ist die Stelle der höchten Kraft im *Zentrum* der Staatsmacht. Dieses Zentrum *wandert* aber, es ist nicht fest lokalisiert, sondern allgegenwärtig.

Es ist in der Soziologie der russischen Politik zwischen *äußerer Nachbarschaft* und *innerer Nähe* der Standorte zu unterscheiden. Die Massenorganisationen stehen dem Volk, das »diktiert«, ferner als die Parteiorganisationen, obgleich die Massenorganisationen ihm benachbart sind. In den Aktionen der Partei kommt der wesentliche und Generationen überspannende Wille des Volkes reiner, entschiedener, ursprünglicher und wirksamer zum Ausdruck als in den Aktionen der Massenorganisationen, die auf die alltäglichen Nöte und Interessen des Volkes acht zu geben haben. Die Parteiorganisation ist die Seele der Sowjetorganisation, der Staatlichkeit im engeren Sinne, während das Volk, das diktiert, die Seele der Staatlichkeit zweiter, höchster Potenz ist, das Volk als Ursprungsort des alles durchdringenden neuen politischen Pathos. Dieses Volk heißt in Lenins Terminologie »das Proletariat«, und die Partei ist innerhalb der *übergreifenden* Staatlichkeit das *primäre* Staats*organ,* weil sie die Diktatur des Proletariats, als Avantgarde, in der Hand hat. Die Staatlichkeit in der niederen Potenz, die Staatlichkeit im engeren, begrenzten Sinne, die Sowjetbürokratie, wurde mit einem Vexierbild verglichen, dessen Stücke aus verschiedenen Linienkomplexen herausgelesen werden müssen. Die Staatlichkeit *zweiter* Potenz umfaßt nicht nur die verhältnismäßig dünnen und starren Konturen des herausgelesenen Bildes, sondern mit ihnen zugleich die Linienkomplexe, in die die Konturen eingefügt sind, und mit denen zusammen das Gerippe erst sein Fleisch und Blut, seine Macht und seine Lebensfülle gewinnt.

Stalin (vgl. Stal. Len. 319, 313) bezeichnet die Parteiapparatur als den *»Kern der Macht«*. Sie sei aber »nicht *die* Staatsmacht«, und könne nicht etwa »mit ihr identifiziert werden.« Sie *nimmt* aber die *»Macht an sich«,* und sie *regiert durch die Sowjets* (Stal. Len. 319). »Als regierende Partei konnten wir nicht anders, als die Spitzen der Partei mit den Spitzen der Sowjets verschmelzen.« Die Partei wird dadurch zum Kern der Staatsmacht, daß die Spitzen des Parteiapparates mit den *Spitzen* des Sowjetapparates verschmolzen sind. Es ist nicht einfach Geflecht mit Geflecht verwoben. Zunächst sind einmal die leitenden Fäden zusammengedreht. An solchen Fäden geht man entlang, wenn ein Gewebe bestimmungsgemäß beherrscht und verwendet werden soll, und mit diesen Fäden hat man alle Fäden in der Hand, und man kann sich die aussuchen, die man weiterhin verweben will. Die Parteiorganisationen sind keine Sowjetorganisationen, es besteht eher umgekehrt die Gefahr, daß diese als Organisationen der Partei aufgefaßt werden. Nach Stalin will Lenin keineswegs sagen, »daß unsere Sowjetorganisationen als Ganzes, z. B. unsere Armee, unser Verkehrswesen, unsere Wirtschaftsorganisationen usw. Institutionen unserer Partei sind, daß die Partei die Sowjets und ihre *Verzweigungen* ersetzen, daß man die Partei mit der Staatsmacht identifizieren kann.« (Stal. Len. 319). Die Sowjets mit ihren Verzweigungen sind der »*unmittelbare Ausdruck* der Diktatur des Proletariats« (313). In die Organisation der Gesamtdiktatur greift der Parteiapparat ein. Er ist nur mittelbar Ausdruck der Diktatur, er ist nicht Apparat im ursprünglichen Sinne des Wortes, sondern er ist nur eine provisorisch herausgestellte Apparatur, eine Hilfskonstruktion, mit deren Hilfe der Staatengründer Lenin die Sowjetapparatur dem Volkskörper gründlich und für die Dauer einfügen wollte. Die Parteiorganisation ist eine Modellkonstruktion, dazu bestimmt, am Original zu arbeiten, eine Vorwegnahme des Originals, ein politischer Meistergriff.

Fünftes Hauptstück

Der neue Typus Politik (und die neue Sachlichkeit)

A. Die allgemeinen Kennzeichen des neuen Typus Politik

1. Das »Ziel« oder die Politik auf lange Sicht

I. Außenpolitische »Prinzipien« werden wörtlich genommen

Die Politik hat ein Ziel, ein Prinzip, es geht um eine übergreifende Sache – das ist die hervorstehendste und bestimmendste Eigenart des neuen Typus Politik. Die andern durchgehenden Eigenarten ergeben sich mit ihr: die Konzentration des Apparats auf den entscheidenden Punkt, die Vereinigung von Kühnheit und ruhiger wissenschaftlicher oder philosophisch-dialektischer Analyse, die Elastizität im Nebensächlichen und Vorläufigen und schließlich das realistische Eingehen auf die Umstände der Welt, durch die der Weg zu dem Ziele hindurchführt.

Lenin verlangt vom neuen Politiker, daß er ernste *Worte* auch ernst nimmt, und daß er sich der Tragweite der politischen Begriffe *voll* bewußt ist und bleibt. Mit dem »diplomatischen« Sprachgebrauch des alten Europa soll Schluß gemacht werden. Die *diplomatische* Sprache ist bisher überhaupt *die* politische Begriffssprache. Die Adjektiva »politisch« und »diplomatisch« sind identisch geworden. Wenn jemand *meint:* ich muß diese Sache »diplomatisch« behandeln, dann *sagt* er: ich muß diese Sache *»politisch«* behandeln. Die Politik als solche ist in den Schmutz einer »Diplomatie« hinabgezogen, die es sich zur Ehre anrechnet, auch die gewichtigsten und mit Blut getränkten Begriffe, die das Schicksal der Völker betreffen oder gar mit bestimmen, liederlich, fahrlässig und unehrlich zu behandeln. Es ist kein Zweifel, daß die politische Begriffssprache in Lenins Munde einen neuen Klang gewinnt. Wenn er mit der Verwendung eines Begriffs eine *Absicht* verfolgt, dann verdreht er diesen Begriff nicht, er kokettiert nicht mit ihm, schwächt ihn nicht ab und färbt nicht schön, sondern dann sucht er sich einen Begriff, der *tatsächlich* einen *mehrfachen* Sinn hat. Er fühlt sich stark genug, auch denjenigen Sinn des Begriffs mit anklingen zu lassen, den er in diesem Augenblick gerade *nicht* zur Geltung bringen will. Er weiß, daß er mit denen fertig werden wird, die sich einseitig oder gar ausschließlich an diesen Sinn des Begriffs halten, weil er selbst mit der Sache, die er durchsetzt, diesen Leuten überlegen ist. Von vornherein rechnet er auch mit einem Sieg im Reich der politischen *Begriffe* und Worte.[57]

Eine »mehrfache« Bedeutung haben sogar die meisten unter den wirkungsvollen politischen Grundbegriffen Lenins, und zwar Standardbegriffe wie Staat, Imperialismus, Gewerkschaft, nationale Freiheit, Sozialismus. An der finanzimperialistischen Verflechtung der Wirtschaftsbeziehungen ist tatsächlich etwas, zu dem Lenin »ja« sagt, das er für sehr modern hält. Andererseits, wenn Lenin den Begriff der »nationalen Befreiung« prägt, ist es nicht seine Absicht, die Freiheitsbewegung für seine eigenen Zwecke, für Zwecke, die dieser Bewegung fremd sind, zu mißbrauchen. Er läßt die kraftvollen Agenzien der gegenwärtigen politischen Welt unbefangen auf sich wirken, er läßt sich auch unbefangen von ihnen mit tragen, schließlich gibt er ihnen aber Namen, die geeignet sind, diese Agenzien in einem weiten Bogen auf die Seite *seiner* Welt herüberzuziehen. Von Bessarabien bis zur Türkei und von Persien bis nach China ist es kaum noch möglich, die Freiheitsbewegung antileninistisch umzutaufen. Der Name, den Lenin in das Kampfgetümmel hineinrief, bietet sich in den Augenblicken der höchsten Gefahr als diejenige Parole an, die allein das Unversöhnliche des Gegensatzes gegen die Unterdrücker restlos befriedigend und wirksam ausdrückt. Lenin hat gleichsam einen polemischen Begriff gefunden, der mit einem Schlag das Fleisch von den Knochen trennt, und der, wenn es darauf ankommt, das Trennende unerbittlich aufzuweisen, das höchste leistet; nur ein »Aufstand gegen die finanzimperialistische Unterdrückung« kann dazu führen, daß die unterdrückende »plutokratische« Nation bis in ihre Eingeweide zerissen wird. Der Name dringt dem Benannten durch Mark und Bein, und darum stößt der Versuch, die Bewegung umzutaufen, auf schwere *innere* Widerstände. Wer von dem Namen nicht wieder loskommt, der kommt auch von der

57 Und aus diesem Grunde studiert er die Logik des größten deutschen Philosophen der Neuzeit – Hegels.

Sache nicht wieder los; er fällt durch sein Tun immer wieder auf seinen Namen zurück. Lenins Meinung ist, daß seine Namensgebung und seine Begriffsbildung innerhalb eines weiten Rahmens der Weltpolitik seinem eigenen »neuen Typus Staat« eines Tages zugute kommen wird. Diese Art von Namensgebung ist einer jener Erfolge, die erst mit anderen, spät sich daraus ergebenden Erfolgen zusammen eingeerntet werden.

II. Der »prinzipielle« Charakter der Innenpolitik

Besonders zuwider ist Lenin die windbeutelige Selbstgefälligkeit und der billige »politische« Snobismus der Diplomaten, den sie hervorkehren, wenn sie das Wort »Prinzip« im Munde führen: »Etwas im *Prinzip* annehmen heißt«, nach Lenin (20/1, 203), »in der Sprache der Diplomaten, es in *Wirklichkeit* ablehnen«, während die Politik im Sinne Lenins darauf gerichtet ist, das Ziel in Wirklichkeit zu erreichen. Im »Prinzip« kann nur ein Vorschlag angenommen werden, der der historischen Aufgabe des neuen Typus Staat entspricht. Wer nachlässig und frivol mit dem Ernsten spielt, während er gerade für den Ernstfall verantwortlich ist, der zeigt nach Lenin, daß an ihm nichts ist, das ernst genommen werden kann. Ein Politiker, der sich über das »Prinzip« lustig macht, ist einem Theologen zu vergleichen, der mit Gott seine Scherze treibt, und der den armen Seelen, die sich fürchten, zur Beruhigung, als guter Diplomat einredet, daß das, was er lehrt, in dem Alltag des braven Menschen nur dann eine Rolle spielt, wenn es ihn nicht stört. Ein Politiker ohne ernsthaftes Verhältnis zu einem »Prinzip« der Politik ist zweifellos ein halber Hanswurst – halb, weil er niemanden belustigt.

Lenins Politik ist tatsächlich nach einem Ziel oder Prinzip ausgerichtet, und viele haben sich verrechnet, die dadurch auf ihre Kosten zu kommen glaubten, daß sie diesen Politiker *nicht* beim Worte nahmen. Er hat es *durchgesetzt, daß man ihm beim Worte nehmen muß,* und daß von seinen innenpolitischen Feinden denen, die über die von ihm geprägten Worte lachten, das Lachen verging. Ein »moderner« Mensch, der etwas ernst nimmt – und noch dazu politische »Prinzipienfragen« – der macht sich lächerlich: das ist eine versumpfte Meinung, die Lenin in Rußland tatsächlich ausrottete. Er hat es vermocht, den Begriff des »modernen« Menschen in Rußland umzuprägen und die Blasiertheit aus dem Reich der Politik zu vertreiben. Die Zielbestimmtheit erstreckt sich kategorisch bis in die letzten Schlupfwinkel der sozialen und nationalen Existenz. Fragen, die in andern Ländern auf dem Wege des Kompromisses gelöst werden können, wie steuerpolitische Fragen, gewinnen in Rußland einen »prinzipiellen« Charakter, wenn sie innerlich auf die Sendung des neuen Typus Staat bezogen sind. Zur Frage der »Naturalsteuer« sagt Lenin 1921 (Jahrg. II, 285): »Um so nützlicher wird es sein, an diese Frage nicht unter dem Gesichtswinkel ihres aktuellen Interesses heranzutreten, sondern sie vom prinzipiellen Standpunkt zu betrachten, (von) *dem allgemeinen Grundfonds jenes Bildes* (aus), *auf dem wir gegenwärtig die Muster bestimmter praktischer Maßnahmen der Tagespolitik auftragen.*« Hier zeigt Lenin zugleich, welche Aufgabe er *sich* als Diktator in der Teilung der politischen Arbeit vorbehalten hat und auf welchem Felde die spezifischen Fähigkeiten und die Pflichten des modernen Diktators liegen, er zeigt, von welchem Moment an der Diktator in Funktion tritt. Der Diktator hat gleichsam die geographische Karte in der Hand, in die neu zu bauende Straßen und Wege einzuzeichnen sind, er mißt die praktischen Vorschläge an der Zielgebung des politischen Ganzen, er trägt nach, was auf Grund der praktischen Vorschläge nachzutragen ist, und er vervollständigt die Konstruktionslinien, in denen die Zielgebung fixiert ist. Die Vielheit und Mannigfaltigkeit der Konstruktionslinien wird in einem einheitlichen Entwurf zusammengehalten. »*Die Einheit im Hauptsächlichen, im Grundlegenden, im Wesentlichen, wird* nicht gestört, sondern *gesichert durch die Vielgestaltigkeit* in den Einzelheiten, in den örtlichen Besonderheiten, in den Methoden des Herantretens an die Sache, in der Art und Weise der Verwirklichung der Kontrolle, in den Wegen zur Ausrottung und Unschädlichmachung der Parasiten (der Reichen und der Betrüger, der Schlampigen und der Hysterischen unter den Intellektuellen usw.)«, dies die einprägsamste Formel Lenins für den neuen Typus Politik (Wettb. 14).

Es kommt darauf an, daß der Weg zum Ziele, zu einer neuen, epochemachenden Verfassung der Dinge führt, und es ist gleichgültig, ob dieser Weg eine Gerade oder eine Kurve beschreibt, ob er populär oder unpopulär wirkt, ob er reformistisch, revolutionär, friedlich oder kriegerisch ist. Es kommt weder auf den soziologischen Träger der Politik noch auf seine Gesinnung an, sondern auf die »Sache«.[58] Die »Stoßbrigade«, die

58 Vgl. Stal. Len. 277: »Entscheidend bei der Bestimmung des revolutionären oder des reformistischen Charakters dieser oder jener Partei sind nicht die revolutionären Aktionen an sich, sondern *die politischen Ziele und Aufgaben, derentwegen diese Aktionen* von der Partei unternommen werden ...«. Die Politik ist, mit andern Worten, auf eine Metaphysik bezogen und aus der positivistischen Periode herausgeführt. Als »Leninismus in der Praxis, Leninismus in der Führung« bezeichnet es Stalin, daß die Partei *»im Interesse der Verwirklichung der Generallinie entschlossen gegen den Strom kämpfte.«* Wenn die Sache

die »Sache« vorwärtstreibt, ist allerdings eine bestimmt geartete Elite der Bevölkerung (Stoßbr. 15).

Wie eine gute russische Politik nicht damit schon gegeben ist, daß »gute Russen« die Subjekte sind, die Politik machen und für die Politik gemacht wird, sondern erst damit, daß es wirksam um eine gute Sache geht, so ist eine gute »Arbeiter«politik auch nicht damit gegeben, daß gute, qualifizierte Arbeiter Politik machen. Die Zielgebung zieht den Menschen auf sich, nicht der Mensch die Zielgebung. Der hochqualifizierte englische Arbeiter z. B. ist anscheinend rettungslos vom Liberalismus der alten politischen Epoche infiziert, und ihm gelingt kein Durchbruch zur Sache der neuen Epoche, obgleich er Arbeiter ist: »Natürlich besteht die Labour Party größtenteils aus Arbeitern (25, 450, 451). Aber daraus folgt noch nicht, daß jede Arbeiterpartei, die aus Arbeitern besteht, gleichzeitig eine »*politische* Arbeiterpartei« sei. Das hängt davon ab, von wem sie geleitet wird und *welchen Inhalt* ihre Aktionen und ihre politische Taktik haben. Nur davon hängt es ab, ob wir wirklich eine *politische* Partei des Proletariats vor uns haben. *Von diesem* einzig richtigen *Standpunkt aus ist,* im Gegenteil, die Labour Party eine durch und durch *bürgerliche* Partei, *obwohl sie aus Arbeitern besteht;* denn sie wird von Reaktionären, und zwar von den allerschlimmsten, ganz *im Geiste* der Bourgeoisie geleitet.« *Da es auf den Geist ankommt, in dem die Politik geleitet* wird, können sehr wohl nichtproletarische Klassen zu den Trägern der Politik gehören, und es ist möglich, daß Bauern und bürgerliche Ingenieure eher als bestimmte Arbeiterkreise dazu gebracht werden, daß ihnen der Durchbruch zur Sache der neuen Epoche gelingt. Es ist eine »Sowjetdisziplin« zu erstreben, die sogar »die Gegenrevolutionäre der Bourgeoisie« »restlos umfaßt, sie sich unterordnet und *zwingt, unsere Wege zu gehen, unserer Sache zu dienen* … Hunderttausende kann man nicht über Bord werfen«, fährt Lenin fort, »und wenn wir das täten, würden wir selbst unsere Position untergraben. Wir können den Kommunismus aus nichts anderem aufbauen als aus dem Material, das der Kapitalimus geschaffen hat.« (Jahrg. I, 593). Man muß »*diejenigen zwingen* …, den Kommunismus aufzubauen, *die seine Gegner waren, und ihn aus Steinen aufbauen, die von den Kapitalisten gegen uns bereitgestellt worden sind.*« (das. 592).

selbst auf dem Spiele steht, darf und kann auf die Stimmung und Zustimmung der Bevölkerung *keine Rücksicht* genommen werden.

2. Konzentration auf dem entscheidenden Punkt

Das übergreifende Ziel ist nur in Etappen zu erreichen, in mehreren Vorstößen. »Unser Programm sagt ..., daß wir die ersten Schritte zur Aufhebung der Klassenherrschaft machen und daß wir bis dahin eine ganze Reihe von Übergangsstufen durchlaufen müssen. Der Plan der ersten Etappe, »der von wissenschaftlichen Fachkräften ausgearbeitete Plan der Elektrifizierung«, bedarf, um ausgeführt zu werden, eines Spielraumes von zehn Jahren.

Das Ziel ist nicht ein einzelner Punkt, sondern ein ganzes Feld zu besetzender Punkte. Die beherrschenden Punkte des Feldes sind um jeden Preis zu nehmen, denn das Zielfeld wird durch die Zielpunkte mitbestimmt, es ist mit der Allheit der Zielpunkte gegeben. Die Sendung des neuen Typus Staat besteht darin, Punkt für Punkt das ganze Zielfeld einzunehmen. Wer die Punkte beherrscht, beherrscht das ganze Feld – allerdings ein Feld, das er selbst erst neu entdeckt und auf dem sich, vor ihm noch keine politische Gruppe bewegt hat. Um einen Punkt auf dem Felde des »neuen Typus Staat« zu besetzen, muß er jedesmal einen Punkt auf dem Felde des alten bürgerlich-kapitalistischen »Status« der Dinge genommen oder behauptet haben. Er spielt gleichsam auf zwei Schachbrettern zugleich, und wenn ein Zug auf dem Schachfeld der kapitalistischen oder imperialistischen Wirtschaft erfolgreich verläuft, so ist ihm, mitfolgend, ein Zug auf dem Felde seiner eigenen Neukonstruktionen freigestellt, der die Gesamtkonstellation im Planstaat günstig beeinflußt. Wenn er z.B. seinem Holz-, Öl- oder Getreideexport ein neues Feld auf dem Schachbrett der Weltwirtschaft erobert, dann bekommt er Devisen herein, mit denen er Lieferanten und Staatsgarantien findet, um seine Produktionsmittelindustrie auszubauen und die technischen Voraussetzungen für eine Agrarverfassung zu schaffen.

Alle Kräfte sollen jeweils im entscheidenden Moment einer Phase eingesetzt werden, und darum wird ein Kurs verfolgt, der nicht mit Tagen und Jahren, nicht mit Sitzungsperioden eines Parlaments, nicht mit dem Personenwechsel in eignen oder fremden Regierungen und nicht mit Budget- oder Moratoriumsfristen rechnet, sondern mit ganzen historischen Epochen. »Wir verurteilen stets ... die Taktik«, sagt Lenin (21/275), »die ›von einem Tag auf den andern lebt‹ (d.h. die alte ›nationalstaatliche‹ diplomatische ›Politik‹). Die Erfolge des Augenblicks genügen uns nicht. Überhaupt genügen uns Berechnungen auf eine Minute oder einen Tag nicht. Wir müssen uns *stets* kontrollieren durch das *Studium* der Kette der politischen Geschehnisse in ihrer Gesamtheit, in ihren ursächlichen Zusammenhängen, in ihren Ergebnissen.« Der Grundsatz der Taktik besteht darin, das entscheidende Verbindungsglied der »Kette« der Geschehnisse in die Hand zu bekommen, und dieser Grundsatz führt schließlich auf die Axiome einer Strategie zurück, die mit Hilfe einer historischen Analyse und einer geschichtsphilosophisch-dialektischen Zusammenschau die Sache erfaßt, ansteuert und erbarmungslos festhält, um die es *in der ganzen Epoche* des Proletariats, des politischen Willensträgers, geht, gehen soll und allein gehen kann.

Jede entscheidende Maßnahme bedeutet einen Schritt von einem wichtigen peripheren Punkt in die Mitte des neu zu erobernden Geländes. Überall, wo eine Frage ganz brennend ist, meldet sich gebieterisch der Geist der Zeit. Nur innerhalb des weiten historischen Raumes einer Epoche wird die anspruchsvolle Forderung gestellt, Fragen wie die der Planung, der Agrarverfassung anzupacken und zu lösen; in dem engeren Raume der nationalstaatlichen kapitalistischen Diplomatie kann diese Frage nicht einmal visiert werden, sie liegt außerhalb des Blickfeldes, und es bedarf einer andern Sehlinse, damit Gegenstand und visuelles Bild zueinanderkommen.

Nach Lenin ist es die Diktatur des Proletariats, innerhalb derer dem Politiker eine neu Sehlinse gleichsam zuwächst. Diese Diktatur steht und fällt mit ihrer spezifischen Aufgabe: der Ausgestaltung eines planwirtschaftlichen Staates.

Die Perspektive auf die *ganze* historische Aufgabe ist nicht unmittelbar gegeben. Die Perspektiven auf einzelne wichtige Zielpunkte ergeben zusammen die Perspektive auf das Ganze der Planlandschaft. Ein Beispiel für eine solche einzelne konkrete wichtige Zielgebung ist die Förderung des Bauernstandes am Anfang der Neuen Ökonomischen Politik, und überhaupt die »Hebung« der Mittelschichten der Reichsbevölkerung. Die einzelne konkrete Perspektive »gehört« nicht nur zum *Ganzen* der Zielgebung, sondern sie muß auch deshalb verfolgt werden, weil in einer bestimmten Phase die Perspektive auf einen einzelnen entscheidenden Geländepunkt, *gegenwärtig und zugängig* ist. Der Politiker muß naiv in der Bewältigung der einzelnen Schwierigkeit aufgehen, und der Glaube spricht sich nicht im blinden Fanatismus aus, sondern darin, daß er seiner Sache so sicher ist, daß er auch im Vorgelände alle Linien in ruhigem und steten Fluß auszieht. Daß jemand der Sache im Ganzen treu ist, zeigt sich gerade darin, daß er an die Lösung der augenblicklich brennendsten Frage mutig und ausdauernd herangeht. Denn, führt Lenin aus, »die Diktatur *des Proletariats* bedeutet die politische Leitung durch das Proletariat, das Proletariat muß als führende, als herrschende Klasse es verstehen, *die Politik so zu lenken, daß sie in erster Linie die dringendste, die brennendste Frage* zu lösen vermag«: im Moment, in dem Lenin dies ausspricht, die Hebung der produktiven Kräfte der Bauernschaft, um von da her das Band zwischen Bauer und Arbeiter zu festigen (Jahrg. II, 291r). Innerhalb der Diktatur des Proletariats ist es *»der einheitliche Wirtschaftsplan für den Gesamtstaat«,* der *»verlangt, daß gerade dies zum Mittelpunkt der Beachtung und Sorge, zum Mittelpunkt der dringlichsten Aufgaben gemacht wird«,* nämlich die Hebung der Bauernwirtschaft mit Hilfe einer Hebung der umliegenden Kleinindustrie. »*Eine gewisse,* hier *in nächster Nähe von dem ›Fundament‹, an seiner breitesten und tiefsten Stelle, erreichte Verbesserung* wird es gestatten, in kürzester Zeit an eine energische und erfolgreichere Wiederherstellung der Großindustrie heranzutreten.« (Jahrg. II, 298 l).

Die Konzentration des ganzen Apparates (25, 160ff.) auf den entscheidenden Punkt führt jeweils zu einem Zug, der eine Gesamtheit von Zügen nach sich zieht – bis zu einem letzten entscheidenden Schachzug, der die Herrschaft über das ganze Feld sichert. Damit man sich vom Ganzen her frei von Punkt zu Punkt bewegen kann, muß erst ein Punkt nach dem andern genommen sein, und das Gesetz selbst, nach dem man innerhalb des Feldes über jede Stellung und jede Kombination von Stellungen verfügt, wird im Verlaufe der Praxis entdeckt. Der Taktiker dringt Schlag auf Schlag in das Feld ein, er ist zunächst selbst nur eine Figur des Feldes, das er behaupten möchte; mit jedem gelungenen Zug steigt er in der Rangordnung der Figuren auf, bis er alle typischen Konstellationen durchprobiert hat und aus dem Kreis der gegeneinander agierenden Figuren heraustritt. Er muß sich in jedem entscheidenden Moment ganz einsetzen, und er ist selbst aufsteigend immer wieder Glied der Kette, bis er schließlich die ganze Kette in die Hand bekommt. Das Ziel ist ein Imperium, in dem nicht mehr nach Jahrzehnten gerechnet zu werden braucht, weil die Baumeister des Reiches – wie ehemals die Gesetzgeber des römischen Reiches – die politische Weltformel gefunden haben.[59]

59 Lenin führt (Jahrg. II, 982ff.) aus, man müsse lernen, »in jedem Augenblick das besondre Kettenglied herauszufinden, an das man sich klammern muß, *um die ganze Kette festzuhalten,* und den Übergang zu dem darauffolgenden Glied vorzubereiten, wobei die Reihenfolge der Kettenglieder, deren Form, deren Zusammenhang, deren Unterschiede

Lenins politische Strategie rechnet mit einer ganzen *Welt* von Feinden, und er möchte eine ganze Epoche schachmatt setzen, zu der Angehörige aller Klassen, Rassen, Nationen, Bildungs-, Gesellschaftsschichten gehören. In jeder einzelnen Phase kommt es darauf an, zu bestimmen, wo der Feind sitzt, und ihm unnachgiebig auf den Leib zu rücken. Im Frühjahr 1921 zum Beispiel ist nach Lenin »der Schieber, der Leichenfledderer des Handels, der das Monopol vereitelt …, unser wichtigster ›innerer‹ Feind, ein Feind der wirtschaftlichen Maßnahmen der Rätemacht.« (Jahrg. II, 286 l). Wenn ein *bewaffneter* Feind anrückt, dann kommt es, nach Stalin (Stal. Len. 86), darauf an, die Hauptkräfte der Revolution »im entscheidenden Augenblick an der *verwundbarsten Stelle* des Gegners« zu konzentrieren. Zum Beispiel in der Periode April–Oktober 1917 war der verwundbarste Punkt des inneren Feindes, des Bürgertums und der liberalen Arbeiterparteien, der Krieg, den dieser innere Feind im Namen Rußlands gegen Deutschland führte. Der Feind konzentriert sich seinerseits an schadhaften oder baufällig gewordenen Stellen des eignen Staatsgebäudes, und dann kommt es darauf an, »diese« bestimmte »Wand … zu stützen« (Jahrg. II, 297r); so muß nach Lenin 1921 die Kleinindustrie wiederhergestellt werden, »diese Wand des durch Krieg und Blockade halb zerfallenen Gebäudes« »gestützt« werden. Es kommt nicht auf Radikalismus im einzelnen, in der *inhaltlichen* Zielgebung der Taktik an; bezüglich des *Inhalts* gibt es nur einen *Radikalismus der Strategie,* und in der Taktik ist nur ein Radikalismus in der *entschlossenen und ausdauernden Durchführung der Maßnahme* am Platze. Ihrem *Inhalt* nach kann die Maßnahme reformistischer Natur sein, einen Rückzug bedeuten. Im vorliegenden Falle der »Wiederherstellung der Kleinindustrie« wird eine »Wand gestützt«, damit nicht das ganze, im Umbau befindliche Gebäude, die provisorische Unterkunft eines provisorischen Staatsvolkes, einstürzt.

in der geschichtlichen Kette der Ereignisse gar nicht so einfach wie bei einer gewöhnlichen, von einem Schmiede gemachten Kette sind.« »Werden wir uns jetzt an dieses Glied«, die Belebung des Innenhandels unter staatlicher Regulierung, »genügend kräftig klammern, so werden wir uns in der nächsten Zukunft sicher auch der ganzen Kette bemächtigen.« Das Symbol der Kette ist von Stalin für den neuen Typus Politik übernommen. Stalin zeigt, daß er vorzugsweise gerade in der Mitte der Leninschen Politik weiterlebt: in ihrer Metaphysik und Dialektik. Es handelt sich nach Stalin darum, »daß aus einer Reihe von Aufgaben … gerade die nächste Aufgabe herausgegriffen wird, deren Lösung den Zentralpunkt bildet«, um »das Auffinden jenes besondren Gliedes in der allgemeinen Kette der Prozesse, dessen Festhalten den Besitz der ganzen Kette und die Vorbereitungen für die Erreichung des strategischen Erfolges sichert.« (Stal. Len. 91f., 86f.).

Wenn ein bestimmtes Ziel erreicht werden muß, werden, das gehört zum Radikalismus der Taktik, bedenkenlos die geeigneten Mitarbeiter herangezogen. Wie die Richtung auf das Hauptziel sich nach und nach herausstellt, indem die jeweils aktuellen Ziele verfolgt werden, so tritt die Physiognomie der Gesamtpartei nach und nach hervor, indem bestimmte Gruppen für bestimmte wichtige Zwecke aus dem Reservoir der Reichsbevölkerung herausgegriffen werden und in Aktion treten. Die Partei hat ein Gesicht: als die intelligible Gemeinschaft aller derer, die in kritischen Augenblicken in die Bresche sprangen und etwas leisteten. Um das Antlitz der Partei graphisch wiederzugeben, müssen sehr viele perspektivische Linien gezogen werden. In jedem kritischen Augenblick der gegenwärtigen russischen Politik ergeht ein Aufruf an Menschen von bestimmter Physiognomie, und erst alle zusammen, die nacheinander zur Stelle waren, haben ein Gesicht, das man als das Gesicht der Partei bezeichnen könnte. In dem Gesicht der Partei sind, wie in dem Gesicht eines bedeutenden Menschen, viele Gesichter enthalten; es gelingt erst dann, die Züge zu enträtseln, wenn man den Menschen in mehreren kritischen Lebenslagen aufmerksam und durchdringend beobachtete. Wie die Sache, um die es geht, so ist auch – in dem hier geschilderten Sinne der Einheit von Aktion und Format – die Partei perspektivisch aufgebaut. »Wir müssen«, führt Lenin aus, »im Namen der Partei offiziell erklären, *worin der Schwerpunkt der Arbeit gegenwärtig liegt, und wir müssen dementsprechend unsere Reihen umgruppieren.*« (Jahrg. III, 337 r). Die Reihen werden mehrfach umgruppiert, die wildwachsende Masse der Agierenden wird immer wieder beschnitten, durch einen neuen Spielraum von Aufgaben und von Aktionsmöglichkeiten wird neuen Kräften die Mitarbeit ermöglicht, und aus denjenigen, die jede Siebung, jede Auslese und jede Umschmelzung als politische Stammgruppe überdauern, wird sich schließlich der neue Typus Partei oder Kommunist rekrutieren, bei dem die Macht ruht, wenn das ganze Spielfeld erobert ist. Die politische Epoche sucht sich Zug um Zug ihre Menschen, und in den Wirbel des großen historischen Ausleseprozesses ist bedenkenlos jeder Staatsbürger hineingezogen, im Gegensatz zum alten Typus Politik, wie er der bürgerlich-parlamentarischen Epoche eigen ist: »In allen kapitalistischen Ländern (25, 160), in den demokratischen Republiken, wird die Aufmerksamkeit des Volkes in solchen Perioden von jener käuflichen bürgerlichen Presse abgelenkt, die die Freiheit des Wortes verkörpern soll und die alles in Bewegung setzt, um diese Masse zu prellen und zu betrügen! Bei uns dagegen ist der gesamte Staatsapparat, die gesamte Aufmerksamkeit des klassenbewußten Arbeiters vollkommen und ausschließlich konzentriert auf den wichtigsten, verantwortlichsten Moment, auf die Hauptaufgabe.« Die »Arbeit«, »die erfordert, daß man das Nebensächliche beiseiteschiebt und das Hauptsächliche hervorhebt«, den Radikalismus der Taktik, der in der Methode, nicht im Inhalt, liegt, nennt Lenin eine *»Arbeit der Selbstdisziplin.«* (25, 162). Die bestimmte harte Aufgabe formt das politisch-ökonomische Leben der Massen wie ein »Schleifstein« (Jahrg. III, 17 r).

3. Kühnheit in der Wahl der Mittel (Kompromiß, Pakt, Rückzug) und geistige Durchdringung der Zwischenphasen

I. Gegensatz des Leninschen Begriffes vom »Kompromiß« zum Begriff der Radikalen und Reformisten

α) Aus dem »Kompromiß« wird in Rußland eine Anpassungsfähigkeit an (scharfe) Kurven

Ein Politiker, der seiner Sache sicher ist und für den es außer Frage steht, daß er und seine Gefolgschaft der Sache treu bleiben, kann sich in der Wahl der Mittel vieles erlauben; er hat in der Bestimmung des Kurses weiten Spielraum. In der Taktik kann der neue Typus Politiker etwas riskieren, weil er gewohnt ist, seine ganze politische Existenz aufs Spiel zu setzen, weil er um die Erreichung des strategischen Ziels kämpft und weil er den taktischen Zielen nur eine vordergründige Existenz zubilligt. Er ist einem Spieler zu vergleichen, der gewohnt ist, mit sehr großen Einsätzen zu spielen, und der, wenn gelegentlich kleinere Einsätze ausgespielt werden, freier als die andren mit den Spielregeln umgeht. Man kennt ihn, und er braucht nicht zu besorgen, daß die andern ihm kleinliche Motive unterschieben, wenn er die Skala der Taktik durchprobiert. Er läßt ein Mißgeschick oder eine Fehlkalkulation, die seinen Gegnern vielleicht schon schlaflose Nächte bereitete, vorübergehen, ohne sich lange dabei aufzuhalten, den Verlust zu betrauern. Verschiedene »diplomatische« oder politische Niederlagen, die Staatsgefüge alten Typs erschüttert, die zu Ministerkrisen und Parteirevolten geführt hätten, wie Landverluste, der Mißerfolg in China, oder die Rückschläge in der Agrarpolitik, können die russische Politik nicht wesentlich lähmen. In einem anderen Typus Staat ist auch die politische Gefahrenzone anders gelagert: Die »Ehre« dieses Staates wird mit »diplomatischen« Beleidigungen und Verdächtigungen nicht mehr getroffen; man kann nicht mehr eine »Opposition«

gegen eine Regierung ausspielen; es gibt keine Handhabe, die Armee zu zersetzen; und die verwundbaren Stellen in der *welt*politischen Lagerung des Reiches sind mit den alten Augen und Sehweisen kaum aufzufinden.

In der Frage des »Kompromisses« ist zu beachten, daß eine Maßnahme, die nach der alten Sehweise eine Bescheidung, einen Vergleich darstellt, die voraussetzt, daß man die Ansprüche zurückgeschraubt hat, unter den neuen Umständen der russischen Politik oft sehr kühn und alles andere als »harmlos« ist; zum Beispiel die Benutzung alter kapitalistischer Methoden während der Neuen Ökonomischen Politik, oder die Art, wie man sich, scheinbar als Märtyrer eines radikalen Pazifismus, aus dem Kriege zurückzog, indem man die Feindschaft zwischen den anderen auf Siedeglut brachte, hat etwas Diabolisches. Der gegebene Moment, in dem eine Politik all ihre Anpassungskünste spielen läßt, ist eine entscheidende Wendung der Dinge, eine »starke Kurve«. Sie holt in der Kurve aus ihrem Apparat heraus, was herauszuholen ist. Ein schwerer Wagen von hoher Antriebskraft paßt sich den Gegebenheiten einer ausladenden Kurve anders an als ein leichter und billiger Wagen, er hat eine *höhere Anpassungsfähigkeit*. Eine politische Gruppe, wie die der Bolschewisten, ist deshalb in Kompromissen besonders weitherzig und erfinderisch, *weil* der Parteiapparat kühner und mächtiger ausgreift als der einer Reformpartei. Die Revolutionäre hassen allerdings die »alte Welt«, und immer, wenn ein Kompromiß in Frage steht, muß überlegt werden, wieviel ihnen zugemutet werden darf, wieweit sie ihren Haß einmal schweigen lassen können. Eine Reformpartei hat, wenn eine schwere Kurve zu nehmen ist, *weniger* Anpassungsfähigkeit als eine revolutionäre Gruppe.

β) Die Radikalen haben ein falsches Verhältnis zum Kompromiß

Die Frage des Kompromisses verschiebt sich nach Lenin auf eine neue Bahn; unter russischen Verhältnissen wird aus einem Kompromiß leicht das Gegenteil eines Kompromisses. Die »Radikalen« schreiben der Sache eine Bedeutung zu, die sie nicht hat, indem sie die Sache einseitig von der psychologischen Seite beurteilen. Sie vergrößern die Tatsache, daß der Rennfahrer sich anpaßt, sich duckt und zur Seite beugt, und sie verkleinern die zugehörige Tatsache, daß er die Kurve nimmt. Um einem kindlichen Idealismus Nahrung zu geben, reißen sie Zusammengehöriges auseinander. *Die Haltung,* die gewahrt und gezeigt wird, ist nach Lenin *mit dem Tun verschmolzen;* die Radikalen wollen die *Geste* sehen. Wer in einer »Todeskurve« an die Pose denkt, ist verloren; es kommt darauf an, die

Gefahr zu bestehen, und wenn noch ein Rest von »revolutionärer« Eitelkeit da ist, so wird er zerrieben. Nicht das »Kompromiß«, sondern die *Reflexion* auf das Kompromiß ist das Abwegige.

Die Radikalen werden nicht etwa dadurch widerlegt, daß jemand fachlich auf ihre Argumente eingeht – ein Idealist reagiert mit Enttäuschung oder Trotz auf Argumente, er läßt sich nicht »fachlich« belehren. Zwei Methoden sind nach Lenin angemessen, die Idealisten abzufertigen. Einmal werden sie dadurch desillusioniert, daß man ihnen den wirklichen Sachverhalt hinstellt und entgegenhält, und zweitens werden sie dadurch ernüchtert, daß man ihre Motive analysiert und sie »seelisch« zurechtrückt.

Einmal also stellt Lenin die »Wahrheit« hin, in der Annahme, daß in ihrer Nähe die Illusion wie Aprilschnee zerschmilzt. Er prägt für die Politik, die zum Sieg der Revolution führt, folgende Formel: »Die Aufgabe einer wahrhaft revolutionären Partei (21, 163) besteht nicht darin, den unmöglichen Verzicht auf jegliche Kompromisse zu proklamieren, sondern darin, *durch alle Kompromisse* – soweit sie unvermeidlich sind – hindurch unseren Prinzipien, unserer Klasse, unserer revolutionären Aufgabe, unserer Sache der Vorbereitung der Revolution und Schulung der Volksmassen zum Sieg und der Revolution treu zu bleiben.« Es kommt darauf an, durch Kompromisse hindurch der Sache treu zu bleiben. Von vornherein, »im Voraus das Lavieren, die Ausnutzung der Interessengegensätze (auch der zeitweiligen) zwischen den Feinden, das Paktieren und Kompromisse mit möglichen (wenn auch zeitweiligen, unbeständigen, schwankenden, bedingten) Verbündeten aufzulehnen«, das ist »dasselbe, wie wenn man bei einem schwierigen Aufstieg[60] auf einen noch unerforschten und bis dahin unzugänglichen Berg von vornherein ablehnen wollte, manchmal im Zickzack zu gehen, manchmal umzukehren, die einmal gewählte Richtung aufzugeben und verschiedene Richtungen zu versuchen.« (Rad. 57).

Zweitens nimmt sich Lenin, wie gesagt, die *»Innerlichkeit«* des Radikalen vor. Er führt ihm seine eigene Seelenverfassung zu Gemüte, und er sucht, ihm die hypochondrischen Bedenken zu zerstreuen, die sein politisches Erkenntnisvermögen trüben und irreleiten. Die Radikalen sind, nach Lenins politischer Psychoanalyse[61] übermäßig um den Glauben und um die Reinheit der revolutionären Gesinnung besorgt. Wer übermäßig

60 Lenin spricht hier in einer Symbolsprache, die der Sprache Nietzsches verwandt ist.

61 Lenin ist um der *Sache* willen Psycholog, ähnlich wie Nietzsche um der Sache (der Philosophie) willen Psycholog ist.

um seinen Glauben Angst hat, der ist, nach Lenin, in seinem Glauben nicht sicher. Sich dessen inne zu werden, daß und wie sehr man sich als Bergsteiger vom gewöhnlichen Fußgänger auf breiter Heeresstraße unterscheidet, dazu ist Zeit genug, *nachdem* man neue Wege in bisher unzugänglichen Gebieten gebahnt und das Ziel erreicht hat. Die Verwunderung darüber, daß man etwas Ungewöhnliches tut, steigt in unbewachten und unvorhergesehenen Augenblicken in der Seele hoch, und der Bergsteiger merkt nachträglich, was er sich eigentlich zutraut. Das Wunder des Glaubens wird zu dem andern Wunder geschlagen: der Tatsache, daß das politische Unternehmen fachlich durchführbar gewesen ist. Wer eine Selbstverständlichkeit lobt und hervorhebt, wie die, daß der Politiker einem Glauben folgt, der beabsichtigt oft, die Tat durch den Glauben zu entschuldigen und uns den Politiker in erbaulicher Weise »menschlich näher« zu bringen, als ob es irgendeinmal darauf ankam, einen Glauben von Seiten der Praxis unter Beweis zu stellen. Auch die »Radikalen« lenken nach Lenin dadurch, daß sie auf den Glauben reflektieren, von der Sache ab, und Lenin läßt sich nur darum auf eine Diskussion über Glauben, Prinzipientreue, Gesinnung ein (Len. Rad.), um die Einflüsse zu paralysieren, die das Sehvermögen trüben und die vom Weg zur Sache ablenken.

γ) Die Reformisten haben ein falsches Verhältnis zum Kompromiß

Die *radikalen Gesinnungspolitiker sind übermäßig um das Ziel besorgt,* sie stehen nicht über der Sache; die *Reformisten dagegen glauben überhaupt nicht* an die Sache, und sie benutzen die Tatsache des Kompromisses, um den Glauben herabzusetzen und die Sache zu verdächtigen. Sie setzen den, der das Kompromiß schloß, auf ihre eigene Ebene herab, und betrachten ihn als verlorenen Sohn, der reuig zur Niedrigkeit der alten Verhältnisse zurückkehrt. Wenn jemand etwas Ungewöhnliches unternahm, so nutzen sie jeden taktischen Rückzug und jede im Leben notwendige Erschöpfung dazu aus, ihm das Ziel schlecht zu machen und ihn vor der Welt zu diskreditieren. Für diejenigen, die aus jeder Niederlage derer, die auf dem Vormarsch sind, einen Sieg ihres Defaitismus machen möchten, ist nach Lenin keine Strafe schwer genug: »Von den Maschinengewehren spreche ich, wenn ich von den Leuten rede, die bei uns gegenwärtig Menschewiki, Sozialrevolutionäre heißen und sagen: ›Ihr sprecht vom Rückzug zum Kapitalismus; auch wir sagen dasselbe, wir sind also mit euch einverstanden.‹« (Jahrg. III, 267, r, 255). »Der Rückzug ist eine schwierige Sache, besonders für jene Revolutionäre, die an Vormärsche gewöhnt sind … Und wenn der Menschewik jetzt sagt: ›Ihr zieht euch jetzt zurück, ich aber war stets für den Rückzug, ich bin mit euch einverstanden, ich bin euer Mann, wollen wir uns zusammen zurückziehen‹, so sagen wir ihm: Unsere revolutionären Gerichte sollen [ihn] für dies öffentliche Beweisen erschießen.« Lenin gibt hier den Punkt an, von dem aus er keinen Spaß mehr versteht.

Es kann kein Zweifel herrschen, daß Lenin, wenn es darauf ankommt, Leute aus dem Proletariat tödlicher haßt als Leute aus dem Bürgertum, dann nämlich, wenn einer sich auf seine laue Gesinnung etwas zugute tut, wenn er in allen Schlichen, mit denen man das Abgehen von den Prinzipien bemäntelt, bewandert ist, wenn er so hart gesotten ist, daß ihm nichts mehr in Erstaunen setzt. Lenin haßt Leute, die auch noch aus der kompromittierendsten Lage einen Vorteil herauszuschlagen wissen. Es ist verwunderlich, daß die russischen Sozialdemokraten sich erst dann von der ganzen Tiefe dieses Hasses überzeugen lassen, als sie dem Terror verfallen. Sie glauben lange Zeit, daß dieser Mann wirklich einmal zu ihnen gehört hat, und in einem heimlichen Winkel ihres Herzens geben sie ihn immer noch nicht ganz verloren. Ein Kompromiß, eine reformerische Taktik – das ist ihnen ein verständlicher Zug an der politischen Physiognomie dieses inkommensurablen Menschen. Ja schön, er ist ein Hitzkopf, ein Fanatiker, und er steht etwas zu extrem »links«, er treibt es zu toll. Aber es kommt der Augenblick, wo er sich die Hörner abstößt, wo er, wie wir alle, sich schlecht und recht mit den Verhältnissen abfindet, wie sie nun einmal in der wirklichen Welt liegen. Man kann nicht mit dem Kopf durch die Wand, und in dem Augenblick, in dem dieser Wahnsinnige bescheiden und normal wird, werden die alten »Genossen« nicht nur so gütig und langmütig sein, dem verlorenen Sohn zu verzeihen, sondern sie werden ihm sogar ihre alten Praktiken verkaufen, und sie werden mit dem Kaufpreis zufrieden sein, wenn sie die Früchte der Anpassungs- und Realpolitik mit einheimsen dürfen. Lenin überschaut diese Gedankengänge, und er wartet auf den ersten schönen Augenblick, um diese Art von Mitspielern aus dem Spielfeld zu stoßen. Als der Augenblick kommt, in dem sie glauben, ihm die Hand bieten zu können, vernichtet er sie mit kalter Entschlossenheit. Der Feind der russischen Sozialdemoratie stand dort, wo sie es nie vermutete, er stand zeitweise in den eigenen Reihen, und er hat aus seiner unüberwindlichen Abneigung schon am Anfang des Jahrhunderts kein Hehl gemacht.

Es scheint, daß über Menschen der alten Epoche von einer Seite, von der sie es am wenigsten annahmen und wahrhaben möchten, das Schicksal hereinbricht. Während sie Freund und Feind durcheinanderbringen, hält ihnen jemand aus den eigenen Reihen, mit dem sie von vornherein »im Prinzipiellen«, dann, wenn es um Leben und Tod geht, doch trotz aller Differenzen solidarisch zu sein glauben, die Faust vor das Gesicht. In dem Moment, in dem sie glauben, daß der Bruderkampf beendet und daß alles wieder gut ist, fällt ihnen die Binde von den Augen. Sie erkennnen erst am Aktschluß des Dramas der »sozialistischen« Revolution, daß die Geschichte über Menschen wie sie hinweg zur Tagesordnung schreitet. Für das neue Drama ist noch kein Name gefunden, aber der Hauptspieler hat diejenigen, die unzulänglich und unbrauchbar sind, längst bestimmt und ausgeschieden. Auf die anständigste Art treten diejenigen vom Schauplatz ab, die in einer tiefern Resignation ihre eigene Unzulänglichkeit durchschauen und die einen Blick für den Abstand gewonnen haben, der sie von politischen Menschen des neuen Typus trennt, von Menschen, die an die Aufgaben einer neuen historischen Epoche herantreten.

δ) Das konstitutionelle Vorbeugungsmittel gegen Reformismus und Radikalismus

Die eine Methode, den Reformismus und den Radikalismus unschädlich zu machen, ist die Kritik und der offene Kampf. Zugleich überwindet Lenin die beiden Gefahren von innen her, konstitutionell, dadurch, daß er sich und die Seinen immun macht. Das Gift wird aufgenommen und mitverarbeitet. Wenn der Feind an die Tore klopft, muß er sich überzeugen, daß er überflüssig ist, weil man drinnen in der Stadt schon mit ihm fertig ist. Die Auseinandersetzung mit den bösen Einflüssen, mit denen er ankommt, ist im Zentrum selbst schon weiter gediehen, als er von draußen annahm, und man hat die Wirkung neuer Gifte ausprobiert, bevor er auf den Gedanken kommt, diese Gifte als neue Waffen hinzuzuerfinden.

Die Art, wie Lenin die Radikalisten erledigt, und die Art, wie er die Reformisten abtut, sind Arten einer bestimmten Gattung von Politik, nämlich derjenigen Politik, die es mit der psychologisch-vitalen Dialektik der Entwicklung zu tun hat. Gerade Menschen, die ein Verhältnis zur Politik haben – sei es auch nur ein schiefes, peripheres Verhältnis –, werden einer bestimmten Lage leicht überdrüssig, auch wenn es ihnen gut geht. Der Mensch ist ein veränderungsflüchtiges Wesen, seine Entwicklung stagniert auch leicht, wenn er zu lange in derselben Gleichgewichtslage verharrt, und außerdem sind die Menschen verschieden geartet; es ergeben sich bestimmte Situationen, und nur bestimmt geartete Menschen eignen sich, in bestimmten Lagen Posten zu bekleiden, auf denen auch ihre natürliche Herrschsucht eine Befriedigung findet. Andere halten sich in der Folgezeit für ebenso geeignet, und sie hassen die Eigenschaften, mit denen es »diese Leute da schaffen.« Diejenigen, die die Posten innehaben, geraten allmählich in eine Verblendung, sie halten ihre Herrschaft für selbstverständlich, für naturnotwendig, und sie verlieren das Maß für ihre Handlungen. Entweder erlauben sie sich Übergriffe, oder sie werden gegen die Nachdringenden unvorsichtig, sie reißen vielleicht sogar selbst die Mauern der Legalität ein, die ihnen Deckung geben – und eines Tages ist die Revolution von links oder die Reaktion von rechts da, das ist der Lauf der Dinge. Lenin versucht nun, diesem Lauf der Dinge zu begegnen, und sein Schlag gegen die Radikalen ist ebenso von langer Hand vorbereitet wie der Schlag gegen die Reformisten. *Die Reaktion, die kommen könnte, ist ebenso überlegen vorweggenommen wie die Revolution, die kommen könnte.* Auf den politischen Vitalrhythmus ist in der Leninschen Politik Bedacht genommen. Wenn der Zeitpunkt kommt, reaktionär zu sein und die früheren Revolutionäre abzulösen, dann verfährt Lenin faktisch noch reaktionärer als es die patentierten Reaktionäre, vor allem die Reformisten, tun könnten, und wenn der Zeitpunkt kommt, in dem man die Reaktion satt hat, nimmt Lenin eine Kurve, an der die radikalen Schreier »aus dem Wagen stürzen.« Es ist Lenin gelungen, aus Radikalismus und Reformismus *innere* Gefahren zu machen und den Kommunisten zu einem Menschen zu gestalten, den gerade diese Gefahren immer wieder von innen her umkrempeln. Wenn eine Phase abgelaufen ist, zerbricht etwas in dem Kommunisten. Der unvermeidliche Rhythmus von Revolution und Reaktion wird zu einer reinen *Binnen*gefahr der Politik, und die Politik Lenins versucht, die Erdstöße der elementaren Unzufriedenheit in Triebkraft umzusetzen.

Die Art, wie Lenin mit dem Radikalismus und dem Reformismus zugleich fertig wird, hat etwas *»politisch Epochemachendes«* an sich; Lenins Politik hat eine allgemeinere Bedeutung. In vielen Zügen haben wir eine konkrete exemplarische Spezies einer neuen Gattung Politik vor uns. Ob sich Lenins Sympathien dem Radikalismus oder dem Konservatismus zuneigen, das sind Fragen, die unter falscher Voraussetzung aufgeworfen und formuliert sind, und zudem formale, inhaltslose Fragen. Augustin[17]

[17] In *De civitate Dei,* 20,19.

führte aus, daß auch der Herrscher eines Staates, der aus lauter Teufeln, lauter Rebellen gegen Gott, besteht, um jeden Preis innerhalb seiner Gruppe Ordnung und Frieden aufrechterhalten will, um den Staat in seiner (Teufels)natur zu erhalten. Es fragt sich schließlich, ob jemand in seinem Bestreben, Ordnung und Frieden zu bringen und aufrechtzuerhalten, auch *Erfolg* hat, und Erfolg hat er nur, wenn er die Dinge von der Seite faßt, von der sie in Ordnung zu bringen sind, und wenn er den Bürgern seines Staates ein Dasein ermöglicht, mit dem man, vielleicht mit ein wenig Gewaltnachdruck, auf lange Zeit hinaus zufrieden sein kann.

Der Radikalismus ist eine Spielart des Extremismus, der Reformismus eine Spielart des Konservatismus. Jedesmal sind Menschen da, die nicht nur ihre Eigenschaft haben, sondern die außerdem wollen, daß diese Eigenschaft herrscht und daß sich das Staatsgefüge auf sie aufbaut. Beinahe unbemerkt und nebenbei ergibt sich der Schluß, daß *sie selbst* herrschen müssen, wenn »es besser werden soll.« Denn zufällig sind *sie* gerade die empirischen Träger der Eigenschaft, die herrschen soll. Die Herrschsucht ist von Nebeln von Vorurteilen und Idealismen umwölkt. Der Reformist oder Konservatist will allmähliche, organische Fortentwicklung des Alten, Ruhe und Ordnung. Oft geht es gerade dort geordnet zu, wo der Reformist keine Ordnung sieht und keine Ordnung wahrhaben will, und oft muß er dort, wo er die Ordnung erhalten will, zu Maßnahmen greifen, mit denen er sie abbaut. Weil er nur die eine vorhandene Ordnung kennt, deshalb ist dieser Abbau endgültig, und der Konservative verhält sich reaktionärer als der Extremist. Um das Vorhandene gerade noch am Leben zu erhalten, werden immer härtere Verstöße gegen die Verfassung nötig, und die Friedfertigkeit, Versöhnlichkeit, Biederkeit bleibt am Ende nur noch im äußersten Ton von Rede und Erlaß, in Gebärde und Einkleidungsform, erhalten. Ein Überschlag über die Regierungszeit des Reformismus oder Konservativismus ergibt, daß sowohl der Erwerb der Herrschaft wie die Aufrechterhaltung der Ordnung sehr viel Blut und Opfer gekostet hat; die Herrschaft war, zumal wenn Kriegsperioden hinzugerechnet werden können, nicht unblutiger als eine Herrschaft der Extremisten, und der Vorwurf einer militanten Gesinnung wird gegenstandslos, zur Formalität. Aber auch die Radikalen erreichen nicht, was sie wollen. Radikal geht es gerade dort in der sozialen, ökonomischen, technischen, nationalen Wirklichkeit zu, wo sie den Radikalismus nicht suchen, und dort, wo sie die Welt von Grund auf ändern müssen, bleibt vieles beim Alten. *Faktisch* sind die Radikalen vielleicht sogar in *den*

Fragen, in denen sie die Konservativen überbieten, aus dem Feld schlagen wollten, gemäßigter und nachgiebiger als die Gemäßigten des alten Regimes. Sie bringen Werkzeuge mit, die vielleicht geeignet sind, einen Felsen aufzubrechen, und es handelt sich doch darum, Steine zu zermahlen – sie haben sich verrechnet. Die tatsächlichen Handlungen widersprechen der militanten Gebärde.

Lenin versucht, das alte Gesetz einer rhythmischen Aufeinanderfolge von Extremismus und Konservativismus zu brechen und diesen alten abgeleierten Rhythmus in einen andern Rhythmus hineinzuzwingen. Sozialismus bedeutet für Lenin nicht: die Partei des Radikalismus ergreifen und den Radikalismus so weit treiben, daß dem Reformismus ein für allemal der Atem ausgeht, sondern Sozialismus bedeutet etwas ganz Eigenes, Neues auch, soweit das Verhältnis zu diesem alten ausgeleierten Wechselgesang in Frage steht: Lenin versucht, aus dem Kreis dieses Wechselgesanges herauszutreten und den alten politischen Rhythmus mit einem neuen zu schlagen, der den Verhältnissen der Epoche der Technik und der totalen politischen Apparatur entspricht. Die neue Rhythmik ist durch eine große Anzahl von Totalitäten bestimmt. Extremismus in der Strategie steht gegen Konservativismus in der Taktik, Entschiedenheit des Herrschaftswillens gegen die Behutsamkeit der Planung, Zentralismus in der Sozialpolitik gegen Dezentralismus in der National- und Rassenpolitik.

II. Abkehr von der Prestigepolitik

Mit der Gleichgültigkeit gegen »Paradephrasen« (Jahrg. II) stimmt die Manövrierfähigkeit in schwierigen Lagen zusammen. Der Verlust eines Einsatzes wird, ohne daß man sich dabei aufhält, zu resignieren, einfach konstatiert, und den Schwierigkeiten gibt man elastisch nach, wenn es gilt, den Verlust aufzuholen. »*Uns liegt gar nichts daran, unser eigenes diplomatisches Prestige zu wahren,* das den bürgerlichen Staaten so wichtig ist.« (Jahrg. III, 332). Das Verhältnis zum Prinzip, zur Sache, ist von vornherein in einem Stil gehalten, der es zu einem Prestigebestreben auch »kommunistischer« Art nicht kommen läßt. »Betrachte nüchtern die Dinge«, ruft Lenin seinen Leuten zu, »wirf die Theatergewänder ab, das feierliche kommunistische Gewand, lerne einfach die einfache Sache«, »höre auf, zu geistreicheln, über die neue Wirtschaftspolitik zu debattieren.« (Jahrg. III, 256). Der Kommunist hat vom idealistischen Kothurn der »revolutionären« Parteianmaßung und der Selbstbeweihräucherung des Weltbeglückers herabzusteigen; er soll, nach Lenin, entspannt, nüchtern, gelassen an die Dinge, mit denen er Schritt um Schritt fertig werden muß, herangehen, in einer »Gangart«, die »wohl hundertmal langsamer, dafür aber millionenmal fester und unerschütterlicher sein wird« (Jahrg. III, 2561); er lernt solid gehen und kümmert sich nicht darum, was die Welt von einem Kommunisten zu erwarten haben müßte. Die Hülle der Draperien eines triumphierenden Hochgefühls wird zerissen. Lenin stellt übermenschliche Anforderungen[18] an die Selbstüberwindung des »Kommunisten«. Er verlangt von ihm, daß er über seiner Sache steht, daß er auch anders kann, daß seine Tatkraft und Lebenskraft ungebrochen bleibt, auch wenn in ihm etwas zerbricht, auf das sein Glaube und Opfermut gegründet war. In einem Augenblick, in dem die ganze neuerworbene politische Persönlichkeit des Russen in ihrer Gutgläubigkeit, ihrem heroischen Optimismus geknickt wird, wird nach Lenin der Kommunist politisch zum »Mann«. Lenin läßt ihn ohne Erbarmen die Enttäuschung bis zur Neige auskosten. Er soll auch dann noch über Reserven verfügen, wenn die Welt seiner Ideale und Ziele zusammenstürzt, und wenn der katastrophale Abstand deutlich wird, der die Gegenwart von dem zukünftigen Reiche trennt.

In dem Moment der politischen Mannbarwerdung verlangt Lenin von den Kommunisten, als letzte Parole, ein Beispiel extremer Selbstverleugnung. Nach allen Opfern finden sich Lenins Kommunisten zähneknirschend dazu bereit, den Landesfeind, den Privatkapitalisten, hereinzulassen. Sie brauchen seine Erfahrungen und erteilen ihm in Rußland »Konzessionen«. Überlebenden russischen Privatunternehmern, besonders Kaufleuten, hilft man sogar künstlich wieder auf die Beine. Es kommt darauf an, mit der Bauernschaft ein *Bündnis* zu schließen, um die Industriezentren mit Lebensmitteln zu versorgen. Die Gewaltmethoden der Konfiskation führen nicht mehr zum Erfolg. Es bleibt nur noch das altmodische Mittel der Naturalsteuer übrig, um die Ernährung der Industriebevölkerung sicherzustellen. Wenn die Naturalsteuer nötig wird, muß man auch zum freien Handel übergehen; Freiheit des Handels bedeutet aber Freiheit des Kapitalismus, »es bedeutet, daß *wir den Kapitalismus* bis zu einem gewissen Grade *neu schaffen* … Wenn man lernen

[18] Solch eine Kultur der Selbstüberwindung (als erste Tugend des Kommunisten) wurde in jenen Jahren von der sowjetischen Literatur exemplarisch beschworen von dem wolhynischen Schriftsteller Nikolai Alexejewitsch Ostrowski (1904–1936), *Wie der Stahl gehärtet wurde* (1934). Der Roman wurde dreimal verfilmt (1942, 1956, 1975), die erste deutsche Übersetzung erschien 1937 in Kiew.

will, muß man dafür zahlen ... Wir dürfen uns vor dieser Tatsache nicht verschließen, wenn wir existieren wollen. Entweder sofortiger Sieg über die gesamte Bourgeoisie, oder Tribut zahlen. Wir gestehen ganz offen, verheimlichen es nicht, *Konzessionen an den Staatskapitalismus,* das heißt *Tribut an den Kapitalismus.* Aber wir gewinnen Zeit, und Zeit gewinnen heißt alles gewinnen, insbesondere in der Epoche des Gleichgewichts ...« (Jahrg. II, 664, 665). Die Vorwürfe, die von Seiten der »Dilettanten der Linksphrase«, der »Paradephrasen« (Jahrg. II, 638f.) erhoben werden: »Die Bolschewisten machen eine Wendung zum Kapitalismus, *es ist aus mit den Bolschewisten,* die Revolution ist auch bei ihnen nicht über den Rahmen der bourgeoisen Revolution hinausgelangt«, diese Vorwürfe und »Seufzer« verfehlen ihre Wirkung. Der neue Typus Politiker fühlt sich nicht getroffen, er kennt kein kommunistisches Prestigebedürfnis, er hat kaum Zeit, von seiner eigentlichen Arbeit wegzublicken: »Gerade deshalb, weil wir uns nicht fürchten, der Gefahr ins Gesicht zu sehen, werden wir unsere Kräfte besser für den Kampf ausnützen – wir prüfen unsere Chancen nüchterner, vorsichtiger und berechnender, wir machen alle Zugeständnisse, die uns stärken und die Kräfte des Feindes zersplittern (so wird ja heute der allerletzte Dummkopf eingesehen haben, daß der Friede von Brest-Litowsk nur ein Zugeständnis war, das uns gestärkt und die Kräfte des internationalen Imperialismus zersplittert hat).« (Jahrg. II, 639).

Für den »neuen Typus Politiker« ist die Wahrung der »Reputation« kein ausschlaggebender Gesichtspunkt. Er rechnet damit, daß man ihn in Zukunft ehren wird, und er ist nicht auf Abschlagzahlungen aus dem Fond einer künftigen Ehre aus. In manchen Dingen *will* er auch nicht geehrt sein. Es ist ja nicht jedes für jeden eine »Ehre«. Die neuesten russischen Völkerrechtsgelehrten heben hervor, für Rußland gelte geradezu der entgegengesetzte Ehrenkodex von dem, der in den alten Staaten gilt. Als die Konzessionsverhandlungen mit westlichen Industriellen stattfanden, äußerten die Zeitungen, man verhandle mit Rußland unter der Voraussetzung, daß es sich bessere. Man sagte, selbstgerecht und pharisäisch, man wolle diesem jungen Staatswesen »eine Prüfungszeit auferlegen.« Lenin gibt denen, die ihm herablassend auf die Schulter klopfen wollen, seine Antwort im Bewußtsein, daß er in der Konstellation der kommenden Weltpolitik am längeren Arm des Hebels sitzt als der weltliche Imperialismus. Wir wurden, so entgegnete er, schon genug geprüft, und zwar nicht mit Worten, sondern mit Taten. Wir sahen die Drohungen in

Gestalt der Kanonen seitens der verbündeten Mächte, die beinahe die ganze Welt in ihren Händen hielten. Diese Drohungen ließen uns kalt. Die Herren europäischen Diplomaten mögen es sich merken ...[62] Die Politiker auf der Gegenseite sitzen am kürzeren Arm des Hebels, »weil sie die politische und wirtschaftliche Umwälzung, die wir seit langem begriffen haben, noch immer nicht begreifen können. Es sind bald zehn Jahre, daß wir uns über die Lage klarwurden (d.h. seit den Balkanwirren und dem Weltkriegsbeginn), aber für die bürgerlichen Staaten bleibt all die Zerrüttung und Auflösung noch immer ein Rätsel.« Sie sind nach Lenin begriffsstutzig, desorientiert, und *»willenskrank«* dazu. Die Reizbarkeit in Prestigefragen ist ein Symptom dieser Krankheit. Jeder glaubt, der andere spiele hinterlistig auf eigene Schwächen an, und er blicke schadenfroh auf das Gebrechen, das ihn hindert, Schritte zu unternehmen, die ihn aus der Krise herausführen können. Der alte Staatsapparat ist physisch und moralisch defekt, und auf Seiten eines Staates neuen Typs wäre nach Lenin ein Ehrgeiz, ihm gegenüber sein Prestige zu wahren, nicht am Platze.

III. Anstelle »radikaler« Form der Kritik: konstruktive Überwindung der Widerstände und Rückschläge

Dinge, die sich mit dem eigenen Prinzip nicht vereinbaren lassen, werden nicht summarisch verurteilt und »prinzipiell« abgelehnt; die Politik neuen Typs geht vielmehr ruhig prüfend an die Sache heran. An Stelle einer Gesinnungs- und Gefühlspolitik, die das Kompromiß als solches mit einem Fluch belegt und die von ihrem eigenen Widerwillen gehemmt ist, tritt eine realistische Politik, die das jeweilige, konkrete, bestimmte Kompromiß, das zur Erörterung steht, ins Auge faßt, die analysiert, was es mit diesem bestimmten Kompromiß auf sich hat. Die Politik ist nicht nur eine Kunst, kühn und unbedenklich das Ziel zu *erfassen,* sondern zugleich eine Kunst, in der Richtung auf das Ziel zu *gehen* (bzw. voranzugehen und gehen zu lassen)[63]; Politik ist Metaphysik und Technik zugleich.

62 In diesem Zusammenhang fällt der (schon zitierte) Ausspruch Lenins »Uns liegt gar nichts daran, unser eigenes diplomatisches Prestige zu wahren, das den bürgerlichen Staaten so wichtig ist« (Jahrg. III, 332).

63 Vgl. 7, 117: »Die Masse ... betritt die politische Bühne als aktiver Kämpfer, und sie »lernt aus der Praxis, indem sie vor aller Augen ihre *Gehversuche* macht, den Weg abtastet, die Aufgaben feststellt und sich *selbst wie die Theorien aller ihrer Ideologen überprüft.* Diese Masse macht heroische Anstrengungen, sich zur Höhe der ihr von der Geschichte aufgezwungenen gigantischen Weltaufgaben zu erheben.« (1905 geschrieben!)

Bezüglich des Kompromisses ist zu unterscheiden zwischen einem solchen, »das durch die objektiven Verhältnisse erzwungen wird«, und einem solchen »von Verrätern.« (Rad. 55). »Ein Politiker … muß verstehen, die *konkreten* Fälle gerade jener Kompromisse herauszugreifen, die unzulässig sind, die Opportunismus und Verrat darstellen …« (Rad. 24). Das unzulässige Kompromiß liegt auf einem *unterpolitischen* Niveau, es hat nur den Charakter eines diplomatischen Tricks und zieht die Masse von der »Höhe der ihr von der Geschichte aufgezwungenen« Weltaufgaben herab. »Alles hängt davon ab, ob man es versteht, diese Taktik zur Hebung und nicht zur Senkung des allgemeinen Niveaus des proletarischen Klassenbewußtseins, des revolutionären Geistes, der Fähigkeit zum Kampf und Sieg anzuwenden.« (Rad. 62).[64]

Das Kompromiß hat die Bedeutung einer konstruktiven Überwindung der Widerstände, und zwar mit der ganzen Energie einer politischen »Dialektik, d. h. durch das Studium der gesamten konkreten Umstände des Ereignisses und seiner Entwicklung.« (18, 119). Die agierende Masse vollzieht jede Wendung mit, und für »Tricks« bleibt kein Raum. Ein gewaltiges Kräftefeld ist in Aktion, der einzelne Politiker ist immer auch Exponent, jeder seiner Schritte hat unübersehbare Folgen, es gibt keine leeren Räume, in die er Wirkungen, die ihm unliebsam sind, verpuffen lassen könnte, sondern die Massen, die sich auf dem Marsch befinden, rücken sofort auf jeden Punkt, für dessen Besetzung man sich entschieden hat, nach. Die Praxis ist unaufhörlich und stetig dabei, die Probe auf die Rechnung der beratenden, verhandelnden, kombinierenden, kalkulierenden Politik zu machen. »Personen, die unter Politik kleine Tricks verstehen, die manchmal an Betrug grenzen, müssen bei uns die entschiedenste Ablehnung erfahren. *Klassen können nicht betrogen werden.*« (Jahrg. II, 222f.). »Klassen werden nicht durch Papierfetzen befriedigt, sondern durch materielle Dinge.«

Das *Kriterium* dafür, ob eine Maßnahme als Kompromiß im konstruktiven Sinne oder als Trick zu bewerten ist, liegt in der *Wegrichtung im Ganzen;* eine geistige, dialektische Durchdringung der vermutlichen Stationen gibt Auskunft, ob der Weg im Ganzen aufwärts oder ob er abwärts

64 Ausführlicher: »Zu lavieren, zu paktieren, Kompromisse mit verschiedenen proletarischen Gruppen … zu schließen« ist notwendig, weil »das ›reine‹ Proletariat … von einer Masse außerordentlich bunter Übergangstypen vom Proletarier zum Halbproletarier…, Kleinbauern (und kleinen Handwerkern, Heimarbeitern, kleinen Besitzern …)« umgeben ist und weil es »innerhalb des Proletariats selbst … Gliederungen in … Schichten, landsmannschaftliche, berufliche, manchmal religiöse u. a. Gliederungen« gibt. (Rad. 62).

führt, wenn diese Maßnahme ergriffen und diese Etappe durchschritten wird. »Neben Wissen und Erfahrung« ist ein *»politischer Instinkt«* notwendig, »um komplizierte politische Fragen schnell und richtig zu lösen«, und dieser Instinkt wird »durch langwierige, beharrliche, verschiedenartige, allseitige Arbeit aller denkenden Vertreter der gegebenen Klasse« »erworben« (Rad. 56). Die geistige Durchdringung der Lage muß dazu führen, daß man schreitet, und daß man zeitweise auch *instinktiv* richtig geht. Die Wissenschaft geht in ihrer Sache, und zwar in der Weise, daß sie die aktiven Kräfte an die Sache heran, immer tiefer in die Sache hinein führt, bis sie in der Sache des »neuen Typus Staat« Meister sind. »Etappen, die ihrer Natur nach verschieden sind, streng unterscheiden, die Bedingungen ihres Ablaufs nüchtern untersuchen, heißt«, nach Lenin, »noch lange nicht, das Endziel auf die lange Bank schieben, heißt noch lange nicht, seinen eignen Weg von vornherein verlängern. Im Gegenteil, gerade zur Abkürzung des Weges, gerade zur möglichst raschen und dauerhaften Verwirklichung des Endziels ist es notwendig, das Klassenverhältnis in der modernen Gesellschaft zu erkennen.« (7, 38). Allerdings, ein Ausweichen oder Prinzipienlosigkeit in theoretischen Fragen ist gerade in einer »revolutionären Epoche gleichbedeutend mit völligem ideologischem Bankrott, denn gerade jetzt ist eine durchdachte und feste Weltanschauung vonnöten, damit der Sozialist die Ereignisse beherrsche und nicht die Ereignisse ihn.« (7, 295). Den Zusammenhang zwischen Theorie und Praxis bringt später, im Sinne Lenins, Stalin auf eine abschließende Formel: »Aber die Theorie kann zur gewaltigsten Kraft der Arbeiterbewegung werden, wenn sie untrennbar verknüpft ist mit der revolutionären Praxis, denn nur sie allein ist imstande, der Bewegung Gewißheit, Orientierungsvermögen, Verständnis für den inneren Zusammenhang der Ereignisse zu verleihen.« Sie zeigt der Praxis den Weg in die Zukunft. (Stal. Len. 27f.).

IV. Die Vorgabe für den Feind, die manövrierende Politik (Vorstoß und Rückzug)

Die »Wissenschaft« ist nur einer der Bestimmungsfaktoren der Politik, und in den Überschlag, den der Überlegende über den künftigen Weg macht, ist etwas sehr Unwissenschaftliches einkalkuliert, nämlich die Möglichkeit, daß der Wille zum Sieg mit dem Politiker durchgeht. »Wir sind weiter nach vorn stürmt, als wir uns behaupten können, aber *das ist die Logik* (!) *des Kampfes*«, sagt Lenin im März 1922. (Jahrg. III, 333).

Die »Logik des Kampfes« besagt weiterhin, daß die Notwendigkeit eines Rückzuges – einer Vorgabe an den Feind – *nicht beweist* (Jahrg. II, 981 r), »daß man mit der Revolution überhaupt nicht hätte beginnen sollen, sondern mit Reformen, auf die man sich beschränken mußte.« Wer wagt, gewinnt – das ist ein Elementarsatz der Logik des politischen Kampfes. Eine wissenschaftliche Überlegung kann zu dem Ergebnis führen, daß ein Versuch, die Frage der Sozialverfassung durch eine Aktion zu lösen, unter den obwaltenden Umständen, z.B. unter der Voraussetzung der wirtschaftlichen Rückständigkeit des russischen Raumes, notwendig *einseitig* sein muß, aber sie kann niemals voraussagen, welche neuen, für einen Sieg auf ganzer Linie verheißungsvollen Tatsachen eine noch so einseitig »politische« Lösung schaffen wird. Es wäre nach Lenin (Jahrg. II, 290) »ein nicht wieder gut zu machender Fehler, zu erklären, daß, wenn einmal das *Mißverhältnis* zwischen unseren *Wirtschafts›kräften‹* und den *politischen* Kräften zugegeben wird, man ›somit‹ die Macht nicht hätte übernehmen sollen. So können nur weltfremde Leute denken, die vergessen, daß eine ›Harmonie‹ nie wird entstehen können, daß sie weder in der Entwicklung der Gesellschaft noch in der Naturentwicklung vorhanden sein kann, daß nur durch eine Reihe *Versuche,* von denen ein *jeder, für sich genommen, einseitig* sein und an einem Mißverhältnis leiden wird, der *siegreiche* Sozialismus durch die revolutionäre Mitarbeit der Proletarier aller Länder geschaffen werden wird.«

Durch den politischen Sieg – mag er noch so »einseitig« sein – ist auch *die* Möglichkeit geschaffen, auf dem Kampfplatz der Wirtschaft und Kultur nötigenfalls einmal nachzugeben, Lehrgeld zu zahlen, die fehlende Erfahrung und Kenntnis aufzuholen, ohne an Herrschaft, Autorität etwas einzubüßen: Wir hatten, führt Lenin aus (Jahrg. III, 254f.), »weil wir im ersten Angriff, dank dem Enthusiasmus der Arbeiter und der Bauern, ungeheuer viel eingenommen hatten, so viel Raum, daß wir uns sehr weit zurückziehen konnten.« »Wir befinden uns … auf dem Rückzuge, aber nur zu dem Zwecke, um einen Anlauf zu nehmen und um so stärker vorzustoßen.« (Jahrg. III, 739 l). Nach dem Sieg bedeuten »Reformen« noch etwas anderes als »vor dem Siege«, nämlich eben »eine notwendige und berechtigte Atempause in den Fällen, in denen die bis aufs äußerste angespannten Kräfte sich doch als offensichtlich unzureichend erweisen, die revolutionäre Erfüllung dieses oder jenes Überganges zu erzwingen.« (Jahrg. II, 984). Man beherrscht mehr, als man verwalten kann, und die neue Ordnung wird in der Verwaltung mit Hilfe von Reformen durchgesetzt, einem Mittel, das ein siegreicher Herrscher nicht nötig zu haben *scheint. Auf dem Wege der Reformen wird der Sieger sich selbst über die Konsequenzen seines Sieges klar,* lernt er ihn Schritt für Schritt verstehen, wird er auf dem Boden heimisch, den er gewonnen hat. »Der Sieg gibt einen derartigen Kräftevorrat, daß man die Möglichkeit hat, selbst nach einem notgedrungenen Rückzug sowohl materiell als moralisch durchzuhalten«, »die Munterkeit und Geisteskraft zu behalten.« (a. a. O.).

In der Periode des Atemholens und Aufholens »muß man sich noch alles das nehmen, was der Kapitalismus Wertvolles hat – die ganze Wissenschaft und Kultur«, »damit der Sieg vollständig und endgültig sei.« (Jahrg. I, 594). »Man muß die ganze Kultur, die der Kapitalismus zurückgelassen hat, ergreifen und aus ihr den Sozialismus aufbauen. Man muß die ganze Wissenschaft, Technik, alle Kenntnisse und die Kunst in die Hand nehmen.« »Andres Material haben wir nicht. Wir wollen den Sozialismus unverzüglich aus dem Material erbauen, das der Kapitalismus uns von gestern auf heute nachgelassen hat, jetzt gleich, und nicht aus Menschen, die in Warmbeeten [Treibhäuser] herangezüchtet werden sollen ... Wir haben bürgerliche Fachleute und weiter nichts. Wir haben keine andern Steine ...« (a. a. O., 592).

Das Feld, auf dem zunächst aufgeholt werden muß, auf dem die eignen Reihen sich umorganisieren, umbilden, an neue Aufgaben, die ihnen subaltern erscheinen, anpassen müssen (Jahrg. III, 739 f.), ist die Wirtschaft. »Nach einer Periode von in der Welt noch nicht dagewesenen Errungenschaften auf dem Gebiete militärischen, administrativen und allgemein-politischen Schöpfertums des Proletariats ist ... kraft objektiver Ursachen einer Periode viel langsameren Heranwachsens neuer Kräfte eingetreten. Bei der Arbeit auf wirtschaftlichem Gebiet ist ein viel schwereres und viel allmählicheres Aufbauen unvermeidlich ...« (Jahrg. II, 649, 641). Die Reformen und Konzessionen an die kapitalistischen Fachleute bedeuten eine Atempause, in der neue, zur Herrschaft bestimmte Kräfte langsam nachwachsen (a. a. O., 640 f.). In dieser Periode wird der Kommunist umgeschmolzen zu einem neuen Typus Politiker, der sich auf dem neu gewonnenen Terrain auch zu bewegen weiß, der durch Erfahrung, Erkenntnis und Praxis gereift ist und auf der Höhe seines eigenen Sieges steht: »Heran an die tätige, praktische Arbeit, die die Eigenart des gegenwärtigen Augenblicks und seine Aufgaben zu verstehen weiß. Nicht Phrasenmacherei, sondern Handeln tut uns not. Wir wollen die geschwächten

Kräft der Arbeiterklasse auf ein möglichst keines Gebiet beschränken, uns aber hier möglichst dauerhaft festsetzen, uns nicht nur ein- oder zweimal, sondern viele Male durch praktische Erfahrungen nachprüfen. Schritt für Schritt, Zoll für Zoll – anders kann ein solches ›Heer‹ wie das unsrige sich gegenwärtig auf einem so schwierigen Wege, unter so schwierigen Umständen und unter solchen Gefahren nicht vorwärtsbewegen. Diejenigen, für die diese Arbeit ›langweilig‹, ›uninteressant‹ und ›unverständlich‹ ist, die die Nase rümpfen oder in Panik geraten, oder aber mit Deklamationen über das Fehlen des ›früheren Enthusiasmus‹ usw. sich betäuben – die alle sollte man besser ›von der Arbeit befreien‹ und den Archiven einverleiben, damit sie nicht Schaden stiften können; denn sie mögen oder können nicht über die Eigenart der gegenwärtigen Stufe, der gegebenen Etappe des Kampfes nachdenken.« (a.a.O.,641). »Ein Kommunist, der da sagt, daß man nicht in eine solche Lage geraten, daß man seine Hände nicht beschmutzen dürfe, daß er reine kommunistische Hände haben müsse, daß er mit reinen kommunistischen Händen die kommunistische Gesellschaft aufbauen werde, ohne sich der verächtlichen gegenrevolutionären bürgerlichen Kooperation zu bedienen – ist ein hohler Phrasenheld ...« (Jahrg. I, 594).

B. Der neue Typus Kommunist

1. Überblick über die verschiedenen »Umbrüche« des Kommunisten

Die »russische Revolution« hat nach Stalin (Okt. 245) »nicht wenig Autoritäten gestürzt. Ihre Stärke kommt unter anderem darin zum Ausdruck, daß sie sich nie vor ›großen Namen‹ gebeugt hat. Sie stellte diese einfach in ihren Dienst oder stieß sie ins Nichts hinab, wenn sie bei ihr nicht lernen wollten. Es ist ihrer eine ganze Legion, der von der Revolution nachher beiseite geworfenen ›großen Namen‹: Plechanow, Kropotkin, Breschkowskaja, die Sassulitsch und überhaupt alle jene alten Revolutionäre, an denen uns nur das bemerkenswert ist, daß sie eben *alte* Revolutionäre sind ...«. Im »Zyklus der Entwicklung des Kampfes der Klassen und Parteien in Rußland ...« ändert sich *viermal* (Jahrg. II, 436) die ganze Szenerie; viermal wird die revolutionäre Substanz umgeschmolzen und auf die Probe gestellt. Die letzte Revolution von 1917 steigt selbst wieder in vier Etappen an (Jahrg. II, 637f.), und in der vierten Etappe wird an den Kommunisten die härteste Anforderung gestellt, der selbst ein

Trotzki nicht gewachsen ist. Der Kommunist wandelt sich so gründlich, daß er mit seiner eignen Vergangenheit bricht. Was für die Julimitte von 1917 gilt, das gilt für jeden entscheidenden Umbruch: »Es beginnt ein neuer Zyklus, in den nicht die alten Klassen (auch nicht der alte Proletarier!), nicht die alten Parteien, nicht die alten Räte eintreten, sondern die im Feuer des Kampfes, *durch den Verlauf des Kampfes erneuerten,* gestählten, geschulten, *umgemodelten.* Man soll nicht rückwärts schauen, sondern vorwärts. Man muß nicht mit den alten, sondern *mit den neuen Klassen und Parteikategorien* der Nachjulizeit operieren. *Man muß am Anfang des neuen Zyklus von der siegreichen bürgerlichen Konterrevolution ausgehen* ...«. Lenin verlangt, daß der Kommunist vom Gegner, auch vom siegreichen Gegner lernt; daß er die Stärke, die dieser durch seinen Sieg gewinnt, auf sich übergehen läßt. Er soll sich die konkreten Fortschritte, die der *Feind* durch seinen Sieg machte, selbst mit aneignen; er soll sich auf den neuen Bewußtseinsstand mit erheben, in neu erworbenen politischen Kategorien denken und in den neu geschaffenen Organisationsformen sich auch bewegen lernen.

Die vierte Probe, die Umschmelzung zum Realismus seit der Neuen Ökonomischen Politik, entscheidet darüber, ob der Kommunist sich als Typus halten kann und ob er ein Stück Geschichte nach seinem Bilde gestaltet. »Rechnet man nach Kurven, so datierte der erste Kursus seit den 70er Jahren des vorigen Jahrhunderts bis 1903 ... Der zweite Kursus reicht von 1903 bis 1917. Hier erfolgte eine gründliche Vorbereitung zur Revolution und die erste Revolutionsprobe von 1905. Der dritte Kursus von 1917 bis 1921 währt vier Jahre, die inhaltlich 40 Jahren gleichkommen. Es war dies eine sehr sachliche Prüfung zu einer Zeit, als das Proletariat an der Macht war, aber noch keine entscheidende Prüfung.« (Jahrg. II, 437). In den letzten Lebensjahren Lenins befindet sich das »Proletariat« im Übergang zum vierten Kursus, und wenn dieser schwerste Übergang überstanden ist, *dann »wird der ganze, in Aussicht genommene Aufbau ernsteren Charakter gewinnen.«* Auch der realistische Typus des Kommunisten, der den »Sieg an der Wirtschaftsfront« erficht, ist noch *nicht der letzte Typus;* der Kommunist *ist,* nach Lenin, nicht etwas, sondern er *wird* zu etwas, er stößt sich von sich selbst ab und wächst mit seinen Aufgaben. Wenn es um die praktische Leistung geht, nimmt er auf seine Vergangenheit keine Rücksicht.

2. Der letzte Umbruch: vom Kriegsheroismus zum Realismus

Zwischen »der alten und der neuen Aufgabe« liegt »ein Abgrund« (Jahrg. III,741). Das bevorstehende »Manöver« ist das »schwierigste …, dafür scheint (scheint!) es auch das letzte zu sein.« »Wir sind bis zur allerhöchsten und zugleich auch allerschwersten Stufe in unserm weltgeschichtlichen Kampfe gelangt.« (Jahrg. II, 638).

Die Schwierigkeiten sind *größer* als in der heroischen Kriegsperiode. »Militärische Siege sind leichter als ein wirtschaftlicher Sieg (25, 48f.). Koltschak, Judenitsch, Denikin zu besiegen war viel leichter, als die alten kleinbürgerlichen Gewohnheiten und Verhältnisse, die alte Routine, die alten wirtschaftlichen Bedingungen zu besiegen, die von Millionen und aber Millionen kleinen Besitzern, die neben den Arbeitern, zusammen mit ihnen, unter ihnen leben, verteidigt und reproduziert werden. – Um hier zu siegen, bedarf es größerer Planmäßigkeit bei der Arbeit, größerer organisatorischer und administrativer Kunst, – und das alles in großem Maßstabe. Uns, einer rückständigen Nation, mangelt das gerade am allermeisten.« »Selbstaufopferung im schmutzigen Alltag«, sagt Lenin an andrer Stelle (25, 197), »ist unendlich schwieriger, aber hundertmal wertvoller als die Hingabe des Lebens.«

Die neue Aufgabe ist von einer *extremen Andersartigkeit*. Die Eigenschaften, die im militärischen Kampf erworben wurden, sind nötig und unverlierbar, das Proletariat ist durch Hunger, Kälte, Kampf gestählt (25, 151), und es nimmt die Energien aus der Kriegslandschaft in die Landschaft der Arbeit mit hinüber. Manchmal ist es nur erforderlich, zu rangieren, die Tätigkeit von einem alten Geleis auf ein neues zu verschieben, aber manchmal führt der Weg durch eine Naturlandschaft, die noch nie ein Geleis gesehen hat. Während man als Pionier vorwärtsschreitet, muß man von Fall zu Fall für jede neue Strecke die Geleise erst bauen, auf denen sich die Bewegung vollzieht. Wenn z. B. Schulen errichtet werden sollen, die den »neuen Menschen« formen, dann müssen zum großen Teil Schulen, Lehrer, Schulprogramme aus dem Boden gestampft werden. Um in der Volkssprache zu unterrichten, muß eine halbverschollene Sprache zuweilen neu belebt werden. Nach Lenin erfordert eine Arbeit »unter Verhältnissen, wo manchmal überhaupt keine Schienen da sind, angestrengte Aufmerksamkeit, Kenntnisse und sehr viel Ausdauer.« (25, 615).

Da der Alltag umgestaltet werden soll, muß sich der neue Typus Kommunist daran gewöhnen, in viel langsamerem Tempo zu siegen. »In der Wirtschaft kann man nicht so schnelle Siege erringen wie im Kriege. Den freien Handel kann man nicht durch Enthusiasmus und Selbstaufopferung besiegen... Neue Formen der gesellschaftlichen Disziplin zu schaffen – das ist eine Sache von Jahrzehnten. Sogar der Kapitalismus brauchte 30 Jahre, um die alte Organisation in eine neue umzugestalten« (die nationalstaatliche Wirtschaft in die imperialistische der Truste, Kartells und der Rationalisierung der Arbeit) (25,177). »Früher sagte der Kommunist: ›Ich gebe mein Leben hin‹ ..., gegenwärtig stehen wir Kommunisten vor einer *ganz anderen Aufgabe. Wir müssen jetzt alles berechnen, und jeder von euch muß lernen, berechnend zu sein.*« Zu einer Eigenschaft höherer Ordnung, dem Heroismus, muß eine als subaltern angesehene, fast diffamierende Eigenschaft hinzugewonnen werden.

Diejenigen, die den »russischen revolutionären Elan« haben (Stal.Len. 110ff.), müssen jetzt eine fast konträre Eigenschaft *hinzu*gewinnen, damit sie sich halten und damit der neue Typ entsteht, der den neuen Aufgaben gewachsen ist. Der neue Typ ist keine gedankliche Konstruktion, sondern er erwächst aus der konkreten historischen und gesellschaftlichen Lage.

Der Kommunist experimentiert mit sich selbst, er wandelt sich, ohne daß er an seiner Vergangenheit *Verrat* verübt. »Die Arbeiter und Bauern, die in einem so schwierigen Augenblick«, als »Judenitsch und Denikin ganz in der Nähe von Petrograd und Moskau standen«, »in die Partei kamen, sind die besten und zuverlässigsten Führerkaders ...« (25,46). Die schwerste Bewährung nützt ihnen aber nichts, sie genügt noch nicht, es ist eine *nochmalige Bewährung nötig,* und es muß noch einmal auf dem neuen Boden von vorn angefangen werden. »Der Kernpunkt liegt darin,...daß verantwortliche Kommunisten, die ausgezeichnet während der ganzen Revolution gearbeitet haben, jetzt in Handels- und Industrieunternehmungen, von denen sie nichts verstehen, tätig sind.« (Jahrg. III, 264). Eine zusätzliche, neue Auslese ist nötig. »Wir müssen es ebensogut tun, wie die Kapitalisten es getan haben. Widrigenfalls wird das Volk eine solche Verwaltung nicht ertragen können.« »Die Energie, die wir im Krieg an den Tag gelegt haben, müssen wir im selben Maße und in derselben Form auch auf dem Felde der Arbeit entfalten. Es gibt keinen von vornherein fertigen Plan für den Aufbau eines neuen Lebens.« (25,23).

Die »Gefahr«, die der »russische revolutionäre Elan« in der Phase des letzten entscheidenden Umbruchs zum Realismus in sich birgt, die Gefahr, *»in der Praxis in hohles ›revolutionäres‹ Geschwätz auszuarten«,* wird durch eine Legierung mit der »amerikanischen Sachlichkeit« wettgemacht. (Stal. Len. 110ff.). Der Revolutionär muß einen Schutz Amerikanismus in sich aufnehmen, er muß sich die neuen praktischen Energien einverleiben, die die neue Sachwelt der imperialistischen Technik, Wissenschaft, Wirtschaft und Verwaltungskunst aus sich erzeugte. Gelingt der Versuch, den Amerikanismus auf den sowjetrussischen Boden zu verpflanzen, wird das eingeführte Gewächs einheimisch, dann wird mitfolgend unter Lenins und Stalins Händen aus dem Amerikanismus etwas andres. Der Bolschewist hat das Prinzip, von jedem, der Terrain gewonnen hat, zu lernen; seine Absicht ist, mit dem Feind eben auf *dem* Boden zu wetteifern, auf dem die Stärke dieses Feindes liegt. Der Lafettenlauf der russischen Politik ist, dahin geht Lenins Meinung, so organisiert, daß überall da, wo eben jemand auf dem allgemeinen Feld der Politik und des politisch belangvollen Tuns, Denkens, Organisierens einen Vorsprung gemacht hat, ein Russe schon bereitsteht, der den vorgeschobenen Posten als seinen Ausgangspunkt benutzt. Dieser Lafettenlauf soll aber im Einklang mit der stetigen Aufbauarbeit des Leninschen Zehnjahresplanes stehen, und er verhält sich zu dieser ruhigen Arbeit, die Stein auf Stein setzt, ähnlich, wie sich das Ausfliegen eines kräftigen und beutegierigen Raubvogels zum allmählichen Bau seines Nestes und zur sorgsamen Aufzucht seiner Brut verhält.

Besonders ein Gewächs mit so starkem Giftgehalt wie der Amerikanismus, der dem Lenin von 1905 noch fern lag, kann nach den durch die Geschichte der russischen Revolution unabänderlich gegebenen Voraussetzungen *nur produktiv* übernommen und einverleibt werden; es wird sogleich »fortgebildet«. Stalin kennzeichnet die giftigen Bestandteile des Gewächses: »Diese amerikanische *Sachlichkeit* hat alle Aussicht«, so hören wir, »in engstirnige, prinzipienlose Geschäftigkeit auszuarten, wenn sie nicht verbunden ist mit dem russischen revolutionären Elan.«[65]

65 Der Aufsatz, aus dem hier zitiert wird, ist überschrieben »Der Arbeitsstil«. Die Gedanken sind der Kern des Neuen und Epochemachenden am politischen System Stalins. Stalin zeigt hier, daß er Lenin auch mit unabhängiger Kraft weiterbildet. Stalin übersieht die Gefahren des alten Typus und er katalogisiert die Entartungsformen.

3. Die gefährlichen Eigenschaften des privilegierten Revolutionärs

Der alte Typus Kommunist ist der neuen Ordnung gefährlicher als jemand, der mit dem Kommunismus noch keine wesentliche Berührung hatte, besonders gefährlicher als der Parteilose oder als der »Fachmann«. »*Der schlimmste Feind ist bei uns der Kommunist* (Jahrg. III, 337), der auf einem verantwortlichen ... Sowjetposten sitzt und von allen als ehrlicher Mann hochgeachtet wird. Er ist ein schlechter Musikant, aber dafür ein guter Mensch. Er weiß die Schlamperei nicht zu bekämpfen, er deckt sie vielmehr ... Gegen diesen *Feind,* gegen diese Kopflosigkeit und diesen Schlendrian wird die *ganze parteilose* Arbeiter- und Bauernmasse hinter der Vorhut der Kommunistischen Partei wie ein Mann marschieren.« (Hierzu auch 336). Aus einem Parteilosen *kann* ein Kommunist neuen Typs werden, und zwar dadurch, daß er in die epochemachenden Aufbauarbeiten hineinwächst; es ist sehr wohl möglich, daß der Parteilose, der auch auf hoher See schwimmen kann, *über* dem deklarierten Kommunisten steht; der Kommunist alten Typs kann der ehrlichste Kommunist von der Welt sein, es hilft ihm alles nichts, wenn er in seiner Anschauung und Überzeugung erstarrt ist und *nicht mehr* mit den Ereignissen *mitkommt,* weil er seine Aufgabe bereits erfüllt hat.

Der Kommunist hat deshalb, weil er sich in einer einzigen Phase als Kommunist bewährt hat, noch kein Monopol auf die Verwirklichung und Auswertung der kommunistischen Staats- und Gesellschaftsanschauung. Die Sache, um die es geht, ist nicht an diese Menschen gebunden, sie steht und fällt nicht damit, daß gerade diese Kommunisten sich dafür einsetzen. Die Kommunisten alten Typs glauben aber, ein Patent auf die Sache zu haben, sie glauen, daß es ohne sie nicht geht, daß die Sache stockt, wenn sie nicht dabei sind. Sie bewegen sich einher als der verkörperte Kommunismus, schwer mit Würden beladen (Jahrg. III, 336, bes. 268, 252)[66], die Sache ist ihnen vorbehalten, und auf Außenseiter, die durch eignes Urteil und durch die Konsequenz ihrer Facharbeit ein Verhältnis zur Sache

66 Vgl. Jahrg. III, 252: »Wir werden«, sagt Lenin an einer der herangezogenen Stellen, »die Anfangsgründe erlernen ... und doch nicht aufhören ... Revolutionäre zu sein. Erreiche aber das Gewünschte, bilde dir nichts ein, sei nicht stolz, daß du Kommunist bist, und der andere bloß ein parteiloser Kommis, eventuell ein Weißgardist ist. Aber er kann die Arbeit leisten, die aus wirtschaftlichen Gründen um jeden Preis getan werden muß, und du kannst es nicht. Wirst du verantwortlicher Kommunist, der du Hunderte von Chargen und Titeln bekleidest bzw. inne hast und kommunistischer und Sowjetritter bist, dies verstehen, so wirst du dein Ziel erreichen, da man dies erlernen kann.«

gewinnen, blicken sie gönnerhaft herab. Sie haben es entweder mit Unbefugten zu tun, die sich eindrängen und die zunächst mit Mißtrauen beobachtet werden müssen, oder mit armen Verblendeten, mit verwirrten Schafen, die endlich zu ihrer Herde heimfinden. Man kann sich nicht genug darüber ereifern, daß es Leute gibt, die die einfache Wahrheit nicht sehen, und man kann nicht genug auf die Bedauernswerten herabblikken, die in Blindheit dahinlebten, während man bereits zu den Auguren des allein seligmachenden und einzig wahren Glaubens gehörte. In das Verhältnis zu dem, der früher kein Bolschewist war, schleicht sich leicht ein erbaulicher Moralismus, eine pharisäische Selbstgerechtigkeit ein, die dem »sachlichen«, »amerikanistischen« Typ schlecht zu Gesichte steht. Es ist unbegreiflich, und eigentlich unverzeihlich, daß jemand nicht hören wollte, wo so vorzügliche Kommunisten, wie sie es sonst in der Welt nicht wiedergibt, zur Bekehrung predigten, und wo diese Prediger doch allein die wahren Interessen der armen Beirrten, der böswillig Tauben, der Verstockten kannten.

Der Kommunist alten Typs selbst muß sich belehren lassen, daß die Sache, um die es geht, eben doch noch nicht eindeutig feststeht, und daß Leute, die bisher nichts mit dem Kommunismus zu tun hatten, ihm die Fahne entreißen und mit ihr vorwärtseilen werden, wenn er sich nicht selbst zu einem neuen Vorstoß in die Sache aufraffen kann. Wenn er, der Patentkommunist, mit der Geschichte nicht mitgeht, dann schreitet sie über ihn hinweg zu einer neuen Tagesordnung. Die Sache ist eine Notwendigkeit der Epoche, und Lenin empfiehlt eine unbedenkliche Auswahl der Mitarbeiter; die minimalste politische Qualifikation dieser Mitarbeiter muß darin bestehen, daß sie das Zeug dazu haben, die »Notwendigkeit« zu sehen. Wenn es *in der Sache vorwärtsgeht,* wachsen die Menschen, die an ihr arbeiten, allmählich nach, und es liegt im Zug der ganzen Entwicklung, daß die kommunistischen Reihen sich umgruppieren. Diese Umgruppierung geht vor sich wie ein elementarer Naturprozeß. Von der Sache, um die es den Russen zu tun ist, ergeht der Appell an die Menschen, die den Blick dafür haben, was zu tun ist. (Stal. Len. 152). Diese Menschen merken allmählich an sich selbst, daß ihnen an einer Ausrichtung aller sozialen und politischen Organisationen, einer Umgestaltung der Wissenschaft, der Kunst und des Privatlebens auf die neuen Ziele hin alles gelegen ist. Sie werden dessen inne, daß die neue Ordnung mit der höchsten Steigerung ihrer Kräfte identisch ist, daß sie ihnen einen Gebrauch aller Organe, der Sinnesorgane, der Erkenntnisorgane, der produktiven Fähigkeiten, erlaubt, der ihnen ein Leben – modernsten Stiles – lebenswert macht.

Die Schale des alten Kommunismus wird aufgesprengt. Anstatt die Welt zu beglücken, muß sich der Kommunist der Sache gegenüber öffnen, er muß von der Realität in ihrer ganzen Breite lernen. Er muß darauf verzichten, ein Kommunist zu *sein* (fix und fertig zu sein), er *ist* kein Kommunist mehr, er muß sich der Sache opfern und es darauf ankommen lassen, ob man in einer veränderten Gestalt, einer gewandelten Form, wieder, und nun schlagender, realer, Kommunist sein kann. Es fragt sich, ob man zu einem kommunistischen Programm kommen kann, das dadurch zustande kommt, daß der in die *Wirklichkeit* des wirtschaftlichen, sozialen, politischen Lebens versetzte Kommunist die Konstruktionslinien der Wirklichkeit selbst nachzeichnet. Es fragt sich, ob der Kommunismus nur ein Programm, oder ob er eine Notwendigkeit der Epoche ist; ob er eine Gesinnung, eine Idee, eine Bewegung, ein »revolutionärer Elan« ist, oder ob er ein *»Plan«* ist (25, 614 u. 615), derjenige Plan, mit dem sich das wirtschaftliche, politische, kulturelle, weltanschauliche, seelische Chaos der Zeit plausibel sichten und nach allmählich wie von selbst hervortretenden Regeln mit Konstruktionslinien durchschießen läßt. *Es kommt* nach Lenin *mehr darauf an, ob die moderne Welt kommunistisch ist, als darauf, ob der Kommunismus mit der Welt fertig wird.*

Der Kommunismus hat nicht mehr dogmatischen Charakter, sondern er hat Erkenntnischarakter; Lenin vollzieht am Beginn des vierten Kursus eine kopernikanische Wendung vom Dogma oder Programm zur Realität. Die Hauptgefahr besteht jetzt darin, daß der Kommunist alten Typs an seinen hervorstechenden Charaktermerkmalen festhält, daß er sich als Doktrinär seiner Unfehlbarkeit weiterhin bewußt bleibt. Lenin frischt in dieser akuten und schwersten Gefahr eine alte politische Weisheit auf: »Es ist bekannt«, sagt er (25,199), »daß dem Mißgeschick und Verfall von politischen Parteien sehr oft ein Zustand vorausging, wo für diese Parteien die Möglichkeit der Selbstüberhebung bestand.« »Alle (!) revolutionären Parteien, die bisher zugrunde gingen, gingen zugrunde an ihrem Hochmut, an der Unfähigkeit zu sehen, worin ihre Kraft liegt, an der Furcht, über ihre Fehler zu sprechen.« (Jahrg. III, 266r). Als Lenin rät, die qualifizierten wissenschaftlichen Spezialisten »vorsichtiger zu behandeln«, »tritt Preobrashenski auf, nimmt das Programm aus der Tasche heraus und sagt: Keine politischen Konzessionen an diese Schichten, *es wäre ein Programmbruch.*« Lenin sagt von diesem Kommunisten alten Typs, er fasse alles auf eine Art an, »die *seinen stärksten Eigenschaften* entspricht: er ist ein Theoretiker, auf bestimmte übliche Begriffe eingestellt, ein Propagandist … Es ist richtig«, sagt Lenin noch ironisch in diesem Zusammenhang, »daß die kommunistischen Zellen ausgezeichnete kommunistische Zellen, daß die Arbeiterfakultäten ausgezeichnete Arbeiterfakultäten sind. *Dadurch sind sie aber nicht unfehlbar geworden, dadurch sind sie noch keine Heiligen.*« (Jahrg. III, 268).

C. Der neue Typus hat ein neues Verhältnis zur Sache des »Kommunismus«

1. Die Reife

Der Kommunist neuen Typs verläßt das Stadium der Agitation und der theoretischen Voreingenommenheit, einer Art von »Politik«, die auch in der außerrussischen Welt altmodisch geworden ist. Er tritt nun in das Stadium einer *seriösen* Politik ein, und es geht um die allgemeine, übergreifende Sache der Epoche und des »Volkes«. (Vgl. aber schon 7, 267, 117 u). Es fragt sich, ob der »Kommunist« *mündig* ist und ob er bestimmen kann, was aus der Welt, die sich in der tiefsten Krise befindet, werden soll. Wer den Stand der Gestirne des politischen Himmels richtig deutet, der kommt zu dem Ergebnis, daß eine sachbestimmte Politik die »idee«-bestimmte Politik schlagen wird.

Die »Reife« wird »durch Erfahrung, durch die Praxis« erworben (25, 128). »Die Fähigkeit des Verwaltens fällt nicht vom Himmel und kommt nicht wie der Heilige Geist über uns.« »Um zu siegen, muß man *die Geschichte der alten bürgerlichen Welt in ihrer ganzen Tiefe begreifen;* und um den Kommunismus aufzubauen, muß man sowohl die Technik als auch die Wissenschaft für breitere Schichten nutzbar machen.« (25, 129). Man muß außerdem, sagt Lenin im März 1920, um mündig zu werden, die eignen russischen »Erfahrungen der früheren Jahre berücksichtigen«, sich »auf den Boden der zweijährigen Geschichte der Sowjetmacht stellen, und nicht jener primitiven Reflexionen, die uns irreführen.« *»Werdet erwachsene Menschen!«* ruft Lenin in diesem Zusammenhang seinen Kommunisten zu (25, 106).

Es muß jetzt, nach Stalin (Stal. Len. a, 238), »dieser alte Typus des allwissenden Parteiarbeiters *einem neuen Typus Platz machen,* der bemüht ist, auf einem bestimmten Gebiete der Arbeit[67] seine Sache zu beherrschen. Um wirklich führen zu können, muß man den Gegenstand kennen, muß man ihn gewissenhaft, geduldig, mit Ausdauer studieren.« »*Nicht Götter sind es, die Töpfe brennen,* diese [Sprichwort-]Wahrheit müssen« – nach Lenin (vgl. Wettb. 13) – »die Arbeiter und Bauern sich ganz besonders fest einprägen. Sie müssen verstehen, daß *jetzt der ganze Schwerpunkt in der Praxis liegt,* daß eben jetzt der geschichtliche Moment gekommen ist, *wo die Theorie in die Praxis umgesetzt, durch die Praxis belebt, korrigiert, überprüft* wird.«

»Die *Aufgabe der vorhergehenden Generation* war es« – nach Lenin (25, 482) –, »die Bourgeoisie zu stürzen. Damals war die Hauptaufgabe *die Kritik* an der Bourgeoisie, *das Wecken des Hasses* in den Massen ... *Die neue Generation steht vor einer komplizierten Aufgabe* ... Ihr könnt diese Aufgabe nur lösen« – so lautet ein lapidarer Satz aus einer Rede an die Jugend, der als *Kernstück des politischen Testaments Lenins* angesehen werden muß – »wenn ihr euch das *ganze heutige Wissen aneignet, wenn ihr es versteht, aus fertigem, auswendig gelernten kommunistischen Formeln, Ratschlägen, Rezepten, Vorschlägen und Programmen etwas Lebendiges zu machen,* das eure *unmittelbare Arbeit zusammenfaßt,* wenn ihr es *versteht, den Kommunismus zur Richtschnur für eure praktische Arbeit zu machen.«* (25, 482). »Was jetzt in unsern Artikeln enthalten ist, *sieht dem, was man früher über den Kommunismus geschrieben hat, nicht im mindesten ähnlich«* (25, 476), »denn jetzt schreiben wir über unsre tagtägliche, vielseitige Arbeit.« *»Zwischen Buch und Leben«* besteht eine *»tiefe Kluft«.* »Ohne Arbeit, ohne Kampf ist das aus den kommunistischen Broschüren und Werken geschöpfte Bücherwissen keinen Deut wert.« – Es geht jetzt um den Plan, und die Punkte des Plans sind die Punkte des neuen Parteiprogramms. »Diese Aufgabe (25, 615, 616) des einheitlichen Wirtschaftsplanes, seiner Durchführung um jeden Preis wird zu einer Aufgabe der ganzen Republik. Die Kommunistische Partei muß die gesamte Agitation, die gesamte Propaganda, die gesamte Parteiarbeit auf diese Aufgabe einstellen. Die Aufgabe besteht darin, in jeder Parteizelle, in jeder Sowjetinstitution an diesem einheitlichen Plan, der auf eine lange Reihe von Jahren berechnet ist, von allen Seiten her systematisch zu arbeiten.«

67 Hier ist zugleich der neue *Berufs*gedanke fixiert. Der Berufsgedanke erfährt aus dem übergeordneten Gedanken des Planstaates, der eine bestimmte historische Aufgabe ausführt, seine Wiedergeburt. Der Ort des Berufes ergibt sich aus dem Schnittpunkt der Konstruktionslinien, die von den »Schlüsselstellungen« aus gezogen sind, um das ökonomische und politische Chaos zu entwirren.

2. Der bleibende »proletarische« Charakter des Typs

Der Kommunist neuen Datums hat, trotz der tiefgehenden Wandlung, bestimmte Züge mit den Kommunisten älteren Datums gemein: er ist jemand, der sich auf Grund seines »proletarischen« Charakters, gründlich und endgültig von einer historischen »Epoche« »loslöst«. Er ist jemand, der mit den Kräften und Institutionen der alten Epoche nichts zu tun hat, der als ein Fremdling in ihr aufwuchs, und der auch dann noch außerhalb ihrer Gesetze steht, wenn er ihre Wissenschaft, ihre Technik und ihre Kultur – in einer kaltblütig und lieblos getroffenen Auswahl – übernimmt.

Im April 1904 führt Lenin aus: »Die dunklen Kräfte, die den zaristischen Absolutismus schützen, gehen unter. Aber nur das klassenbewußte und organisierte Proletariat ist imstande, diesen dunklen Kräften den Todesstoß zu versetzen.« (6, 452). Denn (so begründet Lenin die These im Mai 1905, vgl. 7, 333) »die Bewegung der unteren Schichten steigert die revolutionäre Kraft; die bringt eine Volksmasse auf die Beine, die erstens fähig ist, das ganze morsche Gebäude wirklich niederzureißen, und die zweitens *durch keinerlei Besonderheiten ihrer Lage an dieses Gebäude gebunden ist.*« »Ihre Lage« ist »ausweglos«. Die »kleinste Bewegung des Proletariats« droht, »über ihre unmittelbaren Ziele hinauszutreiben und unversöhnlich, verheerend *für die ganze alte Ordnung zu werden.*« Unter den Feinden der alten, morsch gewordenen und zum Vergehen reifen Ordnung ist das Proletariat der einzige Feind, der sich nicht bloß gegen »Symptome« wendet. Es hebt die alte Epoche selbst aus den Angeln, und es kann sich nur mit dem Tod der ganzen Gestalt dieses alten Lebens zufrieden geben. »Bis heute« (Januar 1905) glauben noch »Millionen und aber Millionen russischer Arbeiter und Bauern« »naiv und blind an das Väterchen Zar« (7, 126), und es ist der im politischen Kampf erstarkende »Klasseninstinkt«, der »alle Grundlagen eines solchen Glaubens gesprengt hat.« »Jeder Lebensmonat des neuen, städtischen, industriellen, des Lesens und Schreibens kundigen Rußland hat diesen Glauben untergraben und erschüttert.« Auch im Bürgertum gibt es revolutionäre Regungen, aber »nur die Arbeiter sind fähig, an der Spitze des Volkes für vollständige Freiheit zu kämpfen.« (7, 495). »Bei der Arbeiterklasse gibt es nicht diese Feigheit, diese heuchlerische Halbheit, wie sie der Bourgeoisie als Klasse eigen ist.« (7, 522). Eine Verfassung der Dinge, die selbst ein Stück Geschichte geworden ist, kann nur von einer geschichtlichen Gegenmacht gestürzt werden, und es gibt keine andre Geschichtsmacht, die unversöhnlich und mächtig genug ist und die ihren Weg heroisch bis zu

Ende geht, als die Klasse des Proletariats. »Die Frage des festen Kurses, der Kühnheit und Entschlossenheit« ist »keine persönliche Frage..., sondern eine Frage der *Klasse,* die Kühnheit und Entschlossenheit an den Tag zu legen fähig ist. Die einzige solche Klasse ist das Proletariat.« (25,186). In dieser Klasse hat die »lange und uneingeschränkte Herrschaft des Absolutismus ... eine in der Geschichte wohl noch nie dagewesene revolutionäre Energie ... angehäuft.« (7,412). Im Januar 1905 sagt Lenin voraus: Es wird »uns gelingen ..., die Fackel des revolutionären Lichts vor der dunklen und niedergebeugten Masse zu entzünden«. (7,263). »Doch man sehe nur, wie rasch sich der gestrige Sklave aufrichtet, wie der Funke der Freiheit selbst in seinen halberloschenen Augen aufleuchtet.« (7,495). Der Revolutionär ist dem gewöhnlichen Geschichtsprozeß entnommen, er wird zur bewegenden Kraft in der Welt der Leninschen Revolutionseschatologie. »Wir ... stehen« »auf den Schultern einer ganzen Reihe revolutionärer Generationen Europas« (7,263), und diejenigen, die einander die »Fackel« weiterreichen, sind dadurch verbunden, daß sie eine Epoche gegen die andre setzen. Es kommt auf den Ort an, auf dem der neue Typus steht, darauf, daß von dem Punkt der Unversöhnlichkeit nicht abgewichen wird, und dieser Punkt ist durch den weltgeschichtlichen Standort des Proletariats bezeichnet.

Vom eigentlichen, heroischen Proletariat, das diesen Punkt der weltgeschichtlichen Entscheidungen besetzt hat und behauptet, ist das empirische Proletariat zu unterscheiden. Es ist möglich, und, nach Lenin, wirklich geschehen, daß einmal ganz wenig Männer die Sache des Proletariats in die Hand nehmen und *gegen* das empirische Proletariat verfechten. Das Proletariat ist nach Lenin *dort,* wo der Platz ist, an dem es zu *kämpfen* hat, und wenn dieser Platz nur von einem einzigen Manne besetzt ist, wie in Rußland im April 1917 von Lenin (20/1,177)[68], *dann existiert das Proletariat nur in der Gestalt dieses einzigen Mannes.* Es kommt *nicht* auf das augenfällige Dasein und die *Menge* interessierter

68 Lenin sagt wörtlich (vgl. 20/1, 177 und 234): »Lieber zu zweit bleiben – wie Liebknecht – – und *das heißt beim revolutionären Proletariat bleiben* –, als auch nur eine Minute lang den Gedanken der Vereinigung mit der Partei des Organisationskomitees, mit den Tscheidse und Zereteli, zulassen. Wer den Schwankenden helfen will, muß selbst zuerst einmal aufhören zu schwanken.« Weiterhin heißt es: »Wir sind jetzt in der Minderheit, die Massen glauben uns vorläufig nicht. Wir können warten: sie werden zu uns kommen, wenn die Regierung sich ihnen zeigen wird, wie sie ist. Die Schwankungen der Regierung werden sie abstoßen, und sie werden zu uns kommen, und dann werden wir, dem Kräfteverhältnis Rechnung tragend, sagen: jetzt ist unsere Zeit gekommen.«

Menschen an, die sich in der gleichen Notlage befinden, denen es gleichermaßen schlecht geht, und die bereit sind, nach einem Rettungsteil zu greifen, sondern es kommt auf die *Sache* an, für die sich diese Menschen einsetzen; erst mit *diesem* Einsatz *an dieser Stelle werden* sie zur *Klasse,* zum Proletariat im weltpolitischen und welthistorischen Sinne. Wenn nicht *Lenin den Platz* besetzt hätte, von dem aus *allein* die alte Ordnung gründlich, mitsamt der liberalistischen und reformistischen Bewegungen, Organisationen und Überzeugungen, aus den Angeln zu heben und zu vertilgen war, dann hätte die Bewegung des Proletariats jäh abbrechen müssen. Das russische Proletariat wäre dann aus der Liste der in der Geschichte handelnden Subjekte ausgestrichen worden und in der Versenkung verschwunden.

3. Der neue Typus Kommunist und die »Sache des ganzen Volkes«

Der neue Typus Kommunist wird den ursprünglichen Intentionen der russischen Revolution gerecht, insofern es ihm wieder um die Sache des ganzen Volkes geht. Die Bewegung lenkt wieder in die Bahn der ursprünglichen Absichten ein, eine jahrhundertealte ganze Verfassung der Dinge durch eine neue zu ersetzen, die ihr nicht nur ebenbürtig ist, sondern die auch bis in die Einzelheiten der Verwaltungspraxis hinein vollkommener funktioniert.

In Rußland stehen sich im Grunde, »wie ein weitblickender Engländer[19] schon in der ersten Hälfte des 19. Jahrhunderts bemerkt hat« (8, 341), *»zwei Nationen«* feindlich gegenüber. Die Frage lautet nicht: setzt das Proletariat innerhalb des bestehenden Staates seine wirtschaftlichen Interessen gegen die zaristischen und bürgerlichen Oberklassen durch, sondern es ist die Frage gestellt: auf wessen Seite ist die Sache des ganzen Volkes, wer gewinnt durch seinen Sieg das Recht, im Namen des ganzen Volkes zu sprechen, und wer verfügt über das Territorium des russischen Reiches? Das Proletariat zieht wie eine Erobererrasse aus, es kämpft, nach Lenin, nicht um seinen Platz in der Heimat, sondern es hat noch keine Heimat, es erkämpft sich den Boden von Leuten, mit denen

[19] Benjamin Disraeli, Lord Beaconsfield (1804–1881), zweimal britischer Premier (1868/69 und 1874–1880) schrieb über *zwei Nationen* in einer jeden [nämlich die ›Armen‹ und die ›Reichen‹, d. h.: between the luxurious life of the aristocracy and the extreme poverty of the working people] in seinem Roman *Sybil, or The Two Nations* (1845). – Vgl. auch Oscar E. H. Schmitz, *Englands politisches Vermächtnis an Deutschland,* München: Georg Müller 1916, S. 82f.

es nichts gemein hat. Es gibt keine gemeinsame Liebe zu einem gemeinsamen russischen Mutterboden. »Russe« und »Russe« stehen sich *beziehungslos* gegenüber, und da, wo der eine ist, kann der andere nicht sein. Die »Liebe«, die jedesmal der eine von beiden »zu Rußland« hat, erregt im andern nicht nur keine Spur von Teilnahme, sondern sogar Haß. Weil sein *Feind* »Rußland« liebte, deshalb tilgt Lenin sogar *den Namen* »Rußland« aus dem Buch der Geschichte aus. An jener Stelle des Globus, wo die »russischen« Grenzen verzeichnet sind, überschneiden sich eine Zeitlang zwei »Vaterländer«, und an *einer* Stelle der Erde ist doch nur Raum für *ein* Vaterland. Lenin geht nicht weiter darauf ein, was aus der »Liebe« derjenigen werden soll, die den Anspruch erheben, *ihr* »Vaterland« sei mit eben diesem Ort identisch, er ist ohne jede Anwandlung eines Zweifels davon überzeugt, daß *sein* Vaterland hier liegt, und daß ein Anspruch andrer Leute ohne Sinn ist. Die Frage, die gestellt ist, lautet mit andern Worten: wer ist das russische Volk, und wer ist das Subjekt der russischen Geschichte, um wessen Probleme wird in der russischen Geistes- und Religionsgeschichte gerungen? Der russische Boden ist durch Fremde besetzt, durch die zaristische und bürgerliche Gesellschaft, und die russische Revolution ist nach Lenin kein Bürgerkrieg, sondern ein Volkskrieg, und der Feind sitzt in Rußland selbst. Im Krieg gegen diesen Feind geht es um die Sache des russischen Volkes, und Lenin ist von vornherein entschlossen, den Landesfeind, zu dem auch die sozialdemokratische liberalistische Arbeiterschaft gehört, zu vernichten. Der Kapitalismus ist der Vorkämpfer der Volksfeinde, der Erzverräter; es kämpft nicht Lohninteresse gegen Profitinteresse, sondern ein Volk, ein politischer Aktionsbund, ist entschlossen, keine Ruhe und keinen Frieden zu geben, bis nicht der fremde Eindringling vertrieben und ausgerottet ist. Das Lohninteresse ist in diesem düsteren und blutigen Kriegsdrama ein exzitierendes [anregendes] Moment, und nicht mehr; eine Lust zum Beutemachen, die den Siegeswillen unterstützt, und um die es demjenigen, der das ganze feindliche Land besetzt, nicht mehr ernst sein kann. Im Vorgefühl seines endgültigen Sieges sieht er bereits lange vorher jede Fabrik so an, »als wär's ein Stück von mir« (vgl. 6, 412): er fängt wenigstens in seinem Denken und Empfinden frühzeitig an, sich häuslich einzurichten. Sich *ausreichenden Lohn und Lebensstandard, Sozialpolitik* zum Ziel zu nehmen, das ist *unter seiner Würde;* er sucht nicht etwas Ökonomisches, nicht sein Auskommen und eine gute Behandlung *in* den Stellungen, sondern er sucht den *politischen Sieg* über alle Stellungen. Sein innerster und zunehmend sein einziger Lebenstrieb ist *der Wille zur Herrschaft,* und wenn er wirtschaftlich hintangesetzt, benachteiligt, übervorteilt, wenn er in kleinen und niedrigen Verhältnissen gehalten wird, fühlt er sich getroffen als einer, der das ganze Land besetzen will, als einer, der sich im Geist schon als den absoluten Herrscher sieht, und nicht als einer, der da glaubt, er sei vom Schicksal dazu ausersehen, anständig zu verdienen.[69]

Weit über dem »Führer eines freien Arbeiterverbandes«, einem »tradeunionistischen Sekretär«, der eine subalterne Lohnpolitik verfolgt, steht der *»Führer der Volksrevolution«* als Typus einer neuen politischen Epoche (8, 140; 1905 geschrieben). Die Partei Lenins teilt das Volk »*nicht deshalb in Klassen,* damit sich die Klasse, die die Avantgarde bildet, *von den andern abschließe, auf ein enges Maß begrenze . . .,* sondern *deshalb, damit* die zur Rolle der Avantgarde berufene Klasse unbehindert von der Halbheit, Unbeständigkeit und Unentschiedenheit der Zwischenklassen und darum *mit um so größerer Energie, mit um so größerem Enthusiasmus an der Spitze des ganzen Volkes für die Sache des ganzen Volkes* kämpfe.« (8, 140 f.). Der Begriff der Klasse ist nicht ein ökonomischer, sondern ein politisch-militärischer Begriff. Die Klasse ist nicht ein Ausschnitt aus dem Volk, sondern der Extrakt seiner besten und vorstürmenden politischen Kräfte. Die Klasse wird nicht gebildet, um das Lohninteresse eines ökonomischen Partners gegen das Profitinteresse der feindlichen Klassen durchzusetzen, sondern um mit konzentrierten Kräften die wichtigsten strategischen Punkte zu besetzen, und um die Sache des Volkes zu Ende zu führen. »Mit dem Wort ›Volk‹ pflegte Marx nicht die Klassenunterschiede zu vertuschen, sondern jene bestimmten Elemente zusammenzufassen, die geeignet sind, die Revolution zu Ende zu führen.« (8, 163).[70]

69 Er wird schon *vor der Zeit* tatsächlich in seiner *politischen Ehre* getroffen, und nicht in irgendeinem subalternen »wohlerworbenen« oder »guten« Recht auf anständiges Einkommen. Wenn die Wahl zwischen zwei Möglichkeiten offensteht: entweder sich an einem *bestimmten Ort* redlich einen *Nahrungs*spielraum zu erkämpfen oder sich durch die *ganze Welt* hindurchzuhungern, dann wird ein »russischer Proletarier« nicht lange wählen, und es ist nicht einzusehen, warum ihn seine Wahl nicht ehren sollte. Er tut allerdings, was er nicht lassen kann, und er selbst fragt, wenigstens expressiv verbis, nicht viel nach der »Ehre«.

70 Auch die Struktur der literarischen Kampfarbeit ist davon bestimmt, daß diese Arbeit der Sache des ganzen Volkes dient, nicht dem Geschmack oder dem Interesse einzelner Kreise, Zirkel, Personen. All diese Arbeit muß das Proletariat »mit dem lebendigen Strom der lebendigen proletarischen Sache erfüllen und so dem *veralteten,* halb sorglos-fahrlässigen, halb träumerhaften Prinzip: der Schriftsteller schreibt und der Leser liest, den Boden unter den Füßen wegziehen.« Allerdings ist auf diesem Gebiet »die Sicherung eines weiten Betätigungsfeldes für die persönliche Initiative, individuelle Neigungen, eines Spielraums für Gedanken und Phantasie, Form und Inhalt unbedingt notwendig.« (8, 524 ob., 523).

Die Sache selbst ist in sich kompliziert, sie hat ihre Vordergründe und ihre Hintergründe; man muß »manche *Intellektuellen*« »zwingen, ihre *Aufgaben breiter* aufzufassen, *bei der Erörterung konkreter Fragen auf Schablonen zu verzichten, mit der geschichtlichen Konjunktur zu rechnen, die unsre Ziele verkompliziert und modifiziert.*« (6, 234ff.). In die Sache, um die es geht, ist die Sache des Bauern und die Sache des Handwerkers einbeschlossen.[71] Links und Rechts sind nur noch *Seiten* der Sache, keine Richtungen, die selbständig bis zu Ende verfolgt werden könnten und die auf ein sachliches Ziel wiesen. Die Politik zielt auf die Mitte einer in sich komplizierten Sache, die ihrerseits ein Links und ein Rechts hat. Wer bis zu Ende denkt, bleibt nicht links und rechts in der Sache stecken, er macht sich frei von seiner Vorliebe und von dem, worin gerade seine eigene Stärke liegt. »Leninismus« bedeutet nach Stalin (Stal. Len. 339) Glaube an die Sache des Aufbaus. Die Kommunistische Partei ist eine »aus einem Gusse gegossene Partei des revolutionären Proletariats.« (Stal. Len. a. 279). »Deswegen sind wir Leninisten in unserer eignen Partei *weder ›Linke‹ noch ›Rechte‹.*« (Stal. Len. a. 277). »Wir *haben uns* aber nie *verpflichtet, ›linker als alle‹ zu sein,* wie dies einst Parvus verlangte ... Es gibt Leute, die meinen, die Leninisten seien verpflichet, jeden *linken* Schreier und *Neurastheniker* zu unterstützen.« (Stal. Len. 253). Nach Stalin kommt es für den neuen Typus Kommunisten nicht auf das an, was er im Vergleich zu Politikern andrer Länder ist, nicht darauf, ob er radikal oder gemäßigt ist, sondern darauf, ob er *geraden* Wegs, mit den geringsten Umwegen nach links und rechts, auf das »weltgeschichtliche« Ziel lossteuert.

Die kommunistischen Organisationen wollen und sollen in den »neuen Typus Staat«, in die künftige Verfassung der Dinge, als wichtige Organe hineinwachsen (25, 193ff.; Gew. 149), sie sollen aus exklusiven und werbenden Vorkämpfern für die Sache zu Stützpunkten und Trägern des übergreifenden ganzen Baues werden, der das soziale, technische, ökonomische, wissenschaftliche, künstlerische Leben und Wirken aller Schichten, Berufsklassen, Altersklassen, Nationen des ungeheuren Reiches überwölbt. Die Kommunisten sind demgemäß weltoffen und sozial aufgeschlossen. *»Nieder mit der alten Abgeschlossenheit«,* ruft ihnen Lenin zu

71 Über die politische Bedeutung dieser Berufsgruppen sagt Lenin: »In Rußland ist das Gerede von dem reaktionären Geist der Handwerker im Vergleich zur Bourgeoisie auf dem Gebiet der politischen Fragen nichts als eine schablonenhaft eingepaukte Phrase.« (6, 239). »Machnows« antiquierten sozialliberalen Klassenkampfstandpunkt nennt Lenin eine *»vulgäre Vereinfachung des Marxismus.«*

C. Der neue Typus hat ein neues Verhältnis zur Sache des »Kommunismus« (25,197).[72] »Denn die ganze Aufgabe der Kommunisten besteht darin«, die Rückständigen zu *überzeugen,* heißt es an andrer Stelle (Rad. 41 unt.), »*unter* ihnen zu arbeiten, *nicht aber sich von ihnen durch ausgeklügelte, kindische, ›radikale‹ Losungen abzusondern.*« Was früher ein Mangel, die Ursache eines tiefgehenden Defekts war, das wird *nach dem Siege* zu einem Mittel und einer Möglichkeit, den russischen Menschen von innen her umzukrempeln, aus den Angeln seiner alten Existenz zu heben und auf dem Boden neuer Tatsachen umzuformen: eben der Umstand, daß die Arbeiterexistenz die Existenz des russischen Volkes durch*setzt.* »*Der Arbeiter war von der alten Gesellschaft nie durch eine Chinesische Mauer getrennt.*« (Gew. 103).[73] Die Realität des gesellschaftlichen Lebens, und nicht die Theorie oder das marxistische Dogma, hat darüber zu befinden, wo die Klassenbestimmtheit beginnt und wo sie ihre Grenze hat. Die absurdeste Konsequenz, zu der sich der exklusive Kommunismus alten Typs versteigt, ist die Forderung einer »rein« proletarischen Kultur, der Versuch, »eine besondre *eigene Kultur auszuklügeln,* sich in eignen Organisationen *abzuschließen* ..., eine *Autonomie des ›Proletkult‹ innerhalb der Institutionen des Volkskommissariats für Volksbildung herzustellen* ...« (25,510).

Der Kommunismus ist nicht eine Sache, die den Kommunisten vorbehalten ist, sondern er ergibt sich, nach Lenin, mit Notwendigkeit aus der modernen europäischen Sozial- und Verfassungsgeschichte; die Dynamik der Epoche, ihre Unausgeglichenheiten, Gegensätze, ihre Einseitigkeiten, Entwicklungshemmungen, all das spielt sich, nach Lenin, auf die kommunistische Verfassung der Dinge ein. »Kommunismus« wird *umdefiniert,* und die historische Notwendigkeit der jüngsten europäischen Epoche wird in die Definition als bestimmendes Moment hineingenommen. Das, was sich als *notwendig* ergibt und herausstellt, auf allen Gebieten, auch auf dem der wissenschaftlichen, künstlerischen Natur, das ist auch »kommunistisch«: wenn nämlich hinzukommt, daß eine politisch aktive Gruppe, die sich inmitten dieser Entwicklung bewegt, mit dem, was sich als notwendig ergibt, im Sinne der Ziele der Entwicklung (d.h. »strategisch«) etwas anfängt. Sie kann damit nur etwas anfangen,

72 »Nur *der* Arbeiter ist würdig, Mitglied der Gewerkschaft zu sein, der sich in der Roten Armee der Arbeit hervorgetan hat«, heißt es an der zitierten Stelle weiter.

73 Die Volksverbundenheit hat auch ihre schweren Nachteile; der Arbeiter steckt »bis zu den Knien in diesem Schmutz« der »separatistischen, alteingewurzelten Kleineigentümergewohnheiten und -gebräuche«, die es zu der ökonomistischen »Klassenkampf«organisation der Gewerkschaften *alten Stiles* kommen ließen.

wenn sie der Gegenwart ihre richtige Diagnose stellt, und wenn sie die Ziele der Entwicklung nicht nur nach Parteiwünschen, sondern nach Maßgabe der geschichtlichen Möglichkeiten interpretiert. Der Kommunist neuen Typs ist darauf angewiesen, daß die gegenwärtige *Welt* bereits kommunistische Züge trägt, daß diese Welt eine natürliche Veranlagung dazu hat, kommunistisch zu werden; und das Schwergewicht seiner Tätigkeit verlagert sich vom Regieren und Umwälzen darauf, Geburtshelfer einer bereits angedeuteten, einer sich überall in Wachstumskreisen verratenden neuen Ordnung zu sein. »Kommunistisch« wird immer mehr *von einem Prädikat eines Wollens zum Prädikat eines* dem Willen vorhergehenden *Seins* der gegenwärtigen Welt. Der Kommunist horcht auf die Sprache der Realität, um erst zu lernen, was »kommunistisch« bedeutet. Er sieht zu, was sich tun läßt, und er entnimmt nach und nach den Phasen, die er innerhalb des neuen Status durchlaufen muß, die Merkmale, mit denen sich der Begriff »Kommunismus« rekonstruieren läßt; fast jeder der Schritte, die ihn in die Sache führen, läßt ihn auch auf ein neues Merkmal stoßen, und die Grundmerkmale sind: »Arbeitsstil«, »Plan«, »Sachlichkeit«.

Lenin setzt für seinen neuen Typus, soweit es auf die *»Kultur«* ankommt, »an die Stelle des alten Unterrichts, des alten Büffelns, des alten Drills das Streben …, sich *die Gesamtheit der menschlichen Kenntnisse zu eigen* zu machen, und zwar so, daß *der Kommunismus* nicht etwas Angelerntes sei, sondern etwas, das wir selbst durchdacht haben, *etwas, das vom Standpunkt der modernen Bildung unumgänglich notwendig ist.*« (25, 481).

Andrerseits, soweit es auf den »neuen *Arbeitsstil*« ankommt, erwächst der neue Typus kontinuierlich aus den Ordnungen des modernen Industriezeitalters, aus den Organisationsformen der kapitalistischen Arbeitswelt. Diese alte Arbeitswelt trägt schon »kommunistische« Züge; schon 1904 hebt Lenin bestimmte Züge aus der Form und Verfassung der alten Industriearbeit hervor, an die angeknüpft werden müsse, wenn das Wirtschaftsleben auf andre Grundlagen gestellt werden müsse. Lenin nimmt sich sogar die *Fabrikdisziplin* alten Stils zum Muster für die Neuorganisation der *Partei.* Die Arbeiterparteiler alten Typs werfen ihm vor, er stelle sich »die Partei, als eine ungeheure Fabrik vor, an deren Spitze ein Direktor, das Zentralkomitee, steht.« Lenins Entgegnung ist ein erstaunlicher Vorgriff zu den modernsten Auffassungen und Formulierungen, und sie ist so aktuell, als wäre sie 1932 gefallen: »Gerade die Fabrik«, sagt er (6, 412), »die manchem nur als Schreckgespenst erscheint, ist die höchste Form der kapitalistischen Kooperation, die das Proletariat vereinigte und disziplinierte, die es lehrte, sich zu organisieren, die es an die Spitze aller übrigen Schichten der werktätigen und ausgebeuteten Bevölkerung stellte. Gerade der Marxismus als Ideologie des durch den Kapitalismus geschulten Proletariats belehrte und belehrt die wankelmütigen Intellektuellen über den Unterschied zwischen der ausbeuterischen Seite der Fabrik (der auf der Angst vor dem Hungertod aufgebauten Disziplin) und ihrer organisierenden Seite (der auf der gemeinsamen – durch die Bedingungen der technisch hoch entwickelten Produktion vereinigten – Arbeit aufgebauten Disziplin).«

Der Kommunist neuen Typs soll zu einem Akteur *in* der modernen Welt werden; er soll sich so in sie einfügen, daß die Konstruktionsfäden der gegenwärtigen Wirklichkeit an der Stelle, an der er steht, zusammenlaufen. Lenin will den verbissensten der Doktrinäre, der nichts sieht und nichts wahrhaben will als seine Prinzipien, der das Bestehende mehr als alle andern Parteipolitiker haßt, zu einem Menschen umkrempeln, der gegenwärtiger ist als alle übrigen, selbst als der Amerikaner; der mit der gegenwärtigen Welt und ihrem Geschehen verwachsen ist. Ein illusionsloser Realismus ist eo ipso »kommunistisch«; es wird auf das, was ist und geschieht, acht gegeben von jemandem, der sowohl die kapitalistische als auch die »reformistisch-« oder »radikal«-sozialistische *Partei*brille abgesetzt hat; und an die Stelle der Agitation soll die ruhige sachliche Überzeugung treten, eine Überzeugung, die an die *»Erfahrung«* dessen, was ist und was geschieht, anknüpft. Jeder soll dahin gebracht werden, daß er sich an Ort und Stelle selbst davon überzeugt, wie die Welt heute ist und was aus ihr wird; und die Lehre macht sich selbst überflüssig, indem sie zu einer Art und Weise, zu sehen, eingeschmolzen, »verlebendigt« wird.

Erst derjenige, der in den Status eingefügt ist, wird fähig, auszusagen, was der Kommunismus ist. *Die Existenz schiebt sich vor die Theorie,* und die Theorie tritt gleichsam in den Schatten der Existenz. »Die klassenbewußten Arbeiter müssen es verstehen, *in alle Poren der Staatsmacht einzudringen,* an die Bauernschaft heranzukommen ...« (25, 194). Die neuen Arbeiterorganisationen der Sowjetmacht sind »nicht auf ihre engen Betriebsinteressen eingestellt ..., sondern auf die *Interessen des gesamten Staates.«* (25, 193). Nicht die Theorie, sondern das politische und soziale Sein der neuen *»herrschenden«* Klasse ist das »Etwas«, das vor der Welt repräsentiert wird, der primäre Tatbestand, durch den sich der Kommunist neuen Typs vor den Augen der Welt Achtung verschaffen will: »Nur wenn sich die gesamte Arbeiterklasse, ohne Unterschied der Berufe, zur herrschenden Klassen zusammenschließt und eine *einheitliche Armee der Arbeit* schafft, nur dann wird sie der ganzen Welt *Achtung* einflößen und sich die Bauernschaft unterordnen.« (25, 193). »Möge jeder Arbeiter sich von *dem Bewußtsein* durchdringen lassen, daß *er Herr im Lande ist*. Je weniger wir an Zahl sind, desto mehr verlangt man von uns. Rußland muß sich in eine gewaltige Arbeitsarmee verwandeln, die durchdrungen ist *von dem heroischen Bewußtsein* der völligen Selbstaufopferung *für die allgemeine Sache,* für die Befreiung der Werktätigen.«[74]

4. Der erweiterte politische Wirklichkeitssinn (allgemein)

Der neue Typ entdeckt die soziale, politische und ökonomische Wirklichkeit *noch einmal,* in bestimmtem Sinne zum erstenmal; sie erscheint ihm wie am ersten Tag der Schöpfung. Er hat ein frisch, unter seinen Augen und mit seinem Zutun entstandenes Sein vor sich, von dem er sich prägen läßt. Das Feld seiner Tätigkeit hat sich auch dadurch erweitert, daß Verbindungsfäden zwischen dem Alltagsleben und den vorgeschobenen Posten, die er auf dem Vorfeld eines alten Terrains besetzte, hin- und herschießen. Der Alltag vor allem des Wirtschaftslebens dringt nach und füllt ein neues Feld aus. *»Die Umstände« haben sich »verändert.«* (Jahrg. III, 18r). »Die politische Umgestaltung« muß »verdaut« werden (das. 20), »um ein andres kulturelles und ökonomisches Niveau zu erzielen.« »Die größte *politische Eroberung*« muß *»verarbeitet«* werden, sie »ist noch nicht in Fleisch und Blut der Ökonomik des *täglichen Lebens und in die*

74 Vgl. hierzu 25, 89: *»Statt der alten Einteilung der Arbeiterbewegung haben wir jetzt eine neue bekommen: Die Hauptfrage ist jetzt die Stellung zur Sowjetmacht.«* »Auf diese Weise hat sich jetzt das Problem des Staates verschoben.« Der Arbeiter ist selbst ein wesentlicher konstituierender Bestandteil eines politischen *Seins* geworden, eines seienden status, er ist selbst ein Status, er ist zum Status hinaufpotenziert, und der Staat ist für ihn kein theoretisches Problem mehr. Die Existenz hat sich vor die Theorie geschoben.

Dadurch, daß die Arbeiterklasse »herrscht«, sind »die *alten Kategorien der Politik* … auf den Kopf gestellt«, und deshalb müssen die Gewerkschaften »alle alten Überlieferungen und Vorurteile der *alten Wissenschaft überwinden,* deren Vertreter dem Proletariat predigen: »Beschränkt euch auf eure Wirtschaftsfragen …« (Gew. 96). Es ist »die *Aufgabe der Gewerkschaften …, Schöpfer eines neuen Lebens zu sein,* Erzieher neuer Millionen …, die aus *eigner Erfahrung die Verwaltung des Staates und der Produktion lernen …«* (Gew. 106f.). (Über die Solidarität der Arbeiter mit der Sache der Bauern vgl. Stal. Len. 65. Jahrg. II, 223, 432, 361 l, 661, 302 l. Außerd. 6, 234f. Jahrg. II, 11 l. 250. 8, 249.).

Existenzbedingungen der Massen eingedrungen.« Eine »grobe, schwere, vieljährige wirtschaftliche Arbeit ..., die Ausdauer, harte Proben ..., Genauigkeit und Beharrlichkeit verlangt«, ist nötig, und von dieser Arbeit haben sich die Kommunisten durchgängig weit entfernt (das. 18 r).

Die »Umstände« haben sich bei *jedem* Umbruch des kommunistischen Menschen verändert. Was Lenin 1917 sagt, muß er Ende 1921 (in der Rede über die NEP., vgl. Jahrg. III, 1 ff.) wiederaufgreifen und unterstreichen: »Die bolschewistischen Losungen und Ideen sind im *allgemeinen* durch die Geschichte vollkommen bestätigt worden, *konkret aber haben sich die Dinge anders gestaltet,* als ich (oder sonst jemand) es erwarten konnte – *origineller, eigenartiger, bunter.*« (20/1, 131 ff.). Ein Bolschewist kennzeichnet sich dadurch als *»alter«* Bolschewist, daß er »gedankenlos die auswendig gelernte Formel wiederholt, anstatt *die Eigenart der neuen, lebendigen Wirklichkeit zu analysieren.*« Die »Formel ist bereits wiederholt. Aus dem Reich der Formeln brachte *das Leben* sie in das *Reich der Wirklichkeit,* ließ sie zu Fleisch und Blut werden, *und dadurch modifizierte es sie.*« »Jetzt gilt es«, lautet Lenins monumentaler Schluß, dem er zwingender wiederholt, wenn der kommunistische Typ *erneut* umgeschmolzen wird, »jetzt gilt es, sich die unbestreitbare Wahrheit zu eigen zu machen, daß der Marxist mit dem lebendigen Leben, *mit den exakten Tatsachen der Wirklichkeit rechnen muß* und *sich nicht an die Theorien von gestern klammern darf,* die wie jeder Theorie bestenfalls (!) lediglich das Grundlegende, Allgemeine aufzeigt, *die ganze Kompliziertheit des Lebens nur annähernd erfaßt.*« »*Wir sind heute bereits von allgemeinen Prinzipien übergegangen zur sachlichen Beratung und zu Dekreten,* und nun will man (dies vor allem gegen *Trotzki* gesagt) uns vom Praktischen und Sachlichen wieder zurückzerren«, führt Lenin 1920, zur Zeit des letzten entscheidenden Umbruchs, aus (Gew. 88).

In einem Augenblick wie dem eines Umbruchs des ganzen kommunistischen Typus, wenn zugleich Entscheidungen zu treffen sind, die das politische Leben von Jahrzehnten bestimmen, greift Lenin auf die *Grund*kategorien seiner Politik zurück. Die Kategorien der Hegelschen Logik: Wirklichkeit, *Reich* der Wirklichkeit, Gegenwart, *konkreter* Begriff, Sache und Allgemeinheit werden von Lenin verlebendigt. Lenin liebt es allerdings manchmal, Marx zu sagen, wenn er Hegel meint. Hegel und Marx tragen den westeuropäischen Wirklichkeitssinn des 19. Jahrhunderts. *Hegel* sieht die »Vernunft *in* der Wirklichkeit«, aber der Nominalismus bleibt oft nur eine theoretische Forderung, während *Marx* den Nominalismus entschlossen auf die eignen Füße stellt. Lenin ist der erste – und vielleicht der letzte – ganz reine Typ des Nominalisten in politicis. Das Weltsystem liegt für ihn *allein* und in restlos befriedigendem Ausmaße in den harten und bestimmten Tatbeständen der Technik, der Wirtschaft und des disziplinierten Willens politischer Gruppen. Das Weltsystem ist aus diesen Tatbeständen unsrer Gegenwart zu entwickeln, und was nicht gegen wärtig wirklich ist, was nicht in der Realität unsrer Gegenwart anzutreffen ist, das »ist« *überhaupt nicht.* Der Satz muß aber bereits, nach Lenin, auch umgekehrt gelten: diese unsre gegenwärtige Wirklichkeit ist mit Bedeutungsschwere fast überladen, denn sie ist mit dem Prädikat »Weltsystem« zu verbinden, sie geht, zunächst in Rußland, mit einem Weltsystem »schwanger«. *Stalin* unterscheidet sich durch *die* Nuance, die einmal bedeutungsvoll werden kann, von Lenin, daß er zuweilen, als »schöpferischer« Marxist, die *Umstellung* von Subjekt und Prädikat liebt. Auf der Fassung: *Diese* Wirklichkeit ist ein *Weltsystem,* liegt um eine Nuance mehr Nachdruck als auf der älteren, dem Positivismus noch näherstehenden Fassung: Es gibt *kein* Weltsystem *als diese Wirklichkeit, sie ist* schon das Weltsystem. Die Zeit des »Aufbaus« und der Reichspolitik begann am Lebensabend Lenins, während Stalin in einer vorgerückteren Stunde noch sein Leben vor sich hat.

Zum »konkreten« Begriff von der Sache gehört, nach Lenin, insbesondere *der Weg, der,* unter den vorliegenden historischen und soziologischen Umständen, allein und mit eigenartigen Hindernissen, Windungen, Hemmungen *zur Sache führt.*

Der Zugang zur Sache wird dadurch »psychologisch« erschwert, daß die Sache in einer *besonderen* Weise »kompliziert« ist: Hohes und Niedriges sind ineinander, und wer das Hohe will, muß das Niedrige mit wollen. »Wir«, das heißt hier der alte Typus Kommunisten, »scheuen uns, *der niederen Wahrheit direkt ins Auge zu schauen,* und wir erliegen nur zu oft einer uns erhebenden Illusion.« (Jahrg. II, 296).

Eine »Lehre«, die dem Kommunisten alten Typs besonders schwer eingeht, ist die Lehre von der Dialektik des Epochebegriffs. Er möchte es nicht wahr haben, daß auch nach einem energischen revolutionären Schritt vieles aus der alten Epoche in die neue Epoche mit herübergeschleppt werden muß. Lenin möchte seinen Leuten klarmachen, daß der Sieg darin besteht, daß überall in den weiten Bereichen des Volkslebens das Neue um ein Geringes, vielleicht unmerklich, *überwiegt.* Wenn es vielleicht auch überall umkämpft oder von schwankenden Elementen umgeben ist, so ist der Sieg doch dadurch bezeugt, daß es *überall aufrecht steht*. Es denkt nie daran, sich aufzugeben.

Dort, wo Wachstumsfortsätze des Alten stark überwiegen, muß, im Sinne der neuen Epoche, unbedenklich an dies Alte angeknüpft werden: *»Die neuen Aufgaben entstehen, indem wir an der Lösung der alten arbeiten.«* (25, 23). Die Meisterung des noch bestehenden Alten ist eine gute Gelegenheit, die neuen Kräfte zu üben. Man stößt sich vom Alten ab, um in ein Neues hineinzuwachsen. Die eigenartige Situation der russischen Technik und der wirtschaftlichen Organisationsformen bedingt es, daß das Alte hier ein höheres spezifisches Gewicht hat. »In Rußland herrscht gegenwärtig gerade der kleinbürgerliche Kapitalismus vor (Jahrg. II, 288), von dem ein und derselbe Weg, über ein und dieselbe *Zwischenstation,* die ›Erfassung und Kontrolle der Erzeugung und Verteilung der Produkte durch das gesamte Volk‹ heißt, sowohl zum staatlichen Großkapitalismus als auch zum Sozialismus führt. Wer dies nicht begreift, begeht einen nicht zu entschuldigenden ökonomischen Fehler, entweder, weil er die Tatsachen der Wirklichkeit nicht kennt, weil er nicht sieht, was ist, weil er der Wirklichkeit nicht ins Antlitz zu schauen vermag, oder aber, weil er *sich auf eine abstrakte Gegenüberstellung des ›Kapitalismus‹ zum ›Sozialismus‹ beschränkt,* ohne in die *konkreten* Formen und Stufen dieses gegenwärtigen *Übergangs bei uns* einzudringen.«

Wer dazu auffordert, das Niedrige im *Hohen* gebührend zu beachten, der beansprucht einen Wirklichkeitssinn, welcher sich von Neigungen und Abneigungen nicht anfechten läßt. »Wenn wir uns ... von der Erwägung leiten lassen, ob etwas unangenehm oder angenehm ist, so werden wir auf das Niveau jener ›Fast-Sozialisten‹ herabsinken ... Unsere Kraft aber bestand immer in der Fähigkeit, die realen Verhältnisse in Betracht zu ziehen und sich vor ihnen nicht zu fürchten, so unangenehm sie auch sein mögen.« (Jahrg. III, 10f.). Der Kommunist muß sich gerade in *»den Dingen zurechtzufinden, denen gegenüber er sich kritisch verhalten muß.«* (25, 479). Die Kommunisten müssen den »Geist« in kritischer Prüfung »durch die Kenntnisse aller Tatsachen« bereichern, »die für den gebildeten Menschen von heute unerläßlich sind«, wenn sie auch politisch über den Typ des »gebildeten Menschen« hinaus sind. Vor allem die wirtschaftende »Bourgeoisie ... *verfügt über eine Erfahrung, ohne die wir nicht auskommen können ...* Halten kann man sich nur, wenn man sich die ganze kulturelle, technische Erfahrung des fortgeschrittenen Kapitalismus zu eigen macht.« (25, 99). Von Erfahrungen, die man von der »eigenen

Sache« macht, kann man nicht auskommen, nicht leben, ja von einer eigenen Sache kann man noch keine Erfahrungen machen, die Sache, in die man eindringt, ist eigne *und fremde* Sache zugleich, der Staat *»ist eben nicht ganz ein Arbeiterstaat, das ist ja der Witz.«*[75]

Nicht nur die Innenpolitik, sondern mehr noch die Außenpolitik ist »eigene und fremde Sache zugleich.« Mit neuem Wirklichkeitssinn müssen die Gesetze des Imperialismus studiert und streckenweise, wenn man sich überhaupt bewegen will, auch befolgt werden. Für den eigentlichen Feind, für die großen »bürgerlichen« Wirtschaftsmächte, die die Gesetze der imperialistischen Außenpolitik durch ihre Taten in die Welt riefen, hat Lenin mehr Achtung übrig als für die liberal-sozialistischen Arbeiterparteiler, die durch diese Gesetze faktisch mit hochkommen. Wenn der Imperialismus stark ist, dann hält er auch noch diese »armseligen« Arbeiter mit über Wasser. Nach Lenin verflechten sich die alten liberal-sozialistischen Parteien mit der alten bürgerlichen Gesellschaft in demselben Maße, als der *Imperialismus* ausgreift. Auch der *Veränderung derjenigen Realitäten,* die nicht übernommen, sondern *die ausgerottet werden sollen,* muß nach Lenin Rechnung getragen werden.

75 Vgl. Gew. 88: »Wir dürfen uns«, heißt es hier weiter, »nicht hinreißen lassen von *intelligenzlerischem Gerede«*, wie dem Trotzkischer Art. »Unser gegenwärtiger ist jetzt derart, daß das durchweg organisierte Proletariat sich zu verteidigen hat und wir diese Arbeiterorganisationen benutzen müssen zur Verteidigung der Arbeiter gegen ihren Staat und zur Verteidigung unseres Staates durch die Arbeiter.«

Die *»Reserven, die in der Struktur unsres Systems verborgen sind«,* werden, nach Stalin (Stal. 27, 105), *nur im Prozeß der Arbeit aufgedeckt«;* Bauerntum und Nationalismus sind wichtigste Reserven. Zur Sache des Proletariats gehört konstitutionell die Sache des Bauern und die der Nation:

1. Darüber, daß die notwendige Sache der Bauernschaft *mit anerkannt,* mit in Anschlag gebracht werden muß, vgl. Stal. Len. a., 215: »Wir brauchen weder Leute, die gegen die individuelle Bauernschaft hetzen, noch Leute, die Lobeshymnen auf sie singen. Wir brauchen nüchterne Politiker, die es verstehen, aus der individuellen Bauernschaft das Maximum dessen herauszuholen, was man herausholen kann, und die zugleich verstehen, die individuelle Wirtschaft allmählich in die Bahnen des Kollektivismus hinüberzulenken.«

2. Darüber, daß die Epoche machende Sache der »Nation« in Rechnung gestellt werden muß, vgl. Nat. II, 61: »Auf diesem Wege hatten wir äußerst viel Zickzackwendungen erlebt. Jede Nation muß das Recht auf Selbstbestimmung erhalten, das fördert die Selbstbestimmung der Werktätigen. In Finnland geht der Prozeß der Absonderung des Proletariats von der Bourgeoisie bemerkenswert kraß, sehr stark und tief vor sich. – Dort wird jedenfalls alles nicht so vor sich gehen, wie bei uns. Wenn wir erklären wollten, daß wir die finnische Nation nicht anerkennen, sondern nur die werktätigen Massen – so wäre das hahnebüchener Unsinn. *Die Wirklichkeit nicht anzuerkennen ist unmöglich. Sie wird uns selbst zwingen, sie anzuerkennen.«*

Neben dem großen Feind läuft ein kleiner, halbseitig gelähmter Feind einher, und wenn man den großen Feind ins Auge faßt, muß man sein Anhängsel mitbeobachten. Lenin studiert nicht nur, was der große und eigentliche Feind mit diesem Anhängsel der sozialliberalen Parteien alles anfängt, sondern er verfolgt auch die Schritte, die der kleine etwa mit eigener Initiative und auf eigene Kosten unternimmt, und er untersucht die Phasen seiner Entwicklung. Vom Sozialliberalismus kann Lenin nichts Positives lernen, weil er nur ein taktischer Behelf der großen Wirtschaftsmächte ist, mit dem diese selbst noch nicht zufrieden sind und der sie öfters in Verlegenheit bringt, der auch ihrem Renommee schaden kann. Er gehört nur zu den flüchtigen und halb willkürlichen Erscheinungen der Peripherie, und er besagt wenig, wenn das *Wesen* des Feindes studiert wird.

Dieser kleine Feind wird von seinem großen Förderer mißtrauisch beobachtet und ob seiner Marotten und Utopien, wie »Internationalismus«, »Pazifismus«, mißachtet. Lenin sah voraus, daß der Imperialismus die Taktik des Sozialliberalismus durch eine zeitgemäßere Taktik ersetzen würde, und daß die Arbeiterparteiler sich dann von den wahren Herren der Erde neue Parolen erbitten müßten, um ihre Existenz zu rechtfertigen.

Die neuen Tatsachen auf der gegnerischen Seite, vor die er seit dem Weltkrieg gestellt ist, charakterisiert Lenin im Dezember 1915 auf folgende Weise (18, 354): »Der Krieg hat den in Jahrzehnten herangezüchteten Opportunismus auf eine höhere Stufe gehoben, die Zahl und die Mannigfaltigkeit seiner Nuancen gesteigert, die Reihen seiner Anhänger vermehrt, ihre Argumentation um einen Haufen von neuen Sophismen bereichert, dem Hauptstrom des Opportunismus sozusagen eine Menge Wasserläufe und Rinnsale zugeführt – der Hauptstrom aber ist nicht verschwunden. Im Gegenteil.« – Der Politiker muß auf dem laufenden bleiben und auch die Bewegung einer verhaßten und als niedrig betrachteten Wirklichkeit verfolgen; er muß streckenweise die Tatsachen nehmen, als ob ihre Betrachtung einen selbständigen Wert habe. Er nimmt Gruppen, die er aus dem Buch der Geschichte ausgestrichen wissen möchte, so weit ernst, für voll, daß er aufmerksam die Stadien ihrer Entwicklung, die Theorien, die sie sich von sich und andern machen, verfolgt, und er ist imstande; den Haß zurückzustellen, bis er ihn faktisch und wirksam betätigen kann.

5. Die Bewältigung im Gewöhnlichen, Durchschnittlichen und Alltäglichen

Da in der Sache, um die es in der Übergangsperiode[76] zu gehen hat, Hohes und Niedriges, Frisches und Überlebtes, Ungewöhnliches und Durchschnittliches sich überschneiden und partiell sogar decken, muß der Kommunist neuen Typs, der der Sachlage entschlossen Rechnung trägt, imstande sein, Fähigkeiten sich zu erwerben und Dinge zu tun, die »unter seiner Würde« sind.

Seine Unverbrauchtheit und Wandlungsfähigkeit wird auf eine eigenartige Probe gestellt. Er muß imstande sein, auf eine niedrigere Ebene hinabzusteigen und Dinge zu tun, die unter dem politischen Niveau liegen, das es erreichte. Er muß hinter sich selbst zurückbleiben können, *weniger sein können als er ist;* er bringt es »übers Herz«, abgelegte Kleider noch einmal zu tragen, er versteht sich dazu, überholte alte Gewohnheiten noch einmal zu kultivieren. Er muß in verlebten Formen zu leben verstehen, eine Haut um sich ziehen und durchbluten können, die er bereits abgestreift hat. Vom Heroischen, Erhabenen muß er, nach dem alten mythischen Vorbild des Herakles, zum Niedrigen, Trivialen, ja Ordinären hinabsteigen. Vielleicht kommt ihm ein Lebensgesetz entgegen, wonach man auch des eigenen Typs und der gesteigerten Tätigkeitsweise einmal überdrüssig wird. Härte gegen sich selbst wird von ihm verlangt, Nüchternheit und Selbstbezwingung. Ausgerechnet von den ganz spezifischen Vorzügen, die es ihm ermöglichten, »die Welt zu erschüttern« und den lähmenden Bann der alten politischen Gewöhnlichkeit zu durchbrechen, soll er abgehen, und ausgerechnet die verachtetsten, niedrigsten, subalternen Eigenschaften der alten Klassen soll er nachträglich erwerben und an die Stelle setzen. Er soll den Menschen alten Schlages in fragwürdigen und anrüchigen Fähigkeiten nacheifern, er soll auf dem Boden der Gewöhnlichkeit mit ihnen wetteifern, da, wo sie ihm durch Naturanlage, Vererbung, Erziehung, Übung voraus sind, er soll auf einmal Vorzüge achten, die er diesen Menschen nie neidete, und sich bemühen, einen Vorsprung einzuholen, der an seinen tiefer liegenden Ehrgeiz nie rühren konnte.

Konkreter gesagt sind es die Eigenschaften des modernen gerissenen Großkaufmanns, an denen sich der Kommunist ein Vorbild nehmen soll. Es handelt sich darum, die Erzeugung kalkulatorisch dem Bedarf anzupassen, und da nicht mehr die *kaufkräftige* Nachfrage zur Diskussion steht, sondern das Konsumbedürfnis schlechthin, und da zugleich immer

76 In der der Staat noch kein »Arbeiterstaat« ist.

noch der *Markt* die letzte Probe aufs Exempel ist, ob Angebot und Bedürfnis sich in einem erträglichen Ausmaße treffen, so hat sich eben der Spielraum der kalkulatorischen Betätigung kaufmännischer Naturen ins Unbegrenzte erweitert. Wenn man die Küstengewässer verlassen will, um vorläufig hart an der Grenze zwischen ihnen und der offenen See entlang zu fahren, braucht man Leute, die in *dreierlei* Weise gewandt sind: in der Weise dessen, der auf offener See, dessen der an der Küste, und dessen der *wechselnd* durch beide Gebiete zu steuern hat. Das, was man *verlassen* will, muß man besonders genau kennen und meistern. Nach Lenin soll nicht nur das Alltägliche zum Ungewöhnlichen gesteigert werden, sondern zugleich muß vom Ungewöhnlichen her der Anschluß ans Alltägliche wieder gewonnen werden. »Wir haben«, führt er aus, »diesen Platz hier betreten *wie Eroberer ein neues Land*... Der Enthusiasmus, von dem wir jetzt durchdrungen sind, kann noch ein Jahr, kann noch fünf Jahre andauern. Aber wir dürfen nicht vergessen, daß *der Kampf,* der uns bevorsteht, *aus lauter kleinen Dingen* besteht. *Uns umgeben lauter kleine wirtschaftliche Dinge.*« (24, 595). »*Nicht die Götter sind es, die Töpfe brennen* – diese Wahrheit müssen die Arbeiter und Bauern sich ganz besonders fest einprägen. Sie müssen verstehen, daß jetzt der ganze Schwerpunkt in der Praxis liegt...« (Wettb. 13). Der Erfolg, an dem *jetzt* das revolutionäre Handeln zu bemessen ist, besteht in jenem »Verbessern, *das nicht prangt, das nicht sofort ins Auge fällt,* nicht auf den ersten Blick sichtbar ist«, in der »Verbesserung der Arbeit, ihrer Organisation und Ergebnisse« (Jahrg. II, 818). »*Wir sind an den Wesenskern der Alltagsfragen unmittelbar herangetreten*« und »wir *haben den Sozialismus in das Alltagsleben hereingeschleppt..., dies bildet die Aufgabe unserer Epoche.*« (Jahrg. III, 742). Man muß jetzt »*den Wettkampf mit einem einfachen Kommis,* mit einem einfachen Kapitalisten, einem Kaufmann bestehen...« (Jahrg. III, 252), und der Kommunist muß zum Bauern gehen und ihm sagen können, daß die Kommunisten ihm billiger liefern und ihm mehr zahlen als die Kapitalisten. Der Kommunist muß das auch können, was ein Durchschnittskommis kann, der bei einer kapitalistischen Firma kalkulieren, handeln, einkaufen und buchführen gelernt hat. Die neue Prüfung »veranstaltet« »der Markt«, und der Kommunist muß ohne Hochmut die banalen Anfangsgründe des Rechnens, des rationellen Denkens und Handelns lernen. »Ihr habt die schönsten Ideale gemalt, so daß ihr Heilige seid und schon beim Leben ins Paradies gehört. Aber könnt ihr die Arbeit machen?« (das. 251). »Es ist notwendig..., daß die ganzen Massen und die ganze Bevölkerung unseren Weg kontrollieren und sagen kann: Ja, dies ist besser als das alte Regime« und »nicht ihr lobt euch, sondern wir loben euch, wir sagen, daß ihr bessere Resultate erzielt habt, so daß kein vernünftiger Mensch an die Rückkehr zum Alten denken wird.« (Jahrg. III, 741).

Der Kommunist neuen Typs soll vor dem Urteil des Durchschnitts bestehen. Er soll das *Handwerk* des Regierens verstehen und den gewöhnlichen Anforderungen entsprechen, die auch in anderen Staaten an jeden gestellt sind, der mit der Wahrung öffentlicher »Geschäfte« betraut ist. Eine Trennung von Herrschaft und Verwaltung gibt es im modernen Rußland nicht, weil es keine Trennung zwischen Gesellschaft und Staat gibt. Spezialisten des Regierungshandwerks kommen nicht auf; der Herrscher ist zu nichts Höherem geboren und ausersehen, er muß durch den Wust und Kleinkram der Verwaltung der Alltagsangelegenheiten hindurch, und er muß das Niedrige so ernst nehmen wie das Hohe. In diesem Staat neuen Typs ist der Marktverkehr, *wenn* er einmal zugelassen werden muß, eine vitale Staatsangelegenheit, und der richtige Eingriff, die erfolgreiche Beteiligung gewinnt die Bedeutung einer »Haupt- und Staatsaktion«. Der Eroberer muß auf dem Gebiet, das für ihn Neuland ist, überall mit zupacken, und auch die trivialste und kleinlichste Beschäftigung hat nichts Entwürdigendes für ihn. Es kommt ihm auf jeden Schuß und jede Kette des Gewebes an, und er muß bei der Kleinarbeit zugegen sein, damit er alle Fäden in die Hand bekommt und in der Hand behält, bis er schließlich über die Knotenpunkte verfügt, die das ganze einheitliche Gewebe des sozialen, ökonomischen, politischen und geistigen Lebens zusammenhalten. Es darf ihn nicht verdrießen, daß er sich beim Kleinen aufhalten muß, daß er dem Durchschnittlichen eine Kraft zuwenden muß, die viel eher geeignet und bestimmt scheint, im Außergewöhnlichen das Ihrige zu leisten.[77]

77 Lenin warnt davor, daß man sich *zu weit* auf das Gewöhnliche und Kleinliche einläßt. Das kleine und alltägliche Leben der Massen ist wichtig, weil es in eine neue, höhere, epochemachende Ordnung der Dinge transponiert ist, nicht deshalb, weil es mit seinen alten schlechten Gewohnheiten einmal da ist, »denn die Massen sind manchmal und besonders in den Jahren außerordentlicher Ermüdung und Erschöpfung *Stimmungsanwandlungen unterworfen, die kein wahres Urteil in sich bergen.*« (Jahrg. II, 818). Die Masse ist kein Abgott Lenins, ihre Stimme ist nicht Gottes Stimme. Die Massenstimmung gehört zu den *Umständen* der Welt, mit denen der Politiker rechnet, die er überwältigt oder einkalkuliert, nicht zu den primären und unbedingten Agenzien. Es kommt nicht darauf an, *wer* zu dem sachlich Notwendigen strebt, aber es kommt darauf an, daß die Massen durch ihre eigne Erfahrung sich von den sachlichen Notwendigkeiten der neuen Epoche *überzeugen* und daß sie schließlich mitmachen. Die Sache muß von vornherein Sache der Massen sein, und wenn *sie* nicht

6. Primat der Praxis: die Alltagsarbeit bereits positiver Inhalt der Politik und der Staatsverwaltung

Die Kommunisten haben Rußland erobert, und sie sind nunmehr für die Zukunft des Reiches mitverantwortlich. Diese Zukunft liegt allein in *ihrer* Hand. Der Russe ist von einem neuen politischen Ethos beseelt, und weite Schichten des Volkes sind politisch elektrisiert, sie sind gleichsam aus einem Dornröschenschlaf erwacht. Ein größerer Gegensatz des politischen Ethos als der zwischen der alten und der neuen seelischen Verfassung des maßgebenden politischen Rußland ist kaum denkbar. Stalin führt die Worte eines Dichters an, mit denen sich das alte Rußland selbst kennzeichnete: »Du bist zugleich krüppelhaft, Du bist zugleich vor Reichtum überströmend, Du bist zugleich mächtig, Du bist zugleich ohnmächtig, Mütterchen Rußland.« (Stoßbr. 13 f.).[20] Diese Worte sind nach Stalin zugleich das Muster einer Art »dichterischer« Kennzeichnung, wie sie nicht sein soll und wie sie von jetzt ab in Rußland verboten ist. Hinter der Form einer Konstatierung dieser Art versteckt sich eine Apologetik, eine Entschuldigung eines Zustandes, den man offen und ehrlich nicht mehr entschuldigen kann. Diese Apologetik ist besonders gefährlich, weil Gefühlstöne einer wehmütigen, fatalistisch-epischen Selbstbespiegelung einfließen, und weil diese Art von Apologetik in den alten Russen den Glauben aufkommen ließ, daß der Zustand ihrer Welt etwas Rührend-Patriarchalisches an sich habe, gleich einem Idyll großen Formats, das es sonst in der Welt nicht wieder gibt, und das im ganzen nicht beklagt, sondern genossen werden muß. Jede Nation hat neben ihren Vorzügen auch ihre Defekte, die ihr ganz allein eigentümlich sind und mit denen sie, in althergebrachter Weise, vor aller Welt prahlt. Dies ist der Kunstgriff, erzieherischen Absichten a limine zu begegnen. Stalin will die festgewurzelten Übel nicht respektieren, sondern ausrotten, und er schreitet, im Sinne Lenins, vom Idyll zum Drama. »In der Vergangenheit«, sagt Stalin von seinen Russen, »hatten wir kein Vaterland und konnten keins haben;« jetzt ist aber ein Boden da, auf dem sich der Eroberer häuslich einrichtet. Für eine *bestehende* Rückständigkeit ist er nicht verantwortlich; das, was »ist« und besteht, ist zunächst nur Material für seine Tätigkeit, und es fragt sich, was er *daraus macht*. Die Stelle, wo der Eroberer als Politiker den Hebel anzusetzen hat, ist die Wirtschaft und die Technik;

schließlich für die Sache gewonnen werden, dann ist post festum bewiesen, daß die ganze Politik ein Fehlgriff war und auf irrtümlichen Voraussetzungen beruhte.

[20] Nikolaj Nekrassow, *Wer lebt glücklich in Rußland?* (1877).

hier und von hier aus ist der ganze Organismus des Reiches zu kräftigen. »Nun wir einmal zur Macht gelangt sind (Stal. Len. a. 248) und die Aufgabe der Umgestaltung des Landes auf sozialistischer Grundlage auf uns genommen haben, sind wir *für alles verantwortlich,* und müssen es sein – für das Schlechte ebensogut wie für das Gute. Und *weil wir für alles verantwortlich sind, müssen wir unsere technisch-wirtschaftliche Rückständigkeit liquidieren.*« Die »der jetzigen Periode entsprechende« Haltung besteht darin, sich »*in alles einzumischen.* Bist du Direktor einer Fabrik, so mische dich in alle Dinge ein, *dringe in alles ein,* lasse dir nichts entgehen, *lerne.*« (Stoßbr.). »Wir selbst müssen Spezialisten, *Meister der Sache* werden, müssen uns *mit dem Gesicht der Technik,* mit dem Gesicht den technischen Kenntnissen *zuwenden; dahin treibt uns das Leben* ... Wissenschaft, technische Erfahrungen, Kenntnisse – alles das kann man erwerben. Geht es nicht heute, so wird es morgen gehen ... Die Geschichte des *alten Rußland* bestand darin, daß es fortwährend wegen seiner Rückständigkeit geschlagen wurde ... *Wir wollen aber nicht zu den Geschlagenen gehören ... Es ist Zeit, mit dem morschen Standpunkt der Nichteinmischung in die Produktion Schluß zu machen.*« »Zum Erfolg« ist »ein hohes bolschewistisches Aufbautempo« nötig.

Von jetzt ab ist *jede* ökonomische und technische Betätigung politisch belangvoll und von politischer Tragweite. Jeder, der in Rußland arbeitet, fällt unter eine politische Kategorie, keiner kann sich der *tatsächlichen apriorischen Geltung* der politischen Kategorien entziehen. Wenn er sich von einer Kategorie ausnimmt, dann fällt er sofort unter eine andere, womöglich strengere und in diesem Augenblick fundamentalere Kategorie. Wer nicht Parteikommunist sein will, der gehört zu den »Parteilosen«, und die »*wirklich* Parteilosen« (Jahrg. II, 303 l. u.) haben während des Umbruchs zum Kommunisten neuen realistischen Typs eine wichtige Mission für den Neubau des Reiches. Die Parteilosigkeit kommt wie gerufen, sie ist ein ganz erwünschter und geeigneter Boden, auf dem die Politik sich wandelt, an Lebensnähe, Naivität, Unbefangenheit gewinnt. Aus dem Lager der Parteilosen strömt dem Politiker die Unbekümmertheit und das robuste Vertrauen auf die Erfolge der praktischen Arbeit[78] wieder

78 »Heran an die tätige, praktische Arbeit, die die Eigenart des gegenwärtigen Augenblicks und seine Aufgaben zu verstehen weiß. Nicht Phrasenmacherei, sondern Handeln tut uns not«, lautet die Parole des »Leninismus« (vgl. Jahrg. II, 641 l). An andrer ruf Lenin die Parteilosen auf, und er führt aus (Jahrg. II, 303 l): »Die Konferenzen der Parteilosen ... sind wertvoll, *soweit man sich der noch unberührten Masse,* den außerhalb der Politik stehenden Schichten der werktätigen Millionen nähern kann, und sie sind schädlich, soweit

zu, die ihm durch die Überspanntheiten des Doktrinarismus verlorengegangen waren. »Am Rednerpult der russischen Kongresse« werden nach Lenin »in Zukunft nicht nur Politiker und Verwaltungsbeamte, sondern auch Ingenieure und Agronomen zu Worte kommen. Es ist dies die Einleitung zu einer *glücklicheren Epoche, wo die Politik immer mehr in den Hintergrund tritt* ... Die beste Politik ist in Zukunft: weniger Politik ...« (Jahrg. II, 22ff.). »Unser Parteiprogramm muß zum Programm unseres wirtschaftlichen Aufbaus werden, denn sonst ist es auch als Parteiprogramm wertlos.« Die Parteilosen haben also eine eminent politische Funktion; ob sie es wollen oder nicht, sie sind durch die Art, das Tempo, die Organisierung und die Erfolge ihrer alltäglichen Arbeit an der Ausgestaltung des neuen kommunistischen Parteiprogramms tätig und für dieses Programm, für seinen Inhalt, für seine Wirksamkeit und seine Folgen de facto mitverantwortlich. Je ferner sie jeder Tendenz stehen, je mehr sie in ihrer Sache aufgehen, je weniger sie etwas Parteipolitisches beabsichtigen, um so zentraler stehen sie inmitten des Feldes politischer Entscheidungen. Die Unbefangenheit und Ungebrochenheit ihrer Arbeit, ihres Erfindens, Konstruierens, Planens, Ausführens – ist sogleich ein Requisit der politischen Qualifikationen der Epoche, ein lebendiges Requisit, ohne das der Bolschewismus kein Jahr länger bestehen könnte. *Die Reduktion der Politik bedeutet zugleich die Rettung der Politik.*

Die politischen Lebensinhalte gehören, ähnlich wie die religiösen Lebensinhalte, zu der Welt jener Dinge, deren Namen derjenige, der zu den betreffenden Dingen ein wesentliches und legitimes Verhältnis hat, nur selten im Munde führt; dann, wenn er das Verhältnis betätigt, redet er am allerwenigsten von Politik. Es gibt Zwischenzeiten, in denen abnorm viel von Politik gesprochen wird und in denen ein jeder sich befleißigt, zu politisieren. Eine solche Zwischenzeit kann eine zweifache Bedeutung haben. Die natürliche politische Temperatur des Blutes ist verlorengegangen, und man erhitzt das Blut künstlich, um sich in Zustände zu versetzen,

sie den als Parteilose auftretenden Menschewiki und Sozialrevolutionären als Plattform dienen.« Die Gewerkschaften gehen erzieherisch auf die wirklich Parteilosen ein, und sie werden dabei selbst erzogen, »von der Enge des Zunftwesens« befreit (Jahrg. II, 324 r). Von den Parteilosen soll auch der Kampf gegen den Sowjetbürokratismus unterstützt werden (Jahrg. II, 470 l). Auch im Staatsapparat ist *»eine Kontrolle der Parteilosen über die Kommunisten notwendig.«* (das. 473 l). Die schlechte Erbschaft der Bürgerkriegszeit besteht darin, daß »die Kommunisten sich in ihrem engen Kreise der Staatsleiter abschließen, und fürchten oder nicht verstehen, die nötige Zahl der Parteilosen hinzuzuziehen.« – Von den »*wirklich* Parteilosen« sind stets die zu unterscheiden, die sich »parteilos umgefärbt« haben.

die dem verlorengegangenen und vermißten politischen Habitus wenigstens ähnlich sind. Dies ist die erste Bedeutung der Zwischenzeit. Zweitens ist es möglich, daß sich in einem übermäßig erregten Funktionieren aller Organe, nicht zuletzt der Sprachwerkzeuge, ein kommender politischer Habitus ankündigt, ähnlich wie sich der produktive Zustand mancher Künstler in einer nervösen Gereiztheit ankündigt, die als solche mit einer wirklich produktiven Verfassung von Körper und Geist natürlich nicht zu verwechseln ist. Große Ereignisse werfen, wie ein bekanntes Sprichwort sagt, ihre Schatten voraus; das Ereignis selbst, das den Schatten hinter sich wirft, ist aber in seiner Front von dem Schatten gänzlich frei, hat nichts mit ihm zu tun. Der Schatten schwindet, wenn das Licht steil herabfällt, auf ein Minimum zusammen, und das »Ereignis« hat ihn dann unter sich. Lenin ist als Politiker außerordentlich früh fertig, in seiner Politik sind keine Schatten einer »Neurasthenie« zu entdecken, und er weiß sogleich, was er will. Wenn jemand in seinem Schatten steht, dann sind es die russischen Sozialdemokraten von 1905 und die Bolschewisten *alten* Typs. Für Lenin selbst gibt es keine Periode einer Verwirrung, in der sich die echte Politik erst ankündigte, und nur um seinen Leuten den Kopf zurechtzurücken, polemisiert er gegen den Mißbrauch, der mit dem Namen der Politik getrieben wird.

Eine Injektion mit sozialen, nationalen, ökonomischen Erregungsstoffen kann dazu führen, daß es jemandem gelingt, in wirklich politische Zustände überzuwechseln, und es kann ihm schließlich irgendeine Art von Politik in Fleisch und Blut übergehen. Ob wirklich aus dem Unterpolitischen ein Weg zur echten Politik führt, bleibt aber doch fraglich. Einem Lyriker wird alles Lebendige, was er gelegentlich unter die Hände bekommt, zu einem Gedichte, und entsprechend erweitert auch ein Politiker das Terrain des Politischen. Das, was er anfaßt, gewinnt auch eine politische Bedeutung. Die Politik greift vor sich und um sich, und Wirtschaft, Wissenschaft, nationale und klassenmäßige Gegensätze, das sind Kulissen, die hinwegschmelzen, wenn der Politiker nahe herantritt und Raum braucht.

Die Spezialisten der Politik, die Leute, die sich in erster Linie und betont mit »Politik« befassen und die alles, was getan wird, ausdrücklich von der politischen Seite nehmen, betrachtet Lenin als altmodisch. Ebensowenig wie Lenin eine abstrakte Logik anerkennt, erkennt er eine abstrakte Politik an. Der wahre Logiker steckt in einem Menschen, den eine *bestimmte* konkrete Sache nicht wieder losläßt, der sie an allen Seiten packt und mit harten Begriffen zwingt, bis er ihr auf den Grund kommt. Entsprechend steckt der wahre Politiker in einem Menschen, der mit der Welt der gegenwärtig wirklichen Dinge verwachsen ist, und der um der *Ordnung* dieser Welt willen seine Hand mit im Spiele hat. Wer nach formaler Macht strebt, bewegt sich ebenso im unerquicklichen Kreise seiner eigenen Dürftigkeit wie ein Begriffsakrobat, der sich mit der formallogischen Eindeutigkeit der Denkergebnisse begnügt. *Ob* jemand ein Politiker ist, und *inwiefern* jemand ein Politiker ist, das muß sich, nachdem der Kriegsheroismus sein Werk getan hat, nun erst *noch einmal* herausstellen, wenn die fachliche Arbeit zu leisten ist. Um auf Jahrzehnte *planen zu können,* muß man allerdings »diesen Platz hier ... wie *Eroberer* ein neues Land« »betreten« haben; aber erst im Verlauf der Staatsplanung zeigt sich, wie tief die Macht sitzt und wieweit sie sich in alle Fasern und ins ganze Geäder des Volkslebens erstreckt. Nur der *Eroberer* hat das Verhältnis zur *Macht* überhaupt, aber nur der Planende hat, nach Lenin, das konkrete, sichere, legitime und dauernde Verhältnis zur Macht. Aus jemandem, der die Macht *hat,* wird jemand, der die Macht *ist.* Erst die konkrete, legitime Macht – die »reduzierte« Politik, d.h. die auf den echten Kern zurückgeführte Politik ist *die* Form der Politik, in der sie sich selbst überlebt und durch die hindurch sie die endgültige Gestalt gewinnt, in der sie sich »welthistorisch« durchsetzt. Man muß nach Lenin »die parteilosen, unternehmungstüchtigen Arbeitskräfte heranziehen« (Jahrg. II, 436), um einen Nachwuchs zu formen, der den Willen zur Macht hat und der *zugleich* die Sache meistert.

Mit Naivität, Arglosigkeit kann niemand »Politik machen«. Die entscheidende Frage jeder Revolution lautet aber: gelingt es, *nach* einer kopernikanischen Wendung die Naivität *wieder*zugewinnen? Eine tief eingreifende Operation, ein Eingriff in die ehemalige »natürliche« Anordnung und Funktion der Organe, kann erst dann als gelungen gelten, wenn der Organismus die primitiven, die ganz ordinären Lebensfunktionen wieder vollzieht.

Normalität nach der Operation bedeutet den Sieg des Abnormen; Normalität *vor* der Operation bedeutet den – *gerade noch* wirksamen – Sieg einer Alltäglichkeit, in der es schon lange nicht mehr mit rechten Dingen zugeht, in der die Gesundheit oft nur zur Schau getragen wird, um die Tätigkeit des Arztes überflüssig erscheinen zu lassen oder gar um diejenigen, die zu einer Kur raten, als krank hinzustellen. Wenn das Leben *nach* der Operation wieder normal, wieder durchschnittlich verläuft, wenn der Operierte den unmittelbaren Anforderungen des täglichen Lebens gewachsen ist, dann ist die *Normalität* so weit gebracht, daß sie dem *Operateur* das beste Zeugnis ausstellt; wenn man auf dem Boden des Abnormen *wieder* normal sein kann, dann macht man aus sich selbst einen existierenden Beweis für die Kunst des Revolutionärs, der eine alte Normalität gewaltsam abschloß und der einen neuen Anfang setzte.

Es kann niemand *mehr* im Sinne und im Interesse des Operateurs denken und handeln als der, der die Operation aus dem Auge verliert und der sich schlecht und recht um die einfachsten Aufgaben des Tages bemüht. Die primitive Tatsache, *daß* man wieder naiv sein *kann,* ist einer der schlagendsten Beweise für den politischen Sieg der Eroberer. Derjenige Anwalt entscheidet den Prozeß vor dem »Weltrichter«, der am wenigsten, der gar nicht daran denkt, für die Sache der Eroberer als solche zu plädieren, der unfreiwillig, arglos, zum Anwalt wird, dadurch, daß er *innerhalb* der Sache zu leben und mit seinem Leben auszukommen, etwas anzufangen weiß.

»Alltag« und »Alltag« sind nicht miteinander zu vergleichen. Die Physiognomie des neuen russischen Alltags ist dadurch bestimmt, daß sich in diesem Alltag eine dem Amerikanismus verwandte praktische Energie und praktische Intelligenz auswirkt. Im Meer des Geschehens hat sich gewissermaßen der Wasserspiegel des gesamten sozialen, nationalen, ökonomischen Lebens gehoben, und es ist eine *neue Oberfläche* des Lebens entstanden. Die Radikalen möchten ein Leben überhaupt *ohne Oberfläche;* daß es wieder oberflächlich zugeht, das ist ein Zeichen dafür, daß die Lebensbewegung sich auf dem neuen Niveau einspielt. Jede Oberfläche hat auch ihre spezifische Oberflächenspannung, und die Oberflächenspannung des neuen russischen Alltags wird von Lenin und Stalin als Amerikanismus bezeichnet. Vielleicht ist der Amerikanismus nur eine Übergangsform – er wäre dann die Form, in der die Wunden ausheilen, die das Volk in seinem Alltagsleben, seinem Handel und Wandel, erlitten hat. Durch eine bestimmt geartete *Oberflächlichkeit* kommt man auch im politischen Leben über tiefer liegende Zerrissenheiten und Schmerzen hinweg. Im vorleninschen Regime hatte eine »proletarische Politik« dann »Hand und Fuß«, wenn man die Dinge unter dem Alltagsaspekt des Existenz*minimums* betrachtete und behandelte; der maßgebende Alltagsaspekt hat nunmehr ein Maximum, und nicht mehr ein Minimum, darzubieten: die praktische technische Intelligenz des Amerikanismus, des technischen Pioniers, der die materiellen Hindernisse niederzwingt.

Einstmals war das Lohninteresse die Seite, an der sich der Arbeiter packen ließ, derjenige, der die Arbeiter zu einem Stoßtrupp gegen die alte Ordnung zusammenfassen und der einen einzigen feindlichen »Willen schmieden« wollte, mußte an das *vitale* Bedürfnis appellieren, das den Proletarier trieb, sein Existenzminimum zu verteidigen. Nunmehr ist das exzitierende Moment die »amerikanische Sachlichkeit«; sie treibt die Entwicklung weiter. Über den toten Punkt, auf dem man 1920 angelangt ist, kommt man hinweg, wenn man in die *Sache* schreitet und sie gründlich betreibt. »Die amerikanische Sachlichkeit ist jene unbezähmbare Kraft, die keinerlei Schranken kennt noch anerkennt, die alle Hindernisse mit ihrer sachlichen Nachdrücklichkeit beseitigt, die jede einmal begonnene Sache bis ans Ende durchführt, selbst wenn es eine kleine Sache ist ...« (Stal. Len. 111). Nachdem »die Klasse« die Staatsgewalt ergriffen hat, »werden alle Zünfte und Berufsvereinigungen zu einer veralteten Erscheinung, sie spielen die Rolle von rückständigen Organisationen, sie wirken reaktionär.« (25, 183). Die »Gewerkschaften« nehmen das »wirtschaftliche Leben« in die Hand (25, 142); Arbeit und Genuß sind nicht mehr voneinander getrennt, es gibt außer dem, der arbeitet, niemanden, der von den Ergebnissen der Arbeit Gebrauch macht, und es gibt außer ihm auch niemanden, der die Hand auf die technischen Anlagen und die Ausrüstung der Arbeitslandschaft legte. Das Produkt entfernt sich nicht vom Produzenten, er ist überall präsent und begleitet das Ergebnis der Arbeit auf dem Wege durch das Reich der Wirtschaft. Der Produzent selbst legt überall seine Hand auf die Körper, die der wirtschaftliche Blutkreislauf mit sich führt, und der Mangel an Kaufkraft, das Fehlen eines Kapitals oder eine ungenügende Rentabilität ist keine unüberwindliche Schranke mehr für seinen Willen. Wenn aus der Wirtschaft etwas wird, dann wird selbstverständlich auch aus ihm etwas, ohne daß er es auf sich selbst, auf seinen Vorteil, abgesehen hat: er *braucht* nicht mehr an sich zu denken, denn das, was er betreibt, ist eo ipso *seine eigene* Sache, er ist selbst ein Bestand des existierenden Reiches, das er vor sich hat, seine arbeitende Existenz ist einkalkuliert und in jeder Phase des Kreislaufs, von der Produktionsstätte bis zum bestimmungsmäßigen Konsum, dabei. Die Person ist nicht mehr, wie im alten liberalistischen Staat, »Voraussetzungen« der Verwaltung (vgl. Lorenz von Stein, Handbuch der Verwaltungslehre, Verlag Cotta 1876, S. 127, 117), sondern sie ist bereits zum »positiven Inhalt« geschlagen. »Tua res agitur«; wenn sich mit der Sache etwas anfängen läßt, läßt sich auch mit der Person etwas anfangen, das zweite ist das Mitergebnis des ersten, und zwar ein Ergebnis, das man gar nicht gesondert ins Auge fassen darf. Der Arbeiter greift nur in seine eigene Lebenssphäre ein, und jeden Eingriff bekommt er am eigenen Leibe zu spüren. In jedem Augenblick, in dem er die Folgen verspürt, die ihn individuell betreffen, sind schon wieder weitergreifende Voraussetzungen geschaffen. So gibt es auf verschiedenen Ebenen Kreise von Auswirkungen, die sich nach und nach entfalten und in die der einzelne noch gar nicht einzutreten vermag. Er kann den Reichtum seines eigenen Lebens noch nicht aufnehmen und verdauen, und er produziert mehr, als er vor der Hand für sich selbst verarbeiten kann. Er lebt in die Welt hinein, und seine Existenz schlägt gleichsam Wellen, deren rückwirkende Tragkraft und Schnellkraft er erst nach und nach an sich selbst erfahren, ausproben kann. Er muß sich selbst auf die Wirkungen einspielen, die von seiner neuartigen politisch-ökonomischen Existenzweise ausgehen, und er muß sich zu sich selbst finden. Was er ist, das erfährt er im Verfolg seiner Arbeit. Eines Tages wird es dessen inne, was aus ihm geworden ist, nachdem er lange Zeit nur der inneren Logik der Sache (des »objektiven Entwicklungsprozesses«, Jahrg. II, 853) folgte und nachdem er auf das Interesse am Preis der Arbeitskraft[79] und am Parteiprogramm keine Rücksicht mehr nahm. Lenin verlangt von dem Kommunisten neuen Typs, daß er riskiert, auf dem Boden der von ihm geschaffenen Verhältnisse unbefangen zu arbeiten, und es darauf ankommen zu lassen, was aus ihm und aus seiner Sache wird – und er verlangt das, weil das Risiko dieser Sachlichkeit tatsächlich der einzige Weg ist, auf dem das eroberte Terrain restlos und auf die Dauer angeeignet werden kann. Diejenigen, die das Land erobert haben, sollen mit jeder Faser ihres Wesens in ihm wurzeln[80] – die sachliche Arbeit ist eine Form der Aneignung, die am

79 Er nimmt keine Rücksicht mehr auf den »›engen bürgerlichen Rechtshorizont‹, der veranlaßt, mit der Hartherzigkeit eines Shylock darauf bedacht zu sein, daß man ja nicht eine halbe Stunde länger als der andere arbeitet, keine geringere Bezahlung erhält als der andere …« (Staat und Revol. 94. Vgl. auch Gew. 129). »Nur Blinde können nicht bemerken, daß in der Psychologie der Massen und in ihrer Einstellung zur Arbeit ein gewaltiger Umschwung eingetreten ist, der das *Antlitz unsrer Fabriken und Werke von Grund auf geändert hat.*« (Stal. 27, 74). »Das Arbeitsbuch wird aufhören, ein Kennzeichen des ›gemeinen Volkes‹, ein Dokument der ›untersten‹ Stände, ein Zeugnis der Lohnsklaverei zu sein. Es wird ein Zeugnis dafür werden (vgl. 21, 334), daß es in der neuen Gesellschaft keine ›Arbeiter‹ mehr gibt, dafür aber auch niemanden, der nicht arbeitet.« (21, 334).

80 Gerade die *Konzessionen* der russischen »Übergangszeit« haben den – zunächst unbeabsichtigten – Erfolg, daß der neue Typus Politik den Alltag durchdringt, daß er in seine kleinen Verhältnisse überhaupt einmal Eingang findet. »Hic Rhodus«, hier ist der gege-

schwersten wieder rückgängig zu machen ist, und gleichsam eine zweite Eroberung. Derjenige, der die Verhältnisse durch und durch kennt, beherrscht sie auch. Es scheint, daß die wirtschaftliche Politik erst nach dieser zweiten Eroberung beginnt. Nachdem man mit der Sache vertraut ist, wird es noch einmal um die Frage ernst, was nun letzten Endes mit der Sache anzufangen ist; wenn man sachlich arbeiten kann, gewinnt die Frage, wofür man sich mit diesem Können einsetzt, einen neuen schwerwiegenden Sinn. Die »letzten« Probleme sind wohl auch historisch und entwicklungsgeschichtlich *späte,* spät auftretende (Jahrg. II, 849 r. o.) Fragen; jemand, der in eine schwere Arbeit hineinwächst, wächst auch in immer schwerere Fragen hinein, und die »eigentliche« Frage ließ sich vorher nicht absehen – die Frage verschiebt sich nicht nur, sondern sie verästelt sich und greift um sich. Man weiß nicht, was aus einer Frage wird, wenn man sich noch an ihr weitergreift, und die praktische Arbeit zeigt, worauf die Frage zielt.

bene Ort, wo die alten verdorbenen »Sitten« »umzuwandeln« sind (25, 313), wo dem Volkskörper neue Gewohnheiten eingepflanzt werden müssen. Die Modernisierungspolitik mobilisiert nicht nur – dadurch, daß eine durchrationalisierte Großindustrie geschaffen wird – die *Industrie*bevölkerung, sondern sie ist, wenn sie einmal im Zug ist, imstande, endlich die *vor*modernen, politisch und wirtschaftlich unverbrauchten Bevölkerungsschichten zu greifen und als neuartige mitwirkende Kräfte in die Weltpolitik zu reißen. Dadurch, daß der neue Politiker an primitivere ökonomische Formen anknüpfen muß, werden *ältere Schichten der ökonomischen Existenz,* die in Westeuropa bereits nicht mehr greifbar sind, *in den Umschmelzungsprozeß einbezogen.* »Der Übergang von der Genossenschaft *kleiner Unternehmer* zum Sozialismus bedeutet (vgl. Jahrg. II, 295 r) den Übergang vom Klein- zum Großbetrieb, d. h. einen schwierigen Übergang, der dafür jedoch erfolgreich, breitere Massen der Bevölkerung zu umfassen, die tieferen und lebensfähigen Wurzeln der alten vorsozialistischen, ja selbst der vorkapitalistischen Verhältnisse herauszureißen vermag, die im Widerstand gegen Neuerungen aller Art am zähesten sind.

Sechstes Hauptstück

Vom Imperialismus zur Reichspolitik

A. Der alte Imperialismus wird auf den Kopf gestellt (Sozialismus und Nationalstaat. Anonyme Poltik des Ökonomismus und verantwortliche Reichspolitik)

Lenin durchstreift die Welt der Politik und der Gesellschaft, um den Blick überall da verweilen zu lassen, wo es heute Herrschaft gibt. Primär interessiert ihn jede Einrichtung und jede Bewegung, der ein Streben innewohnt, über die eigenen Grenzen hinauszugreifen, und er sieht in dem »Über-Sich-Hinausgreifen« einen Charakterzug *der* Epoche, die sein *eigenes* Lebenselement bildet. Etwas Neues kann nicht im luftleeren Raum entstehen, es hebt sich kräftig von einem Alten ab, und, wenn es Glück hat, ist dies Alte danach, daß sogar Funken überspringen. Auch im Politischen zeigt sich die Originalität darin, daß die Selbständigkeit nur *wächst,* wenn jemand seinen *Vorgängern* entlehnt, was er nur haben kann. Einem Gestalter ersten Ranges ist es erlaubt, unbekümmert um den Ruf seiner Produktivität von andern zu übernehmen, was sie entworfen oder vielleicht schon fertig ausgeführt haben.

Zwischen den ursprünglichen Prinzipien des Bolschewismus und dem Imperialismus besteht von vornherein eine bestimmte Wahlverwandtschaft. Das revolutionäre Prinzip ist ein Doppelprinzip, eine fruchtbare Kreuzung zwischen Sozialismus und Nationalismus. Innerhalb dieser Kreuzung kehrt sich aber das Verhältnis zwischen Nationalismus und Sozialpolitik, wie es im Imperialismus statt hat, um; der Nationalismus wird aus einem Prinzip des Angreifers und Eroberers zu einem Prinzip des Empörers, desjenigen, der gegen den »nationalistischen« Unterdrücker alten Stils aufsteht – und die Sozialpolitik wird zum Prinzip einer erobernden und um sich greifenden »Weltrevolution«. Empörung und

Angriff gehen eine Ehe ein, und in dem Augenblick, in dem die Empörung, der Aufstand erfolgreich zu werden beginnt, gewinnt der Wille zur sozialpolitischen Überwältigung des Kapitalismus, zur Besetzung seiner wirtschaftlichen und politischen Stellungen und Vorwerke, seiner Verkehrslinien und Wachstumsspitzen das Übergewicht. Der Bolschewist ist Empörer und Eroberer in einer Person, und das Gespräch, das er als unzufriedener und übergreifender Eroberer führt, wird durch das Gespräch, das er als Unterdrückter und Aufständischer führt, nur eingefädelt. »Jetzt geht es« – dies die Leninsche Formel für die Kreuzung der Prinzipien – »gegen die ausgerichtete Einheitsfront der imperialistischen Mächte, der imperialistischen Bourgeoisie, der Sozialimperialisten, für die Ausnützung *aller* nationalen Bewegungen gegen den Imperialismus im Interesse der sozialistischen Revolution.« (Nat. II, 40). Es sind gleichsam zwei Pferde an ein Seil gespannt, und das eine reißt jedesmal das andere mit vorwärts, und die Bewegung bestreicht so, während sie in das Gelände eindringt, eine ganze Fläche. Jeder Schlag, der auf den sozialen Feind zielt, trifft den nationalen Feind mit, und vice versa. Zu jedem Vorwärts gehört zwangsläufig, wie beim Rösselsprung, ein Seitwärts, jeder strategische Zug ist ein Zug übers Kreuz. *Welchen* nationalen Gegner man treffen will, das steht in einem bestimmten, durch die Richtung des ersten Schlages mit bedingten Spielraum frei, aber *daß* ein nationaler Feind mitgetroffen werden muß, liegt in der inneren Konsequenz des politischen Vorgehens. Beide Feinde, der soziale Feind und der nationale Feind, liegen auf der Linie jedes perfekten Handels. Jede Aktion erreicht erst dann ihr Ziel, wenn die Kurve der Tat nach vorwärts und nach der Seite ausgezogen ist, wenn beide Feinde auf der Strecke liegen. Ein Stoß gegen einen Feind sitzt erst, wenn der Stoß ein Doppelstoß ist, wenn der Stoß von seiner eigenen zunächst normalen Richtung abweicht. Jede Tat wird nach ihrem normalen Maßstab beurteilt, und außerdem im selben Zuge nach einem Maßstab, der von der Norm abweicht. Das, was unter früheren Verhältnissen normal war, wird jetzt zum Hochverrat. Eine Aktion, die *nur* gegen den nationalen Landesfeind gerichtet ist, und die abbricht, nachdem dieses Ziel erreicht ist, fällt ebenso unter die Anklage des Hochverrats als eine Aktion, die nur den inneren, sozialen Feind im Auge hat. Es fragt sich, ob in diesem System überhaupt jemand einen isolierten Stoß führen *kann*. Die Prinzipien sind so gefaßt, so verwachsen und in ein solches Kurvenfeld gestellt, daß der einzelne nicht mehr ganz der Herr über die Waffe ist. Die politische Apparatur ist vom Menschen nicht getrennt, und die Rüstung gehorcht ebenso dem Menschen, dem sie angepaßt ist und sitzt, wie der Mensch der Rüstung gehorcht. Nachdem er diese Armatur als die seine bejaht hat, muß er nach den Regeln fechten, die sich aus dieser Zurüstung entwickeln lassen. Er holt so viel an Regeln heraus, als darin liegt, und wenn an dem Kampfspiel, das er selbst erfunden hat, etwas ist, dann wird er nicht so bald auslernen, sondern neue Möglichkeiten der Meisterschaft in politicis in die Welt setzen.

Lenin will nicht einen »Staat«, sondern ein Weltreich gründen. Er hütet sich deshalb, den Imperialismus als solchen zu diffamieren. »Einen Kampf reaktionärer Klassen [zu denen auch die Sozialdemokraten gehören] gegen den Imperialismus werden wir nicht unterstützen.« (19, 273).[81] »Wir sind keine Anhänger der Kleinstaaterei.« (20/2, 186). »Kleinstaatliches Beiseite-Sein-Wollen, kleinbürgerliches Streben, von *großen Wettkämpfen* fernzubleiben …«, ein »solches Streben« ist »illusionär und reaktionär, *der Imperialismus wird* sowieso die *Kleinstaaten in den Wirbel der Weltwirtschaft und der Weltpolitik einbeziehen.*« (19, 405). »*Wir wollen einen möglichst großen Staat, einen möglichst engen Bund einer möglichst großen Zahl von Nationen,* die den Großrussen benachbart leben … Wir wollen eine revolutionär-proletarische Einheit, *Vereinfachung, nicht Zerstückelung* …« (21, 403).[82]

»Wir werden (19, 278) alle Anstrengungen machen, um uns den Mongolen, Persern, Indern, Ägyptern zu nähern, *uns mit ihnen zu verschmelzen,* wir sind der Meinung, daß es unsere Pflicht ist und daß es in unserem Interesse liegt, dies zu tun, weil anders der Sozialismus in Europa nicht gesichert sein wird.«

81 Denn »kein Marxist (!) wird vergessen, daß der Kapitalismus im Vergleich zum Feudalismus fortschrittlich ist und der Imperialismus ebenso im Vergleich zum vormonopolistischen Kapitalismus.« (19, 273).

82 Vgl. hierzu Stalin (Stal. 27, 134f.): »Es gibt eine Ukraine im Bestande der Sowjetunion. Es gibt aber noch eine andere Ukraine im Bestande anderer Staaten. Es gibt ein Weißrußland im Bestande der Sowjetunion. Es gibt aber auch ein anderes Weißrußland im Bestande anderer Staaten. Glaubt ihr denn, die Frage der ukrainischen und weißrussischen Sprache kann gelöst werden ohne Berücksichtigung dieser eigenartigen Bedingungen? Nehmt weiter die Nationalitäten der Sowjetunion, die an ihrer südlichen Grenze gelegen sind – von Aserbaidshan bis Kasakstan und die Burjato-Mongolei. Sie all befinden sich in derselben Lage wie die Ukraine und Weißrußland. Es ist klar, daß auch hier die eigenartigen Entwicklungsbedingungen dieser Nationalitäten in Betracht gezogen werden müssen. Ist es denn nicht klar, daß alle diese und ähnliche Fragen, die mit dem Problem der nationalen Kulturen und nationalen Sprachen zusammenhängen, im Rahmen eines Staates, im Rahmen der Sowjetunion nicht gelöst werden können?«

Lenin stellt sich in den Kreis des Typischen, der letzten, fortgeschrittensten »Ordnung« der Dinge, um einen »neuen Typus Staat« zu schaffen. »*Das Herrschaftsverhältnis und die damit verknüpfte Gewalt – das ist das Typische für die ›jüngste Entwicklung des Kapitalismus‹,* das ist es, was aus der Bildung allmächtiger wirtschaftlicher Monopole unvermeidlich hervorgehen mußte und tatsächlich auch hervorgegangen ist.« (Imp. 33). Lenin *bejaht* die Wendung von der wirtschaftlich-sozialen und »inneren« Machtposition zur *politischen* und den nationalen Bereich sprengenden Machtposition, soweit diese Wendung der Gründung seines neuen Typus Staat die Wege ebnet, und er bejaht damit und insoweit die Wendung vom Kapitalismus zum Imperialismus. Der Monopolkapitalismus ist der *politisch* werdende Kapitalismus, und gerade diese Infektion mit dem Gift der Politik, das allmählich den Organismus der Wirtschaft durchdringt und übermannt, gerade das Moment, das der alte Sozialdemokrat und Liberale nicht sehen und wahrhaben will, das er unterschlagen und aus der politischen Zukunftskalkulation ausschalten möchte – *gerade dieses Moment* greift Lenin als das epochemachende und entscheidende heraus.[83]

Der geschlossene und einheitliche Nationalstaat war ein notwendiges Ergebnis der Geschichte der europäischen Politik, die Entwicklung langt aber mit diesem Ergebnis auf einem toten Punkte an. Niemandem anders als dem imperialistisch werdenden Kapitalismus gelingt es, dem staatlichen Leben über diesen toten Punkt hinwegzuhelfen – er gibt ihm neue Explosivkraft und neue Entwicklungsimpulse. In den »vorgeschrittenen Ländern (England, Frankreich, Deutschland u.a.) ist die nationale Frage schon längst gelöst, *die Volksgemeinschaft hat sich schon lange überlebt,* und ›allgemein-nationale Aufgaben‹ gibt es *objektiv* nicht mehr. Deshalb kann man nur in diesen Ländern *jetzt* schon die Volksgemeinschaft ›sprengen‹ und die Klassengemeinschaft aufrichten« (19,268) – dies eine der zentralen und bündigsten *Thesen* der Leninschen politischen Geschichts-

83 Vgl. 18,467 und Imp. 104: »Wesentlich ist, daß Kautsky die Politik des Imperialismus von seiner Ökonomik trennt, indem er von den Annexionen als der vom Finanzkapital ›bevorzugten‹ Politik spricht und ihr eine andere, angeblich durchaus mögliche bürgerliche Politik auf derselben Basis des Finanzkapitals entgegenstellt. Es sieht so aus, als wären die Monopole in der Wirtschaft vereinbar mit einem nicht monopolistischen, nichtgewalttätigen, nichtannexionistischen Verhalten in der Politik. Als wäre die territoriale Aufteilung der Welt, die gerade im Zeitalter des Finanzkapitals beendet wurde und die Grundlage für die Eigenart der jetzigen Formen des Wettkampfes zwischen den kapitalistischen Großstaaten bildet, mit einer nichtimperialistischen Politik vereinbar.«

philosophie. Lenin wendet sich »*nicht gegen die nationale Bewegung ..., sondern gegen ihre Verflachung, gegen ihre Trivialisierung, gegen ihre Verwandlung in ein kleinliches Geplänkel*« (das. 270), gegen »den armseligen nationalistischen Zank und das nationalistische Feilschen der Völker in Rußland und Österreich« (das. 271). »*Der nationale Staat war eine notwendige Phase* in der Entwicklung des Kapitalismus. Der Kampf für die Selbstbestimmung der Nationen, für ihre Selbständigkeit, für die Freiheit der Sprache, für die Volksvertretung diente diesem Ziele: der Schaffung von Nationalstaaten – dieser auf einer gewissen Entwicklungsstufe des Kapitalismus notwendigen Basis für die Entwicklung der Produktivkräfte. Der Kapitalismus hat seine höchste Form schon erreicht, er exportiert bereits nicht mehr Waren, sondern Kapital. Es wird ihm zu eng in seiner nationalen Hülle, und nunmehr geht der Kampf schon um die letzten freien Reste auf dem Erdball.«

Auf der Stufe des Imperialismus zeigt der Krieg den Übergang von der Wirtschaft zur Politik an, und zwar wird der Krieg zu einem *notwendigen* Mittel der Politik. »Seit den achtziger Jahren« beginnt eine »Jagd nach Kolonien«. Der Übergang »auf die Stufe des monopolistischen Kapitalismus« ist »mit einer Verschärfung des Kampfes um die Teilung der Welt verknüpft.« (Imp. 88). Der Erfolg ist, daß »vier Länder zusammen ... nahezu 80 v. H. des Weltfinanzkapitals« besitzen. »Fast die ganze übrige Welt spielt in der einen oder andern Form die Rolle des Schuldners und Tributpflichtigen dieser Länder ...« (Imp. 68). »*Zum typischen ›Herrn‹ der Welt* wurde nunmehr das Finanzkapital.« (18, 466). Der Finanzier[84] vermittelt den Zusammenschluß immer größerer Wirtschaftseinheiten; die Verflochtenheit des gesamten Wirtschaftslebens nimmt zu, und der Finanzier und »Wirtschaftsberater« behält die Fäden in der Hand. Die Fäden des allmählich total und universal werdenden Geflechts stellen Leistungen dar, die auch das außerwirtschaftliche, vor allem das politische Leben durchdringen. »Ist einmal das Monopol zustande gekommen und schaltet und waltet es mit Milliarden, *so durchdringt es mit absoluter Unvermeidlichkeit alle Gebiete des öffentlichen Lebens,* ganz unabhängig von der politischen Struktur und irgendwelchen anderen ›Details‹.« (Imp. 65). Lenin erinnert an die »sich häufenden Fälle des Übertritts von Regierungsbeamten in den Bankdienst«, an den »Zug zur Bank«.[85] Der typische Herr

84 Manchmal eine Bankengruppe, die sich ganze Weltteile kontraktlich in Interessensphären aufteilt.

85 Er zitiert aus einem Aufsatz der Zeitschrift »Die Bank«, 1909, I, S. 79: »Wie steht es

der Welt formt die Welt nach seinem Bilde. Die Physiognomie des Finanziers wird von Lenin auf aufmerksamste studiert, weil der Finanzier der letzte Vorgänger in der Weltherrschaft ist, derjenige, den Lenin ablösen will. Vielleicht kann Lenin Züge aus der Typik dieser letzten Weltherrschaft der »alten Epoche« übernehmen (während die »translatio imperii« vor sich geht). Lenin faßt die Charakterzüge des »typischen Herrn der Welt« selbst zusammen; er zeichnet sich »durch besondere Beweglichkeit und Elastizität[86], durch besonders starkes Verflochtensein, national wie international, aus ..., das in besonderem Maße unpersönlich[87] und von der direkten Produktion losgelöst ist, das sich besonders leicht konzentriert und auch bereits in hohem Maße konzentriert ist, derart, daß buchstäblich einige hundert Milliardäre und Millionäre die Geschicke der ganzen Welt in ihren Händen halten.« (18,466).

Dem alten »Herrn der Welt« fehlt ein politischer *Status,* der es ihm erlaubt, seinen Eroberungen eine Form zu geben. Zu »politischen« Eroberungen schreitet er deshalb nur in Ausnahmefällen, und die »ökonomische Annexion« (19,250) ist das Normale. Er ist ein Politiker wider Willen. Die *Berufs*politiker haben kaum ein Auge für das Feld und die Gesetze der eigentlichen Politik, der »hohen« Politik (vgl. J. R. Seeley, Die Ausbreitung Englands, hsg. v. Müller, 1928), und der Finanzier muß die Aufgaben der Politik schlecht und recht, quasi nebenberuflich, mit erfüllen. Der Berufspolitiker beschäftigt sich noch mit parlamentarischen oder nationalpolitischen Prestigefragen, und auf Konferenzen, auf denen die eigentlichen politischen Schicksalsfragen, die weltpolitischen und imperialistischen Probleme erörtert werden, überläßt er den sachverständigen Magnaten der Wirtschaft seinen Platz. In das Gesichtsfeld der Politik treten die weltpolitischen Fragen eigentümlicherweise erst dann, wenn diejenigen Fragen berührt werden, die dem Politiker der *vorletzten,* der »nationalstaatlichen« Epoche Schmerzen bereiten. Die primären und vitalen politischen Fragen werden erst dann aufgegriffen, wenn sich ihre Auswirkung bis ins Feld der sekundären politischen Fragen erstreckt, das heißt wenn es zu spät ist, zuzupacken und die Entwicklung an dem Ursprungsort selbst weiterzutreiben. Das Eisen wird nicht geschmiedet,

aber um die Unbefangenheit eines Staatsbeamten, dessen stilles Sehen ein warmes Plätzchen in der Behrenstraße ist?« (Hauptsitz der Deutschen Bank).

86 Dies Züge, deren sich der Bolschewismus positiv annimmt.

87 Den Zug der Anonymität der Herrschaft will Lenin auslöschen. Er erstrebt seit der Jahrhundertwende die Diktatur politischer Gruppen.

solange es noch heißt ist, sondern gewissermaßen erst dann, wenn ein Eisenrest, der sich in der Nähe befindet, von der Glut fühlbar mit angesteckt und ergriffen ist. Die sekundäre Politik macht nicht nur den Anspruch darauf, die allein offizielle und historisch wichtige Politik zu sein, sondern die Berufspolitiker dieser Sphäre verschließen sich und den andern überhaupt die Augen vor der Tatsache, daß es außerhalb und oberhalb eine Arena gibt, auf der politische Spiele gespielt werden, an deren Gewinn und Verlust sie als Teilhaber mit unbeschränkter Haftpflicht und Verantwortung beteiligt sind. Der »typische Herr der Welt« ist stark genug, die nationalstaatlichen Berufspolitiker gegebenenfalls in seine Arena hineinzuziehen: »Selbstbestimmung der Nationen heißt ihre politische Unabhängigkeit. Der Imperialismus hat die Tendenz, diese zu *durchbrechen,* da bei politischer Annexion die wirtschaftliche häufig leichter, billiger (es ist leichter, die Beamten zu bestechen, Konzessionen zu erhalten, vorteilhafte Gesetze durchzubringen u. ä.), bequemer, geruhsamer ist – genau so wie der Imperialismus die Tendenz hat, die Demokratie überhaupt durch die Oligarchie zu ersetzen.« (19,250). Im Normalfalle hat es aber der Imperialist *nicht nötig,* das Prinzip der nationalen Selbstbestimmung zu verletzen.[88] Es ist »vom Standpunkt des Finanzkapitals für die Truste ... manchmal direkt vorteilhaft, einzelnen kleinen Nationen möglichst weitgehende demokratische Freiheit zu geben, bis zur staatlichen Unabhängigkeit, um nicht die ›eigenen‹ militärischen Operationen zu beeinträchtigen«. Die *Realität,* in die jedes erfolgreiche Streben einmündet, ist die ökonomische Annexion, und die politische ist oft nur ein zusätzlicher idealer Wert, man hebt sie oft freiwillig wieder auf, wenn sie ihren Zweck erfüllt und an die Realität der ökonomischen Annexion herangeführt hat. Diese selbst ist dabei unter Umständen auch »ohne die politische« zu verwirklichen (19,250).[89] Der »souveräne« Nationalstaat ist so sehr ein Spielball in den Händen der wirklichen Herren der Welt, daß er ihnen zuweilen sogar seine Geburt verdankt. »Es gibt Fälle (19,487), wo es sicherer und vorteilhafter ist, aufrichtige, gewissenhafte ›Vaterlandsverteidiger‹ im imperialistischen Krieg zu gewinnen,

88 Dafür, das Prinzip *aufzuheben,* plädiert er von vornherein nicht, weil ihm die Wirksamkeit dieses Prinzips im Normalfall nützlich ist.

89 Argentinien, Portugal sind »Vasallen« Englands. »Die ökonomische Abhängigkeit von den englischen Banken, die Verschuldung an England, der Aufkauf der Eisenbahnen, der Gruben, des Bodens usw. durch England – all das macht die genannten Länder zu einer ›Annexion‹ Englands im ökonomischen Sinne, ohne Verletzung der politischen Unabhängigkeit dieser Länder.«

indem man *politisch* unabhängige Staaten schafft, für deren *finanzielle* Abhängigkeit ›wir‹ schon Sorge tragen werden! Es ist (in einem ersten Krieg der imperialistischen Mächte) vorteilhafter, der Verbündete des unabhängigen Bulgarien zu sein, als der Herr des abhängigen Irlands.«

Die bisherige offizielle, »souveräne« und autonome Politik wird zur Fiktion; der Akteur wird nicht nur vorgeschoben, sondern nach Bedarf, wie eine Ware oder eine Zweigniederlassung eines Industriekonzerns, produziert und in den Verkehr gesetzt. Der Akteur steht nicht auf sich selbst, er übernimmt die Mittel der Politik auf Kommission. Allerdings ist er dem Hauptunternehmer gegenüber verpflichtet, so zu handeln, als ob er selbständig, autonom wäre und nur seine vitalen Interessen verfolgte, und die Fäden sind kunstvoll so gesponnen, daß die Völker, die seit der Französischen Revolution nur noch für ihre eigenen, nationalen Interessen kämpfen wollten, sich gerade dann im Interesse anderer, weitergreifender Mächte aufopfern, wenn sie ausschließlich und intensiv an sich selbst denken. Der Apparat des nationalen Staates eignet sich nicht für Aktionen einer weltpolitischen, imperialistischen Ära; dieser Apparat trennt sich gerade darum, weil sich das Schwergewicht der Politik von der Seite der Nationalpolitik auf die der Weltpolitik verlagert, vom wirklichen Volksleben, und dem Volk gleiten die Fäden seines eigenen politischen und sozialen Daseins aus der Hand. Sein gutes Wollen und sein tatsächliches Handeln entfernen sich voneinander. Die politische und ökonomische Apparatur ist nicht das angepaßte und gebrauchsfertige Instrument seines Willens; wenn es einen Entschluß, zu dem es sich gedrängt sieht, *ausführen* will, dann begibt es sich in die Hände derer, die die Fäden auch seines Daseins in der Hand haben, weil sie sich in jenes Vorfeld hineinmanövriert haben, auf dem die entscheidenden Knotenpunkte liegen. Die Logik der Entwicklung des Kapitalismus selbst spielt, nach Lenin, dem Finanzgewaltigen in die Hand. Die »typischen« Herren der Welt haben die Stellen besetzt, von denen aus man im Zeitalter der beginnenden Weltpolitik über die Apparatur verfügt; von hier aus bringen sie auch in die letzte Domäne der Politik der »souveränen« Nationalstaaten ein: in die völkerrechtliche Vertragssphäre. Ausgerechnet diejenigen hochpolitischen Akte, in denen die Initiative, die Aktivität, die Schlauheit, Kombinationsgabe, die traditionelle Schulung der Politik der alten »diplomatischen« Epochen gipfelt, in denen der alte Typ des »Diplomaten« seinen Ruhm sucht und durch die er sich die großen geschichtlichen Erfolge verspricht – ausgerechnet sie werden zu einem zuweilen erwünschten und nützlichen Intermezzo jenes großen imperialistischen Spiels, in dem diese alten Diplomaten nur Figuren sind. »*Die imperialistische Tendenz zu großen Reichen*[90] ist durchaus zu verwirklichen und wird in der Praxis auch häufig verwirklicht in der Form eines imperialistischen Bündnisses selbstständiger und, im politischen Sinne des Wortes, unabhängiger Staaten. Ein solches Bündnis ist möglich und tritt in Erscheinung nicht nur in der Form des Verwachsens des Finanzkapitals zweier Länder, sondern auch in der Form der militärischen ›Zusammenarbeit‹ im imperialistischen Krieg.« (19, 257).

Im Stadium des Imperialismus ist der Krieg die große Chance des Revolutionärs: weil der Krieg die Möglichkeit und die Gelegenheit bietet, das imperialistische Geflecht zu zerreißen und die Enden der Fäden nach dem Ermessen eines Weltherrschers von neuem Typ zusammenzufügen. Nur im Krieg wird die wirkliche Apparatur sichtbar und greifbar. Der Krieg ist, nach Lenin, eine Ausnahme von dem, was bereits, wenn man durch die Erscheinung hindurchblickt, nicht mehr das Normale ist. Diejenigen, die, wenn sie sie selbst bleiben wollen, gar nicht den Willen haben können, die Realität, wie sie ist, zu sehen, vertrösten sich mit einer Zukunft, in der die normalen Zustände, unter denen sie allein leben und auskommen können, wiederkehren werden. Man wird sich gegenseitig alles vergessen und verzeihen, der Krieg war ein Fehltritt, ein Seitensprung der Geschichte, kein neues Stadium, das ein anderes nach sich zieht. Lenin gehört zu den wenigen Politikern der Zeit, denen es gelingt, auf dem durch den Krieg geschaffenen Boden auch in der Nachkriegszeit höchst wirksam Fuß zu fassen.

Der Politiker im Sinne Lenins hat den Punkt der maximalen Abweichung von der alten Norm abzupassen und die Entwicklung noch über diesen Wendepunkt hinauszutreiben. Von diesem höchsten Punkt aus tendiert die Kurve der Ereignisse, wieder die alte Basis der Vorkriegsnormalität zu treffen, und dieser Rückentwicklung soll der Revolutionär die Wege abschneiden. Sein Kampfmittel ist nicht die Resistenz, sondern der Angriff; es muß ihm gelingen, die Ereignisse auf der Bahn der Abweichung vorwärtszutreiben und sich in das Zentrum der Schwungkräfte zu stellen, die den Krieg verursachten und die ihn bis zur Vernichtung des Gegners fortführen.

90 Es fragt sich, wieweit Lenin hier auch die Karten der gegenwärtigen russischen Bündnispolitik aufdeckt. Man denke an die Freundschaftsverträge mit Persien, der Türkei, an die Nichtangriffspakte mit Frankreich, Polen. (Zum Thema vgl. Korowin).

In dem Augenblick, in dem jener Höhe- und Wendepunkt erreicht ist, beginnen sich die Formen des Wirtschaftslebens tiefgreifend zu ändern. Mitten im Brand der Vernichtung, im »Zusammenbruch der gesamten Kultur« (20/1, 515), während »fast die ganze europäische Kultur zerstört und Europa in den Zustand der Barbarei, der Verwilderung und des Hungers zurückversetzt« ist (Jahrg. I, 841), erreicht der Kapitalismus seine höchste Entwicklungsstufe, die ihn *»zur Ära der proletarischen sozialistischen Revolution«* macht (20/1, 387). Selbstverständlich ist es gerade die *imperialistische* Form der Wirtschaftsverfassung, die in *dem* Moment des Krieges, in dem alle Kräfte angespannt und restlos eingesetzt sind, den höchsten Reifegrad und Wirkungsgrad erreicht, denn eben die imperialistischen »Herren« der Welt sind es, die aus der Apparatur der Wirtschaft die höchste Leistung für ihre Zwecke herausholen[91], die aus dieser Apparatur das gefügige und wirksame Instrument der Kriegsaktionen schmieden. Die Apparatur entwickelt sich auf ihren Vollkommenheitszustand hinauf in einem kritischen Augenblick, nämlich in einem solchen, in dem die Imperialisten genötigt sind, die Wirtschaftsapparatur als ein Rüstzeug *politischer* Akteure auszubauen, sie zum Instrument des vitalsten politischen Willens umzuschmieden. Die Wirtschaft erreicht in dem Augenblick ihre vollkommenste Ausgestaltung, in dem der Rentabilitätsgesichtspunkt individueller, privater Unternehmer sein Minimum, und in dem der weltpolitische Gesichtspunkt kollektiver Gruppen, die nach der Herrschaft über den Planeten streben, sein Maximum an Bedeutung und Wirkungskraft erlangt. Die Unausgeglichenheit der alten Sozialordnung erreicht in diesem selben Augenblick ihren höchsten Grad, und die alten politisch-sozialen Gebilde drohen auseinanderzufallen. Es handelt sich, nach Lenin, für den Politiker darum, sie völlig aus dem Gleichgewicht zu bringen, und aus der Übertriebenheit ein Normales zu machen. Lenin versucht, aus dem Gesamtgeflecht der ökonomischen und politischen Organisationen ein bestimmtes Geflecht herauszugreifen und herauszuheben, die Verzweigung eben *jener* Spitzenleistungen, in denen der imperialistische Bürger *aus der Art* zu schlagen beginnt, die von der alten Ordnung nicht mehr verdaut werden können: jene Kriegsorganisationen der Arbeitspflicht, der Planwirtschaft, der Rationierung

91 Vgl. 20/1, 132: »Der Krieg ist durch und durch Politik, er ist die Fortsetzung der Verwirklichung der gleichen Ziele durch dieselben Klassen (d. h. hier durch die imperialistischen ›Herren der Welt‹) auf anderm Wege.« (d. h. auf dem Wege der Abweichung von der normalen Basis) (auch 21, 388).

des Konsums, der diktaturförmigen Konzentration der Gewalten, der Ineinanderschaltung der Apparaturen der Bürokratie, der Wirtschaftsverwaltung, der Volksbildung (»Aufklärung«), des Nachrichtenwesens und Verkehrs. Die Apparaturen waren eben deshalb ineinandergeschaltet, um einen einzigen höchsten Effekt zu erreichen. Lenin stellt sich dem Bestreben, die neuen wirkungsfähigen und gesteigerten Organe und Institutionen wieder abzubauen, in den Weg. Der Sozialkörper soll sie nicht absorbieren, sondern Lenin will dem Sozialkörper ein Ziel geben, das sich nur mit diesen neuen Organen erreichen läßt, und der Volkskörper soll sich auf diese Organe und Institutionen hin umgestalten, umorganisieren. Die Apparatur ist weiter als der Mensch, und der Mensch soll ihr auf Terrain, das sie ihm neu erobert, folgen. Ein Umbruch des Menschen ist nötig, damit er die bereitliegende Rüstung anzulegen und die Waffen zu führen vermag.

Die neue Rüstung ist kein willkürliches Menschenwerk. Ihr Dasein ist notwendig, sie ist durch die innere Logik des historischen Schicksals der Völker und Klassen entstanden und herausgebildet worden. Darum kann man im Grunde, nach Lenin, nicht von einem Willkürakt derer sprechen, die sich dieser Rüstung annehmen, die entschlossen auf sie eingehen und sich selbst zu solchen Menschen umformen, denen diese Rüstung sitzt. Wenn sie es tun, dann liefern sie sich der »Dialektik« der *»objektiven Verhältnisse«* aus, die ihrerseits »den Übergang zur Kontrolle der Produktion und der Verteilung, der Banken, der Fabriken usw.« »erzwungen« haben (20/1, 515). »Der Krieg selbst (19, 493) führt durch die unerhörte Kraftanspannung der Völker, die er verursacht, die Menschheit diesem einzigen Ausweg aus der Sackgasse entgegen; er zwingt sie, gewaltige Schritte vorwärts auf dem Wege des Staatskapitalismus zu machen und zeigt praktisch, wie eine planmäßige Gemeinwirtschaft betrieben werden kann und muß, eine Wirtschaft nicht im Interesse der Kapitalisten ...«.[92]

Als praktisches Beispiel für die Art und Weise, wie die Spitzenleistungen des Imperialismus abgehoben werden können, führt Lenin die

92 »Der Kapitalismus ist« – heißt es an andrer Stelle (20/1, 110) – »vorwärtsgegangen, *der Kapitalismus der Kriegszeit ist nicht mehr der, der er vor dem Kriege war.*« »Wenn Truste vorhanden sind, so hört die Planlosigkeit auf... Vom Monopol überhaupt ist man *zum Staatsmonopol* gekommen. *Die objektive Lage der Dinge* hat gezeigt, daß der *Krieg die Entwicklung des Kapitalismus beschleunigt* hat, sie ist vom Kapitalismus zum Imperialismus, vom Monopol zur Verstaatlichung fortgeschritten.« (das. 333). Es bildet sich »ein Apparat für die gesellschaftliche Regelung des Produktionsprozesses und der Verteilung der Produkte durch die Banken sowie durch die Kapitalistenverbände...«.

»Konzessionen« an, »eine neue Form des Krieges« (25,642); sie greift allerdings nur in einer Übergangszeit Platz, während des Umbruchs zum Realismus (in der Zeit der N. E. P.[20]). Diese »Form« der Überleitung der Spitzenergebnisse besteht darin, »daß neben einem Konzessionsgebiet, neben einem Konzessionsbetrieb unser Betrieb liegen wird, dann wiederum wieder ein Konzessionsbetrieb usw. Wir werden bei ihnen lernen, Musterbetriebe zu organisieren, indem wir unsere daneben aufbauen: Deshalb erteilen wir Konzessionen so, wie man auf dem Schachbrett vorgeht.«[93]

[21] Die sog. »Neue Ökonomische Politik«, löste 1921 den ›Kriegskommunismus‹ ab, die – mit einem Buchtitel von Lev Natanowitsch Krizman (1890–1938) – »Heroische Periode der Grossen Russischen Revolution« (Wien/Berlin: Verlag f. Literatur & Politik 1929). Jetzt, mit der NEP, kam es zu einer Liberalisierung in der Landwirtschaft, im Handel und in der Industrie, die den Betrieben teilweise auch marktwirtschaftliche Methoden zugestand. Man habe damit generell, wie das dann von Stalin kritisiert wird, »die Möglichkeit erhalten, auf dem Markt zu manövrieren [...] Produkte auf den Markt zu bringen.« (Josef W. Stalin, *Über die rechte Abweichung in der KPdSU(B),* Rede v. April 1929, Werke, Bd. 12, Berlin: Dietz 1954, S. 13).

Die NEP also »stellte die internationale ökonomische Freizügigkeit in den Dörfern und die Handelsfreiheit in den Städten wieder her.« (Alexander Kerenski, *Erinnerungen,* Dresden: Carl Reissner 1928, S. 451).

Das wurde 1927 beendet, als das Wirtschaften nach »Fünfjahresplänen« begann – vgl. Alexej Ivanowitsch Rykow (1881–1938) und Gleb Maksimiljanovitsch Krzizanowski (1872–1959), *Die Direktiven für die Aufstellung des Fünfjahresplanes der Volkswirtschaft,* in: Protokoll des fünfzehnten Parteitages der KPdSU (2.–19. Dezember 1927, Moskau), Hamburg/Berlin: Carl Hoym 1928, S. 251–265). Damit wurde der Stalinsche ›Sozialismus-in-Einem-Land‹ (ab 1927) als ›Geschlossener Handelsstaat‹ weltmarktwirtschaftlich von der globalen Kommunikation ausgegliedert. (Vgl. Wadim S. Rogowin, *Stalins Kriegskommunismus,* Essen: Arbeiterpresse 2006, bes. S. 206ff.).

Es begann damit eine neue sozialökonomische Periode in der Sowjetunion, die man mit einem analytischen (und nicht bloß ›victimologischen‹) Begriff des ›Stalinismus‹ erfassen kann. Dieser neue Begriff taucht übrigens auch erstmals zu Beginn der Dreissiger in der politischen Literatur auf: »Man schuf künstlich einen Begriff Trotzkismus ... [um] Trotzki als einen Feind Lenins hinzustellen, während dieser Feind in Wirklichkeit nicht Trotzki, *sondern Stalin war.* Dagegen wäre es richtig, von einem ›Stalinismus‹ im Gegensatz zum Leninismus zu sprechen.« (W. W. Antonow, *Das Sowjetparadies.* Querschnitt durch die russische Revolution, Berlin: Heinrich Wilhelm Hendroick 1931, S. 126).

93 Darüber, daß es *nur durch eine Zerreißung des imperialistischen Geflechts* möglich ist, die modernsten und kunstvollsten Teile des Gewebes für sich selbst abzuheben, vgl. 20/1, 332: »Die Frage der sozialen Aufgaben des Proletariats ist für uns von gewaltiger praktischer Bedeutung, einerseits, weil wir jetzt mit allen übrigen Ländern verkettet sind, und aus diesem Knäuel nicht heraus können: entweder wird sich das Proletariat in seiner Gesamtheit

B. Ein Reich von »Nationen«

Das Reich, das Lenin im Raum des alten Rußland gegründet hat, ist erst im Wachstum begriffen. Die neue Ordnung ist nicht vorher festgelegt; wenn bereitwillige Träger dieser Ordnung neu hinzugetreten, dann bildet sie sich von Fall zu Fall weiter aus. Jeder, der den Zutritt hat, kann schmieden, solange das Eisen heiß ist, und er ist auch dazu da, dem unter der Hand entstehenden politischen Gebilde den Stempel seiner Wirksamkeit und seiner politischen Lebendigkeit aufzudrücken.

Die Hauptakteure, die das neue politische Gebilde, das sie selbst eines Tages umschließen wird, aus ihrer sozialen, ökonomischen, politischen Tätigkeit fortlaufend herauszuspinnen, sind die Proletarier bzw. Bauern und die Nationen. Die Nationen haben ihren Ort im Verfassungsbau: den »Nationalitätenrat«. Dieser ist »das einzige Organ im Bunde der sozialistischen Sowjetrepubliken, das nicht als Klassenpräsentationsorgan, sondern als Repräsentationsorgan der Nationen gilt.« Ein Gesetz kommt zustande, wenn es durch diese *beiden* Organe angenommen ist. Im »Teil II« der Verfassung (Gurw.) sind die Bundesstaaten und nationalen Sowjetrepubliken aufgezählt, die sich durch einen sozialistisch-völkerrechtlichen »Vertrag« »zu einem Bundesstaat« höherer Ordnung »vereinigen«. Die übergreifende und höchste Ordnungsstufe ist in dieser Verfassung noch nicht erreicht und genannt; *wenn* es durch den Beitritt weiterer Nationen und Rassen dazu kommt, daß die Komplexion ihren Reifezustand erlangt und stabil wird, *dann* wäre eine Vergleichsmöglichkeit mit den »Reichen« oder Imperien der älteren, vormodernen Geschichtsperioden geschaffen.

losmachen oder es wird erdrosselt werden ...«. Weiterhin 20/2,142: »Man sagt, ohne die finanzielle Unterstützung Englands und Frankreichs könnten wir nicht auskommen. Aber diese Unterstützung ›unterstützt‹, wie der Strick den Gehenkten. Die russische revolutionäre Klasse sollte sagen: ›Fort mit dieser Unterstützung, wir erkennen die Schulden nicht an, die bei den französischen und englischen Kapitalisten gemacht worden sind‹.«

Vaterlandsverteidigung und Vaterlandsverteidigung bedeutet zweierlei, je nachdem, ob das Gewebe zerrissen ist oder nicht: »Vaterlandsverteidiger werden wir erst nach der Übernahme der Macht durch das Proletariat sein, nach dem Friedensangebot, nach der Zerreißung der Geheimverträge und der Verbindungen mit den Banken, *erst nachher*.« (21,145). »Das erste Land, das die Zwangsfesseln des imperialistischen Krieges zerrissen hat, war unser Land. Wir haben die schlimmsten Opfer gebracht, um diese Fesseln zu sprengen, aber wir haben sie gesprengt. Wir stehen außerhalb der imperialistischen Verpflichtungen.« (vgl. Jahrg. I, 843).

Schon in ihren Wurzeln bedeutet die russische Revolution ein Erdbeben, das den Boden der proletarischen *und zugleich* den Boden der nationalen Existenz in Bewegung setzt. »Die russische Revolution (Rev. 67) hat das ganze Asien in Bewegung gebracht. Die Revolutionen in der Türkei, in Persien, in China beweisen, daß die gewaltige Erhebung im Jahre 1905 tiefe Spuren hinterlassen hat... Rußland gehört sowohl geographisch als auch ökonomisch und geschichtlich nicht nur Europa, sondern auch Asien an.« *Sunyatsen*[22] apostrophiert in seinen »Grundlehren« die antiimperialistische Politik Lenins: »... Weil aber durch den Krieg die russische Revolution zum Ausbruch kam, ist dadurch – durch den Krieg – der Menschheit großes Glück zugefügt worden ... Lenin ... ist der Todfeind der imperialistischen Staaten. Denn er hat ... klar ausgesprochen, daß die 1250 Millionen farbiger von den 250 Millionen Weißer geknechtet werden. Durch Lenin ist das Selbstbewußtsein der unterdrückten Völker erweckt worden, und nun rücken auch sie zum Kampfe gegen die Ungleichheit in der Welt.« Nach Stalin (Stal. Len. 210f.) ist es »bis jetzt ... noch immer so gewesen, daß die sozialistische Revolution die Zahl der Sprachen nicht vermindert, sondern vermehrt hat, denn sie rüttelt die tiefsten Tiefen der Menschheit auf, zieht sie auf die politische Bühne und erweckt zu neuem Leben eine ganze Reihe neuer, früher gar nicht oder wenig bekannter Nationalitäten«.

Weil der Feind, der die Nationen und Rassen unterdrückt, der Imperialismus ist, deshalb ist »die Befreiung nicht realisierbar ohne eine Reihe von Revolutionen« (19, 276), deshalb geht ein seriöser nationaler Aufruhr Hand in Hand mit einem sozialistischen Aufstand gegen eine gesellschaftliche und ökonomische Ordnung. Der Vorwurf des schwersten Hochverrats wird gegen den erhoben, der *keinen* Hochverrat verübt. Die Handlungen, die dem Bestreben entfließen, an der Wirtschafts- und Sozialverfassung des »plutokratischen«[94] Westens festzuhalten, werden zu deklarierten landesfeindlichen Akten. Lenin hat das Wirtschaftsleben des Orients in Sachen des Kapitalismus um seine Unschuld gebracht, er

[22] Sun Yat Sen (1866–1925), Präsident der Republik China, hat als erster Staatsmann seiner Zeit eine »Rede zum Tode Lenins« gehalten, am 24. Januar 1924 (Vgl. Sun Yat Sen, *Aufzeichnungen eines chinesischen Revolutionärs,* hg. v. Karl August Wittfogel, Wien/Berlin: Agis 1927, S. 323–324). – Auch Gustav Ritter v. Kreitner, *Hinter China steht Moskau,* Berlin: Mittler & Sohn 1932, bes. S. 28–51.

94 Mussolini spricht von den plutokratischen Demokraten, die die Proletariernationen wie Italien unterdrücken.

hat den Orientalen die Augen geöffnet. Wer kapitalistisch wirtschaftet, der wird automatisch in das imperialistische Geflecht einbezogen, dessen leitende Fäden die Finanzoligarchen des Westens in der Hand haben.[95]

Der koloniale Kapitalist spielt ein Doppelspiel, und seine eigene Lage kann er nicht überblicken. Er ist ein Glied der abhängigen Nation, und wenn diese schließlich erdrosselt wird, dann wird auch er keine Gnade vor den Augen der autokratischen Monopolkapitalisten finden. Er wird so lange geduldet, als es *ihnen* paßt, und er ist nur ein Spielball ihrer Taktik, während er sich für einen freien Unternehmer hält. Der Körper seiner Nation wird allmählich umstrickt, und wenn er überhaupt kapitalistisch wirtschaftet und dem Weltmarkt angeschlossen ist, dann gibt es für ihn keine Möglichkeit, sich nationalpolitisch frei von Schuld zu halten. Die Fäden, mit denen der Körper seiner Nation umsponnen wird, und die schließlich dazu dienen, ihr das Blut auszusaugen, gehen faktisch durch seine Hände, und wenn er wirtschaftlich vorwärtskommt, dann spinnt er an einem tödlichen Geflecht, das seine eigene politische Existenz eines Tages

95 Nach Lenin vollzieht sich ein revolutionärer Richtungswechsel vom Imperialismus in den Kolonien zu einer föderalistischen Reichspolitik, und gerade *die* Länder, die kolonialpolitisch abhängig sind, werden daraufhin präpariert, sich in »Reserven der proletarischen Revolution« zu »verwandeln«. Der imperialistische Zuschnitt alten Stils arbeitet dem neuen Zuschnitt der Leninschen Reichspolitik vor. Zunächst sind, nach Lenin, »Warenproduktion und Kapitalismus, Verbindungsfäden des Finanzkapitals, ... in der überwiegenden Mehrheit der Kolonialländer vorhanden.« (19, 276). »Das Herauspressen von Extraprofit ist Ziel und Zweck dieser Ausbeutung und Unterdrückung.« Um diesen Zweck zu erreichen, wird das Weltgeflecht immer vollkommener ausgestaltet, und der Imperialismus erreicht auch in den Kolonialgebieten jene Grenze, an der er nahe daran ist, in sein Gegenteil überzuspringen: »Aber um diese Länder ausbeuten zu können, ist der Imperialismus gezwungen, dort Eisenbahnen, Fabriken und Werke, Industrie- und Handelszentren anzulegen. Die Bildung einer Klasse von Proletariern, die Entstehung einer einheimischen Intelligenz, das Erwachen des nationalen Selbstbewußtseins, die Verstärkung der Befreiungsbewegung – das sind die unausbleiblichen Folgen dieser ›Politik‹.« – Die Politik, die dem ökonomistischen Expansionstrieb wider Willen innewohnt, wirkt dahin, daß die abhängigen Länder »aus Reserven des Imperialismus in Reserven der proletarischen Revolution verwandelt« werden (Stal. Len. 13). Auch an diesen Stellen des weltpolitischen Terrains läßt sich, nach Lenin, eine translatio imperii verfolgen, vom vorpolitischen und unpolitischen Imperialismus, der nur faktisch die Welt beherrscht, zur föderalistischen Sowjetrepublik, die auf den ausdrücklichen politischen Willen zur Weltherrschaft aufgebaut ist (vgl. Stoßbr. 15): Wir vollbringen »ein Werk«, »das im Falle des Erfolgs die ganze Welt umwälzen und die gesamte Arbeiterklasse befreien wird.« »Wir wollen (21, 404), daß die Republik des russischen (ich wäre sogar nicht abgeneigt, zu sagen: des großrussischen, denn es ist richtiger) Volkes die andern Nationen *an sich ziehe*.«

unwiderruflich ausleeren und vernichten wird. Den Verlauf der Fäden kann der farbige Kapitalist nicht kontrollieren. Zu den »Citys«, den Zentren des Weltmarktes, in denen die Fäden zusammenlaufen, hat er keinen Zugang, und den Herren der Erde gegenüber, die begonnen haben, die Wirtschaft auf ihre Weise politisch zu nehmen, ist er mit seinen veralteten Rentabilitätspraktiken nur ein armseliger Schlucker. Im Grunde ist die Entschädigung, die er für seine Unternehmertätigkeit aus dem großen Stoffwechselumlauf der Güter und Gelder empfängt, äußerst gering; man muß in Rechnung ziehen, daß er Stück für Stück die Ehre und das Leben seiner Nation, der ägyptischen Nation, der persischen, der indischen, der chinesischen Nation, preisgibt. Der Judaslohn ist beschämend gering, und die Lebensgenüsse, die der farbige Kapitalist eintauscht, sind Genüsse, die der westliche Wirtschaftsautokrat schon seit 15 Jahren satt hat. Die nationale Bewegung der Orientvölker hat nach Lenin die Bedeutung, daß sie die Völker und Rassen des Orients vor einem allgemeinen Verfall ihrer Kultur und vor einer allgemeinen Erniedrigung retten kann. In Indien und China zeigt sich, daß die Kultur einer alten überlegenen Rasse einer rohen und sinnlosen Vergewaltigung durch die zivilisatorischen Mächte nur dann begegnen kann, wenn sich diese Rassen der letzten Ergebnisse der Politik und Technik zu bedienen wissen.

C. Die Schritte zur Reichsbildung

Der erste Schritt zum neuen Reich ist getan, wenn es einer Nation gelingt, die imperialistische Umstrickung zu zerreißen. Das gelingt jeweils dort auf dem Planeten, »wo die Kette des Imperialismus am schwächsten ist.« Die russische Revolution bedeutet den Beginn eines übergreifenden und weitergreifenden tektonischen Prozesses auf dem Terrain der Weltpolitik, ein erstes Abbröckeln und eine erste Konsolidation. Die Russen waren nach Lenin die ersten, die an einem weiterschreitenden universalen Schicksal der Erdbevölkerung Teil hatten. Rußland ist nach Lenin seit 1917 für einige Zeit der Ort, an dem der Atem der Geschichte weht. Lenin schwingt sich in das Zentrum des Weltgeschehens ein, und die Russen haben sich durch den Lauf ihrer Geschichte die Organe erworben, mit denen man sich, aufnehmend und zurückgebend, im Kraftfeld der planetarischen Politik bewegt. Aber nicht deshalb, weil einer Russe ist, bewegt er sich in einer der entscheidenden Mitten dieses Kraftfeldes, sondern deshalb, weil die dynamischen Linien der *Welt*politik dort, wo sie Russisches berühren oder in Russisches überleiten, ihren höchsten Spannungsgrad erreichen, steht Rußland eine Zeitlang im Brennpunkt der Ereignisse. Es ist – dahin geht die Meinung – nicht ausgeschlossen, daß Lenin eines Tages als der Erfinder eines Reiches dasteht, dessen Hauptträger eine Rasse wie die der Inder ist. Stalin interpretiert die imperialistische Geschichtsphilosophie des »Leninismus« folgendermaßen: »Im Jahre 1917 erwies sich die Kette der weltimperialistischen Front in Rußland schwächer als in den andern Ländern. Dort riß sie deshalb auch auseinander und gab der proletarischen Revolution den Weg frei… Wo wird die Kette demnächst reißen? Wieder an der Stelle, wo sie am schwächsten ist. Es ist nicht ausgeschlossen, daß die Kette, sagen wir, in Indien reißt. Warum? Weil wir dort ein junges, vorwärtsdrängendes Proletariat haben, das einen solchen Bundesgenossen hat, wie die nationale Befreiungsbewegung – ein unzweifelhaft großer und ernst zu nehmender Bundesgenosse. Weil der Revolution dort der fremdländische Imperialismus als Gegner gegenübersteht… Es ist auch durchaus möglich, daß die Kette in Deutschland reißen kann.« (Stal. Len. 35).

Der zweite Schritt der Reichsbildung besteht darin, daß sich die ökonomischen und kulturellen Lebensbeziehungen derjenigen, die sich auf eigene Füße gestellt haben, allseitig und eng verflechten. Es entsteht ein neues (imperiales) Geflecht, das Geflecht der »proletarischen« Staatsplanung. Die Staatsplanung gibt der nationalen Kultur ihren »Inhalt« (Stal. Len. 210), den Gehalt, um den sie sich kristallisiert[96]. Die Nationen bauen ein gemeinsames Werk, sie haben einen gemeinsamen Lebensinhalt, und sie sind sich innerhalb des Reiches *in der Sache* einig, zu deren Ausbau sie herangezogen werden. Sie sind durch die gemeinsame Aufgabe, die dem Reich, dem »proletarischen Vaterland«, als solchem gestellt ist, zusammengeschlossen, und sie bauen sich nebeneinander und übereinander: nach Maßgabe ihres tatsächlichen Herangezogenseins und Beteiligtseins. Ihre Reichsnähe und Reichsferne bestimmt auch ihre politische Qualifikation; und die Reichsnähe ihrerseits bestimmt sich eben danach, ob sie der vordersten Reihe derer, die ihr Leben der Erfüllung der historischen Mission des Bundes weihen, mehr oder weniger benachbart sind. »Man muß den nationalen Kulturen die Möglichkeit geben, sich zu entwickeln und zu entfalten, *ihre potenzialen Kräfte zu zeigen …*« (Stal. 27, 124). »Tatsächlich ist die Periode … des sozialistischen Aufbaues

96 Und andererseits »die nationale Kultur« gibt »der proletarischen Kultur« die »Form.« »Die Losung der nationalen Kultur wurde zu einer proletarischen Losung.«

in der Sowjetunion eine Periode der Blüte der nationalen Kultur.« (das. 123). Vor allem »*rückständige* Nationalitäten« kann man »nur unter der Bedingung dem sozialistischen Aufbau eingliedern ..., daß sich die nationale Kultur entwickelt.« Der Leidensweg der kapitalistisch-bürgerlichen Entwicklungsphase kann ihnen erspart bleiben, die primitiven Nationen überspringen gewissermaßen das bürgerlich nationalistische und positivistische 19. Jahrhundert, und ihre Entwicklung beginnt sofort auf dem Niveau des neuen Typus Staat. Lenin erstrebt die »engste Annäherung und Verschmelzung der klassenbewußten Arbeiter« mit den »ägyptischen Arbeitern und Fellachen«, den »mongolischen oder turkestanischen oder indischen Arbeitern und Bauern«. (19, 277). Es ergibt sich ein neuer Typus des Arbeiters[23] und ein »neuer Arbeitsstil«, und »das Experiment des staatlichen Aufbaus«, dieses gemeinsame Unternehmen der »Arbeiter«, die das Gebot der Stunde vernehmen, bildet »die Grundlage eines reichen Kulturlebens« (Nat. II, 37). Der *Arbeiter* macht, nach Lenin, seiner Nationalität Ehre und nicht umgekehrt; er ist zu übernationalen Aufgaben herangezogen, und sein Werk legt sich quer durch die Staaten hindurch.

Das Geflecht, das das buntscheckige Staaten- und Völkergewimmel zusammenhält, ist zu einem großen Teil vom Imperialismus herübergenommen. Die dynamischen Herrschaftslinien, die die politische Physiognomie des Planeten unter der Ägide des Imperialismus bestimmen, entfernen sich aber durch ihre Gestalt und Funktionsrichtung dem Bezugssystem eines Wirtschaftslebens, das auf Privatinitiative und Rentabilität gestellt ist, und eines Staatslebens, das sich auf nationalen Vorteil und auf Parteienherrschaft gründet. Das Kraftfeld jener dynamischen Linien richtet sich selbst auf einen imperialen Willen aus, der planend in das Ganze eingreift. Auf dem Felde des Globus grenzen sich, bereits unter dem Einfluß elementarer, dem kapitalistischen Willen entzogener Gewalten, einzelne Felder ab, und es ist, als stünde, wie ein unsichtbarer Regisseur, hinter diesem selbsttätigen Prozeß der Abgrenzung, Abstufung, neuen Zusammenfassung, bereits ein planender Wille, der sich über den privaten Vorteil individueller oder nationaler Gruppen gleichmütig hinwegsetzt. »Wenn«, sagt Lenin 1917, »aus einem Großbetrieb ein Riesenbetrieb wird, der planmäßig, auf Grund des ganzen *Bedarfs für Dutzende*

[23] Vgl. dazu Ernst Jünger, *Der Arbeiter.* Herrschaft und Gestalt, Hamburg: Hanseatische Verlagsanstalt 1932, 300 S.

von Millionen der Bevölkerung organisiert; wenn die Beförderung dieses Rohstoffs *nach* den bequemsten *Produktionsstätten,* die mitunter hunderte und tausende Kilometer voneinander entfernt sind, *organisiert* wird; wenn von einer *Zentralstelle aus alle aufeinanderfolgenden Stufen der Verarbeitung des Materials* bis zur Herstellung der verschiedenartigsten Fertigfabrikate *geregelt* werden; wenn die Verteilung dieser Produkte auf Dutzende und Hunderte von Konsumenten nach einem *einzigen Plan* geschieht (Petroleumabsatz in Amerika und in Deutschland durch den amerikanischen Petroleumtrust) – dann wird es einleuchtend, daß wir mit einer Vergesellschaftung der Produktion zu tun haben und durchaus nicht mit einer einfachen ›Verflechtung‹; daß *privatwirtschaftliche und Privateigentumsverhältnisse eine Hülle darstellen, die ihrem Inhalt bereits nicht mehr entspricht* und daher unvermeidlich in Zersetzung geraten muß, wenn ihre Beseitigung künstlich verzögert wird…« (Imp. 144). Innerhalb des »neuen Typus Staat« selbst wird das dynamische Linienfeld des Imperialismus so umgestaltet, daß es aus einem Instrument der Wirtschaftspolitik von Interessentengruppen, *hinter* denen – gegebenenfalls nur – Nationalstaaten stehen, zum Instrument der *Staats*politik wird. Die Apparatur ist nicht mehr Mittel zu mehr oder weniger »seriösen« Privatzwecken, sondern sie wird auf das Niveau der politischen Zielgebung hinaufgehoben, sie hilft mit Geschichte machen und sie ist vom Atem der Geschichte durchweht. Dinge wie »stabile Valuta, sich entwickelnde Industrie, sich entwickelnder Transport, ein sich festigendes Kreditsystem, mit dessen Hilfe, durch Gewährung von Vorzugskrediten man jede Bevölkerungsschicht nach Belieben ruinieren oder auf eine höhere Stufe heben kann, ohne dabei die geringste Erschütterung hervorzurufen, all das sind so bedeutende Reserven in den Händen der proletarischen Diktatur…« (Stal. Len. 212). Die wirtschaftlichen Prozesse vollziehen sich nicht mehr, wie Stürme, Gewitter, Sonnenschein, über die Köpfe der Menschen hinweg, sondern eine neue politische Technik greift in die ökonomischen Naturprozesse ein. Wenn die Wirtschaft diejenige Seite des Gesellschaftslebens ist, an der es sich den Elementarprozessen nähert, dann kann man sagen, daß die neue politische Technik dazu gelangt, die Elemente gegeneinander auszuspielen. Der neue Typus Staat zieht das Elementare in seine Kreise, und insofern nähert er sich dem politischen Typus des Reiches. Der Staat beginnt nicht da, wo die bewußten Zielsetzungen gesellschaftlicher Gruppen beginnen, sondern er beginnt bereits mitten im Elementaren, im unübersehbaren Meer der privaten Egoismen.

In die Überlegungen der »hohen Politik« sind die Unbestimmtheiten und Ungewißheiten des vitalen Massenlebens mit einkalkuliert, und das Primitive ist, wirtschaftspolitisch genau so wie nationalpolitisch, ernst genommen und voll veranschlagt. Der neue Typus Staat ist so gebaut, daß das Staatsleben sich »nach unten« hin in der Unendlichkeit der Triebe, Instinkte, Egoismen, Bedürfnisse, Interessen der Massen verläuft, ohne sich zu verlieren. Der Staat ist nicht, wie der atomale Nationalstaat des 19. Jahrhunderts, nach unten und nach oben säuberlich abgegrenzt, sondern er ist nach beiden Seiten offen: nach unten ist er »unbeschränkt« in bezug auf seine »Reserven« (vgl. Stal. Len. 212, wie zitiert), und nach oben ist er unbeschränkt in bezug auf die Möglichkeiten der diktatorischen Gewaltausübung. Beide Unbeschränktheiten fordern sich gegenseitig. Absolutheit in der ungeschriebenen Verfassung eines *Reiches,* vor allem eines Reiches im Zeitalter der modernen Technik, hat eine andere Bedeutung als Absolutheit in der Verfassung eines *Staates,* sei dieser Staat nun ein dynastisch regierter oder ein demokratisch-nationaler Staat. Der Eingriff in die Wirtschaft ist gegenwärtig die Ermöglichung und der Kunstgriff einer Politik, der es darum zu tun ist, ein Weltreich zu gründen, weil heute die Wirtschaft die Seite des Lebens ist, an der die Politik den Rückanschluß ans Elementare gewinnt, ans Unmittelbare des Daseins und Lebens der Völker. Die Völker wollen nicht nur aus der wirtschaftlichen Not erlöst sein, sondern sie wollen in diesem ihrem elementaren Dasein wieder ein Schicksal haben, wieder vom Schicksal der hohen Politik berührt sein. Der Staat andererseits bekommt wieder Wucht, massiven Gehalt, und eine ernste Mission, wenn er sich in die Breite der Existenz der Völker versenkt. Eine Intellektualisierung des Elementaren ist nicht zu befürchten. Lenin glaubt an die Möglichkeit, einen riesigen Fels von Gewohnheiten, die sich seit Jahrhunderten festsetzten, vom Fleck zu rücken; jeder »radikale« Versuch, die Gewohnheiten selbst auszurotten, ist gescheitert. Seit der »N. E. P.« ist eine »realistische« Politik darauf gerichtet, mit diesem Felsen etwas anzufangen, aus ihm eine Bewegung hervorzuzaubern und aus dem toten Klumpen, der den neuen Boden, den man eroberte, weitgehend ausfüllt, politische Energien hervorzulocken. Die potenzielle Energie dieses Felsens wird *stets* die freigemachte, aktuelle Energie überwiegen. Jenes Elementarische, das in das Energienetz der Planwirtschaft nicht einbezogen ist, bleibt von überwältigender Größe, und die Kunst der Politik besteht in diesem Falle immer darin, tote Hemmungen in Widerstände umzuwandeln, die sich dort einschalten lassen, wo sie die Stromstärke erhöhen. Ein Politiker neuen Typs weist sich nicht zuletzt dadurch aus, daß er mit dem Elementaren, Lebensunmittelbaren so umzugehen versteht, daß sich die Kreise *des* Unmittelbaren, das in der *Reserve* bleibt und bleiben *muß, und des Vermittelten* (der Apparatur) nie stören.

Lenin im Kreise seiner Mitarbeiter. Im Vordergrund: Rykow; am Tisch von links nach rechts: Enoukidze, Kalinin, Bucharin, Tomski, Lachewitsch, Kamenew, Preobrashenski, Serebriakow. Hinter Bucharin: Krestinski; (links von diesem) Meschtscheriakow; (rechts von Krestinski) Bershin, Muljutin und Smilga.

Schlußstück
Die Partei

A. Die Partei als Kampfbund und die Sache, um die es in diesem Kampfbund geht

1. Verhältnis zur Klasse

Die Partei ist ihrem Sein und ihrem Aufgabenkreis nach bestimmt begrenzt, sie ist ein Stand (ordo) *innerhalb der Klasse.* Insofern sie *auch* die ökonomischen Klasseninteressen verfolgt, ist sie ein Teil der Klasse, insofern sie aber eine politische Verantwortung für die Zukunft der klassenbewußten Arbeiter übernimmt, ist sie *zugleich mehr als »Klasse«;* sie antizipiert einen Zustand der Dinge, in dem die historische Entwicklungsstufe der Klassengesellschaft überholt ist. Die Partei im Sinne Lenins ist eine ständische Organisation einer noch nicht bestehenden politischen Gesellschaft; sie ist bereits auf den neuen Typus Staat hin aufgebaut. Im Schoße der Arbeiterklasse wird ein politisches Gebilde präformiert, das das gerade Gegenteil eines Klassengebildes ist. Die Partei ist bestimmt, die Arbeiterschaft aus einer Klasse in ein politisches Herrschaftsgebilde zu transformieren, und zwar auf dem Umwege des Sieges dieser Klasse über die feindliche Klasse. »Partei« ist für Lenin der Name für denjenigen Bund, der sich in den Klassenkampf einmischt und der der einen Seite als militärische Elite zum Sieg verhilft: um eine Handhabe und eine Möglichkeit zu haben, eine alte Geschichtsepoche ad acta zu legen, um die Fäden des Schicksals in die Hand zu bekommen und aus den Siegern im ökonomischen Interessenkampf eine Schicht zu bilden, die den Willen hat, ein ganzes Reich zu erobern und dieses Reich nach dem Bilde der Parteielite zu formen. Der Bund sprengt die Klasse, die Partei dringt in den Körper der Klasse wie ein Geschoß ein; die Gewebe und Partikel werden genötigt, sich im diesen Fremdkörper herum neu zusammenzufügen, und zwar so, wie es *ihm* paßt. Die Gruppierungen der Arbeiterschaft erfolgen nicht mehr nach den ökonomischen Gesichtspunkten des Lohnkampfes, sondern in erster Linie nach den politischen Gesichtspunkten jenes Bundes, den nur ein Interesse bewegt: Rußland zu erobern; und der ein für alle mal entschlossen ist, das alte Regime physisch zu vernichten.[97]

Während des Kampfes um die Macht ist die Partei die »Armee« der Klasse, und zwar eine Armee, die danach strebt, sich zu einem Kampf*bund* (oder Orden) zu kristallisieren.[98] Die Partei ist ein Stand *innerhalb der Klasse* – und »die revolutionäre Klasse, das Proletariat, muß die Partei *umhüllen*« (6,265) –, das ist eine Seite der Sache. Auf der anderen Seite aber muß »die Partei ... der Arbeiterklasse voraus sein, sie muß weiterleben können als die Arbeiterklasse« (Stal. Len. 98f.); sie ist nicht nur die Armee, sondern darüber hinaus »*der Armeestab* des Proletariats.« Sie *überragt* alle übrigen Organisationsformen der Proletariats (das. 104f.). Als »*bewußte Minderheit*« übernimmt die Partei »die Führung der breiten Arbeitermassen« (25,428f.). »Wenn diese Minderheit wirklich klassenbewußt ist, wenn sie die Massen zu führen versteht, wenn sie fähig ist, auf jede aktuelle Frage eine Antwort zu geben, – dann ist sie im Grunde genommen eine Partei ... Wir brauchen neue Parteien, brauchen andere Parteien ...« (1920 gegen den Typ der parlamentarischen Arbeiterpartei gesagt). Wenn es der Partei nicht mehr gelingt, die Arbeiterschaft von der Notwendigkeit sachdienlicher Maßnahmen zu überzeugen, dann ist die Anwendung von Gewalt auch gegen Arbeiter am Platze. (Stal. Len. 329). Der russische »Sozialismus« treibt keinen Kult mit dem Fabrikarbeiter, sondern er verlangt von ihm größere Opfer als vom Bauern. Die poli-

97 Und zwar bereits zu einem Zeitpunkt, als dieser Entschluß allen »vernünftigen« Sozialdemokraten als Utopie eines Wahnsinnigen erscheinen mußte.

Trotzki versteht 1903 gerade die Hauptsache nicht: »er hat vergessen (6, 34), daß die Partei nur der Vortrupp, der *Führer* der gewaltigen Masse der Arbeiterklasse sein muß, die ganz (oder fast ganz) ›unter der Kontrolle und Führung‹ der Parteiorganisationen arbeitet, die *aber nicht ganz der ›Partei‹* angehört und ihr auch nicht ganz *angehören darf.*« »Die Partei«, so führt Stalin aus (Stal. Len. 318/319), »deckt sich nicht mit der Klasse und kann sie nicht ersetzen. Trotz all ihrer Wichtigkeit, trotz ihrer führenden Rolle bleibt die Partei dennoch ein Teil der Klasse.« »Die handelnde Person« ist »das Proletariat als *Klasse*«, und die Partei leitet *»gewöhnlich«* (!) nur die Aktionen gegen die feindliche Klasse.

98 »Das Proletariat besitzt keine andere Waffe im Kampf um die Macht als die Organisation ... Dieser Armee wird weder die morsche Gewalt des russischen Absolutismus standhalten noch die immer morscher werdende Gewalt des internationalen Kapitals. Diese Armee wird ihre Reihen immer enger zusammenschließen.« Lenin hebt sich an dieser Stelle schroff von der »heutigen Sozialdemokratie« ab.

tische Qualifikation und die Machtstellung bestimmt sich nach der Höhe der Anforderungen; Lenin stellt »an die Partei höhere Anforderungen als an die Klasse« und gerät damit in scharfen Gegensatz zu den Sozialdemokraten.[99] Die Klasse muß sich nach der Partei gerade im wesentlichen Punkte richten: sie muß aus einer ökonomischen eine politische Organisation werden, ein *Status.* Die Partei hat »die Arbeiterklasse vom Wege des Trade Unionismus abzubringen und sie in eine *selbständige politische Kraft zu verwandeln.*« (Stal. Len. 98). *»Führen ... heißt, die Massen bis zum Niveau des Bewußtseins der Partei erheben ...«* (das. 328). Die Partei kümmert sich nicht darum, ob ihre sachlichen Ziele populär oder unpopulär sind, *sie gibt den Massen nur pädagogisch, nicht politisch, nach,* sie sucht solange zu überzeugen, als Aussichten bestehen, daß die Massen sich überzeugen lassen. Die Grenzen der Überzeugungsfähigkeit müssen durchmessen sein, und die Gewalt ist nur die *ultima ratio.* Um jeden Preis sollen sich die Volksmassen davon überzeugen, daß es in ihrem Interesse liegt, daß diese Ziele verfolgt werden, und die Partei verbürgt sich dafür, daß die Massen eines Tages auf diese Ziele losmarschieren, ob sie heute wollen oder nicht wollen. Dieser Wille der Partei ist da, und er ist das Schicksal dieser Arbeiter- und Bauernmassen. Vielleicht verzieht er sich vorläufig wie zuweilen ein Gewitter, aber die Atmosphäre ist geladen, und keine Bitte, keine Drohungen, keine Tränen bewegen diesen Willen, den politischen Himmel ganz zu verlassen. Hat ein Aufruhr gegen eine Macht Aussicht, die im Laufe ihrer Geschichte mit allen Gegengiften gegen den Aufruhr geimpft, gleichsam mit allen Wassern der Revolution gewaschen, die selbst eine Inkarnation des Geistes des Aufruhrs ist? Müssen sich die Gegner des Regimes nicht schließlich sagen: Was richtet ein einzelner Teufel, den gerade einmal die Luft zur Empörung anwandelt, gegen eine Macht aus, die längst großzügig mit allen Teufeln im Bunde steht, vielleicht mit mächtigeren und gefährlicheren, als diesem, der gerade dahergelaufen kommt, und die seit Generationen alle Erfahrungen aufgespeichert hat, die geistesgegenwärtig über alle Erfahrungen verfügt, die man mit den Feinden der Ordnung macht, wenn der politische Boden bebt? Es ist nicht abzusehen, wovor sich Leute noch fürchten sollten, deren Großväter schon auszogen, das Fürchten zu lernen.[100]

99 1904 gesagt – vgl. 6, 275. In einer Anmerkung fügt Lenin hinzu: »... Die Untauglichkeit der Formel des Genossen Martow besteht darin, daß all und jeder müßige Schwätzer sich für ein Parteimitglied erklären kann ...«.

100 Die herrschende revolutionäre Macht vereinigt Feuer und Wasser in sich, sie ist sogar

2. Charakterisierung als Bund

Als disziplinierter Zusammenschluß einer fortlaufend höher zu züchtenden Elite der Arbeiterbevölkerung hat die Partei den Charakter eines Bundes: »Unsere Aufgabe ist es« – so Lenin 1903 (6,36) – »die Fertigkeit, die Standhaftigkeit, die Reinheit unserer Partei zu wahren. Wir müssen uns bemühen, *den Titel und die Bedeutung des Parteimitgliedes immer höher, höher* und *höher zu heben,* – und darum bin ich gegen die Fassung Martows ...«. Die Partei »trägt« »für jedes Parteimitglied die Verantwortung«.

Im weitesten Sinne ist die Partei die Stätte, an der das Proletariat rassemäßig hinaufpotenziert wird. In jener Frühzeit ist das Proletariat »zersplittert ... durch die Herrschaft der anarchistischen Konkurrenz« und »ständig« »in die tiefste Tiefe des Elends, der Verwilderung und *Entartung* geworfen ...« (6, 438), und die Organisation durch die Partei wirkt Wunder, sie bedeutet einen Durchschuß durch die lebenskräftigen und zukunftsvollen Elemente inmitten der entarteten Massen. Noch 1921 hat die Partei die Bedeutung einer rassemäßigen Aufzüchtung des Proletariats, das durch Krieg, Revolution, Hunger fast hoffnungslos heruntergekommen ist: »Nur eine *politische* Partei der Arbeiterklasse«, sagt Lenin zu diesem Zeitpunkt (Jahrg. II, 324), »also nur die Kommunistische Partei, ist imstande, eine solche Avantgarde des Proletariats und der gesamten arbeitenden Masse zu *vereinigen, zu erziehen* und zu organisieren, die fähig ist, *den unvermeidlichen, kleinbürgerlichen Schwankungen dieser Masse, den Traditionen, den Rückfällen zum engen Gewerkschaftlertum* und zu gewerkschaftlichen Vorurteilen[101] im Proletariat *zu widerstehen ...*«.

Im engeren Sinne ist die Partei die Stätte, an der ein Stamm von Politikern herangezüchtet wird. Sie schlägt die Vereinspolitiker alten Stils aus dem Felde, die Klüngel, Kliquen, Sekten von »hysterischen Radikalen

noch ursprünglicher ein Feind als ein Freund der »Ordnung«. Sie kennt sich im Haß gegen die »Ordnung« vielleicht mehr aus als irgendeine politische Gruppe der Geschichte. – Der Haß der ersten Christen auf die Ordnung des *Imperium Romanum* war ebensowenig wie Luthers Haß auf die hierarchischen Ordnungen des Feudalismus primär politisch. – Zugleich aber liebt die russische Partei »ihre« Ordnung, die des Planstaates, und die Träger dieser Ordnung sind entschlossen, ihren Bestand »bis auf den letzten Blutstropfen« zu verteidigen. Haß gegen die (alte) Ordnung und Liebe zur (neuen) Ordnung stoßen hart aufeinander; wenn die Liebe wächst, wächst auch der Haß, und andrerseits ist ein gründlicher Haß ein Exzitament der Liebe. Diesen Zusammenhang könnte man als die *Dialektik des* russischen *politischen Pathos* bezeichnen.

101 Also den Richtungen, Bestrebungen und Organisationsformen, die das Wesen der alten Arbeiterbewegung darstellen.

oder betriebsamen »Ökonomisten«, die sich zur Wahrung der proletarischen Belange etabliert haben und die ihr eigenes Rezept zur Lösung der sozialen Frage oder zur Erhöhung der Lohnquote anpreisen. In dem neu »geschaffenen« »Ganzen«, der Partei wird die »Sache« rücksichtslos diskutiert, und Lenin setzt sich über Freundschaften und Gemeinschaften bedenkenlos hinweg.[24] »Der frische Wind des offenen, freien Kampfes verwandelte sich (auf dem Parteitag der Iskraorganisation) in einen Wirbelwind. Dieser Wirbelwind fegte … alle Überreste ausnahmslos aller Zirkelinteressen, Zirkelgefühle und -traditionen hinweg und schuf zum ersten Male wirkliche Kollegien von Parteifunktionären.« (6, 436) Er hat »den ganzen Schlamm am Boden unseres Parteistroms aufgewühlt, und dieser Schlamm hat Rache geübt…«.

Der Hauptvertreter der Gruppen, die diesen Schlamm bilden, ist der »Ökonomist« Martow. Dieser verlangt, »jeder Streikende« solle »das Recht haben, sich Parteimitglied zu nennen«. (6, 263). Damit »setzt« er »den Sozialdemokratismus *zum Streikismus herab.*«[102] »Je weiter die Bezeichnung Parteimitglied verbreitet sein wird, um so »besser« – so formuliert Martow seinen Standpunkt, den Standpunkt des Sozialdemokraten, der »den Schlamm« des Parteistromes bildet; eben diesen Schlamm sucht Lenin zu beseitigen.

[24] Stalin erklärt im April 1929, auf einer Konferenz des ZK der KPdSU: »Wir sind kein Familienkreis, keine Innung persönlicher Freunde […] Man darf nicht zulassen, daß die Interessen persönlicher Freundschaft über die Interessen der Sache gestellt werden.« (Josef W. Stalin, *Über die rechte Abweichung in der KPdSU(B),* Werke, Bd. 12, Berlin: Dietz 1954, S. 1.)

102 Nach Lenin ist »der Streik … *eine* der tiefstgehenden und mächtigsten Äußerungen« (6, 263) einer weitergreifenden politischen Volksrevolution. Er ist weder mit dem politischen Kampf selbst identisch noch ist er seine einzige Äußerungsform. Der politische Kampf hat noch andre Inhalte als die Aufhebung der Entfremdung des Produzenten vom Ergebnis seiner Arbeit (Marx), es geht *zugleich* stets um die »Befreiung der *Nationen* vom Joch des Imperialismus«, um die kulturelle Hebung rückständiger Völker und Schichten, wie der Bauern.

3. Wechsel innerhalb der Elite und die unaufhörliche Neurekrutierung

Schon 1905 erstrebt die Partei Lenins die »Diktatur« (7, 360, 361), »d. h. eine Organisation des Krieges.« »Entweder wir nehmen die Festung, um sie zu behalten, oder wir stürmen gar nicht und erklären, wir wollen nur ein kleines Plätzchen neben der Festung haben.«

Die Partei rekrutiert sich aus Menschen, die entschlossen sind, die ganze Festung zu nehmen, d. h. Rußland zu erobern. Der alte Organisationspraktiker, sei er auch in Erfahrung und Theorie ergraut, muß oft »den jungen Kräften Platz machen, bei denen nicht selten die Energie den Mangel an Erfahrung wettmachen kann.« (7, 210f.). Man muß im Augenblick, in dem die Partei als Kampfbund in Aktion tritt, »mit ungeheurer Schnelligkeit alle Leute mit revolutionärer Initiative vereinigen und in Bewegung setzen. Habt keine Angst vor ihrem Unvorbereitetsein, zittert nicht wegen ihrer Unerfahrenheit und Unreife... Es ist Kriegszeit. Entweder überall *neue,* junge, frische, energische Kampforganisationen..., oder ihr werdet zugrunde gehen mit dem Ruhm von Komiteeleuten mit Stempeln...« (7, 146).

Es gehört nun zum Bundescharakter der Partei, daß die Partei in jeder neuen Lage umgeschmolzen wird. Der Mensch wird voll ergriffen und muß alles hergeben, und wenn er verbraucht ist, wird er abgestoßen. Der Mitgliederbestand ist übersehbar, er hat ein bestimmtes Gesicht, und es kommt eine Zeit, in der er sein Gesicht ändern muß. Jeweils fallen nicht diejenigen auf, die das Gesicht haben, sondern diejenigen, die es nicht haben; sie können auf den ersten Blick erkannt und bezeichnet werden und sind überzählig. Die Partei ist keine Organisation einer unbestimmten fluktuierenden, möglichst großen Menge von Menschen, sondern die Organisation ist derart, daß sie es nur mit bestimmten Menschen hält. Der Bund hat selbst kein Schicksal, und es kommt nicht darauf an, daß sich jemand in der Partei aufgehoben, geborgen, zu Hause fühlt, als Bund ist die Partei kein Hafen, in dem der einzelne vor Stürmen gesichert ist, sondern der Bund stellt sein Schicksal immer von neuem auf die Probe, solange, bis die Parteiorganisation sich zur Staatsorganisation auswächst und es der Partei gelingt, auf Jahre hinaus ihr Schicksal zu meistern. Bis dahin werden »für die wachsende und sich entwickelnde Partei« die »Formen« immer wieder »zu eng« (7, 319). In ihr findet beständig, wie in einem »lebenden Organismus«, ein »Stoffwechsel« statt; »das Alte, Leblose fällt ab, das Neue, Wachsende lebt und entwickelt sich. Sowohl oben wie unten verschwinden manche. Sowohl oben wie unten *wachsen neue Kräfte heran, die die Sache weiterführen.*« (Stal. Len. a 185,184). »Wenn man die Geschichte unserer Partei überblickt, wird es einem deutlich, daß bei ernsten Schwankungen unserer Partei ein gewisser Teil der alten Führer immer aus dem Wagen der bolschewistischen Partei herausfiel[103] und Platz schaffte für neue Menschen … Bei der Schwenkung kann nicht jeder das Gleichgewicht behalten. Der Wagen ist um die Ecke und siehe da, so mancher ist herausgefallen.« 1903 ist der Zeitpunkt, zu dem die Partei mit dem Liberalismus bricht. Von dem führenden Sechserausschuß fielen fünf aus dem Wagen, darunter Berühmtheiten wie Plechanow, Martow, Axelrod, und *»Lenin war der einzige, der sich behauptete.«* »Die Tatsachen bekunden aber, daß gerade dank dem Abgang der Fünf die Partei den richtigen Weg finden konnt.« Der Kurs ist alles, und die Bedeutung des Menschen sinkt *unter* den Indifferenzpunkt, wenn er den Kurs behindert. An einer plötzlichen Wendung des Schicksals kann aus einem erprobtesten Kampfgenossen ein Feind werden, der der Sache gerade darum schaden kann, weil er die Zügel mit in der Hand hat. Niemand ist sicher, ob nicht das Rad des Schicksals über ihn hinwegrollt; das Bemühen, sich im Bunde zu halten, kostet jedem das ganze Maß seiner Arbeitskraft, seiner divinatorischen Fähigkeiten. Der Bund hat seine eigene Schwungkraft, und es scheint, daß er immer schon ein Stück weiter ist als das einzelne Bundesglied. Der einzelne ist nahe daran, verworfen zu sein, es gibt keine feststehende offizielle Doktrin, die er sich einprägen und mit der er als festem Lehrbestand wirtschaften kann; der »Marxismus« ist »kein Dogma« mehr (Stalin), sondern diabolisch mit »historischer Dialektik« durchtränkt, »schöpferischer Marxismus«. Niemand weiß vorher, woran er ist, der Marxismus wird in das Neuland, das die Partei sich erobert, mit hineingezogen und sein Thesengehalt ergänzt sich und wandelt sich ab, wenn ein Boden neuer Voraussetzungen gewonnen ist und wenn eine Wirklichkeit vorliegt, die mit neuen Kategorien wie »Imperialismus«, »Staatsplanung«, »Nationalitätenrat« theoretisch und praktisch zu fassen ist.

Höchst merkwürdig ist der Umstand, daß der Bund in den kritischen Augenblicken aus einer *einzigen* maßgebenden Person bestand. Lenin

103 Zu beachten ist, daß die Partei der zweite Ansatzpunkt für eine politische bolschewistische Mythenbildung ist. Der erste war die »Revolution«. Ein Parteimythos beginnt hauptsächlich seit Stalin, während Lenin den Revolutionsmythos begründet. Der politische Geschichtsmythos des Proletariats geht schon auf Marx zurück. Trotzki ist hier unfruchtbar geblieben.

konnte 1903 (Stal. Len. a 118), als es um den endgültigen Umbruch *vom Liberalismus* zum neuen Typus Politik ging, und noch einmal 1917 sagen: Der Bund, das bin ich[104]. Trotzki behauptet (vgl. Trotzki, 299): »Im Gegensatz zu Stalin, der es noch (im Anfang April 1917) für möglich erachtet, sich mit den Menschewiki zu vereinigen, hält Lenin es für unzulässig, noch weiterhin mit ihnen den Namen Sozialdemokratie gemeinsam zu tragen. ›Für meine Person‹ – das bedeutet, daß niemand, kein einziger Teilnehmer der Konferenz, mit dieser symbolischen Geste des endgültigen Bruches mit der Zweiten Internationale einverstanden war.« »Bis zu seiner Ankunft war nicht einer der bolschewistischen Führer imstande gewesen, die Diagnose der Revolution zu stellen.« (das. 318).[105]

Wenn der Wagen der Partei die entscheidenden scharfen Kurven zu nehmen hatte, blieb Lenin allein des Steuers mächtig (vgl. auch 6, 379, 429. 25, 148, 181 u. Jahrg. I, 21). Die alte Ordnung lag in den Todeszügen, und die neue Ordnung war, wie gesagt, seit dem Aufstand des [Kreuzers] Potemkin im Keime auf der Welt. Wenn man die Tatsache ernstlich ins Auge faßt, daß der gegenwärtige russische Staat in jenen kritischen Augenblicken wenigstens in *statu nascenti* bereits existierte, dann liegt die erstaunliche Folgerung nahe, daß es da einmal einen Staat gegeben hat, *der nur aus einem einzigen Staatsbürger bestand,* der gleichsam auf einen einzigen Energiepunkt zusammengezogen war. Proletariat, Partei und Staat waren mit einem Individuum identisch, und ein Weltreich auf einen Punkt kontrahiert. Es gab zwei Richtungen des Sozialismus, von denen die eine nur von einem Individuum vertreten wurde. In entscheidenden Momenten konnte die Partei, um die notwendige Neurekrutierung zu vollziehen, nur auf eine einzige Reserve zurückgreifen: auf die Lebendigkeit und Geistesgegenwart dieses einen politischen Individuums. Es scheint,

104 Nach dem Vorbild des angeblichen Ausspruches Ludwigs XIV: L'Etat c'est moi.

105 Vgl. hierzu 20/1, 7: »Ich fürchte«, sagte Lenin wörtlich, »daß man in Petrograd jetzt der allgemeinen *Krankheit* unterliegen wird, daß man sich ›einfach‹ begeistert, ohne systematisch daran zu arbeiten, eine Partei von neuem Typus und *keinesfalls* nach dem Muster der II. Internationale zu schaffen. Heran an die Massen! Neue Schichten mobilisieren! Überall neue Initiative wecken, neue Organisation in allen Schichten schaffen.« »Persönlich beantrage ich«, heißt es später (20/1, 110), »den Namen der Partei zu ändern und sie Kommunistische Partei zu nennen. Die Bezeichnung ›Kommunistische‹ wird vom Volk verstanden werden. Die Mehrzahl der offiziellen Sozialdemokraten hat den Sozialismus verraten und verkauft.« Weiterhin: »Um aber die Wäsche zu wechseln, muß man das schmutzige Hemd ablegen und ein reines anziehen. ...«. »Das Wort Sozialdemokratie ist ungenau. Klammert euch nicht an das alte Wort, das durch und durch verfault ist. Wollt ihr eine neue Partei schaffen – ... und alle Unterdrückten werden zu euch kommen.«

daß in diesem Falle ein einzelner politischer Mensch Reserven hat, die den aufgewühlten Massen durchaus fehlen. Die Revolution hat den Russen aus dem X ein U, aus dem Mann einen Bund und einen Staat gemacht. Vielleicht ist die Logik der Quantität nie so gründlich ad absurdum geführt worden. Einer hat recht gegen alle behalten, und in den Augenblicken, in denen alles auf dem Spiele steht, ist für diesen Einen *»quantité«* identisch mit *»quantité negligeable«*. Die erste Begegnung Lenins mit seinen »Petrograder Bolschewiki« wird von einem gewissen Suchanow, der zufällig als Gast in der Versammlung zugegen war, geschildert: »Unvergeßlich ist mir die donnerähnliche Rede, die nicht allein mich, einen zufällig hierher geratenen Häretiker erschütterte und verblüffte, sondern auch alle Rechtgläubigen. Ich behaupte, niemand hatte so etwas erwartet. Es schien, als hätten sich alle Elemente aus ihren Höhlen erhoben und der Geist der Vernichtung, der keine Grenzen, keine Zweifel, keine menschlichen Schwierigkeiten, keine menschlichen Berechnungen kennt, schwebte im Saale der Kschessinskaja über den Häuptern der verzauberten Schüler.« (Vgl. Trotzki, 289).

4. Die sachliche Zielgebung, die die Organisation der Partei bestimmt

Die Partei ist ein »Ganzes« (6,436 ob.) *sui generis*. Die Gruppeneigentümlichkeiten früherer sozialistischer Bewegungen (Stal. Len. a 28) sind diesem Ganzen »geopfert.« Dieses Ganze hat seine eigene historische Entwicklung, und eine »Demagogie« kommt deswegen nicht auf, weil an der »Kontinuität« der Parteientwicklung festgehalten wird (8,506). Diese Kontinuität ist *einer* der Gründe dafür, daß die Partei eine seriöse und keine demagogische Politik betreibt. Deshalb, weil die Partei als Ganzes ein *bestimmtes politisches Gesicht* hat, hat auch jede Gruppe ihr politisches Antlitz (6,200), und durch dieses Moment unterscheidet sich die Partei Lenins schon 1904 von den alten liberalen Massenparteien.[106] Der Hauptgrund dafür, daß die Partei ein bestimmtes politisches Gesicht hat, liegt darin, daß sie mit Sachlichkeit durchtränkt ist. Weil die Organisation auf die Sache, um die es in dieser *Epoche* geht, ausgerichtet ist, findet sich im Schoße dieser Organisation die Bereitschaft und Möglichkeit, auf jede aktuelle Frage eine Antwort zu erteilen (25,429). »Der Partei glauben wir, in ihr sehen wir *die Vernunft, die Ehre und das Gewissen*

106 Vgl. 6,200: »Die Herren Gegner aber mögen versuchen, uns ein Bild der wahren Sachlage in ihren ›Parteien‹ zu zeigen, das auch nur im entferntesten an das Bild heranreicht, das die Protokolle unseres zweiten Parteitages wiedergeben.«

unserer Epoche.« (21,119).[107] Nur *eine* Sache kann Epoche machen und in einer Epoche auf dem Spiele stehen, und darum kann nur eine einzige Partei am Platze sein und sich durchsetzen – diejenige Partei, die so mit der Sache identisch ist, daß für sie alles auf dem Spiele steht, wenn diese *Sache* auf dem Spiele steht. »*Das Monopol unserer Partei ist aus dem Leben herausgewachsen,* hat sich historisch herausgebildet, als Resultat der Tatsache, daß die Sozialrevolutionäre und Menschewiki endgültig bankerott gemacht haben.« Der »Grund« für das Monopol und die »*Legalität*« der Partei besteht darin, »daß der Kampf der Meinungen jetzt, unter der Diktatur des Proletariats, deren *Ziel* nicht in der Zertrümmerung des bestehenden Sozialsystems, sondern *in der Verbesserung und Festigung des Systems* besteht, *keinen Nährboden* abgibt *für das Bestehen mehrerer Parteien* unter den Arbeitern und den werktätigen Massen auf dem Lande.« (Stal. Len. a 28). Die Partei ist von vornherein nicht daraufhin gegründet, mit andern Parteien zu diskutieren und zu konkurrieren, nicht darauf hin organisiert, andern Parteien Mitglieder und Posten zu entziehen, sondern daraufhin, das Land zu erobern, die Herrschaft auszubauen und zu festigen. Die Sache steht in sich fest, und über sie ist keine Diskussion erlaubt. Die Partei ist bestrebt, die Sache dieser Epoche so zu kondensieren, daß sie in ihr Parteiprogramm eingeht (Jahrg. II, 231, 251), und andererseits der »*Parteibindung*« eine solche *Breite* zu geben (6, 414f.), daß die Partei die Verantwortung für die Sache der gegenwärtigen historischen Epoche des eroberten Landes erfolgreich auf sich nimmt. Innerhalb der Partei wird gewissermaßen die historische Verantwortung für die Zukunft des ganzen Landes noch einmal aufgegriffen, und zwar wird sie in die Gestalt der Verantwortung für die Durchführung des Parteiprogrammes transponiert. Die Verantwortung sickert von der historischen Ebene bis zur Ebene des Parteilebens durch, und die »Verantwortung im engeren Sinne« greift die »Verantwortung im weiteren Sinne« noch einmal auf; insofern die Verantwortung im engeren Sinne die weitergreifende Verantwortung für die Geschicke des Landes in sich aufnimmt, wird die Partei zu einem Staat im kleinen, einem politischen Mikrokosmos. Das Schicksal des Landes entscheidet zunehmend über das Schicksal der Partei, und die Konsequenzen jeder Entscheidung, die im Schoße der Partei

107 »Deshalb«, fügt Lenin noch hinzu, »laßt uns unerbittlich jeden geringsten Zweifel von dem Gericht der klassenbewußten Arbeiter, von dem Gericht unserer Partei untersuchen.« Der Parteitag hat eine ähnliche soziologische Funktion wie die Konzilien mittelalterlicher Orden.

gefällt wird, fallen, nachdem sie die große Welt durchlaufen haben, auf die Partei zurück. Vielleicht wird ein kleiner Strom ausgesendet, dieser kann gewaltige elektrische Schläge versetzen, nachdem die Spannung durch Widerstände sich erhöht hat, und wenn die Partei sich nicht so umgruppiert, daß sie die Rückschläge in sich aufnimmt, kann sie erschüttert werden. Mit der Erhöhung der Macht und der Tragweite ihrer Äußerungen ändert sich die wirkliche politische Sachlage, und die Änderung des »Bewußtseinsniveaus« muß Schritt halten. Die Monopolpartei muß ihre eigene Entwicklung in jedem Augenblick meistern, sie darf mit dem, was sie *ist,* nicht hinter dem zurückbleiben, was sie *tut*. Die Sache, auf die die Partei sich programmatisch festlegt, ist der Motor *und zugleich der Widerstand* des Willens. Jeder weiß, was er zu tun und zu lassen hat. Die Sache läßt sich nicht erreichen, wenn die Partei nicht eine *Verfassung* hat, und wenn sie nicht *diese* Verfassung hat – das Statut ergibt sich in und mit dem Programm, wie sich die Ordnung im Gliederbau eines Organismus aus der bestimmten Lebenshaltung des Tieres ergibt, das wachsen, seinen Spielraum verbreitern und sich behaupten will. Die Sache des Volkes wird aber nur deshalb zum Parteiprogramm, um potenziert wiederum zur Sache des Volkes zu werden. Der politische Mikrokosmos wirkt innerhalb des Makrokosmos wie ein Laboratorium. Das, was zunächst in der großen Welt gewachsen ist, wird aus ihr herausgenommen, mit zusätzlichen Wachstumstrieben versehen, und wieder in die große Welt zurückverpflanzt. »Unser Parteiprogramm darf nicht nur Programm der Partei bleiben, es muß zum Programm unseres wirtschaftlichen Aufbaues werden. Es muß durch das zweite Parteiprogramm, durch den *Plan* für den Wiederaufbau der gesamten Volkswirtschaft unter Zugrundelegung der Errungenschaften der *modernen Technik* ergänzt werden…«. »Dieses zweite Parteiprogramm muß zu einem grundlegenden Werk werden, das in allen Schulen Eingang findet.« (Jahrg. II, 231, 251).

Innerhalb der Partei bestimmt sich das Verhältnis von Person zu Person nach dem Verhältnis der Person zum Programm, zur Sache. Lenin zerstört das Argument des »Vertrauens«, jenes parlamentarische Argument der alten liberalistischen Massenparteien. Auch jemand, der allgemeines persönliches Vertrauen genießt, weil sein guter Wille nicht angezweifelt werden kann, muß aus der Partei erbarmungslos ausgeschlossen werden, wenn der die Fühlung mit der Sache verliert und wenn er aus dem Takt gerät (6, 159: Bild von einer Musikkapelle). Andererseits auch jemand, der als Autokrat in persönlichen Mißkredit gerät wie Lenin selbst (6, 379,

397 u. 425. 25,148,181 u. Jahrg. I,21), der sich mit niemandem verträgt und der auf keine Person Rücksicht nimmt, muß die Zügel in der Hand behalten, wenn er weiß, was die Uhr geschlagen hat. »Seitdem ich Mitglied der Partei bin, *habe ich kein Recht,* mich nur auf mein bestimmtes Mißtrauen zu berufen, denn das würde nur allen möglichen Dummheiten und dem Dünkel des alten Zirkelwesens Tür und Tor öffnen; ich bin verpflichtet, mein ›Vertrauen‹ oder ›Mißtrauen‹ mit formellen Argumenten zu begründen, d. h. mit dem Hinweis auf diese oder jene formell festgelegte Satzung unseres Programms, unserer Taktik, unseres Statuts, ich bin verpflichtet, mich nicht auf ein willkürliches ›Vertrauen‹ oder ›Mißtrauen‹ zu beschränken, sondern ich muß anerkennen, daß über all meine Beschlüsse und überhaupt über alle Beschlüsse eines Teiles der Partei vor der Gesamtheit *Rechenschaft abgelegt werden muß* ... Wir haben uns bereits vom *Zirkel*standpunkt des willkürlichen ›Vertrauens‹ zum *Partei*standpunkt erhoben, der die Einhaltung der formell vorgeschriebenen Methoden verlangt, mit deren Hilfe das Vertrauen zum Ausdruck gebracht und *überprüft* wird ...« (6,415).

Die niedrigste Form der Unsachlichkeit ist der »Bürokratismus«. »Bürokratismus bedeutet die Unterordnung der Interessen der *Sache unter die Interessen der Karriere,* die verstärkte Aufmerksamkeit auf die Posten und die Vernachlässigung der Arbeit, den Zank um die Kooptation an Stelle des Kampfes für die Idee« – so lautet die mustergültige politische Definition des Bürokratismus in Staat und Partei.

Das, was eine Person oder eine Gruppe als solche hinzuzubringen hat, ist die »Kritik«. Die Kritik muß zu etwas führen, dazu, daß man an die Sache herankommt. Die Aussprache wird so weit getrieben, daß über die strittige Frage eine für alle gültige Entscheidung erzielt wird. Dort, wo die Entscheidung beginnt, hört die Kritik unwiderruflich auf. Es ist etwas da, das jeder sehen muß, eine Wirklichkeit, in der es eine Orientierung gibt. Der gesunde Mensch muß mit sich und den andern fertig werden und die Grenzen des Erreichbaren in aller Ruhe und Bestimmtheit anerkennen. Wenn dieser Punkt erreicht ist, dann liegt es auch im Interesse des einzelnen und der Gruppe, daß die widerstrebenden Gefühle, Überzeugungen, Zweifel, Triebe ausgeschliffen werden. Die Öffentlichkeit wird zugelassen, um die Atmosphäre der Öffentlichkeit zu reinigen. Nachdem alle Äußerungen vorliegen, fährt ein höherer Wille dazwischen. Dieser zieht im Sinne der historischen Aufgabe der Partei das Fazit. Wenn es Richtungen gibt, dann bewegen diese sich *innerhalb* des Ganzen der Partei, und dieses schaltet und waltet mit den Übereinstimmungen und Differenzen, die am Ende der Diskussion herauskommen. Einer arbeitet sich am andern empor, bis er seinen eigenen Standpunkt unter sich läßt und als ein anderer zu andern spricht. Der parlamentarische Parteistandpunkt ist im monopolistischen Parteistandpunkt aufgehoben; in dem Augenblick, in dem der parlamentarische Standpunkt zutage tritt, verschwindet er auch schon im andern, er tritt nur einen verschwindenden Augenblick in Erscheinung. Sein provisorisches Auftreten dient dazu, den monopolistischen Standpunkt vorzubereiten, die Aussprache der Sache selbst einzufädeln und die Sphäre der Öffentlichkeit von persönlichen Gefühlen und subalternen Überzeugungen zu reinigen. Wenn die Diskussion so weit getrieben ist, daß man die Sache selbst vor sich hat, dann hebt im Grunde der Parteistandpunkt überhaupt sich auf, weder eine Person noch ein Zirkel kümmert sich noch um sich oder um den andern, sondern man geht daran, die Sache selbst anzupacken. Der höchste Grad der Einigkeit ist erreicht, wenn niemandem Zeit bleibt, auf den andern zu blicken. Das idealistische Schweigen in Solidaritätsbeteuerungen ist endgültig überwunden, und die Verbindung von Person zu Person lockert sich, weil die Person Spielraum um sich braucht, wenn sie auf ein Ziel losgeht, und weil sie auf eine Fühlungnahme mit dem andern nicht angewiesen ist, wenn feststeht, daß der andere mit dem andern nicht angewiesen ist, wenn feststeht, daß der andere an einer vielleicht entlegenen Stelle des Geländes ebenso seine Pflicht erfüllt (»soldatisch«: 6, 416). Die Partei wird zu einem neuen soziologisch-politischen Gebilde, indem sie sich in der Sache verliert. Die Partei ist nicht an sich, sondern an der Wirklichkeit orientiert, die ihr Schwergewicht in sich selbst hat, an der Wirklichkeit der imperialistischen Technik, Wirtschaft, Politik, an der Wirklichkeit des Lebens der Völker und Rassen im Orient und Okzident.

Es darf allerdings nie außer acht gelassen werden, daß die Partei, als eine Gruppe von Eroberungen, selbst zu den wesentlichen *Agenzien* der Wirklichkeit gehört. Sie kennt sich in dieser Wirklichkeit auch darum aus, weil sie ihre Hand mit im Spiele hat. Zu einem bestimmten Teil heißt »Erkenntnis der Sache« für die Partei »Selbsterkenntnis«, weil die Partei zu dieser Sache geschlagen ist. Die »Selbsterkenntnis« *in der Sache* würde bedeuten, daß die Partei erst erfährt, was sie eigentlich ist und tut, *wenn* sie den *inner*politischen Aspekt *revidiert,* wenn sie imstande ist, sich selbst als einen der Radiovektoren zu sehen, die das Feld der großen Politik bestreichen.

Nähert sich das Streben, sachlich zu sein, dem Erfolg, dann verallgemeinert sich die Parteiherrschaft, und sie wird zu einer Art, die Wirklichkeit, wie sie ist, zu meistern. Die Partei will ihre Kräfte dort konzentrieren, wo die Brennpunkte dieser Wirklichkeit liegen, und sie will diese Wirklichkeit von innen her mit ihren eigenen Mitteln überwältigen. Da, wo es technisch zugeht, wird aus dem Parteimann ein Techniker, da, wo es um Rassenfragen geht, predigt der Parteimann den Aufstand der Inder, Chinesen, Ägypter. Die Sache liegt auf einer sehr breiten Front verteilt, und sie läßt sich nicht mehr, wie ein Vogel in einen Käfig, in ein Parteiprogramm alten Stiles einfangen. Das Parteiprogramm ist offen; die wirklichen Ergeignisse und die Kräfte, die sich auf der Bühne der Geschichte bewegen, werden jeweils auf die Bühne der kleinen Welt der Partei projiziert. Wer das Parteiprogramm vervollständigen will, muß immer wieder, wie ein Maler, der eine Skizze verfertigt, auf das Objekt hinblicken und die Linien ablesen, die das Geschehen eingegraben oder als Spuren seiner Wirksamkeit hinterlassen hat.

Zusammengehen können nur die, die die Dinge sehen und die Züge der Wirklichkeit ablesen. Schwanken, Zweifel, Nörgelei sind Zeichen davon, daß man noch nicht orientiert ist, vielleicht weil der Blick durch oberflächliche und kurzlebige Interessen getrübt ist. Der parlamentarische Standpunkt ist eine Konzession an die niedrige Menschlichkeit. Den Faden endlich zu gewinnen, ist kein Verdienst, und nichts, was dem einzelnen als Person oder Individuum angerechnet wird, sondern die Sache zu sehen ist das Einfachste und Natürlichste von der Welt, das einzig Normale und Gesunde. Diese Selbstverständlichkeit wird aber doch nur selten Ereignis, und dasjenige Parteimitglied, das dann, wann es wirklich darauf ankam: an den Wendepunkten und Umbruchstellen der Entwicklung die realen Gegebenheiten und Möglichkeiten sah, steht im gegenwärtigen Rußland wie ein Heiliger da: Lenin.

Nach Lenin sind die Ecken, Kanten, Wunderlichkeiten des alten russischen Individuums, jenes Individuums mit seinen grüblerischen und hypochondrischen religiösen Anwandlungen, seinen Zweifeln und Melancholien *Entartungs*erscheinungen des politischen und kulturellen Lebens. In ihrer vormonopolistischen Zeit wirkt die Partei auf die Sonderlichkeiten des bärbeißigen Russen wie eine Erzmühle: die Steine werden zerbrochen, und das edlere politische Metall soll in der Partei übrigbleiben. Aus Träumern, chiliastischen Schwärmern (vgl. 8, 525 unt.), aus Egoisten, die in ihre Meinung, Wissenschaft verliebt sind oder die ihre ökonomische Existenz bessern möchten, macht Lenin in der »Partei« eine Gruppe von Eroberern. Der Geist der Politik selbst inkarniert sich in ihnen, und er fragt nicht danach, wo diejenigen herkommen, in die er hineinfährt. Der liberale Arbeiterparteiler (»Sozialdemokrat«) macht ihm die Arbeit allerdings am sauersten, weil wohl noch nie eine Partei dem Geist der Politik so fern gestanden hat, wie die alte liberal-sozialistische Arbeiterpartei. Lenins Stern geht in einer Landschaft auf, in der politisch ein stumpfes und bleiernes Zwielicht herrscht, und die Wirksamkeit eines Menschen, der ein Politiker ersten Ranges ist, nach Sorel mit Peter dem Großen vergleichbar[108], findet ihren einzigen Ansatzpunkt in einer Bewegung und einer Partei, die im tiefsten Schmutz der Interessen- und Cliquenwirtschaft des alten Jahrhunderts versunken ist.

Lenin beginnt mit einer Partei, die den »freien Prozeß des ideologischen Kampfes« genießt. (6,414). Er hat *»hysterische Intellektuelle«* vor sich (8,523), die »die Freiheit des literarischen Schaffens« bejammern, ein »radikales Intellektuellentum, das der bürgerlichen *Dekadenz* viel näher steht als dem Sozialdemokratismus« (6,407). Er muß »die dumpfe Luft der Zirkel und Grüppchen« einatmen (6,158), sich mit dem Dünkel, den Launen, den Methoden ihres Gezänks (6,414) einlassen und seine Logik, die für andere Dinge geschaffen ist, dazu hergeben, die »Zerfahrenheit« (des »anarchistischen Tiefsinns«, vgl. 6,415 unt.) Punkt für Punkt zu widerlegen. Er muß als Parteimitglied »literarische Übermenschen«, die er auf den ersten Blick durchschaut, ernst nehmen (8,323). Schon 1905 ist sein Bestreben, »dem veralteten, halb sorglos-fahrlässigen, halb träumerhaften Prinzip: der Schriftsteller schreibt und der Leser liest, den Boden unter den Füßen« wegzuziehen (6,524). Bis zum Ende seines Lebens muß er mit dem »Schmutz« ringen. Die Problematik des alten »Allzumenschlichen« wird nach der erfolgreichen Revolution von 1917

108 Georges Sorel schrieb in einem »Anhang«, den er der vierten Auflage seiner »Reflexionen über die Gewalt« beifügte, unter anderem folgendes über Lenins weltgeschichtliche Bedeutung:

»Ich denke gar nicht daran, durch eine Verwünschung der ›Bolschewiken‹, vor denen sich das Bürgertum so ängstigt, mir die Nachsicht der zahllosen Paul Seippels zu verdienen, die sich innerhalb der Siegesliteratur finden; ich habe zwar keinerlei Grund, anzunehmen, daß Lenin meinen Büchern Ideen entnommen hat; aber wenn das der Fall wäre, würde ich keinen geringen Stolz darüber empfinden, zur geistigen Bildung eines Mannes beigetragen zu haben, der mir gleichzeitig als der größte Theoretiker des Sozialismus seit Marx und als ein genialer an Peter den Großen erinnernder Staatsmann erscheint.«

wieder aufgerollt. »Es ist natürlich«, sagt er im November 1920 (vgl. 25, 621), »daß eine so gigantische Umwälzung nicht vor sich gehen konnte ohne diesen Unrat, ohne dieses nicht immer besonders delikate Geschimpfe. Es ist Zeit, *sich nicht nur mit der Freiheit der Kritik, sondern auch mit ihrem Inhalt zu beschäftigen.*« »Die Arbeit am jetzigen Aufbau – darin muß die Anwendung der Kritik und ihr Inhalt bestehen.« »Jeder« sagt er an anderer Stelle (Jahrg. II, 323), »der mit der *Kritik* hervortritt, muß die *Lage der Partei* inmitten der sie umgebenden Feinde beachten, auch muß er in seiner *unmittelbaren Tätigkeit* in Sowjet- und Parteiorganen bestrebt sein, die Fehler der Partei *praktisch zu berichtigen.*«

Erst nachdem durch die erfolgreiche Eroberung Rußlands, durch den politischen Sieg die Möglichkeit geschaffen ist, die Fehler *praktisch* zu berichtigen, wird es auch möglich, von der Diskussion zur Sache überzugehen. Denn die Sache ist von vornherein von der Art, daß sie nur durch Zugreifen erledigt werden kann. Auch literarisch ist nur jemand bei der Sache, der die Sache an irgendeiner Seite anpackt und fördert.

Wie kann man *vor* dem Siege das Ansinnen stellen, es sollte sich jemand zum Sprachrohr der Sache selbst machen? Das hieße zu viel verlangen! Die Partei ist erst dann eine kleine *Welt,* wenn es durch einen Sieg gelungen ist, aus der nahen und fernen Umgebung die große Welt zu machen, von der diese kleine Welt der Spiegel ist. Solange noch zwischen Partei und umgebendem Leben eine Kluft besteht, ist der einzelne auch in den Parteistandpunkt eingekapselt. Die »Selbsterziehung« der Partei (6, 159) muß dahin führen, daß die Schalen springen und daß niemand mehr »politisch *eng*« zu sein *braucht.* Der Eingriff in die Ereignisse ist ein integrierender Bestand der Selbsterziehung der Partei, und die wichtigste und folgenreichste Erziehungsarbeit wird gerade dann geleistet, wenn man gar nicht an Erziehung denkt. Die Partei erzieht sich dadurch zur Weite des Blicks und zu sachlicher Genauigkeit, daß sie sich in die Ereignisse stellt, daß sie sie praktisch meistert.

Der *Erfolg* der Erziehung durch die Ereignisse und der Selbsterziehung ist daran *abzulesen,* daß die »Demokratie innerhalb der Partei« zunehmend identisch mit dem »wirklichen Aufschwung der Aktivität der Arbeitermassen« wird (Stal. Len. a 146). Die Parteidemokratie bedeutet jetzt nicht mehr ein Abgehen vom Monopolstandpunkt, ein Zurückgehen zum überwundenen Standpunkt der parlamentarischen Partei, sondern im Gegenteil eine Überwindung auch noch des Standpunktes der einzigen und einzig privilegierten Partei. Nicht weil jemand zur Partei gehört, leistet er etwas, sondern weil er tatsächlich zupackt und etwas leistet, gehört er zur Partei. Die Partei nimmt von vornherein jeden für sich in Anspruch, der Wirklichkeitssinn besitzt, aktiv ist und die Sache vorwärtstreibt, und ihr Recht zu diesem Anspruch schreibt sich von da her, daß sie die Präparationsanstalt für die politische Schule des Lebens gewesen ist und bleibt. »Unter *Demokratie*« ist nach Stalin nicht »die Freiheit für einige von der Revolution losgelöste Intellektuelle, bis ins Endlose zu schwätzen, ein eigenes Presseorgan zu besitzen usw.« zu verstehen, sondern »die *Freiheit* für die Parteimassen, *die Fragen unseres Aufbaues zu entscheiden,* das Ansteigen der *Aktivität* der Parteimassen, ihre Heranziehung zur Führung der Partei ...«; zuhöchst besteht diese Freiheit darin, daß »Plandirektiven« gegeben werden können, »die für die leitenden Körperschaften verbindlich sind und die Richtung unserer wirtschaftlichen Entwicklung in der Zukunft für das ganze Land bestimmen.« (Stal. Len. a 146). Das Können erhebt sich auf dem Grunde des Müssens, es ist gleichsam vom Kreis des Müssens umschlossen. Das, was die Partei, »nachdem der Meinungskampf beendet, die Kritik erschöpft« ist (Stal. Len. 106), beschlossen hat, muß ausgeführt werden. Der Bogen ist gespannt, und der Pfeil hat gleichsam die Freiheit, die Spannung, die ihm mitgegeben wird, bis zum letzten Grade auszunützen, aus ihr alles herauszuholen, um seine Bahn bis an die Grenze der innewohnenden Kraft zu absolvieren. Jeder, der einen »Auftrag« hat (vgl. Carl Schmitt: die »Kommissarische Diktatur«), expliziert eine bestimmte Herrschaftsmöglichkeit, er meistert die widerstrebenden Dinge so lange, als die Kraft, die ihm mit dem Auftrag zugleich mitgegeben ist, ausreicht, alle Widerstände zu überwältigen und alle Reserven, die auf dem Wege liegen, zu beanspruchen (wie der Pfeil Luftströmungen, die in der Flugrichtung liegen, zur Unterstützung seiner Schnellkraft benützt). Die Erfahrungen, die diejenigen, die mit einem Auftrag unterwegs sind, in der Welt machen, werden wiederum an der Stelle aufgespeichert, die die Kommissare aussendet, denn die Partei ist an ihren Mitgliedern allgegenwärtig. Bereits 1903 konzipiert Lenin eine Partei, die mit den Erfahrungen in der wirklichen Welt wächst und sich konstituiert: »Licht, mehr Licht! Wir brauchen ein riesengroßes Orchester; wir müssen *Erfahrung* sammeln, um in diesem Orchester die Rollen richtig zu verteilen ...« (6, 159). Die eigene Meinung hat ihren Platz; sie ist erst dann widerlegt, wenn der einzelne mit ihr aus dem Takt kommt. Der kommunistische Typus macht aber verschiedene Umbrüche durch, und jedesmal wird ein ganz neuer Takt erfunden, nach dem nun gespielt werden muß. Der einzelne bestimmt die Grenzen mit, innerhalb deren er eine eigene Meinung haben kann, und diese Grenzen wandern nicht nur, sondern sie ändern ihre ganze Gestalt. Aus dieser Grenzenänderung ergeben sich Stellungnahmen, an deren Möglichkeit der einzelne in einem früheren Stadium nicht einmal zu denken wagte, wenn er auch eine noch so kühne »eigene« Meinung hatte. Die Überraschungen kommen nicht von seiten genialer Individuen, sondern von seiten einer Partei, in die die einzelnen ihre ganze Phantasie investiert haben, gleichsam wie man nach einem bestimmten Verfahren (dem Bessemerverfahren) Luft in das Eisen preßt, um Stahl zu gewinnen. Mit den außerrussischen Parteien verglichen ist diese kommunistische Partei ein phantastisches Gebilde; sie nimmt im Buch der Geschichte, in dem sonst meist die Namen von Staaten und Reichen in den Kapitelüberschriften vorkommen, bereits ein ganzes Blatt für sich in Anspruch.

B. Die Partei als Organisation der Reichspolitik

1. Der Weltkrieg als ein Erlebnis der neuen politischen Lebendigkeit

Das dialektische Verhältnis zwischen Partei und Reich hat eine doppelte Formel, treffender gesagt: es läßt sich auf eine Formel bringen, die sprachlich nur durch zwei Sätze ausgedrückt werden kann. Erstens führt der Weg von der Partei durch den Staat zur Partei zurück, und dieser Weg wurde bisher expliziert. Zweitens führt der Weg vom Reich durch die Partei zum Reich zurück, und dieser Weg ist nunmehr zu explizieren.

Wie die Dinge historisch, soziologisch, rassenpolitisch, ökonomisch liegen, ist das Reich nur Reich, wenn die Partei im eminenten Sinne Partei ist. Die Partei ist, politisch-ontologisch gesehen, der Bund derer, die im schwankenden Meer des Kleinbürgertums einen politischen Halt haben (Jahrg. II, 302, 3, 304 l. o.), eines Kleinbürgertums, das klassenmäßig, rassenmäßig, ökonomisch und kulturell unendlich zersplittert ist, das aus sich selbst keine Formen politischer Organisation bereitstellt. Wenn diese Massen das Recht zur Selbstbestimmung haben, wenn sie über sich selbst verfügen dürfen, dann ist das Ende vom Lied das Chaos, ein Gewühl chaotischer Gewalten. Die Partei ist gleichsam das eiserne Gerüst eines riesigen Blockes, der aus einer z. T. zähflüssigen, z. T. spröden und z. T. sogar schlammigen Substanz besteht. Dieses Gerüst klammert sich in diesen Block ein, wie Eisen in den Eisenbeton eines amerikanischen Hochhauses, es ist Stoff vom Stoff des großen Blocks, aber es vereinigt in sich alles Haltgebende, Zähe und Feste. Es überwältigt den Block von innen, und es zwingt die Massen dazu, daß sie in bestimmten Formen zusammenbleiben. Das Gerüst selbst ist nicht starr, und insofern es über Wachstumspotenzen verfügt, ist es eher mit einem Knochengerüst als mit einem Eisengerüst zu vergleichen. Lenin verwendet, um das allmähliche *Verwachsen* von Gerüst und Block zu veranschaulichen, das Bild vom Samenkorn (Jahrg. III, 741). Die Funktionen der Partei sind so vielfältig, daß sie sich nur mit wechselnden Bildern veranschaulichen lassen.

Lenin bezeichnet »das *kleinbürgerliche Element* ... als *Elementarkraft,* denn sie ist tatsächlich das *Formloseste, Unbestimmteste und Unbewußteste...*« (Jahrg. II, 302). Wer heute eine Herrschaft begründen will, muß sich dem wüsten Meer dieser Elementarkräfte überlassen können, sich mit ihm abringen, bis er sich inmitten dieser Gewalten durchsetzt. »Die Zahl der Schwankenden ist groß. Wir sind wenige. Die Schwankenden sind gespalten. Das Proletariat ist wirtschaftlich selbständig. Die Schwankenden wissen nicht, was sie wollen. Wir dagegen wissen, was wir wollen. *Und daher werden wir siegen.*« (Jahrg. II, 3041). »Nur der gestählte Vortrupp des Proletariats ist imstande, diesen Schwankungen standzuhalten und zu widerstehen« (das. 302) – und er ist zunächst nur ein »Tropfen im Meer«.

Dasjenige, was den »Tropfen« Wunder wirken läßt, ist die »Organisation«. Auf die wunderwirkende Kraft der Organisation singt der Politiker Lenin sein »Hohes Lied«: »Ja, dies heißt Organisation [vgl. 18, 365], wenn im Namen eines bestimmten *Ziels,* beseelt von einem bestimmten *Willen,* Millionen von Menschen die Form ihres Verkehrs und ihres Tuns ändern, Ort und Methoden ihrer Tätigkeit ändern, Waffen und Werkzeuge ändern – entsprechend den veränderten Umständen und Erfordernissen des Kampfes.« Diese Zauberkraft der Organisation entfaltete sich vor Lenins Augen im August 1914, als die europäischen Imperialisten ihre *Mobilmachungsordres* erließen. Der Anblick der technisch-politischen Möglichkeiten des 20. Jahrhunderts versetzt diesen nüchternen Denker in einen Rauschzustand. Die Idee des bolschewistischen Staates wurde angesichts des phantastischen Phänomens der europäischen Mobilmachungen geboren. Es war, als ob ein einziger Griff eines umgehenden Riesen von Staat zu Staat Millionen bürgerlicher Existenzen aus ihrer altgewohnten Beschäftigung herausriß. Von diesem umgehenden Riesen wurden die bisherigen traditionellen Lebensgewohnheiten de facto für nichts geachtet, die Differenzen von Individualitäten, Persönlichkeiten, von Bildung, Sprache, Nation, von Besitz und Alter, von Schüler und Lehrer verschwanden mit einem Schlage in der Einförmigkeit ungeheurer Kolonnen, die nur nach der einen Rücksicht auf die aktuellen Ziele des politischen Willens zusammengestellt und gegeneinander gruppiert waren. Die Fahne dieses Riesen bestand aus einem grauen Tuch, und die weltpolitischen Unterschiede in den Willenszielen der feindlichen Imperialismen reduzieren sich auf die kleinen Nuancen des Grau. Für diesen Riesen fallen Möglichkeit und Wirklichkeit zusammen, und er ist insofern die Inkarnation der reinen Politik. Wenn er die bunten Figurationen des sozialen, ökonomischen, politischen, wissenschaftlichen, konfessionellen, militärischen Lebens des alten Jahrhunderts mit einem einzigen Griff zu grauen Kolonnen zusammenhalten *kann,* dann zeigt sich, daß sie *vor ihm nichts Letztes und Ernstzunehmendes* mehr sind. Er ist der wahre Gebieter, die Realität, die sich breit mitten zwischen das altmodische bunte Gewimmel setzt, und zwar dann, wenn es ihr *paßt.* Die Menschen *sind* so, wie sie sich in der *Not,* im Getümmel *zeigen,* dann, wenn der Riesenfinger des Schicksals sie berührt. Der Riese Krieg, der letzte und mächtigste aller »Leweller« [Gleichheitsfreunde] der Neuzeit, stößt dem Exoten den Turban vom Schädel, er reißt im die langen Gewänder seiner Vorfahren vom Leibe, er zwingt den Juden, am Sabbath den Graben auszuwerfen, und den Mönch aus einem fernen Kloster, als ununterscheidbares Stück in dem einzigen unendlichen Grau unterzugehen. Das erschütterndste, vielleicht auch entscheidende politisch-geschichtliche Erlebnis jenes Lenin, der den »Neuen Typus Staat« gründen will, ist ohne Zweifel die Mobilmachung des vierjährigen Krieges.[109]

Die Vision des Weltkrieges zeigt einem Lenin nicht nur, bis zu welchem Grade sich heute eine politische Lebendigkeit steigern läßt, sondern auch, welche Formen sie aus sich herausschickt und welche Formen zugleich eine solche Lebendigkeit zeitgemäß befördern und unterhalten. Sein Kunstgriff besteht darin, das, was eine Ausgeburt eines neuartigen gesteigerten politischen Lebens ist, inmitten der Flucht der schwankenden Erscheinungen festzuhalten und zu benutzen, um fortlaufend politisches Leben zu produzieren. Die Ausgeburten des Krieges, die er sich

109 Aus Churchill, »Die Weltkrise«, läßt sich ersehen, daß die Entente für Anfang 1919 einen neuen Mobilmachungsplan entwarf, der den größten Teil des Planeten erfaßt hätte.

greift, sind: Planwirtschaft, Rationierung, Staffelung der Massenorganisationen von der Front über die Etappe bis zu den Reserven des Kerngebietes, und schließlich: Konzentration der Gewalten.

2. Die Partei wird das Herz des Volkskörpers

Die Buntheiten der Unterschiede im »Kleinbürgertum« werden höchstens noch taktisch ernst genommen. Hinter dem, der in dem grenzenlosen Elemente des Kleinbürgertums schwimmt, schlagen die Fluten zusammen; es darf und soll keine Lücke entstehen, wenn er einen alten Fleck verläßt. Die Partei muß mit diesem Element in engster vitaler Fühlung bleiben, sie darf sich die Massen nicht vom Leibe halten, und sie kann es auch nicht. Sie nimmt das Element in sich auf und stößt es aus sich wieder heraus; je nach der Epoche wird es Bestandteil des Parteikörpers oder andererseits Umgebung diese Körpers. Das Ziel dieser Osmose, dieses Austauschens von Stoffen und Kräften ist ein neuer politischer Status aus einem Gusse. Der *ideelle* Staat wird aus den Angeln seiner Existenz gehoben, und beseitigt, und an die Stelle tritt ein *konkreter* Staat. Die Partei greift sich an den Konstruktions- oder Strukturlinien des umgebenden Materials weiter, sie produziert gleichsam laufend die anorganische Masse in eine organische um, und Ordnung wird aus Ordnung herausgesponnen. »*Der Staat, das sind wir.* Ist etwas dabei schlecht, so sind *wir* daran schuld; wir wollen aber nicht auf andere die Schuld abwälzen ...« (Jahrg. III, 267r).[110]

110 Nach Stalin ist die Partei »den breiten Massen der parteilosen Arbeiter ... nah und verwandt.« (Stal. Len. 99). Sie »verwandelt« die »Arbeiterklasse« »in eine politische Kraft.« (98) Sie ist »selbst die Verkörperung der Disziplin und Organisiertheit.« (100). »Die Diktatur des Proletariats besteht in den leitenden Direktiven der Partei plus Durchführung dieser Direktiven durch die Massenorganisationen des Proletariats plus ihre Umsetzung in die Tat durch die Bevölkerung.« (318). In diesem Zusammenhang der Staatswerdung muß die Partei sich »auch mit den *nichtproletarischen* werktätigen Massen verbinden ... und ... bis zu einem gewissen Grade *sich sogar mit ihnen verschmelzen.*« (322, von Stalin aus Lenins Werken zitiert). Die Partei ist eine »Autorität« (325) *innerhalb* des politischen Lebens der Massen, sie beherrscht sie wie ein Gipfel das ausgebreitete Massiv. Der Gipfel ist aus demselben Stoff wie das Massiv, und zwar ist er derjenige Bestandteil, der dem Ganzen das Gesicht gibt und von dem aus das Massiv mit seinen Formationen überhaupt als ein Zusammengehöriges übersehbar wird. Es herrscht engste Kontinuität, und innerhalb dieser Kontinuität ist doch eine Überlegenheit statuiert. Der Gipfel hat dabei gleichsam das Bestreben, das Massiv zusammenzudrängen und aufzuschichten, das Gesamt»niveau« zu heben (vgl. Gew. 156, 157). Die Voraussetzung ist, daß sich auch das Niveau der Partei überholt, wenn das Niveau des Gesamtmassivs gehoben ist. Die

Die Partei steht als bewegende Kraft im Mittelpunkt der politischen Elementargewalten, sie gibt den Massen ihr politisches Gesicht, um sie herum gruppiert sich die Bevölkerung, und dort, wo die Partei ist, ist auch der Staat, und nirgends sonst. An die Stelle des fertigen Staates tritt der stets in der Bildung begriffene Staat. Die Partei zieht den Staat in ihre politische Lebendigkeit hinein, und wenn die Partei auf dem Wege ist, dann ist auch der Staat mit ihr auf dem Wege. In Gestalt der »Sowjetbürokratie« versucht der Staat immer wieder, sich für sich selbst festzusetzen, aber die Partei hat es in der Hand, den Staat mit auf den Weg zu nehmen und ihn als Ganzen immer neuen Schicksalsproben (neuen Fünfjahresplänen) auszusetzen. Der Staat hat keinen festen Mittelpunkt in sich selbst, und keinen Halt in irgendeiner »spekulativen absoluten Idee des Staates.« Die Partei führt den Staat in ihrem wechselnden und der Wirklichkeit dauernd angenäherten Programm *mit sich* wie ein Stamm von Eroberern seinen Gott. Die Staatlichkeit des Staates liegt nirgends anders als auf der Linie des politischen Handelns der Partei, und ein »Reich« im streng politischen Sinne beginnt sich auf dem alten russischen Boden insofern erst skizzenhaft zu umreißen, als sich zunehmend deut-

Partei handelt mit größerer Wucht, wenn der Bereich der Verantwortung zusammengezogen ist, und wenn das Element sich verdichtet, in dem sie sich vorwärtsbewegt, das sie mit sich fortreißt, aus dem sie sich rekrutiert und das ihr »Reserven« wildwachsender Kräfte bereitstellt (Empörung der Bauern, der Farbigen, der »zurückgebliebenen« Nationen). Die Energien des Elements pflanzen sich auf den Akteur fort, und seine Kräfte werden dadurch multipliziert, daß er in einem Kraftfeld steht. Schon 1905 sagt Lenin über den neuen Typ: »Die Pioniere müssen tatsächlich in der Masse verschwinden, d.h. ihre aufopferungsvolle Energie in unzertrennlicher, faktischer Verbindung mit der sich erhebenden Masse verwenden ...« (7, 169). In Zeiten historischer Hochflut und gesteigerter politischer Lebendigkeit nimmt die Mitgliederzahl der Partei zu. Die Partei wirkt auf die Energien, die im Leben des Volkes latent sind, wie ein anziehender Herd, und die Anziehungskraft aktualisiert sich in »Augenblicken der Gefahr«: »Besonders stark war diese Zunahme in den Augenblicken der größten Gefahr; in solchen Augenblicken erfolgte ein neuer Aufschwung der proletarischen Energie und eine Stärkung des Willens zum Siege. Die größte Mitgliederzunahme (180000) war im Jahre 1919, als Judenitsch vor Leningrad und Denikin vor Tula standen, zu verzeichnen.« (Kritsm. 128f. Daselbst kurze statistische Angaben)

In der Partei werden nicht diejenigen gesammelt, die besser leben wollen, sondern die, die herrschen wollen. Ein Vergleich zwischen dem, was früher das Leben bot, und dem, was jetzt die Partei zu bieten hat, ergibt inkommensurable Größen. Das, was die »Arbeiter und Angestellten«, die in der westlichen Industrie und im Handel beschäftigt sind, voraushaben, ist, nach Lenin, »ihre relativ spießbürgerliche Lebenshaltung, ... welche die Folge der Privilegien des Imperialismus ist.« (Jahrg. II, 668).

licher und bewußter der entsprechende und notwendige Wirkungsraum abhebt, den jenes politische Handeln der Partei durchzieht, aus dem es seine notwendigen vitalen Reserven zieht, in dem es sich ausgibt und auf den es ausstrahlt. Das Reich ist vorläufig die äußere Umgrenzung einer Gesamtheit von Aktionsbögen, die nur dann notwendig zusammenhängen, wenn sie auf eine kontinuierlich fortlaufende Linie politischer Planungen und Handlungen der Partei zurückzuführen sind. Es ist vorausgesetzt, daß eine politische Konstruktion dann von Dauer ist, wenn die Konstruktionszutaten aufs knappste bemessen sind, und wenn jeder Schritt und jeder Griff sich eindeutig aus der Wegstrecke ergab, die jedesmal durchschritten werden mußte. Das politische Handeln *in* der Realität hat seine Bedeutung in sich selbst, und das Schwergewicht des politischen Pathos hat sich durchaus verlagert: es ruht nicht mehr, wie im Kriegskommunismus, auf der Erklärung der Grundrechte der Ausgebeuteten und des Rechts der Nationen, sich loszutrennen, sondern auf dem *»Neuen Arbeitsstil«*. Die apriorische Politik ist nur der Schatten, den die realistische vorauswarf.

Die Partei ist einmal der innerste Motor des gesamten politischen Volkslebens, sie ist dort stationiert, wo der Pulsschlag des Lebens erfolgt, und ihr »historisches« Recht, ihr tatsächliches und natürliches Recht währt so lange, als die physische und geistige Einheit (Transsubstanziation) mit dem schlagenden Herz des politischen Körpers Tatsache bleibt und aufrechtzuerhalten ist. Das politische Herz des Volkskörpers funktioniert nunmehr unter dem Einfluß einer Besessenheit, und es fragt sich, ob das Zentralorgan noch Zentralorgan bleibt, wenn die Besessenheit von ihm weicht. Eine andere herzähnliche Kraft ist gleichsam in das Organ des Volkskörpers gekrochen; eine Kraft, die sich selbst außerhalb jedes Körpers dazu ausgebildet hatte, der Prototyp eines Herzens zu sein, hat sich bestimmungsgemäß in das innerste Organ des Volkskörpers verwandelt. Das eine Herz hat sich nicht an einen leeren Platz gesetzt, es hat auch nicht ein schon bestehendes Organ verdrängt oder ersetzt, sondern es hat darauf hin gewirkt, daß der Körper selbst ein solches und kein anderes Zentralorgan in sich ausbildete und für die Dauer brauchte. Das Natürliche, Organische wird mit dem Künstlichen vermählt, und das Künstliche wird in das Natürliche versetzt, um sich der Kräfte der Natur anzunehmen, um diese Kräfte von innen her auszuheben, zu meistern und sie so über sich selbst hinaus zu steigern, sie zu Wirkungen und Leistungen fähig zu machen, die sie von sich aus niemals erreicht hätten. Das natürliche Organ ist mit den Kräften des künstlichen und überlebensgroßen Organs geladen, und es muß nunmehr wollen, wie der Geist will, der in dies Organ gefahren ist und der von jeder Muskelfaser und jeder Nervenzelle Besitz ergriffen hat. Die Vermählung ist »total«, und zwischen Natur und Kunst ist nicht mehr zu unterscheiden. Die Natur muß sich in ihre chemischen Bestandteile zersetzen, wenn sie die Kunst sondieren und wieder von sich entfernen will. Es ist die Gegenfrage zu stellen, ob das künstliche Organ nunmehr noch fähig ist, sich loszutrennen und sein eigenes »revolutionäres« Leben zu führen. Die Partei ist in allen Fasern ihres Wesens mit der Wirklichkeit, in die sie erobernd eindrang, verwachsen, und sie ist das, was sie jetzt ist, als diese mit der Wirklichkeit verwachsende, sie mit sich ziehende Partei.

Der politische Wille der Partei kann sich von der Materie, in die er eingedrungen ist, nicht mehr losmachen. Die Partei muß diese Materie stets mit sich schleppen, und sie verliert ihr eigenes Interesse aus dem Auge, weil sie an tausend Stellen der widerstrebenden Welt zugleich angreifen muß. Sie muß mit langen Atem leben, denn die Berührungspunkte zwischen dem Interesse der Sache und dem der Partei schieben sich immer weiter hinaus. Die Punkte, an denen die Partei an sich denken muß, lassen sich im voraus nicht berechnen.[111]

An sich selbst denken bedeutet nunmehr für die Partei etwas andres. Zunächst mußte sie sich selbst durchsetzen, jetzt muß sie neue Tatsachen schaffen. Sie versucht, die Tatsachen selbst auf ihre Seite herüberzuziehen, und das kann sie nur, wenn sie an den Tatsachen selbst mitarbeitet. Das neu gewonnene Terrain trägt dann die Züge des Entdeckers, wenn dieser Entdecker Manns genug ist, seine eigene Physiognomie in der Fremde zu wahren und durch das neuerschlossene Gebiet seine Spuren zu ziehen. Er weiß selbst nicht vorher, was aus ihm wird, wenn er sich auf jene praktische Arbeit einläßt, die nötig wird, wenn er mit seiner Eroberung etwas anfangen will. Die Arbeit soll den Stempel seines Wesens tragen, doch dieses Wesen wird ein andres, wenn er zupackt, er macht aus sich selbst etwas andres, und sein eigener Typus ändert sich ihm unter der Hand. Er kann nicht mehr zurück, nachdem er die Verantwortungen auf

111 Nach Stalin »kommt« die Führung der Regierung durch die Partei u. a. darin »zum Ausdruck«, »daß die Partei die Arbeit der Verwaltungsorgane, die Arbeit der Behörden prüft, Fehler und Mängel, die nun einmal gemacht werden, beseitigt, ihnen hilft, die Anordnungen der Regierungen durchzuführen, ihnen die Unterstützung der Massen sicherzustellen versucht, wobei sie keinen einzigen wichtigen Beschluß fassen ohne entsprechende Anweisungen der Partei.« (Stal. Len. a 17).

sich nahm, und er kann nur dann aus sich etwas, das der Arbeit den Stempel des »Neuen Typus Partei« gibt, machen, wenn er die Aufgaben mit sachlichem Ernst und ohne an sich selbst zu denken ausführt. Die Partei wälzt sich fort wie ein Schneeball an einem Abhang, und die Materie, die sie an sich zieht, gehört zu ihr, sie wird zu einem Teil ihrer Bewegungskraft und ihres Impulses, und wenn sie lawinenartig anwächst, gelingt es ihr, die Umgebung auf sich selbst zu beziehen. Sie wird zu einem wesentlichen Stück der politischen Landschaft, und zwar zu dem Stück, das der Landschaft den Stempel und den Namen gibt. Das Bruchstück einer politischen Existenz, das aber immerhin in seinen eigenen Angeln hängt und das insofern etwas an sich hat, das man Staat nennen möchte, ist staatsnäher als ein traditionsreiches, weiträumiges und aus Abermillionen bestehendes Ganzes, das aus den Fugen gerät und in dem es drunter und drüber geht, weil es weder auf orientierende Pole noch auf einen Mittelpunkt der Gravitation bezogen ist.

Mit der Partei wächst diesem Ganzen nicht nur ein Zentralorgan zu, sondern auch eine konturensetzende Kraft. Diese Kraft bringt es fertig, für die Dinge, die sie, eins nach dem andern, in den Wirbel ihrer Bewegung zieht, einen Nordpol und einen Südpol zu statuieren; und sie bringt es weiter fertig, diesen Dingen den Mittelpunkt unter ihnen und über ihnen zuzuweisen, der sie anzieht, abstößt und immer wieder auf den Boden zurückfallen läßt.

3. Das Wort Richtung als Singularetantum

Das politische Wort Richtung wird nunmehr zu einem Singularetantum, zu einem Substantivum, von dem es nur die Einzahl, keine Mehrzahl gibt. Es gibt nur die Richtung nach dem Pol, und jedem steht es frei, sie durch die Beobachtung der Magnetnadel zu ermitteln. Nur *die* Schwankungen sind erlaubt, die in der Natur des Instruments liegen – die Partei macht eine Konzession an die menschlichen Auffassungsorgane, und sie befindet darüber, wie weit eine *Abweichung* nach rechts oder nach links gehen kann (über »Abweichungen« vgl. Jahrg. II, 318, 319, 321, 3231). Den Abweichungen wird *konzediert,* daß sie *normale* Erscheinungen sind, weil jedes Richten einen Spielraum braucht, den es schließlich, nachdem die Richtnadel sich eingespielt hat, durchkreuzt. Der Radikalismus besteht jetzt darin, daß der Raum, den die Abweichungen wie Radiovektoren bestreichen, rücksichtslos durchkreuzt wird. Zum Teil kommen die Abweichungen (historisch-genetisch betrachtet) dadurch zustande, daß

Bevölkerungsgruppen aus der vorrevolutionären »normalen« Zeit ihre alten Wünsche, Ideen, Interessen auf dem Boden der neuen Verhältnisse nach Möglichkeit noch geltend machen möchten. Von ihnen aus gesehen ist die neue Nord-Südrichtung beinah der böse Geist der Abnormalität selbst. Es entsteht das sonderbare Schauspiel, daß die alte Normalität (die vielleicht nur in dürftigen und erbarmungswürdigen Resten vorhanden ist) sich den Namen »normal« von der neuen Abnormität *erborgen* muß. Diese spricht zu allem, was normal sein möchte: »Ich bin der Herr, dein Gott, du sollst nicht andre Götter haben neben mir… Wenn schon ›normal‹, dann als Abweichung normal, dann relative normal, und zwar normal als Abweichung, die in den normalen Schwankungsraum der siegreichen Abnormität fällt. Wenn schon normal, dann auf Gnaden der Abnormalität normal.« *Das Normale wird zur normalen Abweichung des Abnormen.* Das Abnorme wird nicht belastet, wenn diese Normalität sich auf das Abnorme bezieht, vielmehr dient das Normale jetzt dazu, durch seine Existenz als Abweichung den absoluten und letzten, schlüssigen Existenzialbeweis zu liefern, daß die abnorm statuierte Nord-Südrichtung die einzig maßgebende Richtung ist und bleibt, und daß das politische Wort Richtung ein Singularetantum ist. Die Überreste aus der älteren politischen Sprache sind nunmehr Ausnahmen, die die Grammatik der neuen und nunmehr unwiderruflich geltenden und gesprochenen politischen Sprache bestätigen.[112] Das Weitergelten der privaten Initiative, die alte Normalität, bestätigt nunmehr ganz normaler- und natürlicherweise die alleinige Geltung eines imperialen Herrschaftswillens, und die private Initiative verschwindet, wenn die Mittellinie des planenden Willens erreicht ist, wie die Seiten des Parallelogrammes der Kräfte in der Resultante widerspruchslos und spurlos verschwinden. Der weniger mächtige Wille geht im mächtigeren Willen unter, die vorläufige und schwankende Orientierung macht sich selbst überflüssig, wenn die Linie der klaren und bewußten Orientiertheit erreicht ist. Die Stimme des Zweifels, des individuellen Ehrgeizes, des Besserwissens erlischt in demselben Augenblick, in dem die ruhige Sicherheit spricht.

112 Dinge, wie der ältere normale Sozialismus, Imperialismus, Nationalismus, Demokratismus, werden nunmehr zu *Grenzfällen* des normalen Ausschlages der politischen Magnetnadel. Diese Grenzfälle zeigen den Ort an, von dem aus eine Haltung, Anschauung oder Maxime ins Sektiererische, Ketzerische ausartet. Das Verhältnis zwischen orthodox und ketzerisch ist auf den Kopf gestellt, und die neuen »Weltgesetze« gelten sogar mit rückwirkender Kraft.

Man kann mit dem Normalen alter Art beginnen, und man kann eine Strecke Wegs in seiner Gesellschaft zurücklegen – das Gespräch in der altmodischen Sprache ist sogar eine (im neuen Sinne) normale Art und Weise, das (im alten Sinne) abnorme Gespräch einzufädeln.[113]

4. Die Partei verleiht den politischen Schwerpunkt (Das Reich als »Heimat«)

Die Partei ist eine konturensetzende Kraft, indem sie einen Nord- und einen Südpol statuiert, »Richtung« gibt, und, zweitens, indem sie den Dingen einen Gravitationsmittelpunkt zuweist. Diese weitere zweite Leistung zielt darauf, den Menschen und Dingen innerpolitisch und weltpolitisch Halt, Gewicht und Form zu geben. Sie wissen, wohin sie gehören, sie fallen immer wieder auf einen bestimmten Boden zurück. Das, was sein muß, muß auch bejaht werden. Es wird und muß Fabriken geben, und der Arbeiter will auch in seinen Trieben und Instinkten nichts andres und besseres sein als Arbeiter, das große technische Werk ist seine Heimat, an der er mit allen Fasern hängt. Früher waren ihm die Voraussetzungen seiner Arbeitsexistenz von außen aufgenötigt, nunmehr wird das, was die einzige Möglichkeit seiner Existenz ist, auch die einzige Wünschbarkeit, er geht auf diese Voraussetzungen mit allem Ernst und aller Kraft ein, er ist an allem beteiligt, was ihn angeht und was seinen Lebenslauf bestimmt, er sieht, daß es nichts Höheres, Besseres geben kann, und er macht aus dem, was unweigerlich als *seine* Wirklichkeit und seine Umgebung da ist und gegeben ist, das Höchste, was sich daraus machen läßt. Wenn es für ihn eine endgültige Befriedigung geben kann, dann kann es sie nur auf diesem Wege geben. Er steht der grauen, vom Rauch geschwärzten Arbeitskaserne in seiner Freizeit nicht mehr fluchend und übellaunig gegenüber, er sehnt sich nicht mehr nach einer besseren Zukunft oder einem Leben in einer idealen Schönheit, sondern er dringt gleichsam in alle Poren dieses Gebäudes ein, er betastet die Maschinen von allen Seiten, er sieht sich gründlich und aufmerksam prüfend die geheimnisvollen

113 Der Begriff »Epoche« ist, nach Lenin, ein *dialektischer* Begriff kat'exochen. Eine Periode ist dann eine »Epoche«, wenn die herrschende Richtung sich auf die Weise durchsetzt, daß das Überlebende und das, was aus der alten Epoche übernommen wird, von dem, was jetzt Epoche macht, von seinem strikten Gegensatz, gemeistert wird. Epoche ist ein Ausdruck dafür, daß ein bestimmtes Zeitalter mit den schärfsten Gegensätzen verschiedener Epochen, die nebeneinander bestehen, *in seinem Sinne* fertig wird (daß es ihm gelingt, den Fels uralter festwurzelnder Gewohnheiten von seinem Fleck zu rücken).

Gehäuse und die strengen Ordnungen an, in denen er ein Säkulum seines Lebens zubrachte. Mit allen seinen Sinnen und Gedanken hält er den Einzug in die Stätte seines Wirkens. Zuweilen erkennt er sich selbst nicht mehr wieder. Der Zorn verraucht, und der Krampf löst sich. Er nimmt sich eines Stückes seiner Existenz an, eines Stückes, das häßlich und ausgelaugt bereits auf dem Friedhof der Geschichte zu liegen schien. Vielleicht möchte er fliehen und um jeden Preis loskommen, und in Rußland treibt er sich lange Zeit wie ein Nomade zwischen den Fabriken herum. Es gibt aber nur den einen Weg zu einer Befriedigung und Aussöhnung mit sich selbst und seiner Existenz: noch einmal zurück in das alte Leben. Er muß wieder arbeiten, Stunde für Stunde, die Disziplin ist härter und der Lohn geringer. In der Beziehung, in der er durch Heroismus und beispiellose Aufopferung alles zu erreichen hoffte, hat er nichts erreicht, und, wer weiß, vielleicht geht es ihm niemals besser. Es ist aber nicht ausgeschlossen, daß der russische Arbeiter etwas erkannt hat, was die gelehrtesten der »bürgerlichen« Nationalökonomen und die radikalsten der »westlichen« Arbeiterführer noch nicht erkannten: daß man nicht arbeitet, damit es »einem besser geht«. Derjenige, der es in der Hand hat, sich selbst einen besseren Lebensstandard zuzuweisen, verzichtet auf diesen Vorteil, und er denkt an andre Dinge. Wenn man aus dem Tor herausströmt, dann sagt man seiner Fabrik nicht Valet, sondern dort, wo der Arbeiter ist, ist auch seine Fabrik. Er nimmt sie mit sich, er hat das Werk durchdrungen und wächst aus ihm hervor, und politische Verhandlungen und Aktionen sind nunmehr Verhandlungen und Aktionen von Belegschaften. Das politische Schicksal des Menschen ist das ökonomisch-technische Schicksal des Werkes. Der Mensch fällt auf den alten Boden der Arbeitsstätte zurück, auf dem er sich ein Jahrhundert lang unter Verwünschungen abplagte, und zum Dank dafür fällt die Wirtschaft auf den Menschen zurück. Die Fabrik war einmal das Prokrustesbett seiner Menschlichkeit, und nunmehr ist es gerade die »Arbeit«, in deren »Stil« der Mensch aufrecht geht. Er hat sich das Prokrustesbett vorgenommen und zurechtgezimmert, nachdem er den Prokrustes niederzwang. Er flieht nicht die Stätte der Tortur, sondern er läßt sich an ihr nieder, und er biegt die Torturwerkzeuge, an denen sein Schweiß und sein Blut klebt, für seinen eigenen Gebrauch vorsichtig zurecht.

Das Gravitationsfeld, auf das, nach dem Leninschen System der Politik, die Menschen zurückfallen, ist eigenartig umbrochen. Durch eine Umfaltung größten Ausmaßes entstehen zwei Ebenen. Das Gravitationsfeld hängt in sich einheitlich zusammen, aber seine Energien liegen auf zwei unterscheidbaren Flächen: der Fläche der *inneren* imperialistischen Planwirtschaftspolitik, und der Fläche der *äußeren* imperialistischen Weltpolitik. Das *eine* große Hauptfeld ist auf die Weise gefaltet, daß jeder Gravitationskraft des einen Feldes eine des andern Feldes entspricht. Nach den Gesetzen des *Weltmarktes z.B.* darf und kann nur das einspielen, was nach den Gesetzen des *Binnenmarktes* einspielt. Zunächst ist so gefaltet, daß das herumgelegte Stück der Binnenpolitik sehr klein ist (der Anfangszipfel war der Potemkin), und Lenins Bestreben geht dahin, die größere Grundebene immer weiter aufzurollen, bis alle Gravitationskräfte auf einer einzigen Ebene liegen. Die Ebene der »Innen«politik soll sich durch das Herumbrechen der *andren* Ebene immer mehr vergrößern. Der russische Politiker ist ununterbrochen bestrebt, das draußen liegende Stück der Decke zu sich herüberzuziehen. Ob ihm das gelingt oder nicht: auf jeden Fall hat es Lenin erreicht, um Innen- und Außenpolitik einen einzigen Bogen zu schlagen; jeder innenpolitischen Maßnahme ist automatisch eine außenpolitische Maßnahme zugeordnet.

Nach Lenin besetzt heute jeder, der binnenpolitisch einen Platz einnimmt, auf dem er sich ein für allemal häuslich einrichtet, einen Posten auf dem Planeten. Man kann das, was er tut, durch das Medium der Innenpolitik oder durch das der Außenpolitik betrachten. Vorläufig kann man das, was politisch geschieht, *primär* und voll nur durch *eins* der Medien erfassen, die den Lichtstrahl vom Objekt her in verschiedenen Winkeln brechen.

Die Umbruchstelle zwischen den beiden stets zusammenhängenden Feldern, dem der Innen- und dem der Außenpolitik, wandert. Das Auge des neuen Typus Politiker darf sich keinem bestimmten Brechungswinkel für die Dauer anpassen, weil die beiden Medien, durch die hindurch die eine Realität alles gegenwärtig Politischen zu sehen ist, selbst in fortlaufender Umwandlung begriffen sind. Die Änderung in der stofflichen (»soziologischen«) Zusammensetzungen und in der inneren Struktur jedes Mediums ist eine Funktion der Änderung des Verhältnisses, das jedes der beiden Medien zum andern hat, und *diese* Änderung ist eine Funktion von *jener* Änderung, je nachdem, ob innenpolitische oder ob außenpolitische Änderungen *überwiegen.* Weil Lenin glaubt, das Endziel sei eine einzige allumfassende Binnenpolitik, deshalb empfiehlt er seinen Leuten, im großen ganzen immer in einer Richtung zu ziehen, in der die Innenpolitik die führende und die Außenpolitik die geführte Politik ist.

Ein letztes Wort über die »politische Atlantis«

Die Vorführung ist beendet: die Aufnahmen aus der politischen Atlantis Lenins sind vor unserem geistigen Auge vorbeigerollt. Es gibt nicht nur Weltwunder der Technik, wie die hängenden Gärten der Semiramis; wir haben eins der Weltwunder der Politik gesehen.

Vielleicht werden eines Tages politische Filmexpeditionen nach Deutschland unternommen. Wir Deutsche betrachten ein politisches Weltwunder mit andern Augen als ein Franzose, Engländer, Amerikaner; wir haben für das Ungewöhnliche einen Sinn und beurteilen es nach seinen eigenen Maßstäben.

Ein Weltwunder kommt zustande – man weiß nicht, wie. Man sieht sich in seinem Dasein um, richtet sich in seiner Welt ein, legt sich die Bedingungen seiner Existenz zurecht. Zuletzt kommt vielleicht etwas zustande wie eine Koralleninsel, die sich unsinnig hoch über den Meeresboden erhebt. Die originellen und gewagten Einrichtungen und Zurüstungen des Lebens werden da bewundert, aber in die Bewunderung mischt sich leicht ein überhebliches Lächeln. Das Weltwunder ist ein Unikum, eine Kuriosität großen Ausmaßes. Eine Koralleninsel ist im Effekt eine ganz gewöhnliche Insel, und die kleinen Meerestiere sind zu bedauern, daß sie sich so ungeheure Umstände und Schwierigkeiten bereitet haben.

Innerhalb jener politischen Atlantis Lenins herrscht strengste Rationalisierung des äußeren und inneren Lebens, soweit es darauf ankommt, das Gehäuse dieses Lebens, jenes Wunderwerk, *aus*zubauen. Es scheint, daß der Lebenswille, der die unbegreifliche, jeder Berechnung spottende Tatsache des Wunders in die Welt setzt, den Geist der Vernunft mit der Unregelmäßigkeit des Unternehmens als solchen nachträglich zu versöhnen sucht. Unter der Voraussetzung, daß tatsächlich mit aller üblichen Ordnung gebrochen wurde, soll nun jeder Schritt streng bemessen sein, bis ein Wunderwerk an Ordnung entsteht.

Die Unvernunft, das ursprünglich Abenteuerliche liegt nicht in der Lebenstechnik, sondern in der Tatsache, daß solche Meerestierchen, die nur auf höchst umständlichem Wege, mit weit hergeholter Lebenstechnik und Ausrüstung ihr Leben fristen und am Lichte des Tages behaupten können, überhaupt leben wollen, sich entschließen können und entschließen, ihr Leben zu führen.

Wird sich der Geist der Vernunft, der »Weltgeist«, eines Tages mit der irregulären Existenz versöhnen? Wenn sie durchaus leben will, dann bleibt nichts anderes übrig, als ihr eine Frist zu geben. Sie hat sich selbst um das

»Wie« zu kümmern, sich den Boden zu schaffen, auf dem sie lebt. Das Lebewesen lebt von seinem Kapital, es scheidet die Bedingungen seiner Existenz aus seinem eignen Organismus aus, und wenn diese Bedingungen schließlich einen einzigen großen in sich regulären Zusammenhang bilden, ist seine Existenz gerechtfertigt. Der Weltgeist belächelt die Umstände, die sich einer machte, und er beschlagnahmt das Ergebnis an Ordnung und Regelmäßigkeit. Derjenige, der nun leben wollte, gibt sich gern zufrieden. Er hat die Genugtuung, auf dem *Umweg* über die Ratio sein Leben gerechtfertigt zu haben.

Es ist eine alte Weisheit, daß es im Geschichtlichen keine Wiederholung gibt. Zwischen politischen Weltwundern gar gibt es nur *eine* Ähnlichkeit: sie weichen deshalb vom Gewöhnlichen ab, weil sie als einmalige Umwege zugleich Wunderwerke an Ordnung sind.

Den Umweg beschreiten, das kann niemals die Angelegenheit einer »Partei« sein. Lenins Partei war keine Partei im alten üblichen Sinne, sondern ein Kampfbund von Leuten, die, wie die Ereignisse gezeigt haben, allein imstande waren, für die Ostvölker noch einmal einen *modus vivendi* zu suchen und zu finden. Das, was sich »Partei« nannte, hat verschiedene gründliche, totale Metamorphosen durchgemacht. Die alten Parteigenossen außerhalb Rußlands sind gewissermaßen beim Rudersport oder bei der nächsten Stufe geblieben, während die Russen erst die Ruder zerbrachen, dann, in der nächsten Phase, die Segel und die Holzschiffe verbrannten, bis sie schließlich Schiffe benutzten, von denen aus man jederzeit zum Fluge starten kann. Man kann nicht einmal sagen, daß die ausländischen Kommunisten heute das sind, was die Russen 1905 waren, idealistische Weltverbesserer, die die Weltgeschichte durch die klassenlose Zukunftsgesellschaft abschließen wollten. In Politicis ist man nur *das* »der Möglichkeit nach«, was man *tatsächlich* endlich auch »der Wirklichkeit nach« ist, und die *ernst*zunehmenden Möglichkeiten werden hier *ausgeschöpft,* sei es auch in Form eines tragischen Ausganges einer heldenhaften Laufbahn.

Lenins Tätigkeit rührte schon 1905 an die tieferen Grundlagen der politischen Existenz. Er hat die Stufe des idealistischen Parteikommunisten gewissermaßen schon übersprungen, *bevor* er sie betrat. In der »Volks«-revolution hört er den »Ruf des Lebens«. Das wirtschaftliche Elend einer Klasse ist ihm nicht Ursache, sondern Symptom. Die wirtschaftliche Not kommt zuguterletzt zu den übrigen Leiden hinzu, und sie bringt auf diese Weise den Becher des tieferen Leidens zum Überlaufen. Lenin sieht, daß die Völker, die die weiten Ebenen und Wälder des großen Reiches bewohnen, sich politisch heimatlos fühlen, daß sie nach einem Sinn ihrer Existenz dürsten. Die Russen wissen nicht mehr, wozu sie da sind, und Lenin ist derjenige politische Russe, der die umgehende Verzweiflung klarer sieht als sie alle, in erschrecklicher Klarheit. Dem, der als einziger die ganze tiefe Unerträglichkeit der allgemeinen Existenz durchschaut, fällt schließlich wie von selbst alle Verantwortung auf die Schultern. Wer eine überaus schwierige Diagnose richtig stellt, der hat aller Wahrscheinlichkeit nach auch das Zeug zum Arzt. Aus der spezifischen Leistung kann man sehr wohl auf die spezifische Naturanlage zurückschließen. Praktische Verhältnisse durchschaut jemand, der Organe hat, mit denen er sich in diesen praktischen Verhältnissen bewegt.

Woher der Drang, *aus dem Staat* einen totalen Staat, *ein Internat* zu machen? Der Politiker ist totaler Politiker, weil er sich nicht nur um die Politik zu kümmern hat, sondern zugleich um die Voraussetzung, unter der allein Politik möglich ist, um den Boden, *auf dem* sich die Ereignisse abspielen und auf dem er handelt. Er muß in verschiedenen Dimensionen zugleich leben und handeln. Die alte diplomatische Routinepolitik der liberalen Massenstaaten bewegt sich im Unterpolitischen; das Niveau des Unterpolitischen muß verlassen, das Niveau echter Politik muß erreicht werden. Der totale Politiker muß sich im Unterpolitischen politisch bewegen können, er muß, zweitens, seine Leute aus dem Unterpolitischen herausreißen, und er muß, drittens, zwischen echter Politik und unterpolitischer »Politik« ein vorläufiges Verhältnis und Auskommen stiften. Die grundlegende Voraussetzung dafür, daß die Niederung des Unterpolitischen verlassen werden kann, besteht darin, daß das Volk sich (wie Hegel sich ausdrückte) »in seiner Existenz beheimatet fühlt«. Diese Voraussetzung muß der totale Politiker selbst mit schaffen. Man kann allerdings nicht sagen, die große Politik habe das Ziel, die Menschen »glücklich« zu machen. Eher läßt sich schon sagen, die große Politik beruhe auf der *Voraussetzung,* daß die Menschen glücklich *sind.* Aber auch »hinter« dem Glück »steckt« noch etwas Besonderes: Ein Mensch, der keine Heimat hat, kann nicht einmal wirklich *un*glücklich sein.

Was soll ein Politiker mit Menschen anfangen, die ihr Leben von vornherein nicht mehr zu genießen wissen? Er baut ihnen eine neue Gesellschaftsordnung, erobert ihnen die fruchtbarsten Landstriche – und bietet ihnen doch Steine anstatt Brot.

Nicht-Genießen-Können macht gemein – so kann man einen bekannten Moralspruch auf den Kopf stellen.[25] Das Wesen des Sklaven bestimmt sich, nach Aristoteles – im Unterschied zum Wesen des Herrn – von daher, daß der Sklave nicht genießen kann. Es gibt Dinge, die nur gebraucht werden dürfen, und Dinge, die *genossen* werden *müssen*. Der wirkliche Genuß ist ein Faktum, um das der Genießende nicht weiß; er ist die Stärke des Menschen. Der Mensch *hat* etwas – das Genießen ist ein Haben (habitus). Der Genuß (Beispiele: Augustins fruitio dei und der aristotelische Genuß des Lebens der politischen Gemeinschaft in der Polis) ist etwas ganz Normales, wofür der Mensch niemandem Dank schuldet, das er als das Selbstverständlichste von der Welt hinnimmt. Odysseus genießt das Leben in seiner Heimat – das ist das Normale. Daß er aus dem Bereich dieses Genusses gestoßen ist, daß er nicht genießen kann, das ist das Abnorme, Erstaunliche, Irreguläre. Normalerweise ist der Mensch mit seiner Welt eins, er kostet seine Existenz aus. Die Entfernung ist eine Verirrung, ein Provisorium; und eine endgültige Trennung würde bedeuten, daß der Mensch verflucht und verworfen ist. Vergebens redet er sich ein: »Ich ziehe mich nun in meine Innerlichkeit zurück.« Wenn die Außenwelt tot ist, ist auch die Innerlichkeit ruiniert, und der Mensch hat sich die Teilnahme von seiten der Kreatur und von seiten der Götter verscherzt.

Die extreme Heimatlosigkeit des modernen Menschen ist das Kardinalproblem der gegenwärtigen und kommenden Politik. Lenin ist zweifellos der einzige große Politiker aus dem ersten Jahrhundertdrittel, der dieses Problem sieht und zum Angelpunkt seines Handelns macht. Beispielsweise die Fabriken besetzt er, um den Russen mit seiner Arbeitsexistenz zu versöhnen, und nicht etwa, um dem Arbeiter nun ein für allemal den Vorteil gegenüber dem Kapitalisten zu verschaffen. Lenin geht nicht von dem pseudopolitischen, unterpolitischen Problem des ökonomischen Klassenegoismus aus, sondern von dem fundamentalen vorpolitischen Problem der Heimatlosigkeit und des Lebensdurstes der östlichen Völker und Rassen.

Man kann die Rentabilitätswirtschaft des 19. Jahrhunderts nicht *allein* für die Verödung unserer Existenz verantwortlich machen. Schon vor Hölderlins Blick umhüllte sich die fürchterliche Heimatlosigkeit des modernen Deutschen. Diejenigen Mächte, die dazu da waren, dem hemmungslosen und wüsten Rentabilitätsinteresse Widerstand zu leisten, trifft

[25] Johann Wolfgang von Goethe, *Faust. Eine Tragödie*, Vers 10259 [*Genießen macht gemein*].

mindestens die gleiche Verantwortung. Die Rücksicht auf eine optimale Verzinsung des investierten Kapitals, erreichbar durch einen unendlichen industrietechnischen Fortschritt, hat den Boden, die Landschaft, den Volkscharakter Deutschlands willkürlich umgestaltet und entstellt. Normalerweise muß es für einen reifen Mann beschämend sein, wenn er eingestehen muß, sein Leben sei der Verzinsung eines anonymen Kapitals geweiht. Da steht ein großer Fabrikkomplex, er macht sich, weithin und vor aller Augen sichtbar, in der deutschen Landschaft breit, und schon die »architektonische« Außengestalt verrät in jeder Linie, wozu das Ganze da ist; die Gewinnberechnung dringt wie ein giftiger Schwamm durch alle Fugen und Ritzen des Gebäudes und die altertümliche Landschaft ist geschändet und entweiht. Im 19. Jahrhundert findet es die Absicht nicht einmal nötig, sich schamhaft zu verbergen, sie spricht sich alles Recht zu und lebt in einer verruchten Gedankenlosigkeit und Anmaßung in den Tag hinein. Unter den historischen Mächten, die in großem Ausmaße destruktiv gewirkt haben, war vielleicht noch niemand so arglos seiner Sache sicher wie der Industriemensch des 19. Jahrhunderts.[114]

Das deutsche Volk ist nicht auf der Welt, um für die Verzinsung von Kapitalien zu arbeiten, die jemand auswarf, der an der Rentabilität interessiert ist. Gegen die Existenz eines Jahrhunderts, die sich nicht »lohnte«, steht die ruhmvolle Existenz eines Jahrtausends, die sich gelohnt hat und lohnen wird.[115] Für Lakaiennaturen, die alle Dinge unter dem

114 Vom Standpunkt des Ingenieurs urteilt über das Verhältnis zwischen Industriewirtschaft und Technik E. Heidebroek (»Das Weltbild der Naturwissenschaften«, Stuttgart 1931): »In Wirklichkeit müssen wir einsehen, daß der *Entwicklungsprozeß der technischen Produktion* keineswegs geregelt, sondern sprunghaft, *ungewohnt,* bald auf diesem, bald auf jenem Gebiete überwiegend, zügellos und unwillkürlich *vorwärtsgetrieben wird.* Oft wächst er treibhausartig, *getrieben durch Kunstdünger des Anlage suchenden Kapitals. Das Kapital wirft sich oft blind auf jede neue Anlagemöglichkeit.* Oder der übersteigerte wirtschaftliche Egoismus der Nationen und Wirtschaftsgruppen greift jeden Fortschritt der Technik sofort auf und züchtet ihn hoch.« Soziale Folgen des Industrialismus: »Die schwimmenden Massen der industriellen Arbeiterschaft, in die großen Städte hineingesaugt, sind losgelöst von der Verbundenheit mit den natürlichen Lebensfunktionen: Erdboden, Landschaft, Klima usw. Es entstehen dadurch seelische Hohlräume, in die undisziplinierte, triebhafte Ideen einströmen, wenn sie nur Luftgefühl in einer geträumten Zukunft .... auslösen.«

115 Es ist nicht zu vergessen, daß das tausendjährige Reich schon einmal eine höchste Reife auch der *technischen* Kultur erreicht hatte. »Schiene und Gleis stammen letzten Endes aus Deutschland. *Im Ausgang des Mittelalters .... stand Deutschland in Technik und Handel wesentlich höher als England;* es sind jene Tage, in denen die deutsche Hansa vom Stahlhof in London aus den Handel Englands beherrschte ....«. (Vgl. Otto Blum, Der Weltverkehr und seine Technik, Stuttg. und Berl. 1921).

Aspekt des privaten Profits betrachten, ist auf der Mitte der Bühne der großen Politik kein Platz, und Institutionen, Gebäude, Rechtskonstruktionen, denen ein niedriges Wirtschaftsinteresse als Motiv ihrer Herkunft und ihres Fortbestandes gleichsam an der Stirn geschrieben steht, gehören nicht zum Inszenarium jenes Welttheaters. Auf welche Weise kann man aber mit der bösen Hinterlassenschaft des liberalen Industriejahrhunderts aufräumen?

Lenin versuchte in Rußland die Frage so zu lösen, daß er ein Interessenmassiv als Sturmbock gegen das andere benützte. Nach dem Sieg trieb er die Kampfbewegung über ihre eignen Grenzen hinaus. Er versuchte, den ökonomischen Klassenkampf, dieses Gift, als Gegengift gegen die Entfremdung des Volkskörpers von sich, seiner Landschaft, seiner technischen Lebensausrüstung und seiner weltpolitischen Bestimmung zu benützen.

Wir haben in Deutschland, im Unterschied zu Rußland, eine bestimmte vorökonomische Kulturtradition. Das deutsche Volk war im Mittelalter schon einmal »bei sich zu Hause«. Die Reserven dieses echten Volkslebens sind bisher noch nicht angegriffen worden, in den Fortschrittsjahrhunderten, besonders im 18. und im 19. Jahrhundert, konnte man kaum mit der *Erinnerung* an diese Reserven etwas anfangen. Man lebte tatsächlich, als ob es nie eine Zeit gegeben hätte, in der man am Profit und Fortschritt kein Interesse hatte. Gerade weil das ganze deutsche Volk mit ungleich größerer Energie als das russische zum Aufbau der Industrie herangezogen war, sind wir auch in der ganzen Breite der Existenz ein Industrievolk geworden. Zur technischen Ausrüstung unseres Lebens haben wir hier in Deutschland, im wesentlichen Unterschied zu Rußland, kaum noch etwas Beträchtliches hinzuzufügen. Es handelt sich mehr darum, eine fertige Ausrüstung so zu verwalten, daß sie sich ins Ganze des Volkslebens zurücksaugen läßt, als darum, die Ausrüstung schrittweise so zu vervollkommnen, daß das Volk mit ihr wächst und reift, bis das »modernste« Volk und der »modernste« totale Staat sich in einem einzigen Lebenszusammenhang finden. Wir sind mehr ein Volk der Mitte als ein Volk des Extrems, wir müssen einen Weg finden, um auf die Reserven zurückgreifen zu können, über die wir als die Bevölkerung eines Reiches und als die Träger einer ehemaligen Hochkultur verfügen können. Diese Reserven verhelfen uns mindestens dazu, über den toten Punkt unserer Entwicklung im positivistischen Industriejahrhundert hinwegzukommen.

Schließlich kann die Entwicklung sehr wohl dahin führen, daß jemand, der keine Heimat hat, sich eine Heimat erobert. Aus einem Fetzen Erde, der dem öden Meer abgerungen wurde, kann eine Heimat werden. Wir müssen die nächstliegenden Dinge an uns heranziehen; geistige Eroberung und politische Eroberung der »nächsten Dinge« (Nietzsche) laufen dabei parallel. Wie die partikularistischen Grenzen der zum Separatismus neigenden Landesregierungen gefallen sind, so müssen und werden die Kompetenzabgrenzungen zwischen den einzelnen Wissenschaften, den praktischen Tätigkeitsbereichen, den kulturellen und privaten Bestrebungen und Parteiungen fallen. Die Dinge ordnen sich und teilen sich danach ein, ob sie mehr oder weniger zentral zur Ausrüstung des Lebens eines Volkes gehören. An die Stelle des liberalistischen Rechts unverantwortlicher, nur dem Gedeihen ihres »Betriebes« verpflichteter Individuen tritt das Recht des ganzen Volkes. Es gibt nur noch ein einziges Unternehmen, für das ein einziger Unternehmer zuständig ist, die Nation selbst. Die Initiative des ganzen Volkes ist die Wurzel und der bleibend maßgebende Ursprung der Unternehmerinitiative, und im Bereich des nationalen Lebensraumes gibt es keine Institution, kein Gebäude, keine Organisation, kein Arbeitsergebnis und kein Arbeitsverfahren, das nicht die Nation primär anginge. Sie hat sich um alles zu kümmern. Die Unternehmerinitiative des Volkes zielt darauf, sich eine Heimat zu schaffen. Nicht der Privatunternehmer, sondern der politische Unternehmer, die ganze Nation, ist »Herr im Hause« des einen großen Unternehmens. Wie in der Zeit der germanischen Völkerwanderung ergibt sich das Eigentum einzelner Volksgenossen erst nachträglich, auf Grund und unter Voraussetzung der Eroberung; das Eigentum ist ein »Los«, das auf Grund besondrer politischer Verdienste vom Volk zugewiesen wird. Nicht die private Existenz und die private Initiative ist das Primäre und bleibend Zuständige. Frei ist nur ein Mensch, der eine Heimat hat, der Heimatlose wird zum Spielball der Elemente (der »Naturgesetze« der Weltwirtschaft). Frei sein bedeutet über Reserven verfügen, sich auf die Bedingungen seiner Existenz verlassen, das Ganze seiner Existenz mit Seelenruhe genießen zu können; ein freier Mensch kann sich eine Extravaganz gestatten, weil seine Existenz ein für allemal auf einem Grund von Geborgenheit ruht.

Der totale Staat ist der *Status* der politischen Geborgenheit des Menschen, aus der sich seine wirtschaftliche Geborgenheit erst ergibt. Dieser Staat ist weder reaktionär noch modern, er ist einfach der menschlich normale Staat. Der antike Staat war ein totaler Staat, ebenso das mittelalterliche Reich. Weil der totale Staat mächtig ist, hat er es nicht nötig, mit seiner Macht zu prahlen. Er ist mit der Tatsache seiner Macht so vertraut, sie ist ihm so selbstverständlich, daß er diese Macht nur in Ausnahmefällen *zeigt*. Ein wirklicher Machthaber ist über den Gedanken, daß andre an seiner Macht zweifeln könnten, erhaben, er geht mit seiner Macht nicht hausieren, und er kümmert sich nicht um den, der mit dem Säbel rasselt. Wenn Hobbes den totalen Staat einen Leviathan nennt, so meint er damit, daß einer echten, großen und gediegenen Macht etwas *Vegetatives* anhaftet; sie ist von einer vegetativen Unbekümmertheit und Unbefangenheit. Wenn die »Staatsbürger« noch nicht unbefangen miteinander und mit den anderen verkehren können, so zeigen sie, daß sie die Ebene des Politischen noch nicht erreicht haben. Verdacht ist eine Eigenschaft, die sich mit einer souveränen Natur nicht vereinbart; *sie* sieht und beachtet nur das, was tatsächlich »ist«. Im totalen Staat kann das Volk sich selbst vergessen, weil es aus den Quellen seiner Existenz heraus *lebt;* es lebt nicht etwa bestimmungslos drauf los, sondern es *ist* in Verfassung; aus dem Wissen um das ökonomisch Nützliche, um das Recht, die Wahrheit, die Moral – einem Wissen, das früher auf verschiedene wissenschaftliche, gesellschaftliche, politische Ressorts verteilt war, – ist nun eine epidemische Weisheit geworden, Weisheit von der Art, wie sie in den Epen ihren Ausdruck findet. Im totalen Staat wechselt das Volk in eine höhere Geistesverfassung über. Der Geist erreicht seine höchste Entwicklungsstufe, wenn er auf der einen Seite einen Zugang zum Reich der ewigen Wahrheiten gewinnt, und wenn er, auf der andern Seite, an dem Vegetativen Teil hat, das jeder echten Macht eignet. Die »Hoheit« des Geistigen besteht in seiner Unbefangenheit, und geistige Unbefangenheit wird erst wieder in einem totalen Staate möglich. Geistig unbefangen ist eine volkstümliche Medizin, ein volkstümliches Rechtsbewußtsein, eine volkstümliche Philosophie, die alle aus Quellen eines Wissens schöpfen, das dem modernen »wissenschaftlichen« Denken verschlossen ist.

Es handelt sich darum, daß das Volk das, was durch den »Fortschritt«, den Fortschritt der Wissenschaften, der Technik, der Industrie, der gesellschaftlichen Organisation, wirklich erreicht ist, sich nun auch aneignet. Vielleicht geht hie und da der Fortschritt weiter, doch nunmehr, in der Epoche des totalen Staates, wird die Überprüfung und Aneignung der Ergebnissse des Fortschrittes wichtiger als das Fortschreiten. Die Mittel der Existenz sind der Existenz selbst vorausgeeilt, das Volk muß nachkommen, sich diese Mittel einverleiben und zu dem werden, was es ist; es sagt sich eines Tages: die Schnelligkeit und Eleganz dieser Flugzeuge, die den Luftraum durcheilen, ist meine Schnelligkeit und meine Eleganz, das von Energien geladene Leben dieser Metropole ist mein Leben, und die Wellen dieser Großsender sind das Element *meiner* allseitigen Mitteilbarkeit und Empfängnisbereitschaft.[116] Das Volk kümmert sich deshalb um alles

116 Der zentrale Aneignungsprozeß vollzieht sich, einer inneren Logik der technischen Entwicklung entsprechend, in der Welt der technischen *Arbeit*. Der Arbeiter überwältigt die Maschine – das wird auf dem Felde der rohesten Arbeit, der Lastenförderung, besonders deutlich. Wir zitieren aus dem Werk: Kammerer-Charlottenburg, »Die Technik der Lastenförderung einst und jetzt«, München-Berlin 1907: »Als Mittel zur Bewegung schwerer Lasten zu Beginn des Maschinenzeitalters – gegen die Mitte des 19. Jahrhunderts – tritt uns der Dampfkran am Kai entgegen. .... Wenn er erst zugefaßt hat, entwickelt er eine gewaltige Hebkraft, aber er braucht Menschen als Handlanger, die mit Schlingketten die Last an seinem Hacken befestigen. Wegen seiner Unbehilflichkeit im Zufassen, wegen seiner Langsamkeit und Schwerfälligkeit ist er nur für Schwerlasten geeignet, nicht aber für schnelle Massenbewegungen verwendbar. Noch herrscht der Mensch nicht frei über die Maschine, sondern er ist zum Teil noch ihr Diener. Der Dampfkran dieser ersten Zeit erinnert noch etwas an die Vorläufer der Dampfmaschine, an die ersten Feuermaschinen von Newkomen, bei denen der Hahnsteuerer unablässig nach dem Takt der Maschine die Dampf- und Wasserhähne auf- und zudrehen mußte. In dieser Frühzeit der modernen Technik erscheint die Maschine wie ein Dämon, der den Menschen zu seinem Sklaven macht, der nur den Unternehmer bereichert, den Arbeiter aber bis auf seine letzten Kräfte ausbeutet, der häßlich, schwerfällig und anscheinend kulturfeindlich auftritt.

Ein ganz andres Bild gewährt schon rein äußerlich der moderne elektrisch betriebene Stahlwerkskran: wir erblicken einen zierlichen, frei über die Halle gespannten stählernen Gitterträger und von ihm herabragend einen schlanken, nach allen Richtungen beweglichen Zangenarm; das Ganze wird von einem einzigen Mann beherrscht, der mit sanftem Druck auf den Steuerhebel die elektrischen Ströme steuert und mit ihrer Hilfe die schlanken Stahlglieder des Krans zu raschen Bewegungen zwingt, so daß sie ohne Zutun eines Handlangers den glühenden Stahlblock greifen und durch die Luft schwingen; dabei ist kein anderes Geräusch zu hören als das leise Surren der Elektromotoren. Hier ist der Mensch nicht mehr der Diener, sondern der Herr, nicht mehr seine Muskelkraft, sondern seine Umsicht, Überlegung und Energie leisten die technische Arbeit, die Erfindung der Maschine hat den Menschen auf eine höhere soziale Stufe gestellt, seine Lebenshaltung gesteigert und ihn zum denkenden Mitglied der menschlichen Arbeitsgemeinschaft gemacht.« – Die Maschine, die Lasten hebt und trägt, ist als Kunstwerk der Maschine, die ein Fertigfabrikat sauber und wohlgestaltet produziert, ebenbürtig, das Lastenheben ist ebensowenig wie die maschinelle Straßenreinigung und die Müllabfuhr ein roher und gemeiner Arbeitsvorgang, sondern jede Arbeit nimmt durch die Zwischenschaltung der Maschine den *Rang* einer hochgesteigerten Kunst (»Techne«) ein, und der Mensch kann sich der Arbeit mit gutem Gewisssen wieder nähern. Er hat eine »Welt« vor sich, in der es sich lohnt, das Regiment zu führen, eine Welt, die in ganz andrem Sinne »Welt« ist als die vom Christentum beargwöhnte »Frau Welt«, die den Menschen verlockt und nieder-

einzelne, weil es im Ganzen, in der Breite seiner Existenz wieder unbekümmert leben will. Es bestätigt den Argwohn im einzelnen, weil es ihn aus dem Ganzen seiner Existenz vertreiben will. Es muß sich dort sammeln, wo es sich verloren hat, und dort zu sich kommen, wo es außer sich geraten ist.

zieht. In der Welt der Maschine kann der Mensch etwas leisten, das er vorher zum großen Teil überhaupt nicht leisten konnte, und er nimmt den Kurs auf diese Welt nicht aus Hochmut oder Übermut, mit wenig Ausnahmen auch nicht aus Gewinnsucht oder Genußsucht, sondern weil ihn ein Fatum treibt, das ein eisernes Herz in der Brust hat und das jede Diskussion abschneidet. Mit diesem Fatum muß er sich aussöhnen, wenn er politisch wieder eine Heimat gewinnen will.

Verzeichnis der benutzten Literatur und der Abkürzungen

Literatur:	Abkürzung:
1. W.I. Lenin, Sämtliche Werke, Verlag für Literatur und Politik, Wien-Berlin, Band 1 ff. (soweit erschienen)	1, – mit der folgenden Zahl wird die Seite des Bandes bezeichnet.
Für den Fall, daß ein Band zwei Teile hat	20/1, 20/2 usf.
2. Russische Korrespondenzen, Jahrgang I, II, III	Jahrg. I, II, III
3. N. Lenin, Der Imperialismus als höchstes Stadium des Kapitalismus, Verlag wie Nr. 1	Imp.
4. W.I. Lenin, Staat und Revolution, wie 1	Staat u. Rev.
5. N. Lenin, Agitation und Propaganda, wie 1	Ag.
6. W.I. Lenin, Der »Radikalismus«, die Kinderkrankheit des Kommunismus, Internationaler Arbeiterverlag 1930	Rad.
7. W.I. Lenin, Über die nationale Frage. Zwei Teile. Verlag der Jugendinternationale, Berlin	Nat. I, Nat. II
8. W.I. Lenin, Die Revolution von 1905, wie 1	Rev.
9. W.I. Lenin, Über den historischen Materialismus, wie 1	Mat.
10. W.I. Lenin, Über Religion, wie 1	Rel.
11. W.I. Lenin, Wie der Wettbewerb zu organisieren ist, Verlagsgenossenschaft ausländischer Arbeiter in der UdSSR 1931	Wettb.
12. N. Lenin, Über Gewerkschaften, wie 1	Gew.
13. W.I. Lenin, Über den Staat, Internationaler Arbeiterverlag 1929	Staat
14. W.I. Lenin, Briefe an Maxim Gorki, wie 1, 1924	Gorki
Zugleich wird, ohne daß das immer besonders vermerkt wird, aus folgenden Schriften Stalins zitiert:	
15. J. Stalin, Probleme des Leninismus, Verlag wie 1, zwei Bände,	
1. Band	Stal. Len.
2. Band	Stal. Len. a.
16. J. Stalin, Auf dem Wege zum Oktober, wie 1	Okt.
17. J. Stalin, Die Stoßbrigade des Weltsozialismus, Carl Hoym Verlag	Stoßbr.
18. J. Stalin, Politischer Bericht des Zentralkomitees an den 16. Parteitag der KPdSU vom 27. Juni 1930, Verlag wie 16	Stal. 27

Verzeichnis der benutzten Literatur und der Abkürzungen

Andere Literatur:	Abkürzung:
Die Verfassung der Union ... hsg. von der »WOKS«, Moskau 1928, mit Einleitung von Gurwitsch	Gurw.
Korowin, Das Völkerrecht der Übergangszeit, Verlag Rothschild 1929	Korow.
W. Molotow, Bericht vom 16. Parteitag am 5. Juli 1930, Verlag C. Hoym	Mol. 5
W. Molotow, Rede vom November 1928, Verlag wie oben	Mol. 28
L. Kritsman, Die heroische Periode der großen russischen Revolution, Verlag wie 1	Kritsm.
Leo Trotzki, Geschichte der russischen Revolution, E. Fischer 1931	Trotzki
Osteuropa, Zeitschrift für die gesamten Fragen des europäischen Ostens, hsg. Otto Hoetzsch	
Die Genossenschaften im Wirtschaftssystem des Sowjetstaates, Böckenhauer, Dissert., Wo. Kohlhammer 1930	
Hier *Literaturangaben*	
Das einheitliche Staatsbudget der UdSSR, Gerhard Dobbert, Jena, Gust. Fischer 1930	Dob.
Daselbst: Die russische komm. Theorie und ihre Auswirkung in den Planwirtschaftsversuchen der Sowjetunion	
Franz Quadflieg, Russische Expansionspolitik im 19. Jahrhundert, Diss., Leipzig, Spamer 1914	

Sperrungen [hier Kursivierungen] in Zitaten aus den genannten Büchern sind nach den Gesichtspunkten der vorliegenden Schrift vorgenommen, auch wenn der Text nicht gesperrt gedruckt ist.

Personenverzeichnis

Adler, Viktor 125
Alexander der Große 48, 68
Antonius, Marcus 38 Fn. 8
Antonow, W. W. 242 Fn. [21]
Aristoteles 60, 61, 285
Augustinus (Augustin) 38 Fn. 8, 48, 160 Fn. 56, 183, 285
Augustus 38, Fn. 8, 47
Axelrod, Pawel B. 259
Bacon, Francis 30
Bauer, Otto 124
Bernstein, Eduard 123
Bessemer, Henry 270
Bismarck, Otto von 42, 47, 50
Blum, Otto 286 Fn. 115
Böhme, Jakob 16, 17
Breschko-Breschkowskaja (Breschkowskaja), Jekaterina K., »Mutter der russ. Sozialdemokratie« 193
Brockdorff-Rantzau, Ulrich Graf von 19
Brutus, Marcus Iunius 38 Fn. 8
Caesar (Cäsar), Gaius Iulius 38 Fn. 8, 47, 48, 145
Chrysippos (Chrysipp) 54
Churchill, Winston 272 Fn. 109
Clausewitz, Carl von 37, 140 Fn. 49, 141
Clemenceau, Georges 18, 22, 23
Crispien, Arthur 134
Cromwell, Oliver 58
Dante 29, 32, 33, 42, 43
Denikin, Anton I. 195, 196, 274 Fn. 110
Descartes, René 30
Disraeli, Benjamin, 1. Earl of Beaconsfield 205 Fn. [19]
Dostojewski, Fjodor M. 14, 19, 29 Fn. [5], 41 Fn. 6, 47, 50, 51
Dzierzynski, Feliks E. 70 Fn. [11]
Eduard III., König von England 27
Ferrières, Charles-Élie, Marquis de 14
Franck, Sebastian 16
Franz Joseph I. (Joseph) 83 Fn. 20
Friedrich II. (Friedrich der Große) 40, 63
Gelasius I. 29 Fn. 4
Gentz, Friedrich von 30 Fn. 5
Gerasssimow, Michail (Michael) P. 87
Goethe, Johann Wolfgang von [4], 33, 43 Fn. [7], 57, 285 Fn. [25]
Götzen (Götz), Friedrich Wilhelm, Graf von 115 Fn. 42
Gorki, Maxim 83 Fn. 20, 128
Gregor der Große 29 Fn. 4
Grimmelshausen, Hans Jakob Christoffel von 50
Grotius, Hugo 28 Fn. 3
Gryphius, Andreas 50
Gurwitsch (Gurw.), Alexander G. 142, 243
Hegel, Georg Friedrich Wilhelm 16, 17, 21, 25, 27, 30, 35 Fn. 7, 37, 52, 57, 62, 73 Fn. 15, 144 Fn. 50, 168 Fn. 57, 213, 284
Heidebroek, Enno Wilhelm Tielko 286 Fn. 114
Hobbes, Thomas 23 Fn. [4], 24, 28 Fn. 3, 53, 56, 289
Hölderlin, Friedrich [4], 22, 285
Huber, Ernst Rudolf 15 Fn. 1
Hume, David 26 Fn. 2
Innocenz III. 30 Fn. 4
Johann I. ohne Land, König von England 27
Joseph *siehe* Franz Joseph I.
Judenitsch, Nikolai N. 195, 196, 274 Fn. 110
Kamenew, Lew Borissowitsch 70 Fn. [11]
Kammerer-Charlottenburg, Otto 290 Fn. 116
Kant, Immanuel 50, 62
Kautsky, Karl 72, 125, 234 Fn. 83
Kepler, Johannes 28 Fn. 3
Kerenski, Alexander F. 71, 95 Fn. 26, 242 Fn. [21]
Kötzschke, Rudolf 29, Fn. 4
Koltschak, Anton P. 195
Kolumbus, Christoph 30
Konstantin der Große 55
Kopernikus, Nicolaus 30, 155, 200, 225
Korostowetz, Wladimir K. 70 Fn. [11]
Korovin (Korowin), Evgenij A. 239 Fn. 90

Kreitner, Gustav, Ritter von 244 Fn.[22]
Krizman (Kritsman), Lev N. 242 Fn.[21], 274 Fn. 110
Kropotkin, Pjotr 193
Krzizanowski, Gleb M. 242 Fn.[21]
Kschessinskaja, Matilda F. 261
Leibniz, Gottfried Wilhelm 27, 49, 50
Liebknecht, Karl 204 Fn. 68
Ludendorff, Erich 19
Ludwig XIV. 260 Fn. 104
Luther, Martin 256 Fn. 100
MacDonald, Ramsay 122
Macchiavelli (Machiavelli), Niccolò (Nicoló) 39, 69, Fn.[11], 70, 73 Fn. 15, 105
Machnow, Nestor I. 126 Fn. 46, 208 Fn. 71
Marius, Gaius 77
Martow, Julius O. 136, 255 Fn. 99, 256, 257, 259
Marx, Karl 46 Fn.[9], 91, 92, 107, 108 Fn. 35, 122 Fn. 45, 155 Fn. 54, 160 Fn. 56, 207, 213, 257 Fn. 102, 259 Fn. 103, 267 Fn. 108
Miljukow, Pawel N. 110
Molière (eigentl. Jean-Baptiste Poquelin) 61 Fn. 13, 62
Müller, Karl Alexander von 236
Mussolini, Benito 18–20 Fn.[3], 62–65, 244 Fn. 94
Napoleon I. 37–39, 45, 46 Fn.[9], 51, 115 Fn. 42
Napoleon III. 71
Nekrassow, Nikolaj A. 221 Fn.[20]
Newton, Isaac 28 Fn. 3
Nietzsche, Friedrich 47, 50, 57, 58, 76, 107, 108 Fn. 35, 109 Fn. 36, 119, 122 Fn. 45, 156, 160 Fn. 56, 179 Fn. 60, Fn. 61, 288
Nikolaus II. (Nikolascha) 82, 83 Fn. 20
Nötzel, Karl 29
Paracelsus (eigentl. Philipp Aureolus Theophrast Bombast von Hohenheim) 16, 62
Pareto, Vilfredo 63
Parvus, Alexander (eigentl. Israil L. Helphand) 208
Pascal, Blaise 49
Peter der Große 41, 267 Fn. 108
Philipp I., der Schöne, König von Kastilien 23 43
Plechanow, Georgi V. 136, 193, 259
Plutarch 38 Fn. 8
Pompeius Magnus, Gnaeus 38 Fn. 8, 48
Preobrashenski, Jewgeni A. 200
Richelieu, Armand-Jean du Plessis 21, 40, 42, 43
Rogowin, Wadim S. 242 Fn.[21]
Rousseau, Jean-Jacques 14
Rykow, Alexei I. 242 Fn.[21]
Sassulitsch, Wera I. 193
Schmitt, Carl 269
Schopenhauer, Arthur 50
Seeley, John Robert 236
Seippel, Paul 267 Fn. 108
Shakespeare, William 38 Fn. 8, 70 Fn.[11]
Sinowjew, Grigori J. 101, 102 Fn. 29
Sorel, Georges 19, 70, 114 Fn. 41, 122 Fn. 45, 267 Fn. 108
Stalin, Josef W. 38 Fn. 8, 66–68, 87 Fn. 22, 98, 100, 101 Fn. 29, 103 Fn. 31, 122, 126, 133, 140, 145 Fn.[16], 146, 147 Fn. 1, 151, 164,165, 170 Fn. 58, 175 Fn. 59, 190, 193, 197 Fn. 65, 201, 208, 214, 216 Fn. 75, 221, 233 Fn. 82, 242 Fn.[21], 244, 247, 254 Fn. 97, 257 Fn.[24], 259 Fn. 103, 260, 269, 273 Fn. 110, 276 Fn. 111,
Stein, Lorenz von 115 Fn. 42, 227
Suchanow (eigentl. Himmer), Nikolai N. 261
Südekum, Albert 72 Fn.[12]
Sun Yat Sen (Sunyatsen) 244 Fn.[22]
Tolstoi, Lew N. 14
Trotzki, Lew D. 38 Fn. 8, 66, 100, 102, 128, 194, 213, 216 Fn. 75, 242 Fn.[21], 254 Fn. 97, 259 Fn. 103, 260, 261
Tscheïdse, Nikolai S. 204 Fn. 68
Wagner, Richard 50
Wallenstein, Albrecht von 50
Weber, Max 16
Weick, Wildrich 28 Fn. 14
Wilson, Woodrow 82
Wittfogel, Karl August 244 Fn.[22]
Zeiß, Carl 31
Zereteli, Irakli G. 204 Fn. 6

Nachwort der Herausgeber

Wer nur von heut ist
Der ist immer von gestern.
Friedrich Gundolf*

Le monde à bas
je le bâtis plus beau.
Louis Aragon**

Als Ende der 1920er Jahre eine Sammlung von Schriften Lenins in deutscher Sprache zu erscheinen begann, da wurde das auch im ›Widerstands‹-Kreis um Ernst Niekisch (1889–1967) und den Brüdern Friedrich Georg Jünger (1898–1977) und Ernst Jünger (1895–1998) wahrgenommen. In einer Buchbesprechung in ihrer Zeitschrift *Widerstand* – »zwischen allen Fronten« (Uwe Sauermann) – wurde sogar eine säkulare Bedeutung des russischen Revolutionstheoretikers vermutet: »Lenin ist in die Geschichte eingegangen; das Geschehen vieler Jahrzehnte hat durch die Macht seiner Persönlichkeit sein Gepräge empfangen. Seine Wirkung ist nicht nur auf Rußland begrenzt (auch das wäre wahrhaftig schon viel genug), sondern reicht unmittelbar und mittelbar über den ganzen Erdball hinweg.«[1] Der Rezensent war (vermutlich) der Leipziger Philosophieprofessor Hugo Fischer (Halle/S. 1897–1975 Ohlstadt/OB). Er wurde von Ernst Niekisch aufgefordert, am *Widerstand* mitzuarbeiten. »Jünger hatte mir«, so erinnert sich Niekisch, »von einem Leipziger Privatdozenten für Philosophie erzählt, den er für den bedeutendsten lebenden philosophischen Kopf halte.«[2]

Fischers theoriegeschichtliche Analysen zu Lenins Werk sind überaus originell; sie sind nicht parteipolitisch instrumentierbar. Fischer betrachtete ihn zunächst durchaus skeptisch, an Ernst Jünger schreibt er einmal,

* Friedrich Gundolf, *Dichter und Helden,* Heidelberg: Weiss 1923, S. 25.

** Louis Aragon, *Feu de joie* [1920], Vers ›*Secousse*‹ [Weg mit der Welt, ich bau sie schöner auf].

1 *Lenin,* in: *Widerstand.* Zeitschrift für nationalrevolutionäre Politik, hg. v. Ernst Niekisch u. A. Paul Weber, 6(1931), S. 60.

2 Ernst Niekisch, *Erinnerungen eines deutschen Revolutionärs.* Bd. 1: Gewagtes Leben 1889–1945, Köln: Wissenschaft u. Politik 1974, S. 192.

Lenin sei einer der Zeitgenossen, »die noch der Verfallszeit angehören«.[3] Seine Analysen folgen dann aber Max Webers Prinzip der Werturteilsfreiheit, sie sind – im Selbstverständnis – *antipolitisch;* diesen Terminus hat Hugo Fischer in die moderne Politische Theorie eingebracht.[4]

Damit jedoch war er in jenen Jahren, am Ende der Weimarer Republik, von vornherein sozial stigmatisiert, – wie es dann auch einmal seine nationalsozialistischen Universitätskollegen bekundeten: er sei ein »Professorentyp älteren Stils«, heute »unerwünscht«.[5] Dazu passte natürlich exemplarisch Hugo Fischers – unzeitgemäßes – akademisches Interesse für Lenin als politischen Theoretiker und Strategen. Dabei berührte er dieses Thema beileibe nicht als exklusiv-abseitigen Gegenstand (mit einem womöglich politischen ›Undercover‹-Motiv), sondern führte es mitten hinein in aktuelle geistige Auseinandersetzungen um eine neue Politische Theorie und um neue Perspektiven mit dem Staat im Zeitalter des Verschwindens von Imperien. Das betraf aber auch die historischen Chancen der alten Nationen, denn »die haben sich selbst und ihr altes *Europa,* das sie konsternierte, *verloren*«.[6]

Die Art und Weise nun, wie man dort in Russland den Zusammenbruch eines dreihundertjährigen Imperiums (der Romanows) zu bewerkstelligen und zu bewältigen versuchte – und zwar unter den verschärften Bedingungen politischer und wirtschaftlicher Boykottierung und geopolitischer Fragmentierung seitens der Siegermächte des Großen Krieges –, ließ die Geschehnisse und ihre spirituellen Gründe dort in Sowjetrussland natürlich zu einem permanenten ›Gedankenlabor‹ für europäische Diskurse werden. – Die Grundfrage, der sich auch Hugo Fischer stellte, war: »Wer würde es wagen, die russische Wirklichkeit nur nach der sowjetbündischen Grundverfassung zu beurteilen […], die eine typisch westeuropäische Ideologie in das so völlig andersgeartete russische Leben einzubauen wagte?«[7]

3 Hugo Fischer an Ernst Jünger, v. 21. November 1928, zit. nach Bernhard Gajek, *Magister-Nigromontan-Schwarzenberg.* Ernst Jünger und Hugo Fischer, in: Revue de Littérature comparée, Vol. 71 (1997), Nr. 4, S. 487.

4 Vgl. Hugo Fischer, *Vernunft und Zivilisation: die Antipolitik,* Stuttgart: Seewald 1971.

5 Gutachten zu Hugo Fischer, an die Dozentenschaft in Leipzig, v. 10. Januar 1936, in: Personalakte Hugo Fischer, Universitätsarchiv Leipzig (im folgd.: UAL), Sign.: PA 455, Bl. 66.

6 Hugo Fischer, *Politik und Metaphysik,* in: Blätter für Deutsche Philosophie 5(1931), Heft 2/3, S. 275.

7 Heinrich Koitz, *Männer um Pilsudski,* Breslau: Korn 1934, S. 8.

Fischer und seine Freunde begriffen, dass man mit Lenins politischer Theorie auf ein neues grundlegendes Problem aufmerksam werden musste: Was heißt es, Politik zu machen im Zeitalter des – mit einem neuen Begriff[8] erfassbar gewordenen – »Welt-Bürgerkriegs«?

Hugo Fischer bemerkte bei seiner Lenin-Lektüre generell, dass es hier gar nicht zuerst um eine neue politische *Gemeinschaft,* nicht lediglich um einen neuen Staat geht, sondern um eine *Neue Gesellschaft,* – für *citoyens du monde.* – Der Leiter der sowjet-russischen Handelsvertretung in London, Leonid B. Krassin (1870–1926) brachte das einmal privat zum Ausdruck, als er schrieb: »The new Russia, a Russia of the Sovjets, [is] a government of labours and farmers for all nations«[9].

I.

Hugo Fischer kam im September (Michaelis) 1918, als Einundzwanzigjähriger, an die Alma mater Lipsiensis. Der junge Kriegsfreiwillige hatte schwer verletzt (an der Somme und in der Champagne) den Großen Krieg überstanden. Er kam mit geschärftem Verstand aus dem Felde – »das 19. Jahrhundert malte *al fresco* und konstruierte einen Gegensatz zwischen Kultur und Zivilisation. Der Weltkrieg war der Dämon, der die Pathetik kurz und klein schlug.«[10]

In Leipzig schrieb er sich für Philosophie, Sanskrit und Geschichte ein. Er wurde am 8. Juni 1921 mit seiner Arbeit »Das Prinzip der Gegensätzlichkeit bei Jakob Böhme« promoviert. Hieraus erwächst in Fischers eigener philosophischer Weltsicht eine besondere methodische Eigenart, von der noch Jahre später gesagt wird, er blicke »mit dem Auge des Mystikers auf die moderne technische Welt. Er ist ein Mann der Intuitionen; es ist außerordentlich wie er die Dinge von ihrem Inneren her durchleuchtet.«[11] Oder, wie das Ernst Jünger viel später einmal bezeichnete, er

8 Nikolai I. Bucharin / Jewgeni A. Preobraschensky, *Das ABC des Kommunismus,* Hamburg: Verl. d. Kommunistischen Internationale 1921, S. 120.

9 Leonid Borissowitsch Krassin, *Postkarte* (an Unbekannt), v. 30. März 1922, in: Antiquariatskatalog J. J. Heckenhauer zur Frankfurter Buchmesse (8.–12. Oktober) 2014, S. 42.

10 Vgl. Hugo Fischer, *Der deutsche Infanterist von 1917,* in: Widerstand 9(1934), 1. Heft (Januar), S. 7.

11 *Einige philosophische Bücher,* in: Widerstand 9(1934), 11. Heft (November), S. 407.

protegiere immer die »Zeichen der großen und im Unaufgeteilten wirkenden Vernunft«[12] und »seine Methodik war nicht wie die der hohen Schulen auf das Suchen, sondern auf das Finden gestimmt«.[13]

1

In den frühen 1920er Jahren hatten sich Ernst Jünger und Hugo Fischer in Leipzig kennengelernt. Jünger war (seit Oktober 1923) hier für das Fach Zoologie inskribiert; vor dem Zoologischen Institut begegnete ihm einmal ein Bekannter (aus Leisnig, wo Jüngers Eltern wohnten) und der machte ihn auf einen hiesigen Philosophen aufmerksam. »Auf diese Weise lernte ich Hugo Fischer kennen, der zusammen mit seiner Freundin und späteren Frau Alma [geb. Schildbach (*1898), verh. seit August 1925] in der Dachwohnung eines Arbeiterhauses lebte [1923: Sternwarthenstrasse 28, IV. Etg., bei Fam. Adam][14], was damals in Deutschland noch ungewöhnlich war.«[15] Mit seinem entomologischen Blick erkennt Jünger im Freund den »Schmetterling, der noch in der Puppe steckt und nicht ausschlüpfen kann, weil der Flügel noch … an der Hülse klebt«.[16]

1926 habilitierte sich Hugo Fischer in Leipzig, bei Felix Krueger (1874–1948), mit »Hegels Methode in ihrer ideengeschichtlichen Notwendigkeit«, das als Buch im Frühjahr 1928 in München bei C. H. Beck erschien. Damit wollte er (allerdings vergeblich) »hoffen, durch [Eduard] Spranger an die Universität Berlin zu kommen«.[17]

Mit weiteren Büchern über *Nietzsche* (Stenger Verlag Erfurt 1930) und *Marx* (Gustav Fischer Verlag Jena 1932) positionierte sich Fischer mit seinem Verständnis der neueren politischen Ideengeschichte. Er versteht

12 Ernst Jünger, *Besuch auf Godenholm,* Frankfurt/M.: Klostermann 1952, S. 29.

13 Ernst Jünger, *Das abenteuerliche Herz.* Zweite Fassung, Hamburg: Hanseatische Verlagsanst. 1938, S. 136f.

14 UAL, Quästurkartei Hugo Fischer. – Vgl. auch Gretha von Jeinsen, *Silhouetten.* Eigenwillige Betrachtungen, Pfullingen: Neske 1955, S. 75.

15 Ernst Jünger, *Siebzig verweht V* [Eintrag v. 14. Dezember 1995], Stuttgart: Klett-Cotta 1997, S. 202f.

16 Ernst Jünger an Carl Schmitt, v. 26. Dezember 1934, in: Ernst Jünger – Carl Schmitt. Briefe 1930–1983, hg. v. Helmuth Kiesel, Stuttgart: Klett-Cotta 1999, S. 44.

17 Ernst Jünger an Friedrich Hielscher, v. 26. Januar 1928, in: Ernst Jünger – Friedrich Hielscher. Briefwechsel 1927–1985, hg. v. Ina Schmidt u. Stefan Breuer, Stuttgart: Klett-Cotta 2005, S. 77.

dabei Philosophie als ›Praxis-Philosophie‹: Sie ist »eine denkerische Abbreviatur des Geschehens in unserm ganzen politischen und sozialem Raum, das von brennenden Fragen erfüllt ist. Der Philosoph erfindet die Fragen nicht, sondern er stößt auf sie [...] Es sind oft wildwachsende Fragen, die er aufgreift und die die Richtung des Denkens, die Inhalte des Denkens und [...] das Systembilden bestimmen.«[18]

Das politische Zentrum seiner Politikphilosophie war von allem Anfang an seinem Diktum erkennbar, dass man als *politischer* Realist Europäer sein müsse: »Das ›Europäische‹ ist eine Art konkretes Apriori. Der europäische Bereich ist *eine* letzte Ruhestation für den Erkennenden.«[19] Und demzufolge: »Der Realist ist weder Chauvinist noch Paneuropäer, er ist schlichtweg Europäer.«[20]

Gerade dieser Begriff des »Realismus« in der Neuen Politik macht dann das methodische Zentrum seiner Lenin-Studie aus. Die weitreichende Bedeutung der Russischen Revolution vom Oktober 1917 bestünde nämlich in seiner Überwindung des revolutionsheroischen ›Kriegskommunismus‹ hin zum ›Realismus‹: »Der Revolutionär muß einen Schuß Amerikanismus in sich aufnehmen, er muß sich die neuen praktischen Energien einverleiben, die die neue Sachwelt der imperialistischen Technik, Wissenschaft, Wirtschaft und Verwaltungskunst aus sich erzeugte«, denn die »›Gefahr‹, die der ›russische revolutionäre Elan‹ [...] in sich birgt« ist »in der Praxis in hohles ›revolutionäres‹ Geschwätz auszuarten« (S. 196). Gerade damit konnte Fischer den Gedankenzusammenhang zu Machiavelli plausibel machen, wenn er mit ihm »den geheimnisvollen Vorgang der Machterringung theoretisch abhandeln wollte«.[21]

Fischer las flankierend dazu im Sommersemester 1931 in Leipzig über »Wahrheit und Ideologie in den politischen Lehren und Richtungen der Gegenwart«, sowie im Wintersemester 1931/32 über »Imperialismus«

18 Hugo Fischer an den Dekan der Philosophischen Fakultät der Universität Leipzig (Prof. Theodor Litt), v. 24. April 1932, in: UAL, PA 455, Bl. 46f.

19 Hugo Fischer, *Der Realismus und das Europäertum,* in: Festschrift für Thomas G. Masaryk zum 80. Geburtstag, Bd. 1, Bonn: Cohen 1930, S. 106.

20 Ebd., S. 75; dazu auch Hugo Fischer, *Hegel and the Issues of European Freedom,* in: *In Tyrannos.* Four Centuries of Struggle against Tyranny in Germany, a Symposion ed. by Hans J. Rehfisch, London: Lindsay Drummond Ltd. 1944, S. 99–127.

21 Hans von Hentig, *Machiavelli.* Studien zur Psychologie des Staatsstreichs und der Staatsgründung, Heidelberg: Carl Winter 1924, S. 32.

bzw. über der »Lebensraum der modernen Nationen« und im Sommersemester 1932 »Über die Diktatur«.[22]

Im Frühsommer 1932 bekundet er zum ersten Mal einem Bekannten gegenüber, noch ganz unspezifisch, »seine Beschäftigung mit dem Bolschewismus« als »dem einzigen Gegenwartstoff, mit dem zu beschäftigen sich lohnt.«[23]

2

Mit Berufungen hatte Hugo Fischer kein Glück; vielleicht hing das zusammen mit einer Denkungsart, die schon im Titel seines Probevortrags vor der Philosophischen Fakultät Leipzig (Samstag, den 24. Juli 1926, 15 Uhr) zum Ausdruck kam: *Die nichterkenntnismäßigen Bedingungen des philosophischen Schaffens.* – Ein Ordinariat schien ihm verschlossen zu bleiben; erst Ende 1934 fragt aus Würzburg der Dekan, der Historiker Joseph Vogt (1895–1986), in Leipzig nach, ob der Privatdozent Fischer wohl »geeignet und bereit ist, im neuen Staat positiv mitzuarbeiten.«[24] Aber aus Leipzig bekommt er die hintergründige Antwort, dass der »nichts vom ›akademischen Philosophen‹ an sich hat. Er denkt und schreibt durchaus schöpferisch und eigenwüchsig, gelegentlich bis zur Eigenwilligkeit.«[25] – Hugo Fischer war zudem als entschiedener Kritiker des Philosophen Alfred Baeumler (1887–1968)[26] bekannt, der dann zum namhaften Denker des Nationalsozialismus avancierte.

Als dann ein Jahr später – 1935 – Entscheidungen über zunächst nur ›Titularprofessuren‹ in Leipzig anstehen, ist auch Hugo Fischer unter den Kandidaten. Die Fakultätskollegen Arnold Gehlen, Hans Freyer und Felix Krueger unterstützen (Mitte Dezember 35) diesen Vorschlag. Felix Krueger, zwischen April 1935 und Januar 1936 Rektor der Universität, bekundet: »Fischer schlechter Lehrer, guter Forscher, schlechter Katheder-

22 Vgl. Christian Tilitzki, *Die deutsche Universitätsphilosophie in der Weimarer Republik und im Dritten Reich,* Berlin: Akademie 2002, Bd. 2, S. 1215, 1217 u. 1219.

23 Hugo Fischer an Carl Schmitt, v. 6. Juni 1932, in: Eclectica [Brüssel], 17(1988), Nr. 71/72: Schmittiana – 1, hg. v. Piet Tommissen, S. 95.

24 Dekan Joseph Vogt an Dekan Helmut Berve, v. 24. Dezember 1934, in: UAL, PA 455, Bl. 52.

25 Dekan Berve an Dekan Vogt, v. 7. Januar 1935, in: UAL, PA 455, Bl. 54.

26 Vgl. Hugo Fischer, *Das Symbolische in der Metaphysik und Geschichte.* Eine Auseinandersetzung mit der Richtung Baeumler-Bachofen, in: Blätter für Deutsche Philosophie 1(1927/28), H. 3, S. 304–329.

redner, Dissertation eine der allerbesten Arbeiten, leider nicht gedruckt, Habilitationsschrift über Hegel, eine der besten Arbeiten.«[27]

Doch noch wird um eine Einschätzung seines Charakters und seiner politischen Einstellung gebeten. Bei einer Kommissionssitzung der Phil. Fak. am 15. Januar 1936, bei der die Gründe für eine Ernennung Fischers als ›nichtplanmäßiger außerordentlicher‹ Professor diskutiert wurden, fragte der Philosophenkollege Hermann Schneider (1874–1953) »nach einem Urteil der Dozentenschaft über Herrn Fischer und nach einem Buch über Lenin, das Herr Fischer verfasst und dessen Erscheinen verhindert worden sein soll«.[28] Der Dekan, der Zeitungswissenschaftler Hans Amadeus Münster (1901–1963), machte zwei Vorschläge, um im Urteil über Fischer weiterzukommen: Die Dozentenschaft soll ein Gutachten abgeben ebenso wie der Verlag des Buches. Münster schrieb sofort nach Hamburg, um zu erfahren, »ob das Erscheinen des Buches bevorsteht, oder ob etwas an dem Gerücht wahr ist, dass die Veröffentlichung aus nationalen Gründen unterbleiben soll«.[29]

3

Dass der Leipziger Privatdozent für Philosophie Hugo Fischer an einem Buch über – ausgerechnet! – ... *Lenin* sitzt, machte langsam die Runde. Er war mit der »Hanseatischen Verlagsanstalt«[30] in Hamburg in Kontakt. Der Verlag (am Hamburger Holstenwall) publizierte Autoren und Zeitschriften konservativer, rechtsintellektueller Provenienz. – Sein geistiger Leiter war der Kunsthistoriker Wilhelm Stapel (1882–1954), der hier auch seine Halbmonatszeitschrift »Deutsches Volkstum« (1917–1938) herausbrachte.

Vom Verlag wird die Sachlage um Fischers Buch über Lenin erklärt: Das Manuskript sei ja schon im Jahre 1932 hier eingegangen – also noch »vor der Revolution« –, und dann »von nationalsozialistischen Dienststellen, z. B. von der Reichstelle zur Förderung des deutschen

27 Aktennotiz eines Telefonats, Gespräch mit Magnifizenz Krueger, 11. Dezember 1935, nachm. 13.00h, in: UAL, PA 455, Bl. 61.

28 Niederschrift über die Sitzung der Kommission, v. 15. Januar 1936, in: UAL, PA 455, Bl. 63.

29 Dekan Münster an Dr. Wilhelm Stapel, v. 16. Januar 1936, in: UAL, PA 455, Bl. 64.

30 Vgl. Siegfried Lokatis, *Hanseatische Verlagsanstalt.* Politisches Buchmarketing im ›Dritten Reich‹, Frankfurt/M.: Buchhändler-Vereinigung 1992, 189 S.

Schrifttums … günstig begutachtet worden. Dennoch brachte der Verlag sie damals im Frühjahr [1933] nicht heraus, weil die ganze Situation zu ungeklärt war. Das Thema schon rein als solches erschien heikel.«[31] Auch der Dekan der Philosophischen Fakultät hatte aus Leipziger Perspektive das »Erscheinen *einstweilig* für inopportun«[32] gehalten. Fischer fiel derweilen in eine lange Depression, auch habe er zwischenzeitlich »an dem Leninbuch keine Zeile wieder geschrieben.«[33]

Dann wurde noch die NS-Dozentenschaft in Leipzig um eine Stellungnahme gebeten; hier wird das allgemeine Urteil über Fischer bekräftigt, er sei ein exzellenter Forscher, aber ein miserabler Hochschullehrer, zudem politisch wenig begabt. Die Entscheidung des Dozentenführers ist dann: »Seine Unfähigkeit, auf seinem eigenen Fachgebiet die Studenten zu führen, zwingt mich, zu erklären, dass ich ihn für ungeeignet ansehe, eine *beamtete* Professur zu bekleiden.«[34]

So wird Hugo Fischer dann schließlich als ›nichtplanmäßiger außerordentlicher‹ Professor für Philosophie in Leipzig vorgeschlagen. Die Ernennung aber wird, da aus Berlin neue Richtlinien zu erwarten seien, immer wieder – noch im Sommer 1937 – zurückgestellt.[35] Erst Mitte 1938 wird ihm die außerordentliche Professur zugestanden. Da ist er aber schon nicht mehr in Deutschland. – Hugo Fischer hatte im Frühjahr 1938 um Urlaub gebeten, der ihn (und die Familie) wieder nach Norwegen führte.

Über Carl Schmitt kam Hugo Fischer Mitte der 1930er Jahre auch mit dem Stuttgarter Verleger Friedrich Vorwerk (1893–1969) in Kontakt; ihm erzählte er von seiner inkriminierten Studie – und nachdem der »einige Stunden in dem Leninbuch gelesen« hatte, meinte er, noch »im Herbst könne s[einer] M[einung nach] eine 2. Auflage [?] kommen«.[36]

Fischer selber verweist auf seinen »Lenin« nochmals im Jahre 1944; da erschien in London, in der Reihe *The Club 1943*[37], der Band »*In Tyrannos.*

31 Wilhelm Stapel an Prof. Münster, v. 17. Januar 1936, in: UAL, PA 455, Bl. 65f.

32 Dekan Münster an Reichsminister für Wissenschaft, Erziehung u. Volksbildung, v. 18. März 1936, in: UAL, PA 455, Bl. 78.

33 Hugo Fischer an Carl Schmitt, o. D. [um 1933], in: Schmittiana – 1, a. a. O., S. 101.

34 Dozentenführer Dr. med. Siegfried Koeppen an Dekan Münster, v. 28. Januar 1936, in: UAL, PA 455, Bl. 67.

35 Reichsstatthalter in Sachsen an Rektor der Universität Leipzig, v. 11. August 1937, in: UAL, PA 455, Bl. 84.

36 Hugo Fischer an Carl Schmitt, v. 14. Januar 1936, in: Schmittiana – 1, a. a. O., S. 107.

37 Vgl. Anthony Grenville, *Club 43,* in: AJR Journal, Bd. 11(2011), Nr. 12, S. 3–5.

Four Centuries of Struggle against Tyranny in Germany«, mit einem Beitrag Hugo Fischers über Hegel. Hier erwähnt er in seinen ›Biographical Notes‹ unter seinen Werken auch: »*Lenin* (1933, Hanseatischer Verlag, printed but banned)«.[38] – Lange nach dem Krieg, als Hugo Fischer aus Indien zurück, in München eine Stelle bekam, bat er den Dekan der Philosophischen Fakultät in Leipzig, den Anglisten Walter Martin (1902–1974) um eine Kopie seines Doktordiploms (von 1921) und: »Ausserdem bitte ich, mir das Exemplar meiner Schrift ›Lenin‹ zurückzusenden, das Herr Ernst Niekisch 1949 ungef[ähr] der Fakultät sandte, wegen einer Berufung.«[39]

II.

»Fischer lebt ganz in seiner Wissenschaft«, so urteilte ein Gutachter der Leipziger Dozentenschaft über ihn, »d.h. er ist reiner Theoretiker. Ob er Nietzsche oder Marx, Lenin (über den ein Buch im Druck ist) oder Thomas von Aquin behandelt – ihn interessiert nur, was er Neues finden und geistreich formen kann.«[40] – Und bei Lenins Politikverständnis schien Hugo Fischer auch fündig zu werden. Im Unterschied zum Blick mancher seiner Zeitgenossen auf Lenin wäre deutlich zu machen, dass der neu einen forschenden Blick »auf die Gattung des Genus, des politischen Handelns« (S.71) richte, und nicht bloß an einer anderen ›Art‹ oder ›Spezies‹ dabei interessiert wäre; von Alexander Kerenski (1881–1970) etwa, dem Premier der russischen Provisorischen Regierung, der im Oktober 1917 aus dem Amt gejagt wurde, unterscheide er sich eben »der *Gattung* nach, und zwar deshalb, wie beide in verschiedenen Wirklichkeiten leben«. (S.71).

Die zeitgenössische russische Politik orientierte sich, wie alle, natürlich daran, jeweils immer wieder neue Erfahrungen mit der nationalen Dynamik zu machen; wie eben beispielsweise Kerenski, der, wie er öffentlich machte, im Großen Krieg, »im Jahre 1915 zum Revolutionär«[41] geworden sei – eben um der russischen nationalen Substanz willen. Gegen

38 *In Tyrannos.* Four Centuries of Struggle against Tyranny in Germany, a.a.O., S. 361.

39 Hugo Fischer an Dekan Walter Martin, v. 7. August 1957, in: UAL, PA 455, Bl. 150.

40 Gutachten über Dr. Hugo Fischer, v. 10. Januar 1936, in: UAL, PA 455, Bl. 66.

41 Alexander Kerenski, *Erinnerungen,* Dresden: Carl Reissner 1928, S. 134.

solche Motivationen formierte sich aber gerade Lenins Politikverständnis. Es widerstrebt von allem Anfang an der »nationalen Idee« als einem evident Gegebenen und unabwendbaren Fokus des Politischen.

1

Lenins neuer politischer Realismus will nicht (bloß) den hinreichend komplizierten politischen Alltag managen, sondern den Erfahrungsraum der Polis – und so dann auch das Politische überhaupt – als ein Konstitutionsproblem neu begreifen und vor allem als machbar begreifen. »Es geht um ein Drittes, nicht um eine der alten Alternativen«[42], etwa, ob Politiken *national* und/oder *sozial* sein sollten.

Damit wird diese »neue Gattung politischer Methode« (S.71) deutlicher. Denn: Lenin will damit sowohl die Horizonte der alten liberale und sozialistischen Arbeiterparteien als auch des alten Parteienparlamentarismus überhaupt überschreiten. Lenins Politiktheorie scheint insofern ganz andere soziale und kulturelle Ausgangslagen zu berücksichtigen, als sie »das Universum auf die Eigenschaft eines riesigen Arbeitsvorgangs hin betrachtet« und »inwieweit hier Arbeit sichtbar wird.«[43] Oder in den Worten Hugo Fischers selber: Die Moderne »ist restlos auf Arbeit gestellt, sucht Halt nur in der Arbeit [...] Der Arbeitsprozeß aber ist ein religiöser Kult: die nihilistische Verzweiflung wird gebannt.«[44] – Hier vermutet Hugo Fischer in jenen Jahren, als er mit Carl Schmitt im Gespräch war, auch den »metaphysischen Kern aller Politik«.[45]

Zur geistigen Disposition Fischers gehört es, zu vermitteln, dass »eine Philosophie des Politischen« nicht darin bestehen könne, »auf Naheliegendes hinzuweisen und Naheliegendes aufzuklären« (S.18). Sondern es gehört zu ihrem sozusagen *präskriptiven Dezisionismus,* das Politische »bis in elementare Voraussetzungen zurück[zuverfolgen], an deren Ort von einem ›Staat‹ in unserem Sinne nichts mehr zu erkennen ist«. (S.19).

42 Hugo Fischer, *Wer wird der Herr der Erde sein?* In: Die literarische Welt 9 (1933), Nr. 1/2, S. 5.

43 Ernst Jünger an Carl Schmitt, v. 30. November 1930, in: Ernst Jünger – Carl Schmitt. Briefe 1930–1983, hg. v. Helmuth Kiesel, Stuttgart: Klett-Cotta 1999, S. 10.

44 Hugo Fischer, *Nietzsche Apostata oder die Philosophie des Ärgernisses,* Erfurt: K. Stenger 1931, S. 273. Vgl. dazu: Felix Krueger, *Die Arbeit des Menschen als philosophisches Problem,* in: Blätter für Deutsche Philosophie 3 (1929), H. 2, S. 159–192.

45 Carl Schmitt, Politische Theologie [1922], Berlin: Duncker & Humblot 1990, S. 65.

Damit wären empirische Sachverhalte politiktheoretisch neu erfassbar und (im Sinne Nietzsches!) *verklärbar* – d.h. transfigurierbar – geworden, mit denen Hugo Fischer dann seine Idee eines neuen *Realismus* konzeptualisiert.

Der »nimmt sich das an der gegenwärtigen Wirklichkeit vor, [...] an dem sich die ganze Tüchtigkeit des gegenwärtigen Menschen noch bewähren kann; er versucht, sich in diesen Beständen der Wirklichkeit nach besten Vermögen einzurichten.« (S. 57). – Wie wird das sichtbar? – An einem ganz überraschenden Befund: Es sei nicht ausgeschlossen, schreibt Fischer, »daß der russische Arbeiter etwas erkannt hat, was die gelehrtesten der ›bürgerlichen‹ Nationalökonomen und die radikalsten der ›westlichen‹ Arbeiterführer noch nicht erkannten: daß man nicht arbeitet, damit es ›einem besser geht‹« (S. 280). Lenin habe damit auf neue »Antezedenzien« für die Politische Theorie aufmerksam gemacht, »zu denen die Theorie und Dogmatik späterer Geschlechter die Konklusionen finden muß« (S. 58).

Bei Boris Pasternak kann man in einem Lenin-Poem lesen:

»Er war kein Duzfreund der Historie,
Der Dinge Blut und wahre Größe:
er war ihr tönendes Gesicht.
Tatsachen griff er auf und fühlte:
sobald er ihren stummen Mund
mit Säften seiner Stimme spülte,
so taten sie Geschichte kund.
Er war kein Duzfreund der Historie,
stand freier als vor irgendwem
ungläubig noch vor ihrer Glorie,
kurz angebunden, unbequem.
[...]
Er lenkte den Gang der Gedanken
Und nur deshalb auch das Land.«[46]

46 Boris Pasternak, *Hohe Krankheit* [in: LEF, H. 5/1924], zit. nach: Fritz Mierau, *Vorwort* zu: V. Schklowski / J. Tynjanow, *Sprache und Stil Lenins,* Berlin: Volk & Welt 1970, S. 9f. – Vgl. zur zeitgenössischen Rezeption seines Poems die Notizen von Jakow Tschernjak (1895–1955) in: *Erinnerungen an Boris Pasternak,* hg. v. Franziska Thun, Berlin: Aufbau Verlag 1994, S. 120.

»Es ist möglich«, so lautet der Programmsatz von Fischers Analysen, »daß in Zukunft die deutsche ›Wissenschaft der Politik‹ einen Lenin besser verstehen wird, als die parteioffiziöse Wissenschaft Rußlands ihn bisher versteht.« (S. 19).

2

An drei geistig-praktischen Konstellationen will Hugo Fischer den neuen politischen Realismus Lenins demonstrieren.

Reich

Lenin stellte sich einer geistigen Forderung der Moderne, die zu einer Dynamisierung im Staatsverständnis führen musste. Das war der Moment (in der exemplarischen Situation des Nachkriegs!), wo der Staat »in der Balance der [drei] Gewalten auf einem toten Punkt anlangte. Der Staat band sich als ›Rechts‹staat selbst die Arme. Er verbot sich selbst die Schritte, die vom Boden der Legalität hinwegführten, und er untersagte es sich selbst, die Technik der Bewegung zu lernen [...], die auf politischem Neuland vorwärtsführt.« (S. 24). So verblassen die funktionalen Signaturen herkömmlicher ›Staaten‹, und die Folge ist: »Auch die moderne Nation tritt aus ihrer atomalen Existenz heraus.«[47] – Dieser *transnationale* Grundton in Lenins Theorie kommt Fischers eigener politischer Stimmung nahe, er nennt sie (in einem Brief an Ernst Jünger, vom 20/21. November 1929) seinen »reziproken Nationalismus«. Mit Hegel wird aber für Hugo Fischer eine Reichsidee auch bei Lenin identifizierbar: Denn Hegel »stößt durch die Schicht der Erscheinung, des empirischen Staates, zur realeren und realsten Realität des Reiches hindurch« (S. 21). Und: »Das, was hinter dem Staat liegt, ist das Reich.« (Ebd.).[48]

In Lenins neuer Politischer Theorie wird dann z. B. das Nationalitätenproblem nicht mehr ›national‹ zu bewerkstelligen versucht (als Majoritäts- bzw. Dominanzproblem, d. h. als ›Selbstbestimmung‹), auch nicht mehr ›völkerbündisch‹ (als internationales Rechtsproblem), sondern hinsichtlich ihrer *inneren Form,* als allgemeines *Problem von Arbeit* (als dem Zentrum ihrer Selbsterhaltung!). »Lenin geht nicht von dem pseudo-

47 Hugo Fischer, *Wer wird der Herr der Erde sein?* In: Die literarische Welt, a.a.O., S. 6.

48 Vgl. auch Hugo Fischer, *Reich und Staat,* in: Die Hilfe. Zt. f. Politik, Wirtschaft u. geistige Bewegung [1894/95–1944], 37 (1931), S. 1103.

politischen, unterpolitischen Problem des ökonomischen Klassenegoismus aus, sondern von dem fundamentalen vorpolitischen Problem der Heimatlosigkeit und des Lebensdurstes der östlichen Völker und Rassen.« (S. 285). – Als *Reich* versteht dann der Neue Politische Realismus nicht mehr einen *räumlich* definierten Ort einer Polis, sondern den *intensiven Lebensraum* einer arbeitenden Klasse (nach der Beseitigung der Klassengesellschaft überhaupt). Es ergibt sich ein neuer Typus des Arbeiters: »Der *Arbeiter* macht, nach Lenin, seiner Nationalität Ehre und nicht umgekehrt; er ist zu übernationalen Aufgaben herangezogen, und sein Werk legt sich quer durch die Staaten hindurch.« (S. 248). Also: »Lenin will nicht einen ›Staat‹, sondern ein Weltreich gründen.« (S. 233). Dessen erneuerter »Reichsgedanke behauptet sich nunmehr *als eine politische Einheit der Völker Eurasiens in einem entnationalisierten Nationalitätenstaat*«.[49]

Mit diesem Reichs-Gedanken wäre nach Hugo Fischer nicht nur eine – ›planetarische‹ – Perspektive für die räteförmige neue Arbeiterkultur denkbar geworden, sondern auch ein neuer politischer Dialog mit dem deutschen Denken möglich, zumal mit jenen Konzeptionen, die der Europäizität des *Geheimen Deutschland*[50] anhängen. Das wäre auch noch einmal ganz klar abzuheben von denen, die sich im Januar 1933 vornahmen »den gefährlichen staatsschwächenden Gebrauch des Wortes ›Reich‹ zu zerstören«.[51]

Und – auch aus systematischer Perspektive – führt das zur Einsicht, es sei ›Reich‹ »gerade kein konservativer, sondern, im Gegenteil, ein gegen zunehmende nationalistische Erstarrung kritisch gewendeter Begriff«.[52]

Revolution

Sie muss sowohl den »sozialen Feind« wie den »nationalen Feind« (S. 232) überwinden. Dabei ist vom Revolutionär zu erwarten, »den Punkt der maximalen Abweichung von der alten Norm abzupassen und die Entwicklung noch über diesen Wendepunkt hinauszutreiben«.

49 Oskar v. Niedermayer / Juri Semjonow, *Sowjet-Russland. Eine geopolitische Problemstellung*, Berlin: Kurt Vowinckel 1934, S. 55.

50 Vgl. Steffen Dietzsch / Wilfried Lehrke, *Geheimes Deutschland*, Hergensweiler b. Lindau: Philosophie im Elfenbeinturm 2014, 70 S.

51 Carl Schmitt an Wilhelm Stapel, v. 23. Januar 1933, in: Schmittiana V (1996), S. 47.

52 Helmut Scheible, *Reich, Romantik und Rätesystem*, in: FAZ, v. 24. Dezember 2013, Nr. 299, S. N4.

(S.239). Genau dafür entwickelten sich im Großen Krieg neu objektive Möglichkeiten. Seine Dynamik war zu nutzen, um in einen Bürgerkrieg umgewandelt zu werden. – Die historische Realität von Revolutionen ist nicht durch ihre Scharmützel, Verbrechen oder Katastrophen definiert, sondern, wie Fischer betont, sie geht »als eine höhere Realität von eignem Leben und eignem Wachstumsimpuls aus der Geschichte hervor« (S.87). *Revolution* ist dann im leninistischen Verständnis nicht bloß Instrument, also vielleicht ›Hebel‹, geschichtlicher Prozesse, sondern selber »gesteigerte Geschichte. Sie lebt der Geschichte ihr Leben vor.« (S. 88).

Da nun allerdings der Oktoberumsturz zunächst (praktischerweise) als »Handstreich einer kleinen revolutionären Minderzahl« organisiert werden musste, folgt schon nach klassischer marxistischer Revolutionstheorie »von selbst die Nothwendigkeit der Diktatur nach dem Gelingen: der Diktatur, wohlverstanden, nicht der ganzen revolutionären Klasse, des Proletariats, sondern der kleinen Zahl Derer, die den Handstreich gemacht haben«.[53]

So kam es schließlich auch in Russland bloß zur »Diktatur einer Handvoll Politiker, d.h. Diktatur im rein bürgerlichen Sinne [...] Das öffentliche Leben schläft allmählich ein, wird zum Scheinleben, einige Dutzend Parteiführer [...] dirigieren und regieren, und von Zeit zu Zeit muß man den Reden der Führer Beifall klatschen, vorgelegten Resolutionen einstimmig zustimmen, im Grunde also eine Cliquenwirtschaft. [...] Solche Zustände müssen eine Verwilderung des öffentlichen Lebens zeitigen.«[54] – Was allerdings auch zu einer übergreifenden revolutionskritischen Einsicht führen könnte: »Revolution [...] löst das Politikum durch totalitäre Abschaffung der Politik [...] bis zur Abschaffung des Lebens überhaupt.«[55] – Das Antidot dazu ist eben, nach Lenin, der »arbeitende Mensch« – nicht als kollektives Modul – der »Ort, an dem alle Fäden des Schicksals zusammenlaufen, und daher ist seine Haltung der wesentliche Index für die Richtung der kommenden Ereignisse«. (S. 97).

Gerade das trennt Lenins politischen Realismus »von einer politischen Metaphysik des Stalinismus« (S. 98) und seinem verordneten, strafbe-

53 Friedrich Engels, *Flüchtlings-Literatur* [1874]. MEGA^2, I. Abt., Bd. 24, Berlin: Dietz 1984, S.373.

54 Rosa Luxemburg, Zur russischen Revolution [1918]. Gesammelte Werke, Bd. 4, Berlin: Dietz 1974, S.362.

55 Heimito von Doderer, *Tangenten.* Aus dem Tagebuch eines Schriftstellers 1940–1950, hg. v. Heinrich Vormweg, München: Deutscher Taschenbuch-Verl. 1968, S.305 [Eintrag v. 14. März 1950].

währten unerschütterlichen objektiven *Glauben* an den ›Sozialismus-in-einem-Land‹. Hier wird Revolution zu etwas ›Göttlichem‹, Nichtverhandelbaren, Undiskutierbaren verkitscht, dem dann jeglicher analytischer, kritischer, bilanzierender Zugang Ketzerei (und todeswürdig) ist. Und gerade (und wohl auch singulär) ist im Gegensatz dazu eben »Lenin der *Machiavelli unter den Revolutionären*« – denn: »Man muß als Revolutionär verstehen, auch *nichtrevolutionär* zu handeln, *über der* eigenen *Sache zu stehen.* Man muß von seinen eigenen Prinzipien abgehen können« (S. 105).

Als *revolutionär* Handelnder aber stellt sich Lenin so unter das machiavellistische Gebot, dass dessen Tugend nicht ›tugendsam‹, gefühlvoll oder ›geradlinig‹ zu sein hat, sondern, dass eben »Virtù [...] die Fähigkeit, einen Plan mit zweckdienenden Mitteln schnell und erfolgreich durchzuführen«[56] ist; nur so handelt der Revolutionär *virtuosamente.*

Räte

»Ein großes Gesetz beherrscht die Rechtsentwicklung des Menschengeschlechts«, so postulierte Fischer einmal, und: ein »letztes Ziel kann nur durch die vereinte Kraft aller Völker und Zeiten erreicht werden«.[57] Die nicht mehr aufs Nationale, Staatliche oder herkömmlich Politische begrenzte Organisationsform der *Räte* bei Lenin schien für Hugo Fischer die dafür angemessene neue Perspektive zu sein. Sie sind, wie Fischer Lenin zitiert, »nicht von den Russen erfunden, ... vielmehr von der Revolution erzeugt« (S. 138).

Die Idee der ›Räte‹ (russ. *Sowjet*) – seit Oktober 1905 in St. Petersburg – entsprang hier zunächst aus der universellen Erfahrung mit der sozialen Segregation in der imperialen und kolonialen Umwelt, aber dann auch aus einem alltäglichen Legitimitätsproblem in der politischen Kultur des ›Westens‹. Augenfällig war nämlich mit den (parteien-)demokratischen Prozeduren der Teilhabe (Partizipation) ein hohes Maß an Selektion verbunden. Denn an demokratischen Praktiken dürfen in jenen Jahren beileibe nicht alle in der Polis teilnehmen: vor allem Frauen nicht (in England erst seit 1928 Wahlrecht, in Belgien erst 1948), bei den Männern nur die, die ein Vermögen (Grundbesitz) haben oder Steuern zahlen (Zensuswahlrecht!), die keine Farbigen sind – in den USA wurde erst 1957 das

56 Hans von Hentig, *Machiavelli,* a.a.O., S. 14.

57 Hugo Fischer, *Das Symbolische in der Metaphysik der Geschichte,* a.a.O., S. 325.

Wahlrecht für die Schwarzen endgültig gesetzlich verankert! Nicht zu vergessen: »Auch nach der offiziellen Abschaffung der Sklaverei gab es Ende des 19. Jahrhunderts und Anfang des 20. Jahrhunderts eine starke Gegenbewegung. So entfernte beispielsweise Präsident Woodrow Wilson [1913–1921] systematisch Afro-Amerikaner aus den Bundesbehörden.«[58] – Das waren augenfällige legitimistische Defizite in der klassischen Legalität moderner Gesellschaften.

Das Organisationsprinzip der *Räte* aber für die politische, wirtschaftliche und militärische Machtausübung schien wegen ihrer fundamentalen basisdemokratischen Form allen bloß parlamentarischen Repräsentationsformen überlegen. Lenin betonte in seiner Rede bei der Auflösung der *Konstituante* (Jan. 1918): »Die Schaffung der Räte ist etwas Ungeheueres, Neues, Unerhörtes in der Geschichte der Weltrevolution.«[59] War im Parlament die Teilhabe – als ›hohes Gut‹ – symbolisch (wahlaktperiodisch), so ist sie jetzt in den ›Räten‹ als permanente Verkehrsform arbeitsalltagspraktisch. Lenin war so für Fischer damit gerade das Gegenteil eines ›Eschatologen‹, der immer bloß »nach den Ursprüngen«[60] strebt.

Die ›Räte‹ waren parteipolitisch neutral konzipiert; das kommt in einer Schicksalsstunde der russischen Räterepublik dramatisch zum Ausdruck, als die Matrosen von Kronstadt[61] im März 1921 – rätelogisch rechtens! – *Sowjets ohne Kommunisten* forderten! Diese Konfrontation war eine (klassisch) *tragische,* denn in ihr zerstob der *Kairos* der russischen Revolution in statu nascendi. – Es war nämlich die Kommunistische Partei eigentlich als einzige ›Partei‹ von ihrer geistigen Verfasstheit her rätekompatibel; sie verstand sich selber als Partei ›neuen Typus‹, denn hier wurde nicht Politik *als Beruf* verstanden, sondern sie wollte ›Katalysator‹ bleiben, nicht eine separate Institution werden. Ihr mobilisierender Beitrag für die Räte-Kultur sollte ihre Praxis der (auch heroischen) Arbeit, permanenter Selbstkritik, Integration nationaler Traditionen, Öffentlichkeit und Aufklärung – »freie Literatur als das letzte Wort des revolutionären Denkens der Menschheit«[62] – sein.

58 Jan-Werner Müller, *Identitäre Bewegung,* in: Der Tagesspiegel [Berlin], Nr. 22 938, v. 13. November 2016, S. 9.

59 Zitiert in: Süddeutsche Monatshefte 16 (1919), H. 4 *(Bolschewismus),* S. 233.

60 Hugo Fischer, *Das Symbolische in der Metaphysik und Geschichte,* a.a.O., S. 324.

61 Vgl. Alexander Berkman, *Die Kronstadt Rebellion* [1923], Berlin: Klaus Guhl 1990, 31 S.

62 Wladimir I. Lenin, *Parteiorganisation und Parteiliteratur* [1905], Sämtliche Werke, Bd. 8, Wien/Berlin: Verlag für Literatur und Politik 1931, S. 527.

Deshalb also Hugo Fischers entscheidender rätetheoretischer Hinweis: »Die schwierigste Aufgabe für die ›Partei‹ besteht darin, die Fühlung mit der Realität der Revolution, vor allem der Volksbewegung, zu bewahren; die Volksbewegung ist für die Partei der Boden des Antäus.« (S. 93).

III.

Der Große Krieg war eine Zeit- und Kulturwende. »Der Mensch ist *außer sich* geraten; er ist nicht bei sich, sondern bei der Welt der Außendinge, die seit dem Industriezeitalter mächtig hervorquellen, und er ergießt sich wie ein Ameisengewimmel über die Bestandstücke der Ausrüstung seines Lebens. Diese sind ihm unter den Händen angewachsen wie einem emanzipierten Zauberlehrling.«[63] – Im Großen Krieg, so nahm es auch Ernst Jünger wahr, haben wir »das 19. Jahrhundert – uns selbst – in Grund und Boden geschossen; nur ganz am Ende deuteten sich dunkel Mittel und Männer des 20. an«.[64] Die gravierenden Auswirkungen auf die politisch-soziale Kultur ließen bei vielen Endzeitbefürchtungen (›Untergang des Abendlandes‹) und ordnungspolitisches Durcheinander aufkommen.

Ganz augenfällig schienen natürlich die Herrschaftsformen aller der an diesem Krieg beteiligten Mächte unwiederbringlich in Grund und Boden blamiert zu sein. – Ein Beispiel dieses neuen politischen Denkens bemerkt Hugo Fischer in der Art, wie Lenin nach dem Ende der Monarchie und dem drohenden völligen Reichszerfall die integrativen Potenzen des Transnationalen dennoch wach hielt, indem er »statt der absolutierenden Auffassung des nationalen Grundsatzes seine Relativierung hervorhob, [... und] durch einen Herrschaftsverzicht des Großrussentums gegenüber den anderen Völkern Eurasiens [... zu] einem ›entnationalisierten Nationalitätenstaat‹«[65] etablierte. – Mit Lenin war für Hugo Fischer eine unmittelbare Chance für Europa sichtbar: »Mit der Einbürgerung selbstständiger Slaven ins Europäische wird aus der alten

63 Hugo Fischer, *Der deutsche Infanterist von 1917,* in: Widerstand 9 (1934), 1. Heft (Januar), S. 11.

64 Ernst Jünger, *Das abenteuerliche Herz.* Erste Fassung [1929], Stuttgart: Klett-Cotta 1987, S. 113.

65 Roderich von Bistram, *Die sozialistische Nation,* in: Widerstand 9 (1934), 4. Heft (April), S. 126.

germanisch-romanischen Völkerfamilie etwas anderes, diese Einbürgerung ist mindestens Symptom einer inneren Revolutionierung des europäischen Kosmos.«[66] Fischer begriff dabei, dass sich damit eine neue geopolitische Perspektive öffnete, nämlich: »Auf den Bahnen, auf denen jetzt der russische Imperialismus wandelt, wechselt Europa hinüber in den eurasischen Kontinent.«[67]

1

Die aktuelle Frage am Ende des Großen Krieges war: Wären für ein künftiges staatliches Zusammenleben der Menschen in Europa wirklich parteien-parlamentarische oder monarchische Prinzipien wieder in Anspruch zu nehmen? Gerade bei den Weltkriegsverlierern machte sich hier – als bald neue ›kulturelle Hegemonie‹ – ein Aufbruch in neue Horizonte politischer Theorie und Praxis geltend.

Die Mehrheit der mit dem Versailler Vertrag entstehenden neuen staatlichen Gemeinschaften aber war inspiriert von Edward Wilsons Prinzip politischer ›Selbstbestimmung‹ (des Programms der »Vierzehn Punkte« vom 8. Januar 1918) und griff zurück auf die im 19. Jahrhundert aufgekommene und so lebendig scheinende Idee des Nationalstaats. Dieser ›Neuanfang‹ wurde in manchen Fällen als geschichtliche Chance einer ›Restitution‹ begriffen, die einen robusten revisionsbeflügelten Umgang und Umbrüche mit geopolitischen Lagen der kontinentalen Monarchien mit sich brachte.

Die unmittelbare Folge war vielerorts ein irredentistischer (und eliminatorischer) Nationalismus, der jeweils die neue nationale Erziehungs-, Militär- und Erinnerungspraxis dominierte. Daraus resultierten dann immer wieder aufflackernde, mitunter auch dramatische Politik-, Wirtschafts- und Nachbarschaftskonflikte. »Schon im Jahre 1918«, bekannte der Begründer der Neuen Republik Polen, »stellte ich mir ganz unabhängig ein klares Ziel des Krieges mit Sowjetrußland. Ich entschloß mich, alle Kräfte einzusetzen, um möglichst fern von den Gebieten, wo das neue Leben Polens entstand und geschmiedet wurde, alle Proben und Versuche zu Fall zu bringen, die darauf abzielten, uns nochmals ein fremdes nicht

66 Hugo Fischer, *Der Realismus und das Europäertum,* a.a.O., S. 80.

67 Hugo Fischer, *Politik und Metaphysik,* in: Blätter für Deutsche Philosophie 5 (1931), H. 2/3, S. 275.

von uns aufgebautes Leben aufzuzwingen. Im Jahre 1919 vollbrachte ich diese Aufgabe.«[68]

Zwei neue Typen politischer Psychologie wurden dabei erkennbar, die Eduard Heimann in seiner Hamburger Antrittsvorlesung (am 7. Juli 1925) als »Zukunftsfanatiker und Gegenwartsphilister« bezeichnet hat – »beide vom gleichen Schlage«.[69]

Davon will Hugo Fischer nun Lenin gerade unterscheidbar machen. Dabei konnte er sich einer historiographischen Autorität wie Eduard Meyer versichern, der von Lenin schrieb: »er ist unter all den Politikern, die seit Bismarck die Geschicke der Völker zu leiten versucht haben, vielleicht der einzige, der den Namen eines Staatsmannes in vollem Sinne des Wortes verdient. Wir haben keinen Grund zu bezweifeln, daß die idealen Theorien, die er verkündigte, wirklich seiner Überzeugung entsprachen; [...] Noch eindrucksvoller tritt diese Überlegenheit und Kraft der Persönlichkeit darin hervor, daß, als er erkannt, daß der betretene Weg ins Verderben führte, er die Einsicht und die Fähigkeit besessen hat, das Steuer herumzuwerfen.«[70]

Muss man sich also, wenn man die Geschichte des Bolschewismus im ersten Jahrzehnt seiner staatspolitischen Existenz bilanziert, die nachhaltige Frage stellen: »War Lenin, der Internationalist, Freigeist und Gottesleugner etwa nur der treueste Knecht des heiligen Rußland, so getreu, daß er selbst es nicht wissen konnte und erst spätere Zeiten dahinter kommen werden?[71] Einer der Parlamentarier aus der ersten Duma Rußlands, der zionistische Abgeordnete Levin, schrieb über Lenin, er sei »ein auf Lebenszeit aus Rußland verbannter unfreiwilliger Emigrant, mit dem eisernen Hirn, dem stählernen Willen und der flammenden Begeisterung eines Apostels«.[72]

68 Josef Piłsudski, *Erinnerungen und Dokumente, Bd. 2: Das Jahr 1920.* Mit Geleitwort v. Hermann Göring u. Vorwort von Generaloberst von Blomberg, Essen: Verlagsanst. 1936, S. 224.

69 Eduard Heimann, *Sozialismus und Sozialpolitik,* in: *Kairos.* Zur Geisteslage und Geisteswendung, hg. v. Paul Tillich, Darmstadt: Reichl 1926, S. 309.

70 Eduard Meyer, *Das neue Rußland.* Eindrücke von der Jubiläumsfeier der russischen Akademie der Wissenschaften, in: Deutsche Rundschau 52 (1925), November, S. 106f.

71 Heimito von Doderer, *Das Geheimnis des Reichs* [1930], in: *Frühe Prosa,* hg. v. Hans Flesch-Bruningen, München: Biederstein 1968, S. 245.

72 Shmarya Levin, *Jugend in Aufruhr,* Berlin: Jüdische Buch-Vereinigung 1935, S. 315. – Schmarja Chaimowitsch Lewin (1867 Swislotsch – 1935 Haifa), 1894 Dr. phil. Königsberg, am 17.4.1906 in die Duma gewählt; Levin war seit 1898 Rabbi in Ekaterinoslaw (das heutige Dnipropetrowsk, die Hauptstadt des historischen Novarossija). 1906 hielt er, als

Oder wieder Pasternaks Wahrnehmung:

> Hinterm Unwetter, diesem Meer voll Gefahr,
> Seh ich, wie mich, den Zerschlagnen im Wind,
> Dieses noch nicht begonnene Jahr
> Von neuem zu erziehen beginnt.[73]

2

Aber: auch das Ende jener Periode übernationaler Betriebsformen des russischen Kommunismus in der (seit 1922 konstituierten) Union der Sozialistischen Sowjetrepubliken ist einigermaßen genau zu datieren und an markanten kulturellen Symbol- und Rechtsakten abzulesen. – Zwischen Dezember 1934 (Mord an Sergei Kirow, dem Beginn des Großen Terrors) und 1940 (als ›Letzte‹ des Grossen Terrors werden im Januar/Februar Andrej Bubnow, Isaak Babel, Semjon Shukowski, Mark Trilisser, Michael Kolzow, Wsewolod Meyerhold und im August im fernen Mexiko Lew Trotzki ermordet) wurde das gesamte ursprünglich leninistische Personal in Politik, Wirtschaft, Diplomatie und Militär gewaltsam beseitigt.[74]

Zugleich findet eine große Abwendung von der politischen und wissenschaftlichen Weltkultur und eine Hinwendung zum Patriotismus statt.[75] Die Soldaten Stalins stürmen und sterben im Zweiten Weltkrieg – sowjetsprachlich (ursprünglich, bis Anfang 1942, ›Heiliger‹), dann ›Großer Vaterländischer Krieg‹! – mit dem Ruf *Na Rodinu* (Für die Heimat!). – Die deutsche Journalistin Gisela Döhrn (1909–1996), die zwischen 1937 und Sommer 1941 in Moskau arbeitete, bemerkte im Alltag deutlich,

Abgeordneter der Stadt Wilna, in der ersten russischen Duma – seit Mai 1906 war Rußland eine *konstitutionelle* Monarchie – seine Eröffnungsrede (vgl. Levin, *Kindheit im Exil*, Berlin 1935, S. 326), die Lenin (in der Zeitung ›Wperjod‹, am 17.(4.) Juni 1906) positiv gewürdigt hatte. Zu Levin: *Gosudarstvennaja Duma Rossijskoj imperii 1906–1917*. Moskwa: Rospen Enciklopedija, 2008, S. 323.

73 Boris Pasternak, *Der Kreml im Schneesturm 1918*, in: Boris Pasternak, *Initialen der Leidenschaft*, hg. v. Edel Mirowa-Florin, Berlin: Volk & Welt 1984, S. 46.

74 Vgl. dazu insgesamt: Wladislaw Hedeler / Nadja Rosenblum, *1940 – Stalins glückliches Jahr*, Berlin: BasisDruck 2001, 240 S.

75 Vgl. die Dekrete des Rats der Volkskommissare und des ZK (v. 16. Mai und 8./9. August 1934, gez. von Stalin, Shdanow und Kirow) gegen den Revisionismus z. B. im Geschichtsunterricht [namentlich gegen die historische Schule von Michail N. Pokrowski (1868–1932) und seine *Geschichte Rußlands*, 1928].

»daß zwischen der weltrevolutionären Ideologie des Bolschewismus und der neugepredigten Vaterlandsliebe ein unüberbrückbarer Widerspruch« auftauchte. Wurde früher sehr deutlich auf Unzulänglichkeiten der russischen Alltagskultur und die Unfähigkeit der herrschenden Schichten in Rußland aufmerksam gemacht, so wurden internationalistische Werte, denen man früher verpflichtet zu sein schien, immer mehr zurückgedrängt, und beispielsweise »in der neuen Eidesformel [der Soldaten, Febr. 1939] noch nicht einmal mehr ausdrücklich erwähnt.«[76]

Aus seiner Zeit als polnischer Botschafter in Washington (1941–1945) berichtete einmal Jan M. Wlodzimierz Ciechanowski (1887–1973) von einem Gespräch mit seinem amerikanischen Amtskollegen in Moskau, W. Averell Harriman (1891–1986), der bei seinen Zusammenkünften mit Stalin nicht mehr den Eindruck hatte, »daß die alte leninistische Politik (...) heute noch das Ziel des stalinistischen Rußlands sei. Im Gegenteil, Stalin scheine ihm kein revolutionärer Kommunist, sondern vor allem ein russischer Nationalist zu sein.«[77]

Und auch die Totalitarismustheorie Hannah Arendts unterscheidet jene erste, naturwüchsige Diktatur des Proletariats, die sich aus Krieg und Bürgerkrieg (bis 1921) entwickelt hat – »als ein Problem des Anfangs«[78] –, von der parteibürokratischen »Despotie, [die] in den Totalitarismus über[leitet]. Hier liegt die Differenz zwischen Lenin und Stalin.«[79] Die war von allem Anfang an gerade auch ökonomisch fassbar gemacht worden, als man – fürs sowjetische Parteilehrjahr – verdeutlichte, dass es Stalin war, von dem dereinst gesagt werden konnte, er habe »das Rußland der NEP in ein sozialistisches Rußland umgewandelt«.[80] Dieses Schisma wird also mit dem Ende der *Neuen Ökonomischen Politik* ganz deutlich erkannt: »Wir haben es jetzt«, so konstatierte das *Berliner Tageblatt* schon im Februar 1930 aus Moskau, »mit dem stalinschen, nicht mehr mit dem leninschen Sowjetstaat zu tun.«[81]

76 Gisela Döhrn, *Der entzauberte Kreml.* Ein politisches Tagebuch aus der Sowjet-Union, Nürnberg: F. Willmy 1942, S. 130 u. 107.

77 Jan Ciechanowski, *Vergeblicher Sieg,* Zürich: Thomas 1948, S. 72f.

78 Hannah Arendt, *Denktagebuch,* Bd. 1: 1950–1973, hg. v. Ursula Ludz u. Ingeborg Nordmann, München/Zürich: Piper 2003, S. 72.

79 Ebenda, S. 82.

80 Wilhelm G. Knorin, *Kurze Geschichte der KPdSU(B),* Vorwort zur deutschen Ausgabe, Moskau/Leningrad: Verlagsgenossenschaft Ausländischer Arbeiter 1935, S. 13.

81 Paul Scheffer, *Sieben Jahre Sowjetunion (1921–1928),* Leipzig: Bibliographisches Institut 1930, S. 45.

3

Dass namentlich Lenin am Ende seines politischen Lebens (zum Jahreswechsel 1922/23) für sich selber wahrscheinlich ein praktisches Ende seines ›Räte‹-Projekts hatte bilanzieren müssen, wird an drei Umständen deutlich:

Zum ersten: Erinnert sei an Lenins ständige nutzlose Warnungen vor der Sowjetbürokratie: »Es ist unzweifelhaft«, so Lenin in seiner letzten Rede vor einem Komintern-Gremium, »daß wir eine enorme Anzahl von Dummheiten gemacht haben und noch machen werden. Niemand kann das besser beurteilen und anschaulicher sehen als ich (*Heiterkeit* [? – als Protokollvermerk]). Warum haben wir diese Dummheiten gemacht? [...] 1. sind wir ein rückständiges Land; 2. ist die Bildung minimal, und 3. sind wir ohne Hilfe. Kein zivilisierter Staat hilft uns; im Gegenteil, sie arbeiten alle gegen uns; 4. infolge unseres Staatsapparates.«[82] Sein letzter öffentlicher Auftritt (vor dem Sowjetkongress, am 19. November 1922) überhaupt erschöpfte sich dann in einem irren Lachen.[83]

Und zweitens ist schließlich für Lenin vor allem ein nationalökonomisches Hauptkriterium bedeutsam, an dem er (fremdes) kapitalistisches und (eigenes) sozialistisches Wirtschaften messen wollte: den Grad der Arbeitsproduktivität. – Und so war zwar »die Oktober-Revolution die grosse Hoffnung des 20. Jahrhunderts«, aber »die Tatsache, dass auch dieser Weg im Totalitären endete, die wesentliche Enttäuschung des Zeitalters«.[84] – Ernst Jünger hat dieses Ende mit dem Schicksal Trotzkis verbunden: »Daß man gerade diesen Mann entfernte, daß man ihn überhaupt entfernen *konnte,* ist eins der deutlichsten Zeichen dafür, daß die Revolution in das Stadium einer neuen Gesetzlichkeit einzutreten begann.«[85]

Und zum dritten wurde ein weiteres entscheidendes Kriterium der Politiktheorie Lenin blockiert, als dann (sofort nach Lenins Tod 1924)

82 Wladimir I. Lenin, *Rede auf der Achten Sitzung des IV. Kongresses der Komintern,* 13. November 1922, in: Bericht über den IV. Kongress der Kommunistischen Internationale, 5. November – 5. Dezember 1922, Hamburg: Hoym 1923, S. 60.

83 Vgl. Ivan V. Pouzyna, *Lénine le ‹Grand›. L'homme, sa doctrine, son action,* Paris: Nouvelles éditions latines 1950, S. 87f.

84 Hannah Arendt, *Denktagebuch,* Bd. 1: 1950–1973, a.a.O., S. 253f.

85 Ernst Jünger, *Trotzkis Erinnerungen,* in: Widerstand 5 (1930), 2. Heft (Februar), S. 50. – Auch Hugo Fischer erkannte in ihm den »geborenen Internationalisten« (Hugo Fischer, *Der Realismus und das Europäertum,* a.a.O., S. 93).

der *Sozialismus-in-einem-Lande* versucht wurde. Mit Lenin aber, so hat es Fischer begriffen, musste es möglich bleiben, »um Innen- und Außenpolitik einen einzigen Bogen zu schlagen«. »Das Auge des neuen Typus Politiker darf sich keinem bestimmten Brechungswinkel für die Dauer anpassen, weil die beiden Medien, durch die hindurch die eine Realität alles gegenwärtig Politischen zu sehen ist, selbst in fortlaufender Umwandlung begriffen sind.« (S. 281). – So mußte Lenin spätestens 1923 resigniert konstatieren, dass die Europäische (gar Welt-)Revolution mit der Russischen lediglich in ihrer *Initial*phase steckenblieb. Eine Deutsche Revolution – und das wäre der Durchbruch zur »Europäistik«[86] auch für die Politische Theorie geworden – blieb aus.

IV.

Hugo Fischer musste bei seinen Studien zu Lenin bald schon klar geworden sein, was auch Freund Jünger von seinem »Arbeiter« [1932] erkannte – es »passten solche Thesen weder in den Rahmen des Nationalsozialismus noch der Weimarer Demokratie. Sie stießen aber auch auf das Befremden von Geistern, auf deren Urteil [wir] Wert legten …«.[87]

Im Herbst 1934 verlässt Fischer (mit dem letzten Heft des 7. Bandes) den Herausgeberkreis der »Blätter für Deutsche Philosophie« (1927–1944), die er von Anfang an herausgab; sein Nachfolger wird Heinz Heimsoeth (1886–1975). Dieses Organ der Deutschen Philosophischen Gesellschaft wurde von Fischers akademischem Lehrer Felix Krueger in Leipzig begründet.

Im Sommer 1935 charterte Ernst Jünger in Hamburg das »kleine Schiff ›Iris‹, mit dem ich 1935 in Gesellschaft des Magisters nach Norwegen fuhr«.[88] Sie wollten zwei Monate dort bleiben, in Maandalen i Romsdal. Die beiden Freunde sind fasziniert vom Ursprünglichen dieser Gegend: Es sei »ein wenig wie in der Steinzeit. Inmitten von Wäldern, in denen es noch Luchse und Auerhähne gibt […] Diese nordische Landschaft erscheint wie Blendwerk des Teufels, provisorisch hingezaubert. Auch die Menschen leben und arbeiten provisorisch.«[89] Die Freunde trennen sich

86 Hugo Fischers neuer Begriff: vgl. *Der Realismus und das Europäertum,* S. 103–106.

87 Ernst Jünger, *Siebzig verweht V,* [Eintrag v. 20. Juni 1994], Stuttgart: Klett-Cotta 1997, S. 146f.

88 Ernst Jünger, *Siebzig verweht I,* [Eintrag v. 24. Juni 1965], Stuttgart: Klett-Cotta 1982, S. 43.

89 Hugo Fischer u. Ernst Jünger an Carl Schmitt, v. 25. Juli 1935, in: Ernst Jünger – Carl Schmitt. Briefe 1930–1983, hg. v. Helmuth Kiesel, Stuttgart: Klett-Cotta 1999, S. 53.

dann Ende August 1935. Als Ernst Jünger »seine Blicke nach Tyskland zurückwendet« geht der Magister »höher nach Norden [...] jenseits von Drontheim«.[90]

Hugo Fischer entschloß sich bald endgültig, das zu tun, was er schon seit einem Jahrzehnt verspürte: nämlich man müsse »allmählich das sinkende Schiff verlassen und im freien Elemente schwimmen«.[91]

Er nimmt im Sommer 1938 (während eines Kuraufenthalts) in Norwegen Kontakt auf zu Ewald Bosse (1880–1956) und dessen *Institutt for Samfunnsforsking og Arbeidslære* (Institut für Sozialforschung und Arbeitswissenschaft); Fischer arbeitet hier als *Research Director* und *Lecturer for Sociologie.* – Er bittet nach Leipzig immer wieder um Verlängerung dieses Gastaufenthalts in Oslo, zuletzt Februar 1939. Im Sommer 1939 kommt aus Leipzig die Mitteilung, dass er »mit einer weiteren Beurlaubung nicht rechnen [könne] und infolgedessen die Lehrtätigkeit an der Universität Leipzig vom Wintersemester 1939/40 ab wieder aufnehmen müsse«.[92]

An eine Rückkehr nach Leipzig dachte Hugo Fischer aber nicht; und mit Beginn des Wintersemesters kommt dann auch der Bescheid aus Leipzig: »Da Sie länger als drei Semester Ihre Lehrtätigkeit hier nicht mehr ausgeübt haben, andrerseits auch keinerlei Neigung zeigen, nach Leipzig zurückzukehren, sehe ich mich gezwungen, beim Herrn Reichserziehungsminister die Entziehung Ihrer Venia legendi zu beantragen.«[93] Diese Maßnahme hat nicht nur mit mangelhafter Lehrtätigkeit zu tun, sondern auch mit seinem Verhalten und seiner Publizität im Ausland überhaupt; und so wird dann nach Jahresfrist entschieden: dem »außerplanmäßigen Professor Dr. Hugo Fischer ist im Hinblick auf sein Verhalten die Lehrbefugnis zu entziehen«.[94]

Bereits Anfang April 1938 schreibt Hugo Fischer – während eines Besuchs – aus London [aus WC 1 Ashleigh Hotel 64 Gulford Street] an die Familie Manheim über seinen in Deutschland verbliebenen Freundes- und Kollegenkreis: »Liebe Manheims, Sie werden Sich wundern,

90 Ernst Jünger, *Myrdun.* Briefe aus Norwegen, mit Zeichnungen v. Alfred Kubin, München: Deutscher Taschenbuchverl. 1980, S. 57.

91 Hugo Fischer an Ernst Jünger, v. 18. Januar 1928, in: Deutsches Literaturarchiv (Marbach a. N.), Jünger-Nachlaß.

92 Dekan Erich Bräunlich an Hugo Fischer, v. 17. Juli 1939, in: UAL, PA 455, Bl. 121.

93 Dekan Erich Bräunlich an Hugo Fischer, v. 11. Oktober 1939, in: UAL, PA 455, Bl. 125.

94 Sächsisches Ministerium für Volksbildung an Rektor der Universität Leipzig, v. 5. November 1940, in: UAL, PA 455, Bl. 136.

dass ich da gelandet bin, von wo Ihr ausgingt. Wegen der Niekischaffaire [er wurde am 22. März 1937 verhaftet] sollte ich verhaftet werden, und [Walter] Heinrich [1902–1984] rief mich telefonisch in Berlin an, ich sollte abreisen. Ich hatte zur Sicherheit noch eine zweite Wohnung in Berlin. Niekisch soll ca 15 Jahre Zuchthaus bekommen. Der Maler A[ndreas] P[aul] Weber [1893–1980, 1937 verhaftet], dessen Buch ich bevorwortete[95], sitzt seit Frühjahr 37. Frau [Anna] Niekisch und der Sohn [Ernst August Niekisch *1916] sitzen auch. Zunächst ist ein Prozess gegen 70 Freunde von Niekisch im Gange. Ich habe noch Glück gehabt, dass ich frei bin. Alma, meine Frau [die mit nach Norwegen fuhr], hilft sich eben durch Weben. Sie kann nicht mehr zurück. Es geht ihr wirtschaftlich schwierig. […] C[arl] Schmitt [1888–1985] hat sich umgestellt, er ist jetzt wieder wie vor 33. Aber nach aussen ist er sehr vorsichtig. [Hans] Freyer [1887–1969] ist überängstlich. Ich habe gehört, er möchte auch aus Deutschland weg, und zwar viell[eicht] nach Ungarn. Das wäre ein Witz, nicht wahr? [Theodor] Litt [1880–1962] u. [Felix] Krueger [1874–1948] sind gegangen. Was soll ich nun machen? Karl Mannheim [1893–1947] las, was ich im letzten Sommer über Rationalisierung schrieb, und andre Sachen von mir. Er sprach lange mit [Fritz] Demuth [1876–1965, 1933 emigriert, leitete die ›Notgemeinschaft Deutscher Wissenschaftler‹], und der will versuchen, mich nach Amerika zu bringen. Wie ist es bei Euch? Ich möchte gern weiter schriftstellerisch wirken, da ich viele Produktionspläne habe. Meine Themen sind jetzt Soziologie und Phänomenologie der Grossstadt (Metropole) und des Films. Ueber Film habe ich für S. Fischer Verlag geschrieben (in Fahnen gedruckt, aber von Zensur nicht zugelassen).«[96]

Allen Kontaktaufnahmen aus Deutschland verweigert sich Hugo Fischer fortan. Ein (neu eingerichteter) ›Fakultätsinspektor‹ Rosenberg überprüft im Frühjahr 1940 die Personalakte Fischer und fragt beim Dekan der Universität Leipzig an, um etwas über die Stellenlage bei Fischer zu erfahren. Daraufhin wendet sich der Dekan der Philosophischen Fakultät, Wolfgang Schadewaldt (1900–1974), an den Kollegen Hans Georg Gadamer (1900–2002), »mit der Bitte um Äußerung, ob

95 Vgl. A. Paul Weber, *Zeichnungen, Holzschnitte und Gemälde.* Mit einer Einführung von Dr. Hugo Fischer, Bd. 1, mit 98 Abbildungen, Berlin: Widerstandsverlag 1936, S. 3–36.

96 Hugo Fischer an Ernest und Ann Sophy Manheim [in Chicago], v. 4. April 1938, in: Archiv für die Geschichte der Soziologie in Österreich, Graz, Nachlass Ernest Manheim, Signatur 31/1. Erstmals publiziert von Reinhard Müller: http://agso.uni-graz.at/manheim/en/8_down/dlfiles/fischer.pdf.

Ihnen etwas über Dr. Fischer bekannt ist«.[97] Der antwortet postwendend: »Auch mir ist über Dr. Hugo Fischer nichts bekannt. Ich habe ihn nie gelesen. Im Frühjahr 1939 ist, wie ich erfuhr, eine von ihm verfaßte Schrift beim Dozentenbund Leipzig eingegangen. Vielleicht kann diese Stelle nähere Auskunft geben.«[98] – Ein halbes Jahr später »teilt die Dozentenschaft (Professor Dr. Bruno Borowski [1889–1945]) mit, daß es höchste Zeit würde, nunmehr etwas gegen Herrn Prof. Dr. Hugo Fischer ernstlich zu unternehmen, denn es sei von einer Parteidienststelle eine Nachricht eingegangen, daß F. wiederum in einer Emigrantenzeitung einen Artikel veröffentlicht habe«.[99]

Seit Juli 1939 arbeitete Hugo Fischer dann schon in England (wie die Deutsche Gesandtschaft in Oslo ans Berliner Auswärtige Amt am 5. November 1940 berichtete), angeblich um, wie er selber der Gesandtschaft in Oslo wissen ließ, seine Sanskrit-Studien wieder aufzunehmen. – Er galt bald »seit mehr als 2 Jahren als verschollen ...«.[100]

Hugo Fischer bleibt trotzdem weiter im Fokus der Leipziger Universitätsbehörden. Warum? Wahrscheinlich gab es ein Interesse, einen möglichen Kreis um Ernst Jünger zu verifizieren?! Noch 1944 jedenfalls fragt der Dekan der Philosophischen Fakultät, Otto Vossler (1902–1987), sowohl wiederum bei Hans Georg Gadamer und bei Fischers Doktorvater Felix Krueger an, um fünf Fragen beantwortet zu bekommen: Wo hält sich Hugo Fischer auf, Anschrift und Tätigkeit? Was ist sein wissenschaftliches Spezialgebiet? Wie leistungsfähig ist er? Was hat er veröffentlicht? Schriftenverzeichnis ... »in zweifacher Ausfertigung«. Gehört er einer wissenschaftlichen Schule an? Lehrer und Schüler![101]

Gadamer antwortet wie schon vier Jahre zuvor: »Über Hugo Fischer ist mir nichts bekannt. Seine wissenschaftlichen Leistungen habe ich selbst aus Anlaß der Übernahme eines Beamtenverhältnis‹ 1939 beurteilt. Das Gutachten muß bei den Fakultätsakten liegen. Wirkliche Auskunft über ihn vermag nur Professor Felix Krüger [Potsdam, Gontardstr. 125] zu geben.«[102]

97 Dekan Wolfgang Schadewaldt an Hans Georg Gadamer, v. 17. April 1940, in: UAL, PA 455, Bl. 130.

98 Aktennotiz Gadamer v. 18. April 1940, ebenda.

99 Fakultätsinspektor Rosenberg, Niederschrift, v. 28. September 1940, in: UAL, PA 455, Bl. 135.

100 Dekan Philipp Kurt Lersch an Direktion der Universitätsbibliothek, v. 24. April 1942, in: UAL, PA 455, Bl. 141.

101 Dekan Vossler an Hans Georg Gadamer, v. 17. April 1944, in: UAL, PA 455, Bl. 142.

102 Hans Georg Gadamer, Aktennotiz, v. 27. April 1944, ebenda.

Der antwortet ausführlicher: Fischer sei – »gerüchteweise« – nach Skandinavien gegangen, sein Spezialgebiet sei die neuere Philosophiegeschichte, seine Publikationen aber nach 1939 könne er nicht beurteilen, denn: »Ausländische Zeitschriften habe ich seit dem Kriege nicht zu Gesicht bekommen.«[103] Und zu Frage 5: »Fischer gehörte ursprünglich in der Hauptsache zum Kreis meiner Schüler. Ausserdem stand er dem damaligen Leipziger Dozenten [Gunther] Ipsen [1899–1984], der jetzt in Wien Professor ist, nahe.«[104]

*

Vielen aber blieb Hugo Fischer über die Jahre als »ein leidenschaftlicher Mensch, von einer heute seltenen Besessenheit für grosse und noble Passionen«[105] in Erinnerung. Seine Freunde hatten ihren Magier auf den latinisierten Namen »Nigromontanus« getauft. Es war dann schließlich eine Geste tiefer Empathie mit Hugo Fischer, für »Nigromontani liebenswerte Traurigkeit«[106], als Ernst Jünger am 11. November 1935 eine Tuschfederzeichnung von Rudolf Schlichter (1890–1955) von 1934 erwarb (heute kann man sie in Wilflingen sehen) – »Atlantis … vor dem Untergang«. Gerade so wie sich die Jüngers an die Lebensbahn ihres Leipziger Kommilitonen erinnerten, – als der »Gestalt des Odysseus, des in allen Gewässern der Welt umherirrenden Heimatlosen«[107], dem es ja auch nach Ithaka weiter hinaustrieb, ins Unbekannte, eben … nach Atlantis … – Alles in allem auch übergreifend als ein schönes abschließendes Symbol zu begreifen für das Lebensschicksal der Politischen Theorie Lenins und seiner ursprünglichen Träger.[108]

So ist von dieser »politischen Atlantis Lenins« (S. 282) zu erzählen als von »einer Art unauflöslichem und grandiosem Wirrwarr zwischen dem, was sie tun wollten, dem, was sie zu tun glaubten, dem, was sie getan hatten, und dem, was das, was sie getan hatten, bewirkte«.[109]

103 Felix Krueger an Dekan Vossler, v. 8. Mai 1944, in: UAL, PA 455, Bl. 144.

104 Ebenda.

105 Rudolf Schlichter an Ernst Jünger, v. 25. November 1936, in: Ernst Jünger – Rudolf Schlichter. Briefwechsel 1935–1955, hg. v. Dirk Heißerer, Stuttgart 1997, S. 53.

106 Ernst Jünger, *Das abenteuerliche Herz.* Zweite Fassung, Hamburg: Hanseatische Verlagsanstalt 1938, S. 132.

107 Gretha von Jeinsen, *Silhouetten,* a.a.O., S. 82f.

108 Vgl. Wladislaw Hedeler, *Chronik der Moskauer Schauprozesse 1936, 1937 und 1938.* Planung, Inszenierung und Wirkung, Berlin: Akademie Verlag 2003, 695 S.

109 Julien Gracq, *Der große Weg.* Tagebuch eines Wanderers, München/Wien 1996, S. 197.

Zum Text

Hugo Fischer hat die Auslieferung seines Buches für das Frühjahr 1933 selbst verhindert. Er hat die schon ausgedruckten Bögen noch vor dem Binden einstampfen lassen.

Als Autor behielt er sich einige der schon ausgedruckten Buchblöcke zurück. – Der Buchblock, der die Vorlage für unsere Edition bildet, wurde von Hugo Fischer schon im Frühjahr 1933 an Carl Schmitt weitergegeben. Der hat dieses Konvolut im Sommer 1948 an Armin Mohler verschenkt, und zwar, wie er in einer handschriftlichen Widmung schreibt:

Armin Mohler

Zur Erinnerung an Plettenberg

30/7 48 C. S.

›Sohn dieser Weihe, Du sollst nicht erbeben‹

[aus: Carl Schmitt, Ex captivitate salus (1945/47)]

Aus Mohlers Nachlass ist der Textkorpus an Günter Maschke gekommen, der ihn dann an Manfred Lauermann weitergab.

Der ursprüngliche Druck der Hanseatischen Verlagsanstalt Hamburg umfasste 280 Seiten. Einen Entwurf für einen Einband gestalteten Prof. Max Burchartz (1887–1961) und der Verleger Walter Witzel aus Essen.

Das Frontispiz und die Abbildung auf Seite [252] der vorliegenden Ausgabe sind der Darstellung von Henri Guilbeaux entnommen: Wladimir Iljitsch Lenin. Ein treues Bild seines Wesens, übertragen ins Deutsche unter Mitwirkung von Rudolf Leonhard, Berlin: Verlag Die Schmiede 1923, S. 112 u. 144.

Hugo Fischer hat nach seiner Rückkehr aus der Emigration, 1956 aus Benares (Indien), in München diese Lenin-Studien weiterentwickelt, völlig umgearbeitet und stark erweitert zu einer allgemeinen Totalitarismustheorie. Sie ist unter dem Titel *Wer soll der Herr der Erde sein? Eine politische Philosophie* 1962 im Seewald Verlag Stuttgart (408 S.) erschienen. In dieser Ausgabe fehlt die Einleitung von 1933, und alle Hauptstücke sind verändert, d. h. erweitert und mit neuen Titeln versehen worden. Zudem wurde der Bezug auf Lenin als politischer Theoretiker, der in der

Tradition neuzeitlicher, säkularer Gesellschafts- und Politiktheorien (zwischen Machiavelli und Nietzsche) steht, marginalisiert. Insofern ist der Buchtitel von 1933 zu Recht verworfen worden. Es fehlen auch darin alle Hinweise auf die Druckgeschichte, auf den ursprünglichen Verlag (Hanseatische Verlagsanstalt Hamburg) und auf das eigene Autorenschicksal mit diesem Projekt innerhalb der Philosophischen Fakultät der Universität Leipzig (1933–1938).

Der hier vorgelegte kritische und kommentierte Erstdruck folgt in Orthographie, Interpunktion und der Gestaltung der Quellen- und Literaturnachweise der Vorlage aus dem Jahre 1933. Eckige Klammern des Autors werden angewinkelt (⟨⟩) wiedergegeben, Textergänzungen und Kommentare der Herausgeber durch eckige Klammern ([], [1]) gekennzeichnet.

Die vorliegende Ausgabe macht mit dem Schicksal jenes unterdrückten Buches auch auf die geistige Situation am Ende der Weimarer Republik aufmerksam und nicht zuletzt auch auf die intellektuelle Eigenart und geistige Souveränität des Schriftstellerkreises um die Brüder Friedrich Georg und Ernst Jünger.

Dank

Für die sehr aufwendige Herstellung der Druckvorlage aus dem Frakturblock des Satzes von 1933 danken wir ganz herzlich Herrn Daniel Neuhaus (Leipzig). Für viele Hinweise zum geistesgeschichtlichen Hintergrund der Arbeit danken wir Prof. Manfred Neuhaus (Leipzig), Dr. Wladislaw Hedeler (Berlin) und Prof. Dieter Uhlig (Leipzig).

Für die Kenntnisnahme und Bereitstellung des Hugo-Fischer-Textes danken wir Prof. Günter Maschke (Frankfurt/M.).

Für ausdauernde Unterstützung dieses Hugo-Fischer-Projekts sind wir Prof. Bernhard Gajek (Regensburg) zu besonderen Dank verpflichtet.

Berlin/Hannover, 20. Januar 2017

Erste Auflage 2018

Göhrener Straße 7, 10437 Berlin, info@matthes-seitz-berlin.de

Satz: Daniel Neuhaus
Druck und Bindung: Finidr, Český Těšin

ISBN 978-3-95757-469-5

www.matthes-seitz-berlin.de